编委会名单

顾　问　陈春声　陈平原　林　岗
主　编　张培忠　肖玉华
副主编　孔令彬

编　委（以姓氏笔画排序）
江中孝　李　彬　李伟雄　吴亚南
余海鹰　张　超　林　茵　林洁伟
赵松元　段平山　黄景忠　曹亚明

韩山师范学院2017年省市共建中国语言文学
重点学科经费资助

广东省普通高校人文社科重点研究基地
岭东人文创新应用研究中心阶段性成果

张竞生集

第一卷

主　　编　张培忠　肖玉华
副 主 编　孔令彬
本卷主编　吴亚南

生活·讀書·新知 三联书店

Copyright © 2021 by SDX Joint Publishing Company.
All Rights Reserved.

本作品版权由生活·读书·新知三联书店所有。
未经许可,不得翻印。

图书在版编目(CIP)数据

张竞生集/张竞生著 . —北京:生活·读书·新知三联书店,2021.1
ISBN 978 – 7 – 108 – 06928 – 3

Ⅰ . ①张…　Ⅱ . ①张…　Ⅲ . ①社会科学－文集
Ⅳ . ① C53

中国版本图书馆 CIP 数据核字(2020)第 145000 号

张竞生像

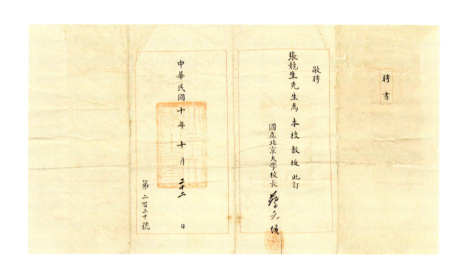

张竞生 1921 年的北京大学聘书

《美的人生观》第四版封面

《伟大怪恶的艺术》封面

总序　新文化运动的另一面

陈平原

如果非要用一个词来描述张竞生不可，与其选择"性学专家"，不如说他是"卢梭信徒"。作为北大哲学教授，竟然凭借薄薄一册《性史》，赢得生前无数骂名，也收获了半个多世纪后的无限风光，这其实是不虞之誉（毁）。十年前，我为张培忠著《文妖与先知：张竞生传》撰写序言，提及不仅学问与立场，甚至包括性情与行为方式，最适合作为卢梭信徒或私淑弟子的，莫过于张竞生："从早年的博士论文《关于卢梭古代教育起源理论之探讨》（1919），到北大教书时的专著《美的人生观》《美的社会组织法》，到离开学界后的译述《卢骚忏悔录》《梦与放逐》《歌德自传》《烂熳派概论》《伟大怪恶的艺术》，一直到晚年撰写'半自传式的小品文'《浮生漫谈》《十年情场》《爱的漩涡》等，几乎张竞生所有的著译，都隐隐约约可见卢梭的影子。"[1]

同是北大哲学教授，美国博士胡适引进杜威，名满天下，引领风骚数十年；法国博士张竞生信奉卢梭，为何举步维艰，成为一颗划过天际、瞬间照亮漫漫夜空的彗星？这涉及新文化人努力的方向，以及新文化运动的天花板。终其一生，张竞生最为春风得意的，莫过于在北大任教那五年（1921年10月—1926年6月）。授课之余，在

---

[1] 陈平原：《孤独的寻梦人》，载张培忠《文妖与先知：张竞生传》，生活·读书·新知三联书店，2008年。

《晨报副刊》上发起爱情大讨论,提出爱情四定则,出版《美的人生观》;以哲学教授身份征集并出版惊世骇俗的《性史》,一时间举国哗然。这些举动虽被保守人士视为"国民公敌",但新文化人大体上是支持的。转折在于1926年6月的南下上海,创办关注妇女问题与性教育的《新文化》月刊以及让人充满遐想的美的书店。此后屡战屡败,屡败屡战,虽未完全向世俗社会投降,始终昂起头颅,但不管是翻译世界名著,还是筹划乡村建设,他都心有余而力不足。历史是如此无情,主要不是看当事人的志向,而是看其实际业绩。张竞生留在思想史或文化史上的,确实只是"性学专家"。至于哲学家、美学家、文学家、社会学家、乡村建设实践家云云,只能说有此潜质与意愿,最终因外在环境以及个人因素而没能真正实现。

在这个意义上,周作人称"张竞生时髦的行运到十五年(1926)底为止"[1],不是没有道理的。虽然张竞生也曾奋起反击,但周氏一语成谶。此后的张竞生,左冲右突,上下求索,始终无法摆脱"性博士"的恶名。

对我来说,谈论这位风光五载、落拓半生的北大前辈兼家乡贤达,褒贬之间,需要史家的清醒,而不是"理解的同情"。其中最让我感到困惑的是:"真正让张竞生'无地自容'的,是占据20世纪中国思想学术主流地位的五四新文化人及其后学。"当初一笔带过,这回借为《张竞生集》作序,进一步阐发。因为,这是理解张竞生之所以长期被扭曲与遗忘的关键,也是让其重新浮出海面所必须闯过的重要关卡。

查蔡元培1921—1926年日记,提及不少学界人士的名字,就是没有北大哲学系教授张竞生[2],而此前他俩在法国是有过交往的。

---

[1] 岂明:《时运的说明》,1927年2月26日《世界日报副刊》。
[2] 参见中国蔡元培学会编《蔡元培全集》第16卷,浙江教育出版社,1998年,第104—281页。

1934年蔡元培在《东方杂志》第31卷第1号上发表《我在北京大学的经历》，提及其着意聘请的不少文理科教授："我本来很注意于美育的，北大有美学及美术史教课，除中国美术史由叶浩吾君讲授外，没有人肯讲美学。十年，我讲了十余次，因足疾进医院停止。至于美育的设备，曾设书法研究会，请沈尹默、马叔平诸君主持。设画法研究会，请贺履之、汤定之诸君教授国画，比国楷次君教授油画。设音乐研究会，请萧友梅君主持。均听学生自由选习。"[1]其实，最接近蔡先生美育趣味的，应该是本校哲学系教授张竞生。后世论者谈及蔡元培的美育思想如何逐步推广，提到很多名字和著述，可就是没有张竞生及其《美的人生观》《美的社会组织法》。[2]提倡"美治精神"，拓展"美间""美流"与"美力"，甚至创立"美的政府"，以求满足人民群众不断增长的物质与精神需求，此等乌托邦论述[3]，不管你如何评价，与蔡元培的"以美育代宗教"是有亲缘关系的。只可惜蔡先生不愿提及，后世的研究者也充耳不闻。

北大同人中，热衷于译介蔼理士，并撰有《猥亵的歌谣》（1923）、《女裤心理之研究》（1924）、《与友人论性道德书》（1925）等的周作人，最有可能成为张竞生的同盟军。但查1921—1926年的周作人日记，没有张竞生的踪影，其中1924年底附录有"知友一览"，区区十二人，自然更轮不到张博士了。[4]不过，同样关注性心理与性教育，竭力破除世人的性禁忌，这方面，周作人确实给过张竞生

---

[1] 蔡元培：《我在北京大学的经历》，高平叔编《蔡元培全集》第6卷，中华书局，1988年，第355—356页。
[2] 邓牛顿在论及"美育运动的实绩"时，提及许多名字，同样没有张竞生，参见《中国现代美学思想史》，上海文艺出版社，1988年，第16—20页。虽未正面提及，但在作为附录的"中国现代美学著译要目"中开列《美的人生观》《美的社会组织法》，已经是个例外了。
[3] 张竞生在《美的社会组织法》（北京大学出版社，1925年）之"导言"中称："倘若此书长此终古，作为乌托邦的后继呢，则我也不枉悔，因为它虽不能见诸事实，可是我已得到慰情与舒怀了。"
[4] 参见《周作人日记》中册，大象出版社，1996年，第187—540页。

很大的支持。[1]

2014年世界图书出版公司重印《性史》，封底引周作人的话，可人家谈的不是《性史》，而是《美的人生观》[2]——"前几天从友人处借来一册张竞生教授著《美的人生观》，下半卷讲深微的学理，我们门外汉不很懂得，上半卷具体的叙说美的生活，看了却觉得很有趣味。张先生的著作上所最可佩服的是他的大胆，在中国这病理的道学社会里高揭美的衣食住以至娱乐的旗帜，大声叱咤，这是何等痛快的事"[3]。周作人还有一篇谈张竞生的文章，但评价已大为逆转："张竞生先生我是认识的，他做《美的人生观》时的大胆我也颇佩服，但是今年他在《新文化》上所讲的什么丹田之类的妖妄话，我实在不禁失望。"[4] 20世纪60年代，周作人撰《知堂回想录》，其中"北大感旧录"那组文章很动人，分别谈论辜鸿铭、刘师培、黄侃、林损、许之衡、黄节、孟森、冯汉叔、刘文典、朱希祖、胡适、刘半农、马廉、钱玄同、蔡元培、蒋梦麟、陈独秀等；若再加上"北京大学""蔡子民""林蔡斗争文件""卯字号的名人""三沈二马""二马之余"等节，周作人谈北大同事的文章实在够多，可就是没有张竞生。

检索2003年安徽教育出版社版《胡适全集》，总共44卷，第21卷收录了初刊1929年《新月》第2卷第6—7号合刊的《新文化运动与国民党》，引述张竞生但语带嘲讽。第29卷三次提及张竞生，那是1922年3月5日、5月30日和6月2日的日记，属于事务性质，不带评价。值得引录的，只有第31卷的1928年6月3日日记："北大学生聂思敬来谈。他带了张竞生一封信来。竞生也有大规模的译书计划。此意甚值得研究，不可以人废言。"后面张贴了《张竞生的一封

---

[1] 在1925年5月北京大学印刷课第一版《美的人生观》上，张竞生"序"开篇引录周作人的《沟沿通信之二》，结尾则"我极感谢周作人先生公正的批评"。
[2] 《美的人生观》1924年5月印成讲义，1925至1927年间重印7次，参见江中孝编《张竞生文集》上卷，广州出版社，1998年，第23页。
[3] 开明：《沟沿通信之二》，1924年8月27日《晨报副刊》。
[4] 岂明：《〈"新文化"上的广告〉按》，1927年3月25日《语丝》第124期。

公开信》，谈的是译书计划："据竞生个人实地在书店及编辑部经验所得，断定如有十万元资本，以之请编辑七八十位，按时译书，则数年内可将世界名著二三千本，译成中文，其关系于我国文化至深且大。"这里的"不可以人废言"，已经蕴含"此人声名狼藉"这一前提。这就难怪胡适日后口述自传，只字不提当年北大哲学系同事张竞生。

胡适与张竞生的精神气质及学术路数完全不同，不提及也就罢了；令人意外的是，主持妙峰山进香调查的顾颉刚，也不提张竞生。1922年1月北大文科研究所国学门正式成立，除了培养研究生，编印书刊，还设有考古学研究室、明清史料整理会、风俗调查会、歌谣研究室、方言调查会等。1926年8月18日刊行的《北京大学研究所国学门周刊》第2卷第24期上，提及下属各单位业绩，风俗调查会除了发放表格，请暑假回乡学生以及各地学校代为调查，再就是"由本会自行派员调查者，计有妙峰山东岳庙、白云观及财神殿进香之风俗"。查1923年5月19日、1923年11月10日、1924年3月6日、1924年6月12日《北京大学日刊》上的《研究所国学门启事》、《研究所国学门恳亲会记事》（魏建功）、《张竞生启事》、《研究所国学门风俗调查会开会纪事》等[1]，证实风俗调查会确系张竞生发起成立的。可惜的是，现代学术史上颇为显赫的妙峰山调查，竟与张竞生无缘。1925年4月30日至5月2日，顾颉刚与容庚、容肇祖、庄严、孙伏园等上妙峰山，调查香会的组织、礼仪以及民众心理等，此乃北大提倡民俗研究后开展的第一次正式调查，领到了调查费用五十元。在4月30日的日记中，顾颉刚称："到妙峰山看烧香，想了好几年，今日乃得实现。"[2]为何如此期待？原因是："在研究学问上着想，我们应当知道民众的生活状况"；"学问的材料，只要是一件事物，没有

---

[1] 参见王学珍、郭建荣主编《北京大学史料》第2卷，北京大学出版社，2000年，第1484—1496页。
[2] 参见《顾颉刚日记》第1卷，第613页，以及顾潮编著《顾颉刚年谱》，中国社会科学出版社，1993年，第107—108页。

不可用的,绝对没有雅俗、贵贱、贤愚、善恶、美丑、净染等等的界限。"[1]查顾颉刚1925年日记,后面附有师友联系方式(地址或电话),共约130人,可就是没有风俗调查会首创者张竞生。[2]

在《〈国学门周刊〉一九二六年始刊词》中,顾颉刚提及参观北大二十七周年纪念会陈列室的人。"到考古室时很感到鼎彝的名贵,到明清史料室时也很感到圣谕的尊严,但到了风俗和歌谣室时便不然了,很多人表示轻蔑的态度。"这点让他很愤慨,"在我们的眼光里,只见到各个的古物、史料、风俗物品和歌谣都是一件东西,这些东西都有它的来源,都有它的经历,都有它的生存的寿命",因而都值得我们认真研究。这还不算,又添了一句"固然,在风俗物品和歌谣中有许多是荒谬的、秽亵的、残忍的"[3]。经由新文化人的积极鼓吹与提倡,猥亵的民间歌谣以及卑微的风俗物品,作为文学或史学的辅助材料,很快就登堂入室了。唯独不能接受的,是张竞生主持的关于性史的调查。

据张竞生回忆:"我当时是'北大风俗调查会'主任委员。在调查表中由我编出了三十多项应该调查的事件,其中有性史的一项。会员们(都是教授)在讨论之下,觉得性史的调查,恐怕生出许多误会,遂表决另出专项。所以我就在北京报上发出征求的广告了,这个可见性问题在我们当时看来,也是风俗的一门,应该公开研究的。"[4]这个1926年初《京报副刊》的征求性经验的启事,含九项内容,从几岁春情发生,到手淫、梦遗、同性恋,再到口交、嫖妓、性好、性量、性趣等,"请代为详细写出来":"尚望作者把自己的'性史'写得

---

[1] 顾颉刚:《妙峰山进香专号·引言》,1925年5月13日《京报副刊》第147号《妙峰山进香专号》(1)。

[2] 参见《顾颉刚日记》第一卷,台北:联经出版公司,2007年,第696—703页。

[3] 顾颉刚:《〈国学门周刊〉一九二六年始刊词》,1926年1月6日《国学门周刊》第2卷第13期;另外参见顾潮编著《顾颉刚年谱》,第118—119页。

[4] 张竞生著、张培忠辑:《浮生漫谈:张竞生随笔选》,第154页,生活·读书·新知三联书店,2008年;另见江中孝编《张竞生文集》下卷,第103—104页。

有色彩,有光芒,有诗家的滋味,有小说一样的兴趣与传奇一般的动人。"[1]1926年5月,张竞生编纂的《性史》横空出世,虽然张本人的"序"及"赘语"努力学理化,但七个案例细致入微,文采飞扬,成了主要看点。一时间,民众争相抢购,不法书商伪造续书,道德之士纷纷谴责,而"张竞生忙碌半年,分文未取,却被一世恶名,而且人生道路从此发生逆转,以至蹉跎终生,每每陷入万劫不复的境地"[2]。

众多谴责与迫害,最让张竞生铭心刻骨的,是原北大总务长、时任浙江省教育厅厅长、日后长期执掌北京大学的蒋梦麟。在《浮生漫谈》和《十年情场》二书中,张竞生对蒋梦麟如何刻意迫害他,有绘声绘色的描写。[3]蒋梦麟抗战中陆续写成的英文自传《西潮》,以及提到很多北大文科教授的《谈中国新文艺运动》[4],都只字未提杭州拘捕张竞生一事。不过,在《西潮》第十九章"反军阀运动"中,蒋曾反省在杭一年工作:"我当时年壮气盛,有所决策,必贯彻到底,不肯通融,在我自以为励精图治,在人则等于一意孤行。"[5]若坚信张竞生败坏社会风气,有损北大声誉,时任浙江省教育厅厅长的蒋梦麟,是有可能出手的。至于具体细节,在相关档案发布之前,只能先听张竞生的一面之词。

在我看来,与周作人、周建人、潘光旦等一大批新文化人的论战,对于张竞生来说,是很不明智的,甚至可以说是灾难性的。[6]半

---

[1] 张竞生:《一个寒假的最好消遣法——代"优种社"同人启事》,1926年2月2日《京报副刊》第403号。
[2] 参见张培忠《文妖与先知——张竞生传》,生活·读书·新知三联书店,2008年,第348—361页。
[3] 参见张竞生《浮生漫谈》中"开书店和打官司"则,以及《十年情场》第三章"与褚女士言归于好"之二、三、四节。
[4] 参见蒋梦麟《谈中国新文艺运动》,见《新潮》,台北:传记文学出版社,1967年,第107—142页。
[5] 蒋梦麟:《西潮》,台北:世界书局,1962年,第113页。
[6] 参见张培忠《文妖与先知:张竞生传》,第411—422页。

个多世纪后,另一位性学专家刘达临谈及《性史》风波:"张竞生经受了两者打击,一是传统的保守势力,一是借性学之名行淫秽之实的书商,而后者的打击是致命的";"他太激进,太孤军深入,如果多一些灵活性,多一些藏拙和含蓄,也许能少经受一些打击,多实现一些理想。可是,人们又怎能以此苛求一个奋不顾身的勇士呢!"[1]后一句很有见识,前一句则不太准确,真正给予张竞生致命打击的,不是"传统的保守势力",而是同样关注妇女问题及性道德的新文化人。因为他们特别担心,这位完全不顾中国国情的张竞生,将这个好题目给彻底糟蹋了,自己成烈士不说,还连累此话题也成了禁区。这就好像一头莽撞的大象,出于好奇,闯进了瓷器店,悠然转身离去时,留下了无法收拾的一地碎片。

这就回到,为何同是关注民众日常生活,顾颉刚的妙峰山调查大获好评,而张竞生的性史调查却落到如此不堪的地步?除了世人误解以及环境压迫,还得谈谈张竞生自身的气质与才情。

作为留学法国的哲学博士,张竞生是有一定的专门学养的。只是因其好出惊人之论,当年北大同事,普遍对他印象不佳。单看他为青年开书单,你就明白这个人何等自恋与狂傲。1925年《京报副刊》征求青年必读书十部,第一个登台亮相的是如日中天的胡适,同年2月27日的《京报副刊》上,刊登第十五位名流学者北大教授张竞生所开书目:(1)《建国方略》(孙中山著)、(2)《红楼梦》、(3)《桃花扇》、(4)《美的人生观》(张竞生著)(夸口夸口,玩笑玩笑!),以下六书为译本,能读原文更好:(5)《科学大纲》(英丹森著)、(6)《创化论》(法柏格森著)、(7)《结婚的爱》(斯妥布士著)、(8)《相对论浅说》(爱斯坦著)、(9)《社会问题详解》(共学社出版)、(10)《互助论》(克鲁泡特金著)。在众多中外名著中,非要插入自己刚出的小书不可,虽加了一个括号——(夸口夸口,玩笑玩笑!),还是让人感

---

[1] 刘达临:《20世纪中国性文化》,上海:三联书店,2000年,第158页。

觉很不舒服。细读前后文,这可不是自嘲或幽默,显然,北大时期的张竞生是很自负的。

在一个崇尚中庸的国度,意气风发,标新立异,既是巨大的诱惑,也是致命的陷阱。以"奇谈怪论"暴得大名,其实不祥。当然,不排除张竞生有意为之,故作惊人语,挑战公众神经。在《卢骚忏悔录》第三版序言中,张竞生称:"做好人已难,做有革命性之人更难。你想他若是庸庸碌碌,当然不能得盛名。他的得名乃在他的特见伟论,这个当然不免于惊世骇俗,而引起一班仇人反对了。……凡大思想家,类多受诋于当时,而获直于后世者。"[1]这段话虽是开列书目三年后才写的,但张竞生的思维方式及发言姿态,我以为早就设定了。要得"盛名",就得有"特见伟论",就得敢于挑战权威以及世俗偏见,即便当时备受诋毁,后世也可收获盛誉。某种意义上,这也是一种立言乃至扬名的策略。

北大时期,说说大话是没有关系的。1926年的负气出走,此后是另一番天地。因《性史》事件饱受非议,留在北大也会不愉快,但相对来说,大学还是比较能容纳"异端邪说"的。离开相对宽松且清高的大学,跑到十里洋场,独立经营书刊,不能不向商业逻辑转变乃至投降。《十年情场》中称自己出版《性史》不是为了钱,理由是:"我当时是哲学博士,北京大学教授。在我未出《性史》之前,我已在社会上蜚声我的《爱情定则》与《美的人生观》了。就当时说,我的经济极优裕,对于傥来物的钱财我是看不上眼的。"[2]这话我相信。但上海时期的张竞生,追求轰动效应,获取商业利润,却是不可避免的。此后江河日下,很难再有充裕的时间与从容的心境来从事研究或著述了。

多年后,张竞生曾有很好的自我反省,那是《十年情场》第一章

---

[1] 张竞生:《〈卢骚忏悔录〉三版序》,《卢骚忏悔录》,上海:世界书局,1932年。
[2] 参见《张竞生文集》下卷,第103页;《浮生漫谈——张竞生随笔选》,第153页。

"开始研究性学"。张竞生称自己编《性史》主要受英国学者蔼理士影响,加上"我在法国习惯了性交的解放与自由,反观了我国旧礼教下的拘束,心中不免起了一种反抗的态度"。想法很不错,但操作有问题。蔼理士《性心理学》主体部分乃学术讨论,附录的"性史"仅作为参考资料,属于"私行本",成年人方能购买。反观张竞生的《性史》第一集"价钱不过三毫,人人可以买得起",且全书"只有性的叙述,并无科学方法的结论"。张竞生自己也承认,征文及选文的方向出现偏差,导致"《性史》第一集中未免有'小说化'的毛病",难怪时人将其作为淫书来抢购与阅读。[1]虽说日后诸多续书乃不法商人牟利之举,与张竞生本人无关,但开篇没做好,科学性不够,这就犹如打开了潘多拉的盒子,始作俑者,难辞其咎。更何况,到上海主编《新文化》月刊,创办美的书店,商业方面的考量迅速上升,诸多言论及举措确实不得体。这就不难理解,为何真正给他沉重打击的,是日渐占据主流地位的新文化人。"性学"本是很严肃的话题,社会阻力大,容易被曲解,研究者须十分慎重,切忌哗众取宠。否则,差之毫厘,谬以千里。

早年用文学眼光及笔法来做社会调查,虽说有瑕疵,但那可以谅解。由《性史》而转为《新文化》[2],不仅没赚到钱,还惹了一身腥,很多人怀疑其谈"性"说"欲"动机不纯。周作人之所以区分张竞生1926年前后的著述,便是从各种奇谈怪论背后读出了铜臭味:"民国十六年以前,他的运动是多少有破坏性的,这就是他的价值之所在。……可是到了民国十六年,从一月一日起,张竞生博士自己也变了禁忌家、道教的采补家了。他在《新文化》的第一期上大提倡什

---

[1] 参见《张竞生文集》下卷,第103—108页;《浮生漫谈——张竞生随笔选》,第154—159页。
[2] 对于张竞生的《美的人生观》以及《新文化》月刊,彭小妍有较为通达的评说,参见彭小妍《性启蒙与自我的解放——"性博士"张竞生与五四的色欲小说》,《文艺理论研究》1995年第4期。

么性部呼吸，引道士的静坐、丹田，以及其友某君能用阳具喝烧酒为证。喔，喔，张博士难道真是由性学家改业为术士了么？"〔1〕

周作人读书广博，对西洋性学理论的了解，一点不比张竞生差，眼看《新文化》走火入魔，这才迎头痛击。而受过专业训练的潘光旦，更是这么评价"像有无上的权威似的"的《新文化》："其中侈谈性育的文字，似科学而非科学，似艺术而非艺术，似哲学而非哲学，本不值得一驳。最近的第二期里，主编者不自知其谫陋，竟讨论性育与优生的关系起来。涉及性的文字，胡乱写来，原与淫书无异，早已成为一班文妖、假社会科学家与假艺术家的渔利的捷径。"〔2〕留学美国的专业训练，与留学法国的生活趣味，二者本就很有隔阂；再加上大学教授可以清高，书店老板靠市场生活，趣味自然不一样。离开北大的张竞生，靠编印书刊为生（此前也有操作，但那是业余的），而市场自有规则，容不得你自由发挥。

从1927年海上卖文，到1933年二度旅欧归来，这六七年间，张竞生颠沛流离，一惊一乍。因生活所迫，其译书及著述如《卢骚忏悔录》（第一书）、《梦与放逐》、《伟大怪恶的艺术》、《歌德自传》、《多惹情歌》、《烂熳派概论》等，大都属于急就章。〔3〕上海世界书局1929年初版、1931年再版、1932年四版的《卢骚忏悔录》，算是张竞生最为用心用力之作，但那也是"译述"。同年商务印书馆推出的章独译

---

〔1〕岂明：《时运的说明》，1927年2月26日《世界日报副刊》。
〔2〕潘光旦：《〈新文化〉与假科学——驳张竞生》，1927年5月5日《时事新报·学灯》；此文又刊《性杂志》第1卷第2期，1927年6月。另外，1946年商务印书馆刊行蔼理士原著、潘光旦译注《性心理学》，潘光旦"译序"重提此事："在有一个时候，有一位以'性学家'自居的人，一面发挥他自己的'性'的学说，一面却利用蔼氏做幌子，一面口口声声宣传要翻译蔼氏的六七大本《研究录》，一面却在编印不知从何处张罗来的若干个人的性经验，究属是否真实，谁也不得而知；和这种迹近庸医的'学者'原是犯不着争辩的，但到忍无可忍的时候，译者也曾经发表过一篇驳斥他的稿子。"
〔3〕"我生平最遗憾的，是廿余年来想与人共译世界名著，至今日尚毫无着落。"并非毫无成果，只因缺乏稳定的生活与工作环境，故译作不太理想。参见张竞生《浮生漫谈》第110页，香港：三育图书文具公司，1956年。

本，收入"世界文学名著"丛书，只有上卷（第1、2册），篇幅已超过张竞生的译述本，原因是采用全译加注释。书前有吴稚晖、蔡元培二序，前者称卢梭"先把他自己整个儿的人，用毫无虚伪的叙述处理，公开了给与参考的人们"；后者则是"要考究著书人的生平，凭他人所作的传记或年谱，不及自传的确实，是无疑的"。有这两大名流加持，于是乎，世人若想"尚友卢骚"，就非读商务版《忏悔录》不可了。

《浮生漫谈》中有一则《读活书的消遣法》，讲述张竞生留学法国的读书经验："我以为习哲学的人，实则习一切学术一样，除却他们所学的功课外，应把所有一切的学术通通去涉猎，然后才能博中得到约的成功。尤其是近代一切的科学，都是必须博览，始能成为通才。"[1] 如此趣味广泛，不愿只读死书，而是尽情地遨游书海，自然很是惬意。但所谓"把所有一切的学术通通去涉猎"，有点大言欺世。胡适也多才多艺，可始终没脱离学界；周作人也讲常识，但基本上守住读书人的边界。张竞生日后的四处出击，不断转业，既是读书兴趣，也是地位所然。抗战前后的张竞生，不管是主编《广东经济建设》，还是创办饶平农校，其实是没有办法从事专深研究的。

同被列为"海上三大文妖"，与画裸体模特的美术家刘海粟、写《毛毛雨》的音乐家黎锦晖相比，编《性史》的哲学家张竞生境遇可差多了。刘、黎二位不久就恢复名誉，其绘画贡献与音乐才华，很快得到承认。相对而言，张竞生恢复名誉之路极为曲折。既缘于他日后舍弃美学或性学专业，也与昔日同道的极力排斥有关。张竞生学的是哲学，视野开阔，常识丰富，野心大而恒心少，往往把事情想得太容易了，敢说敢做，但孤军奋战，八面受敌，长期处于不得志的位置，才华因而没有得到充分的发挥。

---

[1] 张竞生：《浮生漫谈》，第157页。

在为《文妖与先知：张竞生传》撰写的序言中，我曾感慨"此人怎么经常与政治史、思想史、学术史的'大人物'或'关键时刻'擦身而过？"，没有真正的战友，没有知心的同道，也没有好学生或私淑弟子，如此特立独行，好在目光坚定，灵魂不屈。在世俗意义上，这可以说是个"失败者"，"可他提供了一个独特的观察角度，帮助我们串起了一部'不一样'的中国现代史"。任何大变动的时代，总有人迅速崛起，也总有人马失前蹄。每一次的急转弯，其巨大的离心力，都会甩出去很多原先的同路人。能坚持到终点且大获全胜的，其实是极少数。因此，谈论历史进程时，记得那些功成名就者，也记得半路上被甩下去的过去的战友。谈论思想潮流时，关注剑拔弩张的正面与反面，同时也须兼及更容易被忽略的侧面与背面。就好像张竞生这么一位孤独地漫步于新旧、中西、雅俗之间的卢梭信徒，勇气可嘉，时运不济，其茕茕孑立，踽踽独行，不仅记录个人的得失成败，也刻画出五四新文化人很难突破的"天花板"——在情与欲之间，那个时代更倾向于唤起前者，而相对忽视了后者。不管有意还是无意，新文化运动一旦成为主流，其滚滚车轮，同样会碾碎那些异端或步调不一致者。这就是历史，既有情，也无情。

为张竞生这么一个先知、文妖、叛徒、勇士、浪漫的文士、不屈的灵魂，编一套学术含量较高的文集，这是我未能完成的心愿。终于有人做了，我当然愿意喝彩。本集前九卷收录张竞生著译，编者是下了很大功夫的，比起此前江中孝编两卷本《张竞生集》（广州出版社，1998）和张培忠在三联书店整理刊行的《浮生漫谈：张竞生随笔选》（2008）、《美的人生观》（2009）、《爱情定则》（2011），还有莫旭强译张竞生博士论文《卢梭教育理论之古代源头》（暨南大学出版社，2012），有很大的拓展。但我更愿意推荐杂七杂八的第九、第十卷。编全集的难处，不在集齐主要著作，而在那些竹头木屑——"为了那百分之十的竹头木屑，很可能花去你百分之九十以上的时间和精力。因此，评判全集编纂水平的高低，不看部头有多大，就看边角料处理得怎样"[1]。这是我谈安徽教育出版社出版《胡适全集》时提及的,同样适用于三联书店版《张竞生集》。

被遗忘了半个多世纪的张竞生,资料散佚严重,钩稽实在不易。对于韩山师范学院诸君的"上穷碧落下黄泉,动手动脚找东西",我是充满敬意的。也正因此,欣然出任顾问,并撰写了这篇序言。

2018 年 11 月 18 日于京西圆明园花园

---

[1] 参见陈平原《"大家"与"全集"——〈胡适全集〉出版感言》,2003 年 9 月 17 日《中华读书报》。

本卷说明

本卷主要收录张竞生的《美的人生观》《美的社会组织法》《伟大怪恶的艺术》《烂熳派概论》四部著作。

《美的人生观》是张竞生于1921年至1926年担任北京大学哲学教授期间所编写的授课讲义。1924年5月这些讲义印行成册时，就广受好评，特别是在青年读者当中引起强烈反响。按照孙伏园1925年9月24日在《京报副刊》上发表的文章《评〈美的人生观〉》里所指出的："出版后极受青年读者的注意，不到一月便卖完了。"周作人在1924年8月27日的《晨报副刊·沟沿通信之二》中，也发文认为："张先生的著作上所最可佩服的是他的大胆，在中国这病理的道学社会里高揭美的衣食住以至娱乐的旗帜，大声叱咤，这是何等痛快的事。"《美的人生观》发行后，从1924年5月到1927年间重印过七次。本卷收录的《美的人生观》，以1927年美的书店所发行的第六版为底本。

《美的人生观》在张竞生的作品中占有重要地位。从探讨人生观的主题来看，《美的人生观》是对1923年张君劢、丁文江等人掀起的科学与人生观的论战的回应。但是有别于论争双方对"科学能否解决人生观"问题的关注，张竞生是直接跳出了二元对立性的问题思维，以现代性的视野去回答："人生观是什么？我敢说是美的。这个美的人生观，所以高出于一切人生观的缘故，在能于丑恶的物质生活上，求出一种美妙有趣的作用；又能于疲弱的精神生活中，得到一个刚毅活泼的心思。"他认为美的人生观超越了狭义的科学人生观，也不同于儒道释等宗教神秘式的人生观,而是一个科学与哲学组合而成的人生观。这种人生观是灵肉统一的,是生命自由的,也是"生活所需要的一种有规则的、有目的的、有创造的人生观"。从这个角度看,张竞生的美的人生观推举灵肉的一致性、生命的自由与创造性,是具有浪漫主义精神的现代美学观,这是对蔡元培的"以美育代宗教"思想的创造性发展。张竞生以美的人生观为中心构筑他的美的系统,将这种尚美精神作用于人的衣、食、住、体育、性育等日常生活的各个方面,倡导一种生活的美化与美化的生活相结合的美治主义路径的社会治理观。

本卷收录的《美的社会组织法》所据版本为中国印书局代印的1926年1月第一版。按照张竞生在该书中的说明,《美的社会组织法》与《美的人生观》堪称姐妹行,都是计划中的"审美丛书"之一种,"并观参较,意义更为彰明"。从内容看,《美的社会组织法》是对《美的人生观》的美学观念,以及各项审美治理主张的进一步具体化。张竞生认为组织问题对一个社会的存在和发展至关重要,组织是社会发展进程的高级阶段。一国是否属于富裕、强盛之邦,与组织法密切相关,在张竞生看来,"凡社会能从美的、艺术的与情感的方面去组织,同时就能达到富与强"。基于此认识,张竞生提出以"美治主义"为社会一切事业组织上的根本政策。他指出先前的社会是"鬼治",近世变为"法治",将来的社会必为"美治"无疑。在美治的社会,将以"广义的美"为目的,建立"美的政府"。

值得指出的是他提出的许多美治政策,特别注意到女性的解放、性别的平等、男女的分工问题,如提出让女子从事慈善、社会工作等各种美趣的事业,以矫正男子重利轻情重智的状况。他主张以情人制代替婚姻制,认为自固定婚姻制立,婚姻就成为男子行自私自利之图的工具,使女子备受压抑。而以情爱为男女结合的根本条件的情人制,则是解放了男女双方,特别是有利于女性的解放。情人制将使一方不再为另一方所占有,从而使得彼此能够互为欣赏,真正体味爱的真义。可以说美的社会组织法，包括"美的政府"的设想，是围绕张竞生所说的"以符女子为社会的中心的要义"的政治理念所建立和提出来的。

本卷收录的《伟大怪恶的艺术》《烂熳派概论》两书皆是以浪漫主义为主题的文艺美学论著，这些文章表明张竞生是较早向现代中国系统介绍浪漫主义文化的先驱者。

《伟大怪恶的艺术》依据上海世界书局1929年10月初印行的版本。张竞生在序中提到，此书是响应法国文坛1928年纪念雨果《〈克伦威尔〉序》发表一百周年而写的。在张竞生看来，雨果所倡导的浪漫主义文学影响深远，即便百年之后，我国的新文学运动尚受其余波所及。但是新文学作家并没有对构成浪漫主义文学重要内容的"怪恶"与"伟大"特质，进行认真的介绍与提倡。张竞生赞同雨果的文学观念，认为传统的文学只重善良与悲哀的描写，而忽略了世间有善的、美的、高尚的一面，也有恶的、丑的、卑鄙的一面。也就是说，伟大与怪恶构成了人生的真相，文学不能忘却这人生的两面。浪漫主义文学的重要贡献，就是看到了描写"怪恶"对于呈现人性复杂与矛盾的重要性。他同时也辩证指出"伟大"与"怪恶"乃是二而一，彼此相因而至的。

本卷收录的《烂熳派概论》，所据版本为1930年6月上海世界书局版。书中强调了浪漫派重情感的特质，按张竞生的话说，"他们所要的，乃是热烈奇特的情操——热情"。这种热情是自然的"直感"，积极、健康、神秘、伟大、自由而和谐。张竞生认为这种强烈的情感，与古典派不相容，但是"人类的伟大、情感的真正，全靠这样热情的发挥"。这也是张竞生所批判的喜好中庸、充满奴隶气的中国，所迫切需要的一种改造世界的革命热情。他认为浪漫派的立足点全在于个性的发展，这种个性自由的伸展与发挥乃是自然的代表与反映。同时张竞生也认为个性的发展，能够自然地养成个体人格的独立、自尊、平等意识，这对于中国社会政治的改革助益很大。

为尊重作者本人的写作风格和行文习惯，同时也最大程度的保留那一时期的文体风貌，本书编校时在字词、语句等方面尽量保持原貌，只对典型讹误进行了修改。特此说明。

目 录

美的人生观 1

第三版序 3

序 7

导言 12

第一章 18

第二章 72

结论 119

美的社会组织法 123

导言 125

第一章 情爱与美趣的社会 128

第二章 爱与美的信仰和崇拜 154

第三章 美治政策 175

第四章 极端公道与极端自由的组织法 235

结论 243

伟大怪恶的艺术 251

序 253
一、伟大与怪恶的观念 255
二、兴奋与苦闷的由来 264
三、自由与热情的表现 274
四、嚣俄的序文 277
五、袁世凯（人情剧） 300

烂熳派概论 317

第一章 烂熳派的意义 319
第二章 历史 337
第三章 烂熳派的行为及其思想的影响 368
余论 所望于我国的文艺界者 372

美的人生观

集合国内外对于生活、情感、艺术及自然的一切美，具有兴趣和有心得者成了这部"审美丛书"。（一）希望以"艺术方法"提高科学方法及哲学方法的作用；（二）希望以"美治主义"为社会一切事业组织上的根本政策；（三）希望以"美的人生观"救治了那些丑陋与卑劣的人生观。希望无穷尽，工作勿许辍，前途虽辽远，成功或可期。Labor omnia vincit improbus.

本丛书预拟出版好些书。这本《美的人生观》就是它先锋队中的一走卒。

《美的社会组织法》书已出版了，其中极多新颖的意见，文字也极流丽，比较本册的价值有过无不及。

第三版序

　　于一年中本书竟能刊至第三版，不免使著者又惊又喜了。在这版上，内容仍然如旧。但新来一事极有介绍的价值者：成浮萍先生看此书后居然肯去试验世人所目为最荒唐的"内食法"。虽然算为失败，但我们不能不佩服尝试的勇气，以视一班人对待新事掉头不顾，仅会说"不可能，不可能"的武断口气者，真有天渊之别。他两昼夜挨饿的痛苦，不但他得了内食法的经验，而我也得了些参考的好材料。究竟，这个试验不曾没成绩的，只须逐渐缓缓来，初为半日不食，继而延长一日，再进为日半、二日、二日半、三日等等，水料自然要用，且须多用。就生理说：人生七日水米一点不沾牙，恐就不能生活。我不知甘地廿一日怎样的绝食法，但可断定他决不能毫无一点物品入肚，不过饮些水料，或则比平常食少到极点就算了（容有机会写信问他）。当人少食或绝食时其中应守许多条件中，其一，是不可出外运动。最好当埋头看书或作文。困乏则睡。例如当我作本书时，一连用了四十余日的工作。此期食物比平时当减三分之二，常常每日仅用一回晚餐。而我觉得精神不乏、肉体不困者，因为注意于著述，户外运动又极少，遂致所食虽微，不用费神于消化，而反能用全图于思想，这是我的初步内食法的成功。至于成君则仆仆于道路，刻意游玩，甚而打牌到夜晚一时回家，这些工作皆需要极多的养料，无怪饿不可耐至于要眠不得了。

　　我由此记忆起一件故事来了！欧洲当中古时一班"理学家"要去

试验人类究竟有无含了兽性,他们就把一人禁在围栏内绝食,此人初时尚能耐得去。及过数日后,饥渴交迫,不但变成为兽性,实则完全已成疯狂了。这是一件极傻的试验法,我极希望一班试验内食法者不再去作这样的傻法。生吞活剥是不能成功的,内食法的应用仅能缓缓做去,又须要在特别状态之下——如用大脑力及使强意志时——又仅能在一定可能的时间——如每年或若干年才行一次——然后才免如上欧洲理学家的举例,把人类为牺牲品!

张竞生记
民国十五年四月北京

可是,成君的试验是可以参考的,故现转录于下(原文载在《世界日报副刊》):

内食法的锻炼经验

成浮萍

我自幼时的食量就很小,一日两餐,淡淡即足,对于卫生论调中的:"食物不宜多,只求洁净,新鲜有味,即能得到精神的满足,与身体极大的出息。……"我很奉为金科玉律,并且也得着他的效力了。

前些日由朋友处借来一册张竞生博士著的《美的人生观》,读之颇饶兴味!唯特别注意就是:他的第一节——"美的衣食住"中饮食一项内的"内食法"……——当时颇激起我的兴趣(最苦的是得不着他的《人生与艺术》一书,大概还没出版!),去仿行这件有趣味的运动。无奈我的好奇心已然不可遏止,虽然没有明白他的方法,我也要决计锻炼去实行!

第一天:黎明起来,一切茶品等物全不用,只饮了一杯白水,忙到旷郊眺游,吸了不少的新鲜空气。八点钟回头到家照常工读,比往天加上十倍的勤奋,以实践孔子说的那句"发愤忘食"！因为含着很大的兴趣，所以滔读不倦，工作不竭，到了早饭间连食物瞅也不瞅，一直到薄暮的时候，口渴的实在难受了，不得已又饮了一杯白水。到晚饭时候，正值我休息时，饥的不得了，遂又到河畔间遨游了半点钟：天已黑了，慢行归家，一日没吃饭，心脏内时觉一阵烘热，口里也很干燥，我心里念道：莫非这就是张先生所说的那种"热力"，而能赖它生存？当时我笑了几笑，归到家去，看了一阵晚报，又读了一课英文，心身实在痛苦不堪！好几番要进些食物，又可惜牺牲这一日的工夫白挨一天饿，而不能领略着这"内食法"的奇趣，遂决计不食了，又伏在案头勉强一阵工作，遂忙着入梦乡。夜晚的精神，自比往日为微弱，但是总觉心中不适，难成好梦，几将失眠，卒至夜后三时才安睡。

第二天：在未起床的时候，觉得口中麻木，腹内空虚，起来以后，仍是继续昨天的旨趣，振作好奇的精神。晨间又到一个旷野所在去游逛，那个地方叫"放生池"，离我家有半里之遥，乃立于高峰之上，树木园林，遍触眼帘，东望而铁轨古寺，南望而茅庐僧坟，西望而烟囱煌市，北望而住所人丛，上望而云烟霞彩，下望而冢墓满地。这一幅天然的美景，把我围在当中，爱美奇情，透于心田，直能把饿忘了！午后工作间，好像不食的坚忍性较昨天稳固的多了，到夕间身体一阵急倦，卧而酣睡，醒已晚九时了，喝了两杯白水，无聊的了不得，朋友来了，约我去看电影，我很高兴，随他出去先到一个同学家，他们又不愿意去看电影了，遂打起牌来，直到夜一时才回家，忍饥而眠！

第三天：晨九时醒了，一点的精神也没有了！心中说道："热力"哪里去了？勉强起来，看见食品，什么又叫有兴趣而食？那个又叫为需要而食？吸味吸气？更不济事了，简直拿糟糠饼都当做甜饽饽。那时间我觉得兴趣中而为需要，需要里才含有兴趣。于是我勉强力支持一会，到吃饭时候，不由不觉的就恢复素日的早餐了!当时我腹中觉得非常的满足而快美,我挨了这两昼夜的饿,原欲受新奇的兴味,不想仍是食的需要战胜,而没成功。

  我由这三天经验之中,以为是要打算绝食,不过是一长时间至一日,这就算得着了"内食法"的满足,还必须为有趣味的工作,和快美的游玩,才能成功,所以我这三天内专注重眺游。要说一星期至二十几天的不吃饭,真恐怕难达到这样的欲望!张先生的学说,也未尝没理,想他在《人生与艺术》一书上,必有精确的方法。我的锻炼,自难免有好些个不得法,现在且希望大家予我以充分的研究讨论才好。

           三月二十记这三天的经过

序

本书仅印成为北京大学讲义时，已承受了许多的批评与赞同。其中有批评与赞同并行者，应推周作人先生为代表。

周先生在《晨报副刊》八月二十七号内标题为《沟沿通信之二》中说及：

> 前几天从友人处借来一册张竞生教授著《美的人生观》，下半卷讲深微的学理，我们门外汉不很懂得，上半卷具体的叙说美的生活，看了却觉得很有趣味。张先生的著作上所最可佩服的是他的大胆，在中国这病理的道学社会里高揭美的衣食住以至娱乐的旗帜，大声叱咤，这是何等痛快的事。但是有些地方未免太玄学的，如"内食法"已有李溶君批评过，可以不说，我所觉得古怪的是"美的性育"项下的"神交法"。张先生说，"性育的真义不在其泄精而在其发泄人身内无穷的情愫"。这是他所以提倡神交的理由，其实这种思想"古已有之"。《素女经》述彭祖之言曰："夫精出则身体怠倦，耳苦嘈嘈，目苦欲眠，喉咽干枯，骨节解堕，虽复暂快，终于不乐也。"《楼炭经》云"夜摩天上，喜相抱持，或但执手，而为究竟"，进至他化自在天则"但闻语声，或闻香气，即为究竟"。把这两段话连起来，就可以作张先生的主张的注解。神交法中的"意通"是他化天的办法，"情玩"是夜摩天的，即使降而为形交也当为忉利天的，再其次才是人的。

这是张先生所定的两性关系的等级,在我看来那"天"的办法总是太玄虚一点了。"意通"倒还有实行的可能,但也要以"人"的关系为基本,而多求精神上的愉快,"忉利天"法可以制育助成之,唯独"情玩"一种,终不免是悠谬的方法。张先生的意思是要使男女不及于乱而能得到性欲的满足。这或者有两种好处:在执持"奴要嫁"的贞操观的顽愚的社会,只以为"乱"才是性行为的社会看去,这倒是一个保存"清白身"的妙法,大可采用;在如张先生明白亲吻抱腰也是性行为的表现的人们,则可借此以得满足,而免于"耳苦嘈嘈"之无聊。然而其实也有坏处,决不可以轻易看过。这种"情玩",在性的病理学上称为"触觉色情"(tactile eroticism),与异性狎戏,使性的器官长久兴奋而不能得究竟的满足,其结果养成种种疾病,据医学博士达耳美著《恋爱》(B. S. Talmey, *Love*, 1916)中病理篇第十六章"无感觉"所说,有许多炎症悉自此起,而性神经衰弱尤为主要的结果。美的生活当然又应当是健全的,所以关于这种"神交法"觉得大有可以商量的余地,比"内食法"虽未必更玄学的,却也是同样的非科学的了。

  张先生主张制育专用 douche,也不很妥当。斯妥布斯女士在《贤明的父母》(Marie Stopes, *Wise Parenthood*, 1918)中竭力反对这个方法,以为不但于生理上有害,于美感上尤有损害(详见四八至四九页),这也是讲美的生活的人所不可轻忽的。我不想在这里来讨论制育当用什么方法,只因见得张先生所主张的方法与他的尚美精神相反,顺便说及罢了。

  总之张先生这部书很值得一读,里边含有不少很好的意思,文章上又时时看出著者的诗人的天分,使我们读了觉得痛快,但因此也不免生出小毛病来,如上面所说的那几点大约就因此而起……

由上文看来，周先生对我书赞同处多于批评，不才如余，应当如何"受宠若惊"，安敢再来呫笔弄舌。不过既承了周先生的盛意指导，我又不敢自安于缄默了。周先生引《素女经》云云为我神交法的注解，我实在不敢当。我所主张的性欲不是"天"也不是"人"，乃是在"天人"之间！我于一切美的观念都是看灵肉并重的，凡偏重灵或肉一端的，就不免与我意见上有些差参。例如重视肉一方面的人，遇了与异性狎戏时，难免如周先生所说的犯起"触觉色情"的毛病。但能由肉中领略灵的滋味，当然不至于如此狼狈。好比人们日常玩赏了一幅美丽裸体画，断不会因此而起性官的兴奋。若由此而得色狂病者大都误看做"春宫图"的缘故。我所谓"情玩法"者乃望与异性狎戏时有如鉴赏美图画一样，这才是由肉得灵的妙法。若见了异性而起"触觉色情"的毛病，乃是由肉得肉的笨伯，当然不是我所主张的"神交法"了。

其次，周先生引斯妥布斯反对 douche（即射精后用水洗膣法）。谓这个方法"不但于生理上有害，于美感上尤有损害"。这个方法好或坏应由医学及经验上去解决，原不能依我和斯女士个人的意见为标准。就我所知的掺用药料的 douche 若常用之固有妨碍。但我所说的是仅用温水的 douche，医者告我是极好不过的。若就经验方面论，法国女子大多数用这方法，其结果尚未见得生理及美感有损害的地方。以我国今日女子终身未尝用 douche 说，若肯采用此法，必使性官倍加灵动与多得美感。（或说用海绵阻蔽子宫口，于射精后尽可听其存在，俟明晨起身时才洗净，比射精后即用水较免费神。但此法常使精虫有侵入子宫的危险。）

以上二端的申明，非敢有意来强辩。我自知我的科学观常不是与世俗所说的相同。但我极喜欢说科学。凡我所说的科学苟无特别的解释时，当然与世俗所说的同具一样的意义。但当我用了特别见解时，如"内食法"的举例，我既然声明"这个固然不是普通所谓的食"，那么这个"食"的定义，当然不是与世人所说的从口内送食物到胃中的食法一样了。我所主张的内食法乃是根据人们假使"一息尚存",则其身中总要些许热力的消费,这个身中热力的消费,即我所谓的"内食",譬如蛤蟆及许多动物于冬天藏穴时的消费其身中脂肪质一样,这岂有丝毫的神秘?说至此,我不能不带说及李溶君对我的批评完全误会了(见《晨报副刊》七月五号,题目是《批评张竞生先生〈美的人生观〉》)。

李君说因"注意集中"而忘食,这不是内食,我则说因"注意集中"而忘食的为世俗的食法,但其身中种种热力的消费,不是因注意集中而失其作用,这正证明这个内食法确有根据了。他如"吸味与吸气法"与"极端的情感"等说,都当照我特别的解释上去讨论,不能以通俗的科学观念为标准;更不可任意就我文中断章取义以相难,须要从我整个意思上去着眼才对,故最好莫如请读者细看我的原文。

我由此不免再来说几句话了。我自知我所提倡的不是纯粹的科学方法,也不是纯粹的哲学方法,乃是科学方法与哲学方法组合而成的"艺术方法"。凡不以艺术方法的眼光看我书者,自然于许多地方难免误会我所用的方法为"非科学"与"非哲学"的了。这个误会的发生,其咎当然全在我:一因我的才力不及,以致所谈的艺术方法,有时不免变成为"非科非哲"的方法了;一因我在书中并无特别声明我所用的为艺术方法。现为补救这些缺憾起见,在此版上重新加入"美的思想"一节,其中专门讨论艺术方法是什么,并使人知我此书上所用的科学方法与哲学方法乃是艺术方法化的科学观与哲学观。我现极明了人们如单独采用纯粹的科学方法或纯粹的哲学方法断不能得到高深美满的学问,必须要艺术方法化的科学观与哲学观,然后科学方法才不流于呆板,而哲学方法才不流于虚渺。这个艺术方法当然比科学方法或哲学方法更艰难。现在国人对于科学观念与哲学观念已极浅尝,仅仅是提倡科学方法者已足使人惊为新奇而得享大名了。至于哲学方法的提倡可惜举国中尚未见有专家。今我一跳而来提倡艺术方法,自知结果必定是"曲高和寡"。但我为提高我人思想的程度起见,不能因寡和而遂不敢唱高调!

末了,我极感谢周作人先生公正的批评。希望他人也如周先生的公平态度来批评批评,以便此书再版时的讨论与订正。

导　言

我于"行为论"（旧称为伦理学）上将刊行六种书：一为《行为论采用"状态主义"吗？》（状态主义，英名 behaviorism，人常译成"行为主义"者），希望在这书上解释行为论与状态主义的异同在何处；第二书是《行为论的传统学说》，于此中说明传统学说之不足倚靠；其第三书《行为论与风俗学》，则在研究风俗学和行为论互相关系之各种理由。这三本书既属于批评与破坏之性质，自然不能以此为满足。我于是再进而为建设与实行上的研究，后列三书即是其媒介：（1）《从人类生命、历史及社会进化上看出美的实现之步骤》；（2）《美的社会组织法》；（3）《美的人生观》。美之一字，在此做广义解，凡历史进化、社会组织、人生观创造，皆以这个广义的美为目的，为根据，为依归。以美为线索，可知上列三书本是一气衔接不能分开的。现在姑为阅者及印刷便当起见，暂各为单行本，而我先将《美的人生观》一书问世。

人生观是什么？我敢说是美的。这个美的人生观，所以高出于一切人生观的缘故，在能于丑恶的物质生活上，求出一种美妙有趣的作用；又能于疲弱的精神生活中，得到一个刚毅活泼的心思。它不是狭义的科学人生观，也不是孔家道释的人生观，更不是那些神秘式的诗家、宗教及直觉派等的人生观。它是一个科学与哲学组合而成的人生观，它是生活所需要的一种有规则的、有目的的、有创造的人生观。

生命的发展，好似一条长江大河。河的发源虽极渺小，一经长途汇集许多支流之后，遂成为一整个的浩荡河形。生命发源于两个细胞，其"能力"（energy）本来也是极渺小的，得了环境的"物力"而同化为它的能力后，极事积蓄为生命的"储力"，同时它又呕呕地向外发展为扩张之"现力"。就其储力与现力的"总和"计量起来，当与生命所吸收的物力"总量"相等。生命的力不能从无而有之原理，当与物理学的"能量常存不增不减"之原则相符合，一切关于生命神秘的学说，自然可以不攻自破了。

但由储力而变为现力（扩张力）时，则因各人的生理与心理运用上不相同，遂生出了彼此极大的差异。例如：有些人的储力，除了作为体温上燃烧料外别无他用（一班终日坐食无事的闲人）；有些人则仅用为性欲的消费（妓女和嫖客等）。他如工人腕力、信差脚力、艺术家学问家的心力脑力，比较上算是能善用其力之人了。可是，古今来善用其能力者，莫如组织家与创造人。彼等的生理，好似一个"理想机器"的构造：只要有一点极微细的热力，就能发生许多有用的动力。彼等心灵的运用，有如名将的指挥，能以少许胜多许；有如国手的筹划，只用一着，则全盘局势占了优胜的地位。就不知利用能力的人看来，以为组织家和创造人的思想与作为，不是人间所能有，好似天上飞来者，实则彼等与普通人不同处，仅在善用其能力与不能善用之间而已。

储力贵在善于吸收，扩张力贵在善于发展，故我们得了培养与扩张生命能力的方法约有二端。（一）求怎样能养成一种最好的生命储力，使发展为最有效用的扩张力；并且使这个扩张力得到"用最少的力量而收最多的功效"的成绩。（二）使环境如何才能供给这个扩张力一个最顺利的机会和最丰足与最协调的材料。前者，属于"创造的方法"，即在创造一些最经济、最美妙的吸收与用途的方法，使生命扩张力不至有丝毫乱用，并且使用得最有效力。后者，则为"组织的方法"，即在如何组织环境的物力与生命的储力达到一个最协调的工作,并使储力如何才能得到一个最美满的分量。

可是,创造与组织,必要以"美的人生观"为目的,才能达到组织与创造的真义与最完善的成绩。以美的人生观为目的而组织成一切物质为美化的作用,则物质至此对于精神上的发展始有充分的裨益。别一方面,以美的人生观为目的而去创造精神的作用为美化的生活,然后我人一切生活上才有无穷尽的兴趣。

这本书上所要说的与别书不同处,就在希望能够供给阅者一些创造与组织的好方法和一个美的人生观的真意义。现在国人对于创造和组织的常识已极缺乏,对于创造和组织的真义当然更不知道。至于人生观一名词虽成为时髦语,究竟,能了解人生观的人则极少数,能了解美的人生观敢说更是"凤毛麟角"了。

美的人生观不是一个虚幻的概念,乃有它实在的系统。今就其系统的横面排列起来则有八项如下:

美的衣食住、美的体育、美的职业、美的科学、美的艺术、美的性育、美的娱乐、美的人生观

但就其系统的直竖说,即是从其整个看来,则可写成为下表:

在这个表上是指明衣食住、体育、职业、科学、艺术、性育、娱乐七项,不外是用来创造与组织这个整个的美的人生观的一种材料,而美的人生观,乃这七项共同奔赴的独一无二之目的。以下这本书所论列的,第一章是把这七项对于美的研究上用了"分析"的功夫。至

于美的人生观一项，乃有"综合"的作用，所以留在第二章去讨论。原来分析与综合虽是互相关系与均为造成一个整个的学问不可少之方法。但必分析的先行成立，而后综合的才能奏效。故就研究的方法上说，我们免不了暂时把这个整个的美的人生观拆做前后二段。若就其学理上说，我们看这前后二段的底里意义仍然是一个整个。

先就第一章分析的方法上说，我们见出一切之美皆具有"科学性"，并且是"人造品"之物。美是具有科学性的，所以有一定的大纲可为标准。故凡依着这个科学大纲去创造者，则所得之美当然不会鬼怪离奇致蹈前人之以缠足为美鸦片为乐等覆辙。别一方面，美是人造品的，只要我人以美为标准去创造，则随时，随地，随事，随物，均可得到美的实现。凡真能求美之人，即在目前，即在自身，即一切家常日用的物品，以至一举一动之微，都能得到美趣。并且，凡能领略人造美的人，自然能扩张这个美趣，去领略那无穷大和变化不尽的"自然美"。因为自然美之所以美，不在自然上的本身，乃在我人看它做一种人造美，与我们美感上有关系，然后自然美才有了一种意义，由此我们可以知道缺乏人造美的观念之农人樵夫与一切普通人，何以同时也不能领略自然美的理由了。至于那些破落户的诗人和玄学派，及枯槁无生趣的宗教家，忘却人造美的作用，只会从虚空荒渺处去描拟想象，这些人最是与美趣无缘分者！他如一班狭义的科学家仅知科学是实用，不但他们是科学的门外汉，尤其是美的科学的大罪人！

于讨论第一章美的意义从分析方面研究后，我们在第二章上对于美的研究，另外抱别个方法，即是看美的作用为综合的与哲学的物。就综合说，美的人生观是整个的不可分析的。一切的美自衣食住、体育、职业，以至科学、艺术、性育、娱乐等，都是综合起来组成为这个整个的美的人生观用的。这七项上分析起来，虽各有部分的美之价值，但总不如组合起来为更有效用。其次，就哲学说，美不止是整个，并且是有系统的。以美的人生观为中心点而组成为美的系统。因有系统，所以能把好些零碎的分析的各种美综合起来为整个美的作用。故就整个说，缺一部分固不完全，但若无系统，虽有整个，也不成美。必要有系统的美，然后对于一切美，才能有条而不紊与取多而用宏。必要有系统的整个的美，然后对于美的作用才能用力少而收效大。

从综合上哲学上看起来，美更是"人造品"之物呢。因为由综合与哲学而造成为有系统与整个的美，全是我人自身上的事。不用外假，我们自己自能创造美的情感、志愿、知识与行为；我们自己就是情感派、聪明人、志愿家及审美者、创造人！可是在这层上，所谓"人造美"的意义与第一章的不相同。第一章的人造美是科学的创造，即是把环境一切之物，创造成为一种美的实现。第二章的人造美是哲学的创造，乃在创造我们心理与行为上整个的美之作用。但这二个"人造美"乃是互相关系，互相促进，以成我们科学的和哲学的美的人生观者。

进一步说，科学方法与哲学方法不过是一种工具而已，人们得到这些工具后，须另出心裁求些比此更好的工具——这即是"艺术方法"的作用——然后总能够组织和创造美的人生观。艺术方法，一面是科学与哲学二方法组合上的产生物，一面又是他俩的先容者，这个方法的重要，使我们在此书中不得不特别去注意它。

人间与宇宙间之美不一而足，全凭我人去创造去享用。我们对于美的责任在使人间与宇宙间的现象皆变为"美间"的色彩，在使普通的"时间"变为我人心理上的"美流"，在使一切之物力，变为最有效用的"美力"，这些大而且新的问题，皆是我们在此书上所亟要研究的。

在此结束上，我应连带声明者：美以"用力少而收效大"为大纲，由是我们得到一切之美皆是最经济的物，不是如常人所误会的一种奢华品啊。例如：我在下文将指出衣食住的创造法，若以美为标准，其费用当比普通的衣食住更便宜。再以美的体育说，不用些少费，而能于快乐中得到康健的身体和敏捷的精神，这样的经济更不待言，至于职业和科学等，若采用美的方法则用力少而出息多，且其出息皆大有裨益于美的人生观。故我敢说：救济贫穷莫善于美，提高富强也莫善于美。

但美不仅于物质的创造上得到最经济的利益而已。它对于精神上的创造更能得到最刚毅的美德。唯有美，始能使人格高尚，情感热烈，志愿坚忍与宏大。唯有丑，才是身体疲弱，精神衰颓与人格堕落的主因。一切疲弱衰颓的状态乃是丑的结果，一切刚毅勇敢的德性，才是美的产儿，凡知道美与刚毅互相关系的真义者，当然不敢以小白脸、吊膀子等丑恶的行为，假借这个神圣的美之名目去招摇！故我们在本书所要提倡的美的艺术、性育、娱乐及人生观等不是我国现在靡靡然的艺术、禽兽式的性育、下等的娱乐与无聊赖无目的之人生观，乃在要求得一个能提高性格的新艺术，一个得到情感安慰的性育法，一个具有种种美趣的娱乐，一个性格刚毅、志愿宏大、智慧灵敏、心境愉快的人生观。

第一章

总　论

美是无间于物质与精神之区别的。"物质美"与"精神美"彼此中具有相当的价值：一个美的女儿身与一个神女的华丽同样地可爱惜；一种美的服装与一种云霓的色彩同样地可宝贵。人类对于美的满足，不在纯粹的精神美的领略，也不在纯粹的物质美的实受，乃在精神美与物质美两者组成的"混合体"上。当其美化时，物质中含有精神，精神中含有物质。例如：夜梦与神女交，虽在这个不可捉摸的幻象，觉得真有这件事一样，此时此境，梦中有真，灵中有肉，精神中已含有物质了。又如赤裸裸美的人身，当其互相接触到极热烈时，觉得真中有梦，并且觉得愈"梦境化"愈快乐，在此情境上，肉中有灵，物质中已含有精神的作用了。（如《西厢记》："今夜和谐，犹是疑猜，露滴香埃，风静闲阶，月射书斋，云锁阳台，审视明白，只疑是昨夜梦中来，愁无奈。"）

就美的观念看起来，灵肉不但是一致，并且是互相而至的因果。无肉即无灵，有灵也有肉。鄙视肉而重灵的固是梦呓，重肉而轻视灵的也属滑稽。因以美化为作用，则物质的必定精神化，而肉的必定灵化，故人们所接触的肉，自然无些"土气息、泥滋味"，而有无穷的美趣与无限的愉快了。就别面说，一切既美化了，则精神的不怕变为物质，而灵的不怕变为肉。不但不怕，并且要精神的确确切切变为物质，灵的显显现现变成为肉，然后灵的始无空拟虚描的幻象，而精神上才有切实的慰藉。

明白上头这个理由，就可知道我们为什么对于美的系统上，要看美的衣食住、美的体育、美的性育等与美的艺术及美的人生观等一律地均有同样价值的主张了。总之，我们视物质美与精神美不是分开的，乃是拼做一个，即是从一个美中在两面观察上的不同而已。并且我们要把世俗所说的物质观看做精神观，又要把世人所说的精神观看做物质观。换句话说：在世人所谓肉的，在我们则看做灵；在他们所谓灵的，在我们反看做肉。实则，我们眼中并无所谓肉，更无所谓灵，只有一个美而已。

就美的性质上说，彼此分子虽无轻重之分别，但就系统的排列上说，其次序确有先后之不同。以美的衣食住为生命储力的起始，故列在前头。以美的性育与娱乐为生命发展的依归，故放在后面。以美的人生观一项为一切美的总结束，故留在最后层去讨论。至于美的体育，当后于美的衣食住而成立。有此二项在前，而后美的职业与科学才有托足，由是而有美的艺术、性育及娱乐等的作用。现就此章所研究的系统次序排列如下：

（一）美的衣食住（附坟墓和道路）

（二）美的体育

（三）美的职业

（四）美的科学

（五）美的艺术

（六）美的性育

（七）美的娱乐

第一节　美的衣食住（附坟墓和道路）

在本节上对于美的衣食住及道路所要提倡的大纲，是使生命的储力的吸收与发展上怎样得到一个"用力少而收效大"的成绩。其大纲的细目则有四项如下：（一）最经济，（二）最卫生，（三）最合用，（四）最美趣。可惜人类自知创造衣食住及道路以来，或全未合这些意义的，或仅合了第一个而未合乎第二个，或合乎第三、第四的，则遗忘了第一、第二。现在我们若以美的人生观为目的，以用力少而收效大为大纲，去创造衣食住与道路，当能达到这四个细目的真义。容我先说衣服，次及饮食，后为居住及道路。

一、衣　服

衣服不是如世人所说为遮"羞耻"用的。试看现在尚有许多民族裸体游行毫不为羞。虽在文明的地方尚有利用裸体为表示他们美丽的身材者：希腊裸体雕刻、近世裸体图画以及欧美妇女大开胸式的服装，皆是表明衣服不是穿来做"礼教"用，也不是穿来做偶像用的证据。

究竟，穿衣服的真意义是什么？我想第一是因有些地方寒冷，不能不穿衣服以御寒取暖。第二，则因男子的阳具在半身间突出得太难看和举动不便当，女子的阴具如遇经期或有病时流出那些不雅观的脏水，所以这二部分的地方，须用一些物遮蔽，这是用一部分衣服的起点与因由。到了今日另有许多民族虽满身赤裸裸，独对于阴阳具上尚须遮蔽，就是这个缘故。第三，是因有些人的身体长得太丑恶了，不得不用衣服去遮掩假饰。第四，在稍文明的社会，则有纯粹以衣服为美饰品者，今举其二项如下：（1）以衣服的装饰与做法不同为阶级上辨别的记号，如贵族与平民，男人与女子的服装不相同之类；（2）纯粹以美为观念，如近代欧美的女子，冬天或穿极薄的丝袜，夏日反戴毛领巾之类。就以上说来，除了第一项穿衣服乃为需要所迫外，余的多是为美丽而穿的了。这些都是证明衣服不是为"遮羞掩耻"的最好凭据。

依随各人与各民族的经济、卫生、应用和审美各种观念的不同，遂造出了极繁杂的衣服式样。我们若把古今东西的衣装聚合一室看起来，其离奇古怪与五光十彩处，必能与一切禽兽的皮毛和昆虫的色彩互相辉映。在此层上，极易见出人类的创造力，不会比自然的创造力输却许多。也可见出"人造美"是补助"自然美"的不足了。但因向来无一个"科学的与美的服装"做标准，以致大部分人类的衣服不是有碍于身体的发展，便是有碍于美丽的观瞻。我国现在通行的服装都犯了这些毛病！

中国老病夫的状态不一而足，而服装是此中病态最显现的一个象征。男的长衣马褂、大鼻鞋、尖头帽，终合成了一种带水拖泥、蹩步滑头的腐败样子。至于女子的身材本极短小，而其服装分为上衣下裙（或裤），每因做法不好，以致上衣下裙不相联属，遂把一个短身材竟分成为头部、衣部、裙部及鞋部四小部落了！在夏天时，因服装少而不齐，令人望去好似一张"皮的影戏人子"，身上现出片片补接的痕迹。若在冬季，因其多穿，又因其做法与配置不好，竟把一个身子变成大冬瓜了，这是通常我国女装的坏处。若论儿童的装束，都是照成年一样，三两岁小孩就成了"老成人"的怪状。一个活泼泼的生机被服装所摧残殆尽，这个更堪注意去改良的！

民国改元，仅改了一面国旗和一条辫。其紧要的服装仍然如旧，这个是民国的一大失败。论理，改易心理难，改易外貌易。若能把这个病态的丑恶的服装改变，自然可以逐渐推及于精神上的改良。但我不是主张如从前易朝时必改服的那样无理胡闹（袁世凯时代的制服就是无理胡闹）。我所要改易的新装当按上头所说的四个细目——最经济、最卫生、最合用、最美趣——为标准。现先说男装应该改良的是什么？

现时习尚的男子开领西装，费用太大，而且嫌于矫揉造作，也未尝见得美。穿者不过看做"奇异与贵族式"罢了。所以我主张不可采用这样西装。我人应当采用"漂亮的学生装"（又名操衣服，或名军人装，即扣领上衣与操裤，冷时加外套。所谓漂亮的学生装，即是质料精美，颜色鲜明，做得整齐，穿得讲究，保持得洁净。若能如此，学生装束自然是极好看了。我国学生装与日本装都极粗恶，而西洋军人装则极悦目，就是在做法与穿法上不同的缘故）。男鞋当用皮做，其头不可过细。帽当略如哥萨克式或土耳其形，取其高以衬高我人的矮身材（最好于腰带上佩短剑以壮观瞻）。如是，则前时拖长衣的病夫状态，当一变而为雄赳赳的伟丈夫了。这样男装就是合于美的标准。因为它是"人的服装"。因为这样装束能显出男子汉的仪容，能使穿者有活泼的气象与振作的态度。其他如保持体温和卫生，行动做事便捷了当，以及免如长衣多费一半无用的布与易带土泥、易肮脏的那样不经济，其种种利益更不必再去详说了。

原来衣服不单是为壮观瞻用的，并能使穿什么衣服的人，就养成什么姿态。例如穿缎鞋（或布鞋）惯了的人，脚力就不免轻浮，行路就成了拖沓，支撑身态终不能得到正直与稳固。我国人多曲背弯腰虽有种种因缘，而与穿缎鞋必有些关系。若推而论全部的服装与身体的养成，其关系上当然更大。一个中国小孩穿起长衣马褂与中国鞋，俨然就现出了一个腐败的老大国人身材：背不免弯斜了，手不免直垂了，行起路来就不免带摆又拐了。可怜的几岁小孩，其天然直竖的骨骼已不免逐渐为衣服的格式所改变了！故现在"小孩装"最当参酌采用欧美式：短裤露膝与宽博的短衣，务使小孩举动活泼，及生机上有发展的可能。并且希望男小孩装扮得雄赳赳，女小孩穿成娇滴滴，彼此上又均当养成爱美，喜欢清洁与整致的嗜好。

我国女装的改良比较男装的更为重要，大概我们女装的不美处：第一，误认衣服为"礼教"之用，不敢开胸，不肯露肘，又极残忍的把奶部压下；第二，做法不好，致上衣下裙不相连接；第三，内衣裤的装束不良；第四，无审美的观念，颜色配置上多不相宜。现当从这些缺点上去改良。我以为当参用我国古女装及西洋妇女装的长处而去其短。其最简便、最卫生、最窈窕袅娜与活泼中而又庄重者,莫如于身内穿一"衣裳连合"的内衣(如图1)。冷时或穿较温暖的质料及无开胸有短袖的"衣裳连合"的内衣(如图2)。在此"衣裳连合"的内衣外,在家或出外会客时则穿我国的"改良的古装"。(古女装极有雅趣,我现在不必把古装的做法详详细细描写于此。"改良的古装",即是不用穿了袄后又穿裤与裙,只要穿一袄就够了。并且袄的做法须要妥帖身体,使骨骼的美处能够表现出去,而袄外束一花样宫绦带,以显示一种风韵态度。又改良的古装,袄的长度仅够遮住"衣裳连合"的内衣末处即足,脚上穿长袜隐约间可以见。袄袖不必过长且不可宽。这就是我对于古装改良上大略的叙述。)若出外做事或旅行时则穿最简便的洋女装(略如图3与图4),加以帽(如图5)。寒时于"衣裳连合"的内衣之内加穿衬衫与衬裤外或穿卫生衣服等,外出时于外衣上加外套。我主张采用最简便的洋女装,因其费省而窈窕。至于繁重的洋女装,其件数过复杂,其做法过苛求。我们可不必去学它。

总之要求女装的美丽,须当留意下列诸事:

(一)于"衣裳连合"的内衣外,应加上一条环束腰背的围带(略如图6),以保护腹背的温度又使腹部不膨胀(不是束细腰),使腰背不弯曲与支托乳部不下坠为目的。我在此应当提出一个极紧要的事,即是"束奶帕"及为此目的的各种束缚物,都应该废除。我常说,不知何时这个反自然、不卫生、无美术的束奶头勾当,始与小脚、细腰及扁头诸恶俗同行抛弃!女子有大奶部,原本自然,何必害羞。况且奶头耸起于胸前,确是女子一种美象的表征。因为女子臀部广大,奶头在上胸突出,正是使上下前后的身段得了平衡的姿势。我国女子因为束奶的缘故,以至于行动时不免生了臀部拖后,胸部扯前的倾斜状态,这不独不美观,并且极不卫生。故现在女装的改良,于如何解放胸前及支托乳部的问题极占重要的位置。

(二)我前已说我国女子身材短小窈窕,当穿古装与长衣装以烘

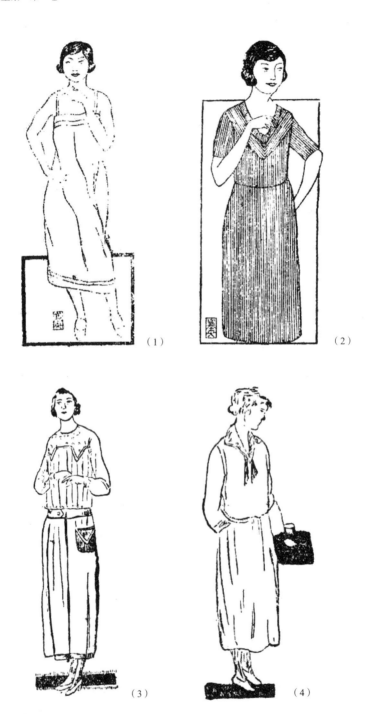

(1)　　　　　　　(2)

(3)　　　　　　　(4)

  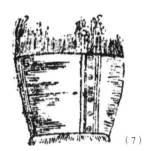

（5）　　　　　　（6）　　　　　　（7）

托身材苗条和袅娜的姿态了。但长衣装的做法，当然不可如现在满洲妇人及北京女子所穿的一样，应该做得有韵致，又不可过长，腰间须有微束的姿势，胸间或开或不开，但当使颈部显出，免有"缩龟头"的丑态！

（三）女子穿裤极不雅观，这个或者因女子是奴隶须做工，所以演用这样便于工作的服制也未可知。至于妓女因其衣短裤窄以便显出屁股与阴户的私处，使人或者于隐约间触起性欲以达伊们"吊膀子"的目的。现在我们家庭的女子，既不用做苦工，又不想做妓女，自然无穿外裤之必要。如要穿衬裤时，则当采用图7的款式，使裤长仅及膝，与裤底务极宽舒为要。（洋妇内裤常是"无底"者，以便于大小便及免却阴户的摩擦，因其内裙长且窄，故其间温度也保得住。）

（四）女帽应当用布或缎与纱为材料。因我们女子面细身小，所以帽的形式不可如洋妇的宽大。最好是略如洋女子的睡帽（略如上图5），帽上与衣上能时插生花更好，或用假花也可。又依上头所说的新服式，则颈上必露出，如遇要掩饰时当用丝和纱等为颈带的围巾，极不必演用皮领巾的野蛮装束。至于女鞋在家内当用绣鞋，出外做事时，或用皮鞋。绣鞋的美丽处，当然不是皮鞋所能及。可惜现在新女子喜用皮鞋，男子反喜用缎鞋，相换起来才好。（绣鞋通常做得不好，当改为洋女皮鞋一样做法。）

（五）女子衣服的美丽处，尤其在颜色的配置上（男子的本也当如此）。洁白的内衣配上粉红的外衣，深黑色的长袜，玲珑的彩帽与后跟稍高的绣鞋,这样自然是极美丽了。或则里红外白,上黑下紫,或则蓝衣黑袜,粉帽白鞋,总期淡妆浓抹都饶雅致为贵。并且女装不一定从"优美"处着手,风韵固是极紧要的,但刚强的态度也不可少,这个应当从"壮美"的形式及装置上表示出来。读了《红楼梦》的人,谁不喜欢尤三姐"脱了大衣服,松松地挽个髻儿,身上只穿着大红袄儿,半掩半开,故意露出葱绿抹胸一痕雪脯,底下绿裤红鞋鲜艳夺目"这个浪漫中兼带豪爽的装束呢?又谁不喜欢史湘云这个"小子的样儿"装束呢?"只见她(湘云)里头穿着一件半新的靠色三镶领袖秋香色盘金五色绣龙窄褶小袖掩襟银鼠短袄,里面短短的一件水红妆缎狐肷褶子,腰里紧紧束着一条蝴蝶结子长穗五色宫绦。脚下也穿着鹿皮小靴,越显得蜂腰猿背,鹤势螂形。"

(六)"花辫"的采用,使正服上倍加出色。它不但本质美,并使衣服于淡素中显出风雅的韵致。有钱者当多用花辫饰衣服,这个是"艺术实用化"上最大的成绩。

在上头对于男女装及小孩装大略研究之后,我们再应留意者则为内衣与寝衣。我国人对于内衣多是束缚,肮脏,不合用,不好看。寝衣一层竟无其物。实则内衣比外衣关系更大,因外衣终不如内衣与身体上有许多直接的关系。至于寝衣,为我们终夜的贴身伴侣,其影响于身体更巨。总之,要使皮肤免刺激,身体得卫生,当要内衣与寝衣做得合用,好看,质料又要软柔。凡美与快乐,一边,为他人;一边,更是为自己的。内衣与寝衣都为自己用的,做内衣与寝衣应该比外衣更加讲究才对!(此外或用布巾,或用纸巾,以包口唾及拭鼻水之用。这个不是小事。我以为无论如何穿得好看,若随便吐口水与挥鼻涕,便是丑态,便失人格,便不是人的所为!)

衣服做法本是专门技术。我们在上所论列的不过从其大纲处略为讨论而已。私心所最期望者将来由许多衣服店或各人就上所说的服装大纲上去改善改良,又望把它普及起来,可以得到我们下头的四项成绩:

(甲)最省费的。(1)新式的装束因其做法好,善于保存体温,自然不用穿了许多件；（2）因其便捷无拖沓，不易肮脏与损坏；（3）其质料与裁做的价钱，若与同样的材料的旧装相比较当不会昂贵。我曾在北京"女高师"演讲时论及这层的女装改良法，有些女生说这样的裁缝费极贵，普通人不易办到。其实现在的成衣匠看这样的女装为贵族品的点缀，自然抬价极高。但在后日这样女装普及起来，其价钱则极便宜。例如以上图说，在巴黎买，其图 1 与图 2 的"衣裳连合"的内衣不过各二三元，其图 3 与图 4 的外衣不过各五六元，连做费与普通的洋布价在内。若我国的男女装用爱国布做，不过三四元即可得一套外衣服，其用清河呢的当在十元左右而已（我已与成衣匠实地谈过，其价钱确是此数）。

（乙）这样新装是最卫生的。质料的选择得宜——内衣和暖，外衣坚韧——与做法的合度，自能使体温上达到一个最适当的发展与保存，可免有过寒过热的毛病。

（丙）这个又是最合用的服装——内外衣服紧接一气，上下帽袜互相调和，休息与劳动上均有充分的便当。

（丁）末了，它是最具有美趣的服装。凡衣服做法，颜色配置，及花辫装饰，都是以美为标准，自然逸趣横生，准能得到美感上满足的要求。

在这服装问题讨论终止时，我们应当知道衣服的真使命有二事：其一，衣服纯为美观用的，俗说"三分人才，七分打扮"，凡中等人材都可装成"美人"似的。因衣服美而使人材美，因人材美而使社会上生出许多你喜我欢的爱情，发展许多热烈的生气。故美的衣服的大用处，不但为体温，不但为穿者舒服与快乐，也是社交上最重要的条件与发生爱情上不可少的要素。其二，衣服为保存体温，这是人所知道的。但如何使体温上仅发出最少的分量，就能抵御外边冷气或热气的侵犯，这是更为紧要的问题。照新服装的方法做就能解决这个问题。它能节省体温的热力为别种气力，用如思想、动作、用功、玩耍等，使我们对于气力可以省却无谓的消费而得到有用的效果（热带及寒带的人民，因体温耗费的缘故，遂使思想等力量减少。思想、动作、用功、玩耍等皆不过一种体温的变化）。如体温不乱费，则饮食分量可以节省，这个效用也有二：其一，因节省食量免却消化部的许多劳动，身体上可以去做别种有利益的工作（诸君也知不消化病的痛苦哪！）。其二，因少食，我人可免为食物之负累去做许多纯为"糊口"的无聊工作及凶恶的行为（现时大多数的工人纯为衣食问题忍受牛马般的工作。至于贪贿的人与打劫贼，及一切社会罪恶，也都是为衣食问题而起的）！

二、饮　食

饮食一道与身体的关系比衣服更为重要。生命储力都从饮食而来。一切欲望多为饮食而起。不得食的好处，则由食物而传入身内各种病菌，使我人的形骸憔悴精神颓丧，以至于疾病痛苦衰老死亡。若得了食的妙法，则由食物而变为身内最多的热力，由热力而变为我人的思想、情感、志愿、玩耍及动作等的作用。故我们可说：食是生命的根源，生命是食的结果。故创造美的饮食，乃是创造美的生命最紧要的原料。

创造美的饮食与创造美的衣服一样。以"用力少而收效大"为大纲，以最经济、最卫生、最合用、最美趣四项为细目。现在把饮食分为质料、做法、食法三端，以求达到这个大纲与那些细目的要求。

（甲）以质料说，应把一切饮食物分为"正粮""副粮""饮料"与"附属品"四类。依各地方之不同而定麦或米，或粱、黍、稷、番薯等为正粮。豆、粉、鱼、肉、菜蔬、水果及糖等为副粮。乳、茶、咖啡、汽水等为饮料。酒和烟卷等为食物的附属品。

第一，我们最紧要的问题，在使副粮代替正粮。以每日三餐说，早晨为饮料，午用正粮，晚是副粮，则前时每日用三次正粮者，现仅用一次。方今我国正粮的米麦极缺乏，每年由外洋运入者已达几千万担。这样不但财源外溢，并且接济不及，而有绝粮之虑。若把前时每日需三次正粮者，改为一次，则个人上的经济极合算，而地方上于正粮有储蓄的可能，以免遇歉收时即呈饥荒的险象。副粮除肉类为贵族品且极有害外，余的价钱都极便宜。且其味美，滋养料足，又极美观。以豆类说，如豆腐、豆乳在我国中已极通用。前时素食家几靠它为独一的菜料。水果一物取为做汤做饼与布丁等其用尤大。我曾在德国住一人家，数人以苹果切片后和面与糖做成的浓汤为晚餐独一的粮食。赤澄澄的苹果，粉红色的面汤，极美观，并且口味好，又极卫生极便宜。我常想在南方的屋边种上许多香蕉树，其香蕉可以生食，又可以和粉做饼，味道香美无伦，外国菜列为珍品。若于晚餐用了数个香蕉饼，滋养已足，既果腹又易消化，于极便宜上得了珍馐的幸福。北方的枣也可生食与熟用。院子与屋边栽培极多的枣树，于住宅极美观，于卫生极有益，又可以为食品用，所谓一举而数利兼收。（阿拉伯人以枣为在沙漠旅行上独一需要的干粮，非洲人又有以香蕉为独一的食品者，这二物的滋养料极富饶，以香蕉说，每三蕉已抵得一个鸡子，每人日食九个蕉，即此，营养料已充足。）

鱼类为副粮中的佳品，产鱼之地，晚餐以鱼为主料，并不见多费。至于菜蔬一类，美同花卉；味至清鲜，也当常用。此外，又当特别提倡我国人最不识利用而在副粮中为最重要的糖类。糖价虽贵但少用即足。它是极能助长气力的。当人极困惫或用力后疲惰，以少许糖和茶饮后即恢复元气，糖有烟酒的功能而无其弊害，我曾研究得生物中唯"食糖类"的动物为最聪明，如糖蚁、蜜蜂之类。在人类中，文明人比野蛮人用糖独多。又糖与粉面等，和合后做成各种美丽的点心，为普通人的食物外，特别又为小孩及老年的嗜好品。所以点心在副粮出产品中占极重要的位置。

晚餐副粮的采用，不但是省却正粮，并且可多得口味。日日三餐都是一样物，何等讨厌。若三餐不同物，则一日中可得三味的调换，自然胃道大开食欲奋进了。并且，每因晚间多食不消化之物以致病，若用副粮，自可避免。除了各人所需要滋养料的一定食量外，实在不可多食。多食则变为脂肪质的肥肉，于身体上极有妨碍，常至于伤生而不能长命。故我人当养成少食的好习惯。晚餐少食的英国人其体魄常比晚餐多食的法国人更康健。

饮食多半是出于习惯的。朝食本可废止，或不得已而代为饮料。上午多用功者当食稍浓的食物如牛乳，或牛乳掺可可之类。无事的人用茶即足，稍和以奶与些糖减少茶的刺激性，并且可得些滋养料与提神的功效。咖啡极兴奋，但用些以提神也极有益。至于汽水、冰淇淋等于热带及暑天极当采用。总之，我想晨间仅用饮料即足，而饮料中以牛乳为最有益。乳有除杀身中病菌的功能，凡要长寿及美貌者不可不多用。

（乙）为达到食物美化上的目的，故食品于选择质料外，又当讲求其美的做法。我国有许多地方的麦米做得极不好（北方的面条、大饼，潮州的饭），以致味同嚼蜡，无益滋养，徒累肚腹。做法好的如法国面包、广州饭粥，因发酵与炊烤得法，则出货多而好看，且有滋味与易消化。在副粮上，做法之外，其切割、烹调与和味等项也极重要。同一样物，因其切割的形状长短、方圆、钝锐、大小不同，及烹调和味的方法差异，于味道上即呈大大的变更。贵如燕窝鱼翅如做得不好，不如做得好的豆腐香甜。凡做法好，使目见得美丽，自然食得有趣。例如用各种模印成面块为各色花鸟人物的样式，作为汤料，不但美丽，并且使舌根触觉各种花样之不同而各得了一种滋味，若与北京市上黑灰色和蚯蚓式的面条那样丑劣相比较，相差真有天壤之别了。

（丙）现就"食法"说更当求其美化。由我们在上头所说的看起来，美的食法免用多费，不过把旧有物料做得极好味道而已。其次，美的食法于美味外，又兼及于美观。要求美食法之人，须当节出食物费若干分之一，以为购置关于美观的用具。例如格外清洁和具有些美趣；其他如食堂、食桌、食具等的装饰皆当讲究；至于桌供生花，壁挂美画以及助食的音乐，劝膳的种种消遣物等，应当力所能及不惮劳地去设备经营。这些费用不是无谓的消费，有它而后食物才能美化；有它而后食物在精神上的价值才能增高。

除上所说二种美的食法外，还有第三种更紧要的是"美的内食法",这个可用三个步骤来说明:(1)使所食之物在身内得到最高度的热力;(2)使人对于食物,仅在物的兴趣上而不在其需要;(3)使身内的热力转变为精神上最高度的作用。

现先就内食法第一步说,叫做吸味与吸气法。这个固然不是普通所谓的"食"。但它与食物的关系,在使食物能消化,又能使食物消化后在身内得到最高度的热力。实行这个吸味与吸气的人,与闻肉味而无食肉和嗅花香而无食花同样能得精神上的快乐。实则,普通人的食法也以味与气为重的,遇了无味与失味或变味之物,除非在极饿的时候,谁也不肯食的。不过讲究味与气之人,更加注意于物的精髓而忽略于物的糟粕罢了。我曾见潮州人的善饮茶者于一个极小的茶杯中不过装上数点的茶水,未饮时先嗅味,饮完后又嗅茶杯中的余香。至于一些人的饮茶,大碗大喝,由他们看来无异于"牛饮"了。此外善利用味与气者,莫如于旷野美丽的场中饱吸新鲜的空气。实行吸空气习惯的人觉得他与自然呼吸相通而合为一,于精神上有无穷的兴趣和快乐,而肉体上也有无穷的热气与能力。因为新鲜空气入人身中,好似氧气透入火炉的炭中一样。炉炭得了氧气而烧力倍烈,人身热力得了好空气,而气力愈加提高。无空气,则肺脏的炭气不能燃烧,也如炉炭无氧气就要熄灭一样,这个可见吸气与我人精神和肉体的营养关系上的重要了。由此也可见得吸味和吸气与食物上的关系至深且大了。

"内食法"的第二步骤上是"使人对于食物,仅在物的兴趣上,而不在其需要"。"兴趣"与"需要"的区别甚为重要。第一,讲兴趣者,有兴趣时才食,否则就不食。由是可以养成"食为兴趣"的习惯,不是如俗人完全为口腹的需要而饮食的。第二,凡看做兴趣品用的,则一切物皆有益;若看做需要品用的,则一切物皆为负累。例如米粮,因它是为我们日常的需要品,所以我们虽不能不用它,但常给我们讨厌。又如烟酒若能善用为兴趣品,则杯酒枚烟常能使我们身体上得到极快乐的兴奋,而精神上得此逍遥于烟云缥缈之中,常能得到深妙的思想与高尚的乐趣。反之,若把烟酒为需要品用,如现在的人手不离烟,口不停杯,遂把一切烟酒的美趣完全失却。这些人当然是满脑装上了烟晦气,满肚盛下了糟味道而已。其结果,则神经过于刺激,肉体过于疲劳,以成今日我国社会上充斥了老大病夫及神经病态的二种人物!第三,晓得兴趣的食法之人与普通人的食法不同处,就是普通人无这个兴趣的食法,以致不免一味滥食,仅仅养成一个"行尸走肉"的躯体,甚且为食物所侵害而至于死亡。至于晓得兴趣的食法之人,对于食物必先有兴趣而后食,自然极会节制食物的分量而不过度。且能使食物为他所同化而不为食物所同化,同时,使食物同化后为他美丽的身体与健全的精神。

以上三层所说的不过是"内食法"的陪衬。实则"内食法"的真义不单是吸味与吸气,也不是单为食的兴趣,而是在一定的时期完全不用外食,仅靠极微的身内热力就能生存,而且得到精神上极大的出息。谁不见蚕到一个时候不用食桑仅做吐丝与传种的功夫么?究竟许多科学家、艺术家、哲学家以及组织家和创造人,何尝不是在一定时候完全是绞脑汁、用心血做他们的事情,何尝不是把饮食的事一概都忘却呢?孔子说:"发愤忘食。"昔苏格拉底尝因深思凝想的缘故鹄立于广场上至一日一夜之久,这些不过举出一二证例罢了。这样的"内食法",虽不免使身体瘦弱,但他的精神则甚矍铄清爽,而无丝毫的疾病,并且能益寿延年。因为他所消费的(内食的)是身内同化后的热力,自能得到这些"同类的热力"的忠心与最大的效用。别一方面,晓得使用"内食法"之人,是把一切热力都向一个目的点进行,故他对于热力丝毫不会乱用,并且用得最有效力。

总之,由"内食法"第一、第二步骤上进行,最能得到食物变为最大储力的效果。由第三层的"内食法":一面,得到储力最善的保存,一面,又得到储力最好的使用。故"内食法"是美的食法的真髓,是养生的最好方法,是把物质创造为精神上的最好技术。它是最经济的,因为它少食或全不用食而能饱。它是最卫生的,因为它不会被食物所侵害。此外,它对于食物上得到其最适用,并且得到其最美趣。这个"内食法"是作者自己发明而试验过得其大成绩，所以敢公之于世以望他人仿行而同沾其利益（其详细方法当待《人生与艺术》一书上去讨论）。

美的衣服与美的饮食既在上面说明了。我们现应论及美的居住，以完成人们衣食住的整个生活上的大作用。

三、居住（附道路）

我国北方的土房及南方庙祠式的住屋，都是不卫生与不适用的。到了现在居然有许多模仿欧美乡间火车站式洋楼的建筑，虽比旧式的较为卫生与适用，但终极缺乏美趣的观念。我以为造屋要全合于经济的、卫生的、合用的与美趣的四个意义，应当先知道者有三事：

（一）房屋当分别为公用与私用二种。公用的如办事房、工厂、商场等，仅求做事上的便利，常以经济与适用为目的。例如在商业繁盛及地价昂贵的纽约及芝加哥二地方，其屋高至数十层者。这样建筑物，宏美处虽有余，而优美上则极不足。私家住屋当然无须如此的"孤高"，但求得优美与有回旋的余地，即算为一种胜居了。

（二）私居住屋当在郊外，最好是于山中或水边寻位置。山间与水旁的地价极便宜，且富有自然的景致。旁如空气日光的卫生与安静独得的幸福，皆非城居者所能望及。

（三）住屋的分配当求各合于适用。住房、客厅、食堂、厨房、浴室，以及大小便所与家畜居栖等地方当使各得其所。不可如我国大小便桶放在床头，猪狗鸡鸭睡于桌下的那样闷煞人。

于上三端外，又须再加高深的讲究者则为建筑法、屋内外的设备及"外居法"三种。今分列之如下：

（1）先从建筑法的大纲上说一说。大凡私居的屋式务求委婉有致，不可过于呆板。长方形的乡间火车站式洋楼及四方形的北方房屋都是不足取法的。最好是参酌欧美乡居式的鲜明与东方田家式的暗藏而成为第三种的住屋。这个"第三种的屋式"大略是高低起伏,有明有暗,方圆曲折,也齐也差。至于"神而明之存乎其人":有钱者高楼层阁,窗扉门户各具一格;无钱者竹篱茅舍,瓜棚豆架别出心裁。总之,以美趣为目的,以经济为依归,以适用与卫生为标准,无论在何地方用何格式,都能得到一种美屋的结果。

(2)可是,屋不过一个空架子,尚需要有点缀,假使屋内外无相当的摆设,则虽单有美丽的建筑式,终不能把它真价值表示出来。故于屋外的周围,有钱者须配以园圃,贫穷之家也须多栽果树为陪衬。我在上已说及利用屋内外的隙地以种果树,由此可以得到水果的利益与树木的卫生及美趣了。此外,苍松、弱柳、名花、佳卉也当着意栽培。树宿飞禽,花引蝴蝶,实为极有趣味的事情。论及屋内的设备更当讲求。冬天温度当善保存,使室中常具暖日的和煦;夏时凉气竭力吸收,庶屋内长有熏风的愉快。至于一切家具纵不能求全责备,也当使其有条不紊,简洁不俗。另有一件当留意者为睡床。睡眠占了我人生活上大部分的时间,且为保存身内储力最紧要的一事。夜睡不好,日间疲困,做事无精神,并且为各种疾病的引导线。可怜我国人对于床褥素不讲究。黑漆漆的被褥生满了无数的臭虫与跳蚤,夏时更加以毒蚊恶蝇的猖獗。除非一个神经麻木之人,正常人在这情景终不能睡。纵睡得着,也被虫虱蚊蚋饱食一场。一人日间所得的营养料,竟成这些物的食粮,这样何等冤枉,而我人白流了许多无谓的血,仅得着了虫虱的毒害微生物传入身内的报酬!这样更是枉冤!故现在刻不容缓当大加注意于床褥之改良。其事至为简单,略陈之如下。睡床要求适用,稍为宽长较善,褥能用洋式的更好。(即褥垫用棉草蒿之类为内件,以布为外里。其广狭当依床的面积为度。)被以温软为佳。褥垫上面,被的里面,各用一块白布包裹,一同压伏于床缘下。如此,则冷气不能侵入被内,而白布时加洗涤,自然免有陈气的臭味。若能每日把枕头、被、褥、床或蚊帐等整理一次,夜间定可得到梦境的清甜,日间自有愉快的动作。这样床褥的费用甚少,而我人由此得到的利益则甚大。

（3）我今更进而论"外居法"。这个名目骤然看去好似与上头所说的"内食法"同样有心取奇，故意对偶。实则此间大有道理，不能不稍为论列。常人入了住屋即等于猪入牢鸡上埘一样，到屋里就天昏地黑，完全与外界绝交了。我今所说的"外居法"即是以天地为庐，万物为友，"日月为扃牖，八荒为庭衢"的意思。使人居在屋中无异住在自然界的中间。但这个怎样可能呢？其法第一当使屋宇轩敞以多得空气，并要南向，以多得日光。例如把北京东西南北四朝向式的房间改为向南的"北房化"，即是把下式南向的半圜式——

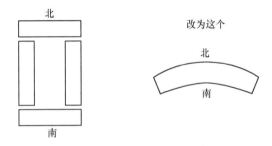

其余窗门的构造，也以得到充足的空气与日光为目的。现在英国屋宅建筑师极为注意如何得到充分日光的方法。因为日光不但是最好的消毒物，并且屋内充满日光，即无异于在屋内得了野外生活一样。这个是"外居法"的一个办法。其第二个办法，在使屋中与外象及夜景时时相接触。其屋檐下当建以广大的走廊，屋顶筑以平坦的露台。夏时，日则休息于广廊之中，夜则睡卧于露台之上。耳闻万籁齐鸣，眼见众象罗列。枕上虫声唧唧即是催眠的音乐。月色晶莹，晨光熹微，即为张眼所见的图画。若在冬天，拥火围炉，尚有可亲爱的日光来相慰藉。于身体则免为风雪所侵凌，而精神上且与自然相交接。总觉得我不是一人零丁住在屋内，屋不是孤独放在自然之外。人与屋与自然相合而为一，时时刻刻彼此无不声息相通。快乐哉"外居法"也！惯居无空气、无日光的人类乎！你们何不采用这个"外居法"的住居？它有无穷的日光使身体不衣而能

(1)

(2)

美的人生观

(3)

(4)

暖！它有无限的空气，使肚腹不食而能饱（参看上节"内食法"）！它能使你们居一屋中如居在一天地之大！美丽哉"外居法"也！住惯了丑陋与臭味的中国式的房主人啊！你们何不采用这个新法，使身体免为虫虱所咬害，而精神上免如猪狗入牢穴时之无聊。住这样的新屋，你掀鼻时有花香气香，你张眼时有日光星光。你终是穴居惯的蚯蚓么？你怕见日光么？你不喜欢空气么？你是人，你来试试，你才知人的生活的快乐！

附

坟墓与道路

在这衣食住之后我们应当附及二事：（一）为坟墓，（二）为道路。

说到坟墓一层上，我国人最该死处是把湫隘的住宅安置活人，反把极阔绰的风景让诸枯骨。到如今满地充斥了一堆一堆的坟墓，山野变为丛冢，田园夷为荒丘。现为经济计，为美丽计，应当采用公坟制。凡葬过三十年后就把骨头迁入一个地窟。公坟的处所当求其最美丽，使人有"我将老于是焉"的兴叹。而孝子贤孙对于祖宗既有三十年这样好地方的凭吊，也可以慰藉了。这样公坟制当然胜于北方粪堆式与南方龟鳖形的零星孤坟制万万。

其二为道路的问题，关系我人的生活更为巨大。外人目我国为"无路国"。实则，我国人岂全无道路的需要，不过所有的路不适用与丑恶罢了。且我国的道路不讲求清理，以致蝇蚊滋生，于居民的卫生甚有妨碍。故现在改良道路的目的不但在求其适用，而且求其卫生，并且再进而求其美观。美的道路应分为公路、私路二项。每条公路当由五条线所合成。路的中间线满栽花木，其旁有长板椅为行人休息之用。附近这中间线两旁的二条线为行人用,再外两旁的二条线为行车用。凡各线的两边皆须种树。其私路的面积,虽免如公路的宽阔,但精美处则当超过。应以青草为毡,金沙为毯,环心花篱,笼以树盖。务使道路好似屋的走廊游道一样。道路美丽,屋宇也美丽。道路清洁卫生,屋宇也清洁卫生。至于因道路的整理,使交通便利,行动省力,于社会的经济,于人身的储力,更有无穷的利益。由这点看,也可见出美即经济,美即卫生,美即适用。

以上三段对于衣食住的紧要处已经应有尽有论及了。总而言之,人类生活不能离衣食住。而衣食住的作用,不但是延长我们的生命而已,它的紧要处乃在使我们生命怎样得到最好的储力,以为后来最适当的发展与扩张。故我们对于衣食住一面在求如何用至少的力量与金钱,而能得到最大的卫生、最多的适用与最高的美趣。别一方面,又在研究衣食住与身体和精神的关系,如何能得储力上最大的效能与极完满的发展和扩张的作用。所谓"用力少而收效大"的大纲,乃是我们美的生活上根本的大纲。明白这个大纲的使用,自能得到衣食住的真谛,同时也能得到问题的解决。

第二节　美的体育

美身体的养成有四法:一,由于先天;二,由于锻炼;三,由于内体运动法;四,由于衣食住。我们在上节已把衣食住与身体的关系上说明好些了。本节所要论列的为先天与锻炼及内体运动法。

先天遗传的学说极其繁杂,莫衷一是。我将于《行为论采用状态主义么?》一书上详细论及。现就其大纲说,我对于遗传的新解释是:遗传仅在形体而不在其精神,仅在其行为的倾向而不在其思想的前定。见一孕妇,大概可以预知其将来必生一个人形的小孩。究竟所生的小孩能否与他的父母同一容貌，已极难说。至于孩儿的才能德性能否肖其父母，竟是毫无把握。贤父母生贤小儿，这个例外与人类偶然生了龟蛇形的胎物同为一样稀奇的例外。明白这层就知从前"优种学"的希望能够创造聪明与好品行的胎儿为过分了。我以为聪明与德性乃是后天教育的功效。优种学之所能为者充其量仅有把胎儿造成一个强壮美丽的身体，以为将来可以有造就聪明与德性的机会而已。

故我现在所主张的"新的优种学"乃实实在在地单从胎儿的身体上做起。所谓"新的胎教"，即使孕妇常有充分精良的食物，衣服宽便温暖，身体洁净，运动合度，精神上常有极端的满足与快乐就是。至于孕妇德性上的问题并非紧要。胎儿在子宫内所求的不过是母身中的营养料与母体的健康。母亲性情如何与胎儿并无直接的关系。因为德性的影响于儿童是后天的、间接的。物质的影响于胎儿是先天的、直接的。

怎么说物质的影响于胎儿是先天的、直接的呢？据人种学家所调查的结果，凡缺乏营养料的产母，所生儿童多成猴形，尖头细脑，颧骨高耸，唇腮突出，鼻凹耳歪，眼眶平露。总之，面部上各孔窍堆做一团，彼此不见明晰的界线。其他如四肢不发达，体魄不强壮，甚且身内各机关构造不好，以致百病丛生。反之，养料供给充足的孕妇所生孩儿多是面庞丰满，身体肥壮。而我以为这样强壮的婴孩，同时必能得到将来聪明与德性上较良好的成绩。因为凡身体好的孩儿，其性情必温和。若身体不好的则常多号哭。故要使婴儿好脾气，当使他先有好身体。他所快乐与痛苦者唯有在身体一件事，身体好则一切皆好了。其身体衰弱者因生理不愉快而多号哭，必至于神经起过分的刺激，养成将来神经变态的各种疾病，而一切凶暴顽劣的性质随此而生了。故身体好的人不仅将来有好心思，并且有好志愿及好品性的倾向。恶人都是青面獠牙的；好人都是气象亢爽的。志气薄弱常由于身体衰弱而来。刚毅正大的品格，多从强健雄壮的体魄所养成。

由上说来，要创造一人的德性与聪明，须先创造他的好身体。这个好身体的创造本极容易做到。纵在胎内如能照我前头所说的"新的胎教"做去，胎儿的身体上，也能得到极好的成绩，好似花木及家畜改良家对于所要改良的物用何方法就能收到何种效果的同样有把握。我这个"新的优种学"乃是科学的方法可以得到实在的成绩。旧的优种学尚不免带有玄学的神秘色彩，并无一定的效果可以希望。

母教对于儿童德性上的影响是后天间接的，因为这个于儿童产生之后才占重要的位置。但在儿童时期，所谓德性的陶养也当附丽于体育之中。例如：婴孩身体当常使与外界相接触。为母亲者当随时使儿童皮肤与官骸上得到灵敏的感觉。眼怎样区分各种光的强弱，耳怎样辨别各种声的高低，口与鼻如何认识滋味的不同，凡这些事应当随时去留意。并且使儿童于身体动作感触中同时如何得到情感、知识、志愿与审美的习惯。故于儿童的饮食当使甘美适口，衣服颜色务求美丽，这些乃是养成儿童的审美性。如遇儿童要一物时，当使儿童就物，不可使物就儿童，以养成儿童的独立性与志愿。常使儿童从感觉中辨别物的距离、轻重、大小、寒热的不同，以养成儿童对于万物的知识。又有一事最当留意者，母亲除非有疾病及特别事故外，当用自己奶头给孩儿乳浆。母亲的乳汁因生理上的关系终比乳媪及牛羊的乳与儿童的味道格外相宜。并且于饮乳时，母亲能够供给孩儿一种慈爱的安慰，可以养成儿童的好情感。乳媪自然是雇用的性质与乳孩的痛痒不相关，其粗暴且以乳孩为厌恶品，怎样能使儿童有好感情呢！（如自己不能亲乳其子，乳媪也当选择身体健壮、品行温良者充之。乡下妇为佳，城市的极少合选。）

总而言之，美的身体不是一个"行尸走肉"，一个无灵性的躯壳，一个无生气的骷髅！美的身体，乃是组合情感、知识、志愿与审美而成的一个机体。而情感、知识、志愿、审美，也不是独立之物，乃是身体内部或外部的一种神经或筋肉的表见。故美的体育在使一个身体养成为铜筋铁骨之中而有温柔娇嫩的姿态。在使人有野兽的强劲便捷而无其凶暴犷悍，在使其有文明人的温文秀雅而无其萎靡颓丧的气象。这样美的体育，当儿童时期即当培成其基础。到少年及壮年至老年尤当继续发展以达于完善的地位。这个美的体育当以锻炼的教育为主点。锻炼的程度轻重、简繁、容易与艰难，在小孩子时期与成年时期虽各不相同，但根本上与目的上则并无差异。故最好是由小孩到成年从易至难做有次序的与相衔接的锻炼。

在身体锻炼上，有二事极紧要，应当先提出讨论者，一为养成清洁的习惯，二为裸体的提倡。

清洁为一切美德的根源。衣食住固当清洁，身体上更要清洁。勤加沐浴，愈勤愈能得到美的身体。洗澡或擦身，最能使血液流动，热气增高，不但身体舒畅，皮肤光润，并且能使精神爽快，气象勃发。游泳的练习为运动中最好方法之一。它能使周身平匀的动作，与身体及呼吸得到极适度的发展。同时，它能使身体得到最清洁的利益与识水性的实用。我极希望一城或一校中有一个极广大的游泳池。人入其中好似到海边河上一样，水有温的有冷的有深的有浅的。男女老少共同游泳，其用水量比各家各人分开的合起来当然俭省极多。而因共浴有兴趣，人必喜欢常去游泳，其价钱因人多也必极便宜。（刷牙齿，擦指甲，也当留意行之。牙齿肮脏不但是开口说话使人讨厌，而牙蠹乃一极痛苦的事，往往牵及神经病的关系。指甲短而干净，可免甲病，并且得到手的美丽。）

论及裸体的提倡更不容缓。它是养成美的体育最重要的事情。人生本来是赤裸裸的，我前在衣服一项上说及衣服不是为礼教用，乃是为御寒及美丽而穿的。可惜现在的社会更把衣服为"防闲品"而以裸体为羞耻事了。以致有许多人的身体为衣服所束缚不能发展，其姿势更为衣服所改变以致成极丑恶的状态。例如驼背、鸡胸、缩龟头及鸭脚步的种种怪象多与衣服有些相关联。故现在要求身体的美丽，当从裸体讲究上入手。

我可列出四种裸体形为模范。第一种在旷野中做裸体的练习。若与穿衣服做体操者相比较，裸体的何等便捷轻爽，穿衣的何等笨拙拖累。第二种为海中游泳。美丽的身材与峻峭的石岩及蓝碧的海水互相辉映，任凭海鸥也无这样的飘致可爱。第三种为一男一女在平原中并肩游行。人生行乐正当如此。赤条条来去无牵挂。彼此男女拿出真心肝相对待这才是真正的爱情！在第四种上乃一群裸体的男女儿童环绕而戏。儿童由此得到身体直接和外界相接触与周身平均的发展。又可使男女彼此从少时习惯看见两性生殖器不过是身体上一种极平常的物件。他们长大了，男女相与，当然不以生殖器为意，而以情爱为重了。若在礼教及文明的地方，把生殖器紧紧包藏看做无上的宝贝。难怪男女的结合，不过认作一种生殖器的交换品了。难怪男想女，女想男，底里上仅是想着对方的"宝贝"而已！故最道德的教育，莫如使男女从少时就司空见惯了两性的生殖器，所谓少见即奇，见惯不怪。而最不道德者莫如自少穿衣服惯的人，一见了异性就想入非非，以为恋爱的神秘，即是在得到对方生殖器的作用！

在我们这样的社会，裸体练习自然不能公开。唯有于夜间月下或旷野无人之地自己或一家人或合同志者行之。若在自己房屋更当时时养成裸体操练的好习惯。又有一事应当附及者，若睡床能依我们上头所说的做法，则夜间睡时不必穿睡衣。裸体而睡，身体愉快，且俭省衣服费。北方人的生活无一事好，唯裸睡事是一件大发明。

在日间闲居时，如须穿衣，也当穿极宽薄者，好似无穿衣一样。如须穿鞋，也当穿极松放者，好似无穿鞋一样。女子剪发者固不必说，如长发者也当使发散披于肩背上，好似头上无发的拖累一样。（女子头发剪否，当随各人的意志去解决，谁也不能干预的。但剪与否，须要整理得清洁与具有美趣者为佳。男子头发当剪成平头式，不可有长发垂眉那样腐败状。）

总之，裸体练习的效果，不但使身体美，并且使身体与自然上有直接感触的机会，由此可以养成官骸上极灵敏的感觉与对付外界事物上有切实的见识。现时所谓野蛮人者别无好处，唯有他们的裸体。他们的衣食住极缺乏与不卫生。但他们的身体则极好，乃因他们裸体锻炼的缘故。他们无教育而极乖巧，也因他们赤裸裸的官骸常与自然相接触，遂能"灼知外情"所以对付环境免至失败。若我们叫做文明人者，衣食住与教育的供给既极完善，若加以裸体的练习，其身体必加美丽，情感必加发展，见识必当格外切实与完全。故我极希望社会及学校对于这个裸体教育上当有充分的设备与鼓励，而个人上也当认真地去实行。

如上所说，一切锻炼当以清洁为依归，以裸体为作用了。此外尤当以知识为标准，而以美趣为目的。所谓操练、拳术与武技、野外运动、旅行、游戏等项当以上头四个意义做根据，然后操练的免如学校式的枯燥无味、军队式的严酷寡欢；武技的免如拳术式的不科学；野外运动的免却鲁莽灭裂的弊害；旅行的不至乱撞无目的；游戏的可免颓丧无聊和种种胡闹了。苟操练得其法则不但身体上得了无穷的利益，而精神上也有无限的乐趣。例如兵式体操虽可以养成端庄的体格，柔软体操可以得到活泼的动作，但这些操练，好中尚有不足。此外更当助之以拳术与武技。拳术改良后，使不失于局部的发展，就有灵巧的效用了。其武技，当学如公孙大娘的舞剑器"爠如羿射九日落，矫如群帝骖龙翔。来如雷霆收震怒，罢如江海凝清光"那样绝妙的技术才有兴趣呢。由是再进而为野外的运动：打球、赛艇、竞步、升树，各有专长。骑马驰骋，顾盼自雄，更是乐事。他如驾驶空艇，翱翔于云霄之上，俯视尘寰目无余子，岂不是大丈夫之所为么？至论旅行原与冒险有同一的作用，山岳探幽，湖海寻胜，大地是我的试验场，许多发明都从此出。说及游戏一道苟于林下或公园中行之。表情言爱，对舞互歌。天然场中天然剧，好一个陆地神仙的生活！

照上说来，由美的体育的训练，可以得到职业（如飞空家等），可以得到科学（如旅行家、探险家等），可以得到艺术（如游戏、歌舞等），而它的目的是在养成身体上好似一个理想的机器，使这个理想的机器，一面善于吸收外边的物力以为身内充分的储力，一面使这个储力在这个理想的机器中得到"用力少而收效大"的作用。我在上已把衣食住，先天的养成，及各种身体锻炼法与美体的关系上略为说及了。但尚有一个"内体运动法"于美的体育上关系极大，于养成这个用力少而收效大的理想机器的关系更大，今为说明于后：

内体运动法在使身内的机关得到适当的运动，以免发生疾病而致储力于白费空耗。世人所习用的"静坐法"及"冥想法"，所谓"运用内气"，谈者极其神秘，而究之极少效用。我现在所说的内体运动法乃是根据科学的道理与心理学的应用，毫无凭空捏造的荒唐，而有确切实在的功能。今为先举其普通的方法如下：（1）深呼吸法，于清洁的地方行之，能使肺脏部运动，可以疗治肺病；（2）按摩术，善用其法能使身内关节痛快，血脉流通（参考东西按摩术等书）；（3）大便每日有一定的时候，使肠上有一个规则的动作以免便涩的疾病（最切要的不可对人放屁。便通，减少屁气，如遇有屁时，应隐藏暗处自己私放）；（4）穿衣服时，当使足温，臂冷，腰背暖，头寒，又当时时洗头和脸，使身内热力从脑的方向上流行发泄，以免脑病而且能得到清晰的思想。这四件事虽属平常，而关系于内部的运动则甚大。此外，再举其比较更为重要者约得四端如后：

（甲）笑的作用。人生最难得者是快乐，而笑是一切快乐的根源。可是，笑有许多种，如小人笑、市侩笑、奸险笑、儿女笑、英雄笑等。小人与市侩的笑，笑得太无趣味；奸险人的笑，又笑得太苦恼，这些皆是无可取的价值。至于儿女笑即孩儿与美女的笑法，所谓"巧笑倩兮"，所谓嫣然一笑值千金。这样妙笑，能使笑者肺腑清爽，精神畅快。其擅长处在以柔媚取胜。若英雄的笑法乃以刚毅得名。它能笑得哄堂，笑得痛快，笑得淋漓尽致，笑得捧腹挠肠。这样捧腹挠肠而笑的笑法，极有益于腹及肠的卫生。它能助腹与肠起消化的效用而得到食的兴趣，它能消散人们的烦闷而得到安慰的乐境。故我人每日应当实行几回英雄笑，以养成英迈豪爽的气概。

儿女笑与英雄笑的养成，有由于生理与心理二种方法不同。从生理上着手的，如他人于自己胳肢窝内或两胁上乱挠，时能得到笑的发生。要使儿童发笑，除采用上法外，或于嘴边用指轻抹，或以笑面对之玩耍，都能得到儿童笑脸的相报。至于心理的作用，则当看笑书（如《笑林广记》等），谈笑话，看笑事，亲笑人。我想发起一个"笑会"，聚集许多喜欢笑、晓得笑的人，搜集笑的材料，研究笑的道理，制造笑的事实，做一种"笑的科学"或"科学的笑"的运动。其利益处当比现在什么用科学法整理国故，及什么徒为铺的那些会高几千倍。又我想上断头台乃人生至苦痛的事，倘能于此时以笑来消遣，当能得到金圣叹被满洲皇帝诬杀时那样的痛快！

（乙）闺房术。这个不是如各小说上所胡诌的那样荒唐。我们乃是从科学上研究生殖器如何得到最美妙的触觉，与心理上如何得到交媾时的乐趣。故一方面当从生殖器卫生上做起。其法在使男女生殖器免受种种外物刺激及摩擦的妨害。例如紧窄、粗劲、肮脏的男女裤及女子月经布等，应当留意改为宽底裤，或无底裤，或全勿穿裤（参看衣服一节），月经布应用温软的毛巾，时时易换，不使冷湿，若能采用药房的"卫生棉花带"更佳。男女生殖器的外部当常用温水或冷水洗涤后拭干。女子又当用"阴户洗具"（西药房有出售）时常用温水洗膣内，于月经及交媾后更当把膣内洗干净。这样洗具当如脸盆一样的普通，家家当置一副才好。［据医学的调查现时我国女子十人中九有"白带病"，又大都生殖器无灵敏的感觉，乃因生殖器不卫生，及腹部受寒冷（多因内衣装不好）的缘故。］此外，最当禁止手淫，又房事不可过度。大约男子二十岁以下，五十五岁以上，女子十八岁以下，四十六岁以上，为"不当交媾的时期"。在壮年的男女每数日一次房事即足。男女彼此夜间能分开床睡更好，以免时常触起性欲的危险。这些关于生理上的条件应当留意，然后才能得到交媾时的兴趣。至于心理上的作用，第一，男女彼此间须当有兴趣时才可接合。第二，当彼此俱有兴趣时，各当乘兴尽力发挥，兴尽当即停止，既不可学假惺惺的道学派，也不可学一味贪多的登徒子！

交媾如得其法与合度，则极有益于身体与精神上的愉快，一人的神经系与感触腺最灵敏的莫过于在生殖器的地方。生殖器运动时则身内一切官骸皆发电气的作用：筋松骨软，血管膨胀，两颊晕红，双眼如醉似睡，口鼻里发生一种至感动人的音浪，即细至一毛一发也生了电气在那里颤动。这个可说是周身最精微、最完全、最快乐的运动呢！

（丙）神经系各个上的练习法。就使耳目口鼻及皮肤上常受不同的刺激（不可过度与过骤）。使这些神经时时起注意，则神经不至无动作而麻木。例如眼当时时辨别各种颜色，能如法国国立毯厂的工人辨别颜色至数千种之多更好哪。但我们也可以在早晨及晚景上看日影、云霓、山色、水光的变换，而得到一切不同的色彩。耳官自然以多听音声为贵。音乐是一个最好的练习法。其次如鸟鸣、风吹、海啸、泉流，也可以得到许多变换不同的声调。又口与鼻当嗅尝许多的香味与食味。最好于深山旷野之中，遍地领略树木、花、果、藤、草、菜、谷各种味道的差异，口喉的练习比较鼻的更为重要。人当常常于山间、泽畔、海滨、湖上练习种种的声音：或大如波涛的呼号，或细似莺鸣的轻巧，这些可以得到喉头声带的运动，于思想的发展上实有极大的帮助。若论皮肤上接触的练习：日光、夜气、海水、山岚，以及风雨霜雪，当常使赤裸裸的皮肤去受洗礼，这些五官神经系上的练习，当然应从外界的感触入手，但当五官神经系接收这种"外觉"之后，他们由是完全地而起内部动作的功夫了。（一切五官的卫生皆紧要，而眼尤甚。我尝考查学生中有"沙眼病"者，其数占百分之九十余。这个病极易传染，难怪美国取缔这样病人入境。）

（丁）神经系综合上的练习法。由神经系的动作与记忆的作用随时认定一事为主点，聚精会神去思维研究。这一个所认定的事，遂成为一切神经系所注意的"焦点"。此为神经系综合上最好的活动练习法，由是而能养成为极端的情感派、极端的聪明派、极端的志愿派、极端的审美派。其中详细当待在本书第二章上去说明。

由这个内体运动法，合上所说的锻炼法，加之采用"新的优种学"在先天上已假设有一个美体的根基，后天的衣食住上又遇有了创

(1)旷野练习

(2)海浴

美的人生观

(3)游行

(4)儿童戏玩

(5)鞋

造美体的机会,如是一齐综合起来成为一个至完善的"美的体育"。这样身体的大作用,不仅在其康健长寿,不仅在其漂亮活泼,而又在其本身构造上的缜密与使用储力上的灵巧。因其构造上的缜密,故它对于衣食住与外界的事物能以至精妙的方法去吸收与保存。因其使用上的灵巧,故它能使身内的储力得到最善良的发展。好的身体与好的机器一样,都是一种"用力少而收效大"的工具。好的机器,只要一些热力进去,就能生出千万倍大的有用的动力出来。好的身体,只要一点能力在内,就能发展为无穷量的扩张力于外。在本节上,我们所希望的就在创造一个"理想的身体"好似一个"理想的机器",同样能给人类产生了无穷尽的好出息。而且,身体所出息者为思想与行为,当然比机器所出息的仅是物质和货料有万倍大的重要。西方已有人竭力去发明"理想的机器"了。东方人们!请快些去发明"理想的身体"吧。如能做到这层,我就输服东方文化比西方文化高。若现在那些腐败人,一身尚是肮脏臭气,奄奄一息与鬼为邻,既已不能管理自己的皮囊,还配说什么精神的文明!

第三节 美的职业、美的科学、美的艺术

于前第一节上,我们研究美的衣食住如何能给我们人身上一种最大的储力。于第二节乃求一个好身体如一个好机器一样,使一面对于衣食住能去吸收最大的储力;别一面,又能保存其储力以为最好的扩张力。由是说来,储力既有充足的准备,身体又是一个善用储力的好机器,那么,以后我们所当讲究的全在怎样使储力变为扩张力时而能得到"用力少而收效大"这个问题了。

由储力而变为扩张力时,概括起来可得五种的方向:(一)从职业、科学、艺术的方面去扩张;(二)从性育及娱乐的方面去扩张;(三)从美的思想的方面去扩张;(四)从情、知、志的方面去扩张;

（五）从宇宙观的方面去扩张。这些事当待在下头逐层去讨论。

本节所要说的为第一种的扩张力，即是个人对于环境第一步的发展。若计其步骤则有三：（1）职业，（2）科学，（3）艺术。而就其原理上说，则三者实合为一，即不外是一个求生存的方法。人生要得衣食住才能生存，但要得衣食住，须用种种的方法。初民求生存的方法甚简单，其后，因求生存的方法逐渐精巧，所以有分工的职业。由职业分工的结果，遂有科学与艺术的发生。故科学原不过是职业的结晶物，而艺术乃是职业的点缀品而已，并不是于职业外尚有科学与艺术二件事呢。即在今日，职业、科学、艺术，虽然是各有独立的位置，而实际上尚须三者组合为一气用，然后彼此于学理及实用上才能得到"用力少而收效大"的结果，即是：于职业上才能得到奇巧丰多的成绩，于科学上有了博约会通的功用，于艺术上免却破碎虚无的弊病。我们在此节所主张的，即就这"三者即一，一即三者"的原理方面做功夫，自然觉得职业、科学、艺术的意义与作用，完全和普通所说的大不相同。但由这个新的主张做去，我们才能得到职业、科学、艺术均是美的真义，及"用力少而收效大"的道理。

一、美的职业

职业必要科学化、艺术化，然后才能得到职业学理上的美妙与出息的众多。因为职业若无科学的辅助则于理论上不精明，于实用上不经济，势必循用腐朽的学说以致所产少而又劣，我国各种工业及农业的恶劣即足证明了。反之，凡做工者关于自己工作的学理，如能了悉无遗，则将来于本业上或有相当的改良与发明。姑就实用上说，如能用科学的方法去做工，如泰勒[1]的做工方法之类，则一人可得数人的

---

[1] 美国工程师泰勒（Frederick W. Taylor, 1856—1915），他所首创的泰勒制是通过所谓科学的劳动组织提高劳动强度和劳动效率的一种制度。

成绩而无其劳苦,这个利益已是无穷大了。其次,职业上又必要艺术来帮助,而后所出的货物才能美丽和奇巧。而执其业者才不觉其苦而觉其快乐。例如:晓得科学与艺术的农人则于农业觉得为至美的至乐的,若蠢昧的乡愚方且以农事为极苦了。推而论之,凡"以职业为职业"的,则一切职业皆苦恼而且无巨大的出息;倘"以科学与艺术为职业"则一切职业皆是最利益与最愉快。例如以教书为职业,本是一个极无聊的事情,倘以教书为求达到一种教育学与教授法为目的,则教书一变而为极有益与极有趣的工作了。虽执小学的教鞭,自能于其间研究学童的心理与教授的法术,由此可以发明关于儿童心理的各种学问及种种教授法了。以是而为小学教师,无异做了世界极大的学者一样,其乐趣自然是无穷大,其利益自然是无穷多了。由此而论工人的职业,必要以科学与艺术为根基,而后工人才不是一个粗夫,而工业上才有精妙的学理与便利的实用。至于循此道以求之,学商业者,可得商学与商术;学政治者可得政治学与政治术;学军事者,可得军事学与军事术,以及一切的职业上皆可得其科学与艺术的道理和应用。即如拉洋车乃一至鄙贱痛苦之事,但能从此研究洋车上的机械学,与拉车者便利的动作及愉快的心理,则虽车夫的职业有时且乐之不倦了。他如厨房业、成衣店等,关系我人的生存甚大,而操其业者都是不学无术的人,这些皆值得去注意改良的。总之,如以职业为职业,则学商者必定为市侩,学政治者必是一个官僚,学军人者必是一个武棍。若以科学与艺术为职业,则车夫、厨子、成衣匠皆可望得一个极大的发明,他们在社会上的功勋,当然非市侩、官僚及武棍所能及。

　　本来一切职业都是平等的,但因人格的关系与职业的科学化艺术化程度上大小不相同,故职业中有些是丑恶的,如妓女、相公、卖卜、相命、巫祝及风水先生等是。有些职业是可美可丑的,如政治及军旅等事。但美的职业中以农业为上选。它是最科学又是最艺术的。农业是最科学的,大地是它的试验场,四时是它的天文台。地质的变更,肥料的应用,每每与物理学及化学各种知识有互相关联。五谷、草、木、花、果的生长，与夫蝗虫的驱除，蚕种的繁殖，这些都是动植物学的根本材料。它又是最艺术的；百花的栽培、五谷的调护、树林的养成、家畜的改良，以及农物的制造等等皆是出于其手腕与心思。并且，农人的生活最适宜于用科学与艺术去创造。例如农村好组织，有城市的利益，而无其弊害，且最能得到合作与博爱的精神，及最美趣、最卫生的生活。田家之乐乐何如？但见野间风景，四时变换，万象争新，稻肥粱瘦，草青花香，空气清鲜，日光荡漾，这些景况既是美丽又是卫生。"到田间去！"此间有白云为伴，青鸟为侣，天然风景是你的图画，雨露是你的琼液玉浆。你不怕有恶社会来引诱，社会是由你创造的。你不怕有不好人来践踏，农人都是天真烂漫。我国现时农民的社会尚在混沌的世界，不识不知的农民，尚是未经开凿的本质，只要你肯吃一点劳苦，做一个起始人，你就能创造一个最完满的新世界了。"到田间去！"，比到工界去，到学界去，到政界去，到军旅去，于创造与改革的功夫，用力极少，而收效则极大。用相当的毅力，用到农民上去改造，终比在工人上，学生上，官僚上，兵士上，得了好成绩较易千万倍。"到田间去！"，你就是"乡间王"。为农民上尽力，你就是他们的朋友、兄弟与师长。"到田间去！"，组织农村，改良农业，提倡农人的教育，增高乡间的经济。农业是最美的生涯，千万不可放弃。"到田间去！"，这是"用力少而收效大"的职业。若你到恶社会上混食，领略那高等流氓的痛苦生活后，才认我所说的有大道理，那时未免嫌于太迟了。

　　除却小孩与老年外，壮年人都当有一种职业以养生。但男女的身体上强弱不同，性情的嗜好也异，故职业上自不能一律，似有分别之必要。大概男的长于劳苦一方面，女的则偏于忍耐。时装店、厨房业、卖花与首饰庄、看护妇、小学教师等职业，当以女子为相宜。交通上及工厂上的工作，以及一切劳苦的功夫，则以男子为擅胜。至于科学的研究，艺术的养成，以及社会与政治上的各种生活，则因各人的性质与能力而决定，原无男女上区别的可能。一地方上如能组织一个"职业测验"的机关,指示各人之所长去任事,则社会上必收极大的成绩。各人上关于职业的选择,也当有一科学的试验法,以知自己确实是擅长于何事,然后免至白费功夫于无何有之乡,这些都是求其达到于"用力少而收效大"的方法。

二、美的科学

科学乃由于零星的经验聚合起来经过一个系统的整理而成。许多"零星的经验",即是职业所给予的材料。就其"系统的整理"说,则需要采用艺术的方法。故科学乃是职业与艺术所组合而生的婴儿,所以科学必要职业化、艺术化,然后科学的理论上才精密,而实用上才宏大。有职业做实地的试验,而后科学才能一步一步地进于高深。例如有量地测天的实用而后有几何学,有农业而后有农学,有航海业而后有航海学之类。别一方面,科学若不现实为职业用,则仅于学理上做虚空的敷衍,不但学理上不能达到精微的境域,而且于进行上无切实的地步可为根据,必至中途阻止,连极粗浅的学理也不能达到。我国火药的发明仅为做各种玩耍的花炮用,所以火药的学理不明,而火药的为用也不大。推而论及罗盘针,其发明虽始于我国,也因无远大的航海业去促进,所以罗盘针的学理极幼稚,而为用也极薄弱。其在西人则不然,因战争的需要,逐渐把火药的学理研究得极精微,每一次战争,就有一次对于火药增加许多的学理。其战争愈厉害凶烈,其火药的学理愈高明,其火药的实用也愈巨大。(我在此仅就学理及实用上说,至于火药用做花炮的玩耍比它用做杀人的大炮,谁好谁歹,我现在不必去管及。)至于罗盘针也是因西人航行远海的需要,陆续改良以至今日,于学理及实用上才均达到极高的程度。故凡一种科学,愈成为职业的实用,则其学理必愈明。其实用的需求愈殷,其学理的发明必愈大。其学理的发明愈大,其实用的效力也必愈高。职业与科学,实用与学理,如声之与响,形之与影,彼此不能相离的。若论科学与艺术的关系也是如此。科学一经艺术化之后，科学的学理愈精良，其实用上也愈普遍。就近来新发明的"相对论"说，即是科学艺术化的一种效果。浅显说来：如我在火车站时，当火车行，显然我看车是动，而车站是静的，但在车内的人，则说火车站是动，而车是静的。据相对论说，彼此均有道理，各因个人所处的环境不同，就看环境的现象动静不一。以观察者，与所观察的环境，并为一起以解决一切的物理，这个岂不是科学已成了艺术化么？（相对论的方法是主观与客观合一，与从前的科学纯粹用客观方法大不相同。）再进一层说，凡研究科学者以艺术为根据，则其心思必灵巧，其理想必高远，其发明必精微。妙眼一觑，灵心一现，就能于极纷纭的事物中发明一个极简单的定理。所谓"用力少而收效大"，唯具有艺术的科学家才能当之无愧色。昔牛顿见一苹果坠地，而悟吸力的定律。伽利略见悬灯摇摆，而得动力的定则。凡观其微而知著，例小以推大，都是艺术的科学家之所长。又一切科学的成立不能无观察与试验。但观察与试验每每需要艺术的手腕与心思。至于科学深微的道理，更要由艺术的方法去考求才能得到。故科学的高深处，原与艺术无分别。科学与艺术本是通家。科学必要艺术化，然后科学才是真科学，这样的科学然后才具有至美的理想与含有极大的实用。

科学的种类散列为七八百门，合之尚有六大类：（1）数学，（2）天文，（3）物理，（4）化学，（5）生物学，（6）社会学。但各种科学中，以数学为最美丽与最有用。它是最美丽的，因它是最艺术化。它是最有用的，因它最职业化。凡一切科学都要以数学为根基，其含数理愈众多与愈高深者，其科学的学理必愈精明，其实用上必愈宏大。其科学愈"数理化"，其科学的程度愈高，高到有时简直不能去辨别它是科学或艺术。细微的电子，庞大的世界，苟推到它们的无穷小与无穷大极端的地方，我人必到一个时候不能用科学的道理去思维，仅能用艺术的态度去领略。故数理不但它本身最是艺术化，即与它相关系的各种科学，也由它的提高而变成为艺术化。数理既是最艺术化的学问，自然它为最有趣味的科学。可惜因教授法不好，致使人习数理者视为畏途。现当采用艺术的教授法，例如，教儿童的数理，什么都用不着，仅以两手上的十指为十个基本的数目，使儿童知一切数目所由来皆不出这十个数目的变换。而加减乘除，与分数、比例，以及一切的高等数理，都可从这十指的数目推引与演绎出来。若能善譬妙喻，由这十指上可以了解无穷大和无穷小的原理，与吸力律及相对论的精微。这样教法能使学者觉得极简易，极兴趣，又可以得到推演及逻辑的妙用。待到成年就可逐层求深，至于后来就能把数学、逻辑、哲学三个学问并为一途了。

别一方面，数学之所以美，因为它是最能达到"用力少而收效大"的实用。就粗浅说，凡一切声声、色色、事事、物物，都可计划于指掌之中，推用于万里之外，虽极广大的工程，仅用片纸的预算，即细至一砖一石也已纤悉而无遗。就深微说，则音乐谱调，跳舞节奏，以至天籁和谐的精微，宇宙流行的妙趣，都可用极简易的数理去领略，去利用。数学有科学的切实而无艺术的虚无。它有艺术的深妙，而无科学的呆板。故数学不但是学科学者的基本学问，并且为习艺术者的紧要元素。现在有许多自名文学家、艺术家者，糊里糊涂，满纸乌烟瘴气，毫无深入的思想，即犯根本上不懂数学的毛病。

三、美的艺术

艺术与科学是二物而实是一事，乃是人类对于发展上求得一个"用力少而收效大"的扩张力的一种方法。即是在求一个有定则的学理，与一个最精致的手续，以期于最经济中而得最大的出息。其不同处，科学方法是从纷纭复杂的现象中而求出一个系统。以后遂由这个系统的定则去统治一切在这个系统的事物，故其事极省而功用极大。至于艺术上，乃由一己先求得到一个极简单的标准（主观的定则），而后由这个标准，演成一个整个而极繁杂的系统，故其事也极省而功用也极大。

　　凡艺术必要职业化、科学化，然后艺术不失于空无与杜撰。艺术而职业化，虽是"匠人的艺术"，但极有裨益于生活。我人研究艺术的目的为何？不过在使我人生活上成为艺术的、美丽的生活而已。职业化的艺术就是"人生的艺术"。自衣食住至一切的物品器具，以至一切的消遣，皆是艺术化，这样生活何等快乐，何等美丽。其次，艺术也要科学化，然后艺术于学理上才有准绳，而实用上才能普及。有影相学的发明，而后图画术的范围愈广；有留声机的成立，而后音乐的为用更大。"以艺术为艺术"好则好矣，惜终不免于太过虚玄缥缈的弊病。若"以科学为艺术"则艺术的色彩——因有科学为根据——倍加准确，其意义倍加浓厚，其感人处倍加深微。因为它是"人的艺术"，所以人能够懂得它。故我敢说"以艺术为艺术"最好的也不过为文人雅士的消遣物，终不如"以科学为艺术"较有精致的功夫，更不如"以职业与科学为艺术"，尤较为有人气的作品！（现在有许多自名为艺术家，于极粗浅的科学常识尚且不知，无怪做起诗来是打油诗，绘起画来是初民画。泰戈尔来华的成绩，我辈可以逆料其必生出许多不通的诗子诗孙！）

　　艺术可分为"人生艺术"与"纯粹艺术"二种。凡一切人类的生活：如各种工作、说话、做事、交媾、打架等等皆是一种艺术。若看人生观是美的，则一切关于人生的事情皆是一种艺术化了。现仅从艺术的狭义说，即是"纯粹艺术"，约分为六项如下：（一）音乐，（二）建筑，（三）诗歌，（四）雕刻，（五）图画，（六）跳舞。就实用上说，建筑为最重要。其感人深处则莫如诗歌。而其传神的巧妙又莫如雕刻与图画。至于跳舞，乃合动的音乐诗歌和静的图画雕刻为一门，似应列为艺术的上品。实则以上所说的五项艺术虽各有专美，而终不如音乐的美丽。音乐是艺术中的最美者，它比诗歌更能打入人深微的心灵。它不仅如跳舞能颤动人的身体，并且能激起人的精神。它不但似建筑只能建筑数十层的高屋，而且能建筑宇宙的大观。它的音中有图画，调中有雕刻，谱中有一切变幻不测的风景，离奇无常的情怀。它能模仿鸟鸣、风号、流泉泠泠、波涛澎湃。它是最科学化的艺术，因它是含数理的最深微者，仅靠其音浪的长短急缓，而使人不知不觉领略于心弦之中，竟把自己遗却于形骸之外。它又是最职业化者（即最实用），人人皆知移风易俗，莫善于音乐，变更性情，陶养德性，也莫善于音乐的这些大作用了。故音乐是一种用力最少而收效最大的艺术。

以上三段，乃从职业、科学、艺术三项的组合上去研究，而我以为必要如此，然后职业、科学、艺术，于理想上才是美的，于实用上，才是"用力少而收效大"的。必三者合一或互相关联，然后学职业者不是一个不学无术的工人，乃是一个工程师，并且是一个审美的工程师，他对于所做的职业乃依科学的定则与艺术的技能，以成就他最有利益与最具美趣的工作；其习科学者，必是科学家，又是哲理的科学家，他对于一切纷纭的外象，自能得到一个有系统的定则，并且他对于百科的定则，自能得到一个极美丽的概念，而使万殊为一贯的作用；其习艺术者必是一个极高尚、极实用，又极理想的艺术家，他能使艺术的应用普及于社会，而又能使艺术的理想，向上继续去提高。

实则，职业、科学、艺术合一之后，不但于知识发展及物质出息诸方面得到极大的利益，而精神的方面更能得到极大的效果。现时做职业、科学、艺术的人，多视为一种痛苦的事业。若使这三者合一之后，则职业、科学、艺术皆为一种美品，即是一种娱乐品，那么，以后人们必看这三件事为极快乐的物了。例如农事在今日为极苦了，但使我们以科学与艺术的方法去经营，则田畴山野间大有我人行歌啸傲的余地。景况清幽的乡间生活，又可为我们研究高深学问的处所了。故我在上说农业的生活为最美丽，因为它是最科学化与最艺术化，所以它是一种最娱乐的事了。他如学界以及工、商、官、军各界，如能各使为科学化及艺术化，同时也各自能成为娱乐的职业，不过终不如农业的完全罢了。以此推之，一切科学如能使各为职业化及艺术化，则无论何种科学,皆为我人的娱乐品,而能给我人无上的愉快,但别种科学,终不能如数学能够给我人那样多。又一切艺术如能使各为职业化及科学化,则无论何种艺术,皆为我人的娱乐品,但音乐一门所给我人精神上的愉快,自然更非他项艺术所能比。故我的理想,是使我人所任的职业,所习的科学,所做的艺术,皆成为一种娱乐品。而最好不过的,是于职业中任农,于科学上学数理,于艺术上习音乐,那么,精神的愉快与物质的娱乐,皆能达到于极点了。待我在下节再把娱乐的道理更深细些说一说,希望对于"工作即娱乐,娱乐即工作"的意义上更增加了许多明了的解释。

第四节　美的性育、美的娱乐

我前说人类扩张力可分为五方向。其第一类已在上节说明了。在本节上所要说的为第二类,即性育与娱乐。因性育不过是娱乐的一种,故我并合起来做一类讲。

自来学者都说娱乐是一种奢华品,其大意是:"当动物身内气力充足时,若不发泄于外,觉得极不痛快。所以禽兽有交尾的时期,人类有婚姻的需要。即如猫狗有时逢场作戏,乌鸦朝暮团聚噪聒有如谈话,推而如人类的各项玩耍与各种艺术的发展,如雕刻、诗歌、音乐、跳舞等等,都不外是一种奢华品,究之于人生上无多大的作用。"但我在此层上和向来学者所主张大不同处,乃在承认娱乐是一种至有用的扩张力,不是一种无谓的消费力;别一方面,又在承认娱乐乃一种有益的工作,不是一种奢华的消耗,现当稍微说明于后。

第一,娱乐是一种至有用的扩张力,不是一种无谓的消费力。因为人于衣食住与职业等的使用如得其法,则常得到一个强健的身体而其中有许多积存的储力,若不用出,这个羡余的储力依物理学的定则,有如气、烟一般,必在身内乱撞混闹。又因化学的作用,这些储力既已无次序的乱撞混闹，就要化成变性的毒质如发酵一样的糟气，遂使满身起了刺激的痛苦，所以人总要把它排泄出去才愉快。但排泄的方法自然以娱乐的方法为最佳。因为以娱乐的方法排泄出去，不但不觉其痛苦，而反觉得其快乐。这个快乐，一面是消极的，即使那些胡闹的气力消灭于身内；一面又是积极的，即因身中既无这样内贼扰乱的痛苦，然后精神上才能安心做事，所做的事才有条理与极深的造就。自来学者都从消极方面看娱乐，所以说它是奢华品。殊不知娱乐的真义乃在积极的方面。它的作用是在引导一切的储力不要相冲突，好好地从最便利的方向扩张去。它是一个最精良的引导人，有它，而后一切的扩张力，才能认识好的路程呢。（看《西厢记》下段所说，就可见出不能达到爱情娱乐的男女那样不会使用储力了："一个价糊涂了胸中锦绣，一个价泪揾湿了脸上胭脂；憔悴潘郎鬓有丝，杜韦娘不似旧时，带围宽清减了瘦腰肢；一个睡昏昏不待观经史，一个意悬悬懒去拈针黹；一个丝桐上调弄出离恨谱！一个花笺上删抹成断肠诗；一个笔下写幽情，一个弦上传心事，两下里都一样害相思。"）

第二，娱乐乃一种有益的工作，不是一种奢华的消耗。这个怎么说呢？诸位也尝听做苦工者与工头的歌声相唱和么？这样唱歌既可生膂力，又可减痛苦，和那些樵夫、牧子及采茶娘在山间苦闷唱山歌时有同一的作用，故我意将来社会上的好组织及个人上的好创造，都要把一切的工作及行为全做娱乐化的。那时"工作即娱乐，娱乐即工作；行为即娱乐，娱乐即行为"，这样的工作何等快乐！这样的行为何等有趣！并且以娱乐的方法去做事，觉得这件事是我心中所乐意做的，自然所做的有无穷的生气与宏大的作用。司马迁的《史记》，李杜的诗歌，以及古来许多美丽的艺术，神奇的宗教，皆由其人乐于把胸中的积蓄发泄出来，所以成为千古不朽的创造品。反之，凡不以娱乐的方法去发展储力总是无多大出息的。学生为分数上课，丫头被强迫做工，其效果与那些姐儿假意听泰戈尔讲演——底里是看奇怪——所得的同样浅薄！

总之，由娱乐而有精神的愉快，由精神的愉快而后精神上才能产生极大的功能与极美的成绩。由娱乐而得身体的痛快，由身体的痛快，而后物质上的使用才能得到恰好的位置与出息的丰多。故娱乐是使精神与物质的本身上得到最美丽的享用，和精神及物质的出息上得到"用力少而收效大"的功能。就一方面说，由娱乐而使一切储力发展上得了一条最好的方向。就另一方面说，由娱乐而得了扩张力上最有出息的效果。以下我们所说"美的性育"就是第一面的意义。后头所说"美的娱乐"乃从第二面去发挥。

一、美的性育

我上说性育本是娱乐的一种。但因它在娱乐中占了特别的位置，故不能不特为提出来讨论。美的性育的养成，依我意见应分为四个手续：（1）儿童时期，（2）成年时期，（3）交媾的意义，（4）"神交"的作用。现分别论之如下：

（1）在儿童时期，即在情窦未开之前，男女儿童最要使常在一处娱乐。竹马相过日，此时彼此天真烂漫，以养成一种兄弟姊妹的亲爱，免至因两性分别太严的结果而至于涉入邪僻的心思。此时即当教示他们一朵花的雌蕊雄蕊的构造与意义，使他们知道这两个雌雄蕊便是他们两性的机关一样。到这些花蕊成熟时，就有了花粉，好似人到成年后就有精液的发现，这两样花粉合成后（即交媾）就生了果子（即胎儿）。务要对儿童解释这些事情是极普通无奇，并要向他们说如花蕊无粉，或花粉未成熟时，就使它们互相接触，则花蕊必至枯萎，花丛必大损害，这个好似男女太早结婚，或太早交媾一样，能使人有衰弱病死的危险。故交媾必待到一个最适当的时期才可举行。

（2）一到成年，男女的情窦初开，实为危险的时期了。此时他们受性欲的冲动好似禽兽一样的纯任自然所指挥。西谚说："爱情是盲目"，即是这个道理。指导人最要在使男女知道人类生殖器的构造与生理的关系,及交媾的意义与精神的关系确实在何处。即是:一面使他们知道生殖器的构造此时尚未完全可以适用,精力尚未满足,身体尚待发展,若纵一时的性欲,势必使生理上留了后来无穷的患害。一面,又当使他们知交媾的意义原是一种极普通不神秘的事情,两性恋爱的快乐,乃在精神上的愉快,不在肉欲的接触。但这些理论有时不独不能遏止男女的欲性,而且激起他们的好奇心。故至好的方法乃在事实上的制裁。利用他们初发展的扩张力于种种有利益的事,如运动、操练及为社会服务等。如能照了上面第二节所说的锻炼法做去,使身体有继续劳苦的运动,则壮年精力有所发泄,自然免为性欲所扰乱。另一方面,于精神上如功课、艺术、科学等等的勤攻,自能把妄念消灭于无何有之乡。身体的困劳,精神的分驰,日间有许多事可做,夜里自然跌倒床上就睡了。这些方法自然是极好不过的。希腊神话说:"猎神是爱神的仇敌。"因为既从事于畋猎,身体疲乏,性欲自然是减灭了。由此论之,要使壮年男女改变性欲的冲动而为别事的发展,唯有使他们驰骤于匹马旷野之中,游泳于大海风涛之内,或执有一定的职业,或学习一喜欢的艺术,这些都能驱逐情魔于身体及意志之外哪。(手淫及嫖妓的弊害也当用事实指示与他们看,如带他们到花柳病院看染毒者的痛苦呼号之类。)

(3)论及男女交媾的时期自然愈迟愈好。男子总要等到三十岁间,女子约在二十岁,才为成熟的交媾时期。愈能迟缓其生殖器的接触,愈能增进男女彼此浪漫的才思,热烈的情怀,但彼此的相识上愈早愈好,男女社交愈多与愈公开愈佳。因相识久而深知彼此的性情。因社交公开而使彼此对于对方均有一种被人夺去的恐惧心。而由这样的竞争,交际场中男女可以得到情爱与美感角逐上最好的机会与最良的结果。论起装束,女则袅袅婷婷,男则齐齐整整。外貌的美观尚属小事,性情随此而变化,其影响上更是非常之大。大抵,男女要求对方的欢爱,热诚倍加炽烈,牺牲的精神格外提高,贪吝的变为慷慨,自私的变为博爱,粗暴的改为善良,欺伪的成为笃实。凡在这样竞争社交上，女子好似花神，须有护花人的珍重爱惜，始许香火供养，才有福分消受。男子又似一个护花使者，对于众花卉不肯半点轻狂，必是瑶池佳品，始肯着力栽培。由是男要女欢，不得不把自己人格提高，名誉增进。女要男悦，又当要德容修饬，仪礼周详。两方鼓荡互相劝勉。彼此结合纯为一些高尚的条件：或爱其美德，或慕其品性，或重其智识，或悦其技能。至于肉欲倾向，势利贪恋，父母之命，儿女观念诸端，必视为不是结合的要素了。两方上既由这些高尚的条件而结合，则对于所爱之人不会为盲目的冲动，而为有目的的要求了。男女彼此间必择其所希望的条件最完善者，然后才肯认他为终身的伴侣了。因有条件的比较而情爱可以变迁，因变迁，一面不能不时时刻刻去创造，才能得到爱情的保存，这就是"爱的创造"的真义。一面，因变迁，则情爱自然是时时刻刻去进化，才能不至于失败，这就是"爱的进化"的妙谛。我尝主张这个道理而受了社会许多的误会。我才知道现在尚有许多人不知男女恋爱上的"爱的创造"与"爱的进化"的意义！

（4）以上三段所说的仅为美的性育的旁面。在本段上应进而讲求"神交法"的真义以解释美的性育正面上的妙用。我在上说（第一章第一节之饮食）："凡看做兴趣品用的，则一切物皆有益；若看做需要品用的，则一切物皆为负累。"今以食说，食为人类生存不可少的需要，但当"为食而食"的时候，则觉食已无聊，甚且而有害了。我又主张"内食法"，即看食不是一定需要的事，有时且能不食而可生存，兼能产生极大的出息。食之一事，骤然看来，似乎不能缺少，而今竟能使它成为可有可无间之事，又能指挥它为我们所利用了。那么，性欲一事与我人的关系原不比食物的一样需要，自然更易使它成为可有可无，又更易使它为我们所利用了。我先声明我不是主张禁欲主义，但我要研究如何免如世人的一味乱射精，又当讲求如何用至少的精力而能收到最大的效果。用我"神交的方法"，即能一方面得到性育的真义，不在其泄精而在其发泄人身内无穷尽的情愫；另一方面，又能得到男女交媾的使命，不在生小孩，而在其产出了无穷尽的精神快乐。今把这二个意义分为二层论列于下：

（甲）性育的真义不在其泄精，而在其发泄人身内无穷尽的情愫。这个理由是因为泄精乃一极无谓的事情。泄一次精则神疲气衰，愈多泄精，则或至少病痛而死亡。故泄精乃一用力多而收效少的恶果，并且它仅对于一人一时的发泄，其范围甚小而时限甚短。我今所提倡的"神交法"即与这样泄精立于反对的地位。它是用力少而收效大的，其所及的范围甚广而时间甚长的。"神交法"精而言之为"意通"，粗而言之为"情玩"。我今先说"意通"罢。这个不是《红楼梦》所说的"意淫"，宝玉也不配说是意淫之人。他不过是淫污纨绔的一蠢物，正如《红楼梦》所说："尘世中多少富贵之家，那些绿窗风月，绣阁烟霞，皆被淫污纨绔与那些流荡女子悉皆玷辱。更可恨者，自古来多少轻薄浪子皆以好色不淫为解，又以情而不淫作案，此皆饰非掩丑之语也。好色即淫，知情更淫，是以巫山之会，云雨之欢，皆由即悦其色，复恋其情所致也。"究竟，宝玉的意淫乃是假的，他也不过"如世之好淫者，不过悦容貌，喜歌舞，调笑无厌，云雨无时，恨不能得天下之美女，供我片时之趣兴，此皆皮肤滥淫之蠢物耳"。况且《红楼梦》也不能解释意淫是何物，仅说"可心会而不可口传，可神通而不可语达"而已。我所说的"意通"比意淫的自然更高尚，即是于亲爱的人相与间，原不用着肉体的亲藉，即能满足性欲的快乐。言语、动作，以及一切表情之间，都能使用爱者与被爱者销魂失魄。妙眼相溜，笑容相迎，神色上互相慰藉，这些快乐都是无穷尽的，竟非交媾所能比拟于万一。这样"意通"不止限定于人类，因为它无物质上的限制，凡遇可以神交的物都可用的。囊琴一张，可以调出万端的情愫；素画一幅，内有无限的浓情艳意，尽在于不言之中。泉音潺潺，燕语喃喃，以及那些自然的情声都能给我人听之不尽，赏之不竭。甚而见云霓的缥缈，恍若神女的相迎，看月下树影的迷离，似是花神的临降，宇宙间的情物，最是使人如在山阴道上应接不暇哪！故善用神交法者，无往而不得到"意通"的真义。它的范围甚广大，而用力甚少，但其收效则极大，因为它不用劳形疲神于泄精的耗费，而且得此游神于六合的妙境，领略最高尚的情怀，与极深微的艺术。自来佳人名士于春花秋月的寄托，上天下地的描摹，都是这个意会与神通的作用的。别一方面，就神交的浅义说，是为"情玩的方法"，即使男女只用游戏、玩耍，甚而至于亲吻、抱腰、握乳，都是免于交媾，而能得到性欲的满足。以游戏说，如聚合一群的男女作种种的玩耍，彼此上都能得到情感上的安慰了。（我尝在法国一海岛过暑假，其时有青年男女数十人，日则于海中游泳后在沙面上做捉迷藏，或于石头间行种种游戏，夜则于山坡中玩各类的耍法。我敢说数个月的聚合，两性间都是清白身，而究之实享人生未有的快乐。）以亲吻说，热烈烈的嘴唇互相接触后，其电力直透于生殖器，即觉得一缕情魂自顶至踵流去了。互相抱腰的亲爱，更能表出彼此的热情。至于乳部的神经与生殖器的原是互相关联，若温柔的手心安贴在乳部上，有时所享受的情感，更不是交媾的所能及了。

（乙）我们现当提上头所说的"男女交媾的使命，不在生小孩，而在其产出了无穷尽的精神快乐"这个问题了。当男女到万不得已而要交媾时，应当看做男女的二个肉体与二个灵魂并合成为一整个的妙用，切不可效那登徒子纯为肉欲的消遣，及效那专为祖宗求多子孙的中国人无意识的行为。故第一要紧的：四十岁前的男子，三十岁前的女子不可有孩儿。男子射精已是太无聊的事情。女子产育，更为无穷大的牺牲。逆产而死者若干人，由产育而生子宫病及别种病者更不乏其人。九月胚胎的痛苦，数年鞠养的劬劳，故大都美人似的妇人于产子后一变而为丑恶的母亲；柔情缱绻的良妻，一变而为情爱不专的伴侣了。故我敢说要享夫妻的幸福者切不可有儿子。而要其妻有好身体及保存其美容者更不可令其生产。我今改唱这两句诗以相劝："美人自古如名将，不许人间见儿孩！"论及避孕的方法甚简单，乃是用海绵球遮子宫口，于射精后，抽出绵球即刻用"阴户洗具"（药房出售）将温水洗涤膣内，既可得到生殖器的卫生，又可得到无精虫的作辈，所谓一举两得，事半功倍。（我于三年前看见我国人猪狗似的繁育，为父母者仅知射精受孕，无教无养，以致孩子男成为盗，女变为娼。那时尝极为提倡生育限制法，大受社会的咒骂。不一年间美国山格夫人来华提倡同一的论调，前时骂我的报纸者竟一变而为欢迎山格夫人的主张了。实则我的学理比山格夫人的高深得多。但我被侮辱，伊享盛名，所以不同的缘故，因为伊是美国的女子，我是中国的男人！）

可是家庭有小孩，如能养育得好，确是父母的乐趣，也是人生应尽的责任。但须父母到极强壮的时期，与有良好的身体后才可产生。又要各量其力确能使多少儿女得到极高的教养程度。而后去定其产生多少的数目。如因要小孩而交媾时，当于山明水秀的地方，惠风和日的时节，在自然的中间，青草之上，大峰之下，上有白云的缥缈，下有流水的潺鸣。大地是洞房，树影为花烛，乘兴作种种欢舞高歌的状态。如此情景，男女彼此所享受的不仅是肉体的快乐，而且精神上的和谐几与自然相合一，宇宙相终古了！如是而生的胎儿，不是英雄，便为豪杰，其下的尚不失为泰戈尔及拜伦之徒，断非我国的诗子诗孙所能望及了。（精虫与卵珠的活泼生动，自然可得强壮乖巧的胎儿。这样胎儿便可望后来为非常人物了。参看第二节"新的优种学"一段上。）如必要在房屋时，则其交媾的房帷，当竭力安排得美丽清洁。总之我想当交媾时，当要求交媾上极端的乐趣。这样交媾，才是为"兴趣而交媾"，不是为需要所强迫，而后才能使肉欲的变为精神的快乐。这样交媾，则一次可比俗人的千万次的快乐，如要小孩，也极易达到受孕的目的。这个可说是最美丽的和"用力少而收效大"的交媾法。至于俗人的交媾乃是白丢精，无精无彩的如吃苦瓜一样。这样交媾太苦了，又太丑了。合起千万次来总不能比上头所说的一次的快乐。成年里，身子的底下泄了冰凉水湿一大摊精，终不能得到一个胎儿，即使得到也不过是一个傻瓜！

由上说来，美的性育有二意义，一是做极少的交媾，并且要使交媾时变肉欲的快乐为精神的受用。二是利用性欲的精力为一切思想上、艺术上，及行为上的发展。由这个"性力"的冲动而后所产生的思想，才能精深如柏拉图的哲学，美妙如但丁的诗歌，慷慨淋漓的如欧洲中世纪骑士对于妇女拥护爱惜的行为。若无这个"性力"的暗托，其思想必薄弱有如中国的儒家；其诗歌必矫作好似应试卖文的诗人；其行为必枯燥不情有如佛家的僧尼。美的性育的使命在使性力变为最有出息的功效，我今特别地名这个为"精变"，即是一切最宏大的事业皆由一种变相的性力所造成。"精变"的效用甚大，只要一点精力就能生出惊天动地的事业来。至于淫荡的人乃是把身内储力变成为精液，这个是"变精"不是"精变"了。美的性育即在教我人如何得到"精变"与避免"变精"的一个好方法。

二、美的娱乐

我前说美的娱乐乃是一种有益的工作，不是一种奢侈的消耗。即以性欲说，它若是娱乐得法就能使其为"精变"的作用，则其利益为无穷了。推而论及别种的娱乐皆可使它为美的娱乐，而由此得到"用力少而收效大"的工作及行为的好成绩。

美的娱乐除性育外，其方法甚多，现概括为下列三类。

（1）野外运动、散步、旅行、冒险等的作用。这些娱乐皆能求到一个壮健的身体，愉快的精神，及养成各种良好的知识与志愿。野外运动一项，我已在美的体育一节上说及，今姑从略。散步虽属细事，但于幽胜的地方时时行之，可以养成富于领悟的心思。康德的高深哲学，可说是成就于每日准时准地的散步。昔威尔逊当总统时，遇有难事待解决者，则乘汽车到城外旷地且行且思，这个方法也好。说及旅行，其为用比较散步的更大。我三年前在日本阅报，使我最感动处，在关于许多学生暑天旅行各山脉的记载，其旅期长的有至二十余日者。回想我国学生于暑假仅知归家抱妻子，真堪愧死！今后各人应当就地方之所近，认定一山脉或一水源以穷极其究竟。这样旅行既可锻炼其身体，又可得到地理与风俗上的知识，并且可以发现许多幽奇的古迹，明媚的风景，以及一切的富藏，故一次旅行胜读一年书。做了数次有系统的长期旅行，就可得到终身实在的学问了。

可是，美的娱乐中以冒险为最有趣而且能得到极大的效果。凡非常的事情及非常的功业自然要以生命去相搏才能得到。冒险的乐处，除了得到活泼的精神及精密的心思外，尚能得到快乐的死法。人生最看不破的是死的关头。而冒险的人觉得死是快乐不是痛苦；死是可玩耍，不是可害怕；死是自己乐意的，不是受外界的指挥。当他冒险时，步步觉得有死的可能，但步步觉得快乐，因愈近危险的境域，愈能得到所期望的目的，故愈觉有死的可能，而心中愈觉其快乐。所以他人则以死为苦恼，而冒险的人则以死为快乐了。凡能以死为快乐，则天下事无不可办了！我常说人生本来是冒险的，做今日的中国人更是冒险：公共卫生不讲求，满天中飞扬了各种杀人的微菌，抵抗稍疏，立即死亡。况且政治不好，军士盗贼充斥国中，我人的身家性命皆是危如累卵。可惜这些冒险，乃是听外界的命令来操纵我人的生命，这个自然极不值！最好是由我人自动的抱定一个极有价值的冒险：或为社会改革家，或为学术建设人，总当本牺牲生命的精神，不屈不挠无畏无求的态度做去。事如能成更佳，不成，也已得到死的快乐的报酬了，总比床头病死，或郁闷自杀的死法高强得多呢。

（2）艺术上的游戏。这类的快乐比第一类的稍偏重于个人的情感上头。情感的养成本极困难，书籍与教导皆无效力，唯有从娱乐中去寻求而已。游戏的种类甚多：有表情的游戏，如舞蹈唱歌等；有玩耍的游戏，如捉迷藏、斗草等；有自然的游戏，如于旷野海边结队做种种野外娱乐等；有俱乐部的游戏，即各种有艺术性的俱乐部的组织。现仅就这末项来说明吧。俱乐部的名目已被我国人践踏够了——赌博娼妓之所，牛群狗党之地，都挂了俱乐部三字的招牌。究竟俱乐部的真意义乃是练习情感最好的地方。于其中有击剑的，武技的，有音乐的，跳舞的，有诗文的，有雄辩的，有政治上各种目的而组织的。合了一班道同志合之人于娱乐中而养成各种好情感,以为将来办事上的准备。例如击剑武技的以养成将来尚侠气重信义的英雄。音乐跳舞的可为将来歌舞场中的改革家。诗文雄辩的,希望造就一班文学家与演说家。为政治的目的而组合的,可以产生后头一班改革社会的人物。这些俱乐部皆是最紧要,因为有尚侠的国民,然后能疗治这个麻木不仁的社会;有歌舞的艺才,然后能改革现在这样野蛮的剧场;有诗文与口才的社员,然后才能移易了那些不文非诗与讷讷的国民性;有社会的改革家,然后能救拯一切黑暗的政治与腐败的风俗。总之,以俱乐部为制造国民情感的大本营,有情感的人物才能做成大事业。故要使将来办事者皆有热烈的情感,与社交上皆有友爱的气象,须当于俱乐部中先养成其有情感性。本来好家庭、好学校与好社会的组织必是一种娱乐化的俱乐部。但现在的家庭学校及社会既如此冷酷不仁和种种无兴趣,所以我们唯有从俱乐部组织起,创造将来许多富有情感的家庭人、学校人及社会人。

(3)社会上的娱乐。这层的娱乐比以上二层更为重要。好的社会是娱乐化的,是使社会上一切人皆熙熙乐乐有如朋友的相亲爱。这个希望的可能,唯有从社会的娱乐法去造起,而其中最重要的为节日。我国现行的清明、端午与中秋等节日极好。清明,是当草木发长之时,因此令人想起了追悼可爱的死者的心怀。我尝于清明日上山,见人哭泣,未尝不与他们掬了同情的泪。哭有时也极快乐的,痛痛快快大哭一场,其乐实在不可思议。端午竞渡,也大有趣。中秋,明月当空,极有美感。这些节日都与社会风俗上大有关系。我意谓节日能取其有意义与富美趣者愈多提倡愈佳。(例如冬节,过旧年等节皆属无意义,当废止。)又当使社会上起了一种普遍的感动,如法国共和纪念日一样的热狂,不似我国共和纪念日那样的萧条才好。(要使群众对于节日有普遍的热烈感动,须当每地方有一极大的公园与公所,使众人于其间作种种跳舞、唱歌、音乐、聚餐等的表情。)节日愈多,使社会上起了一种同情同感的亲爱,发挥众人共乐的兴趣,与一种同仇的义气。社会的心理原是复杂的,唯有节日能使它统一。社会人类原是分散的,唯有节日能使它聚合。就其复杂及分散说来,社会是毫无力量的。但就其统一与聚合说来,群众的力量是无穷大的。这个无穷大的群众力量及社会上一切的生趣,都是靠节日以生存,你想节日的关系大不大?故节日的娱乐是极美趣的,又是"用力少而收效大"的。那么,提倡有意义的与具美趣的许多节日——一月至少要数次——当为社会改革家最当着意的一事了。他如比赛会、博览会,及种种的展览会:如禽兽、花木、书画、古董等等的展览;美女、壮儿、康健长寿的老人,及膂力过人的壮年各类的比赛;余的,如职业、商业等的各种广告术,也须注意从美术方面去提倡,这些皆能增多社会的娱乐,与提高群众的同情。

由上说来,娱乐的真作用是锻炼个人的身体,增长个人的知识,又是提高团体上的兴趣生活(俱乐部作用等)与养成社会上群众的同情心了。以锻炼为锻炼是苦恼的,以知识为知识是枯燥的,今以娱乐的方法出之,这样锻炼何等痛快,这样知识又何等生动呢。尚有二事,更难用别法去生长者,即个人的兴趣,及群众的同情。我尝想除了娱乐法外,无论用如何方法总不能使个人生兴趣,及群众起同情。例如我国现在个人的生活可谓"兴味萧然"极了,群众的心理可谓"痛痒不相关"极了。这个即因我国无公众娱乐的缘故。军律的凶暴,政令的威严,唯能使人畏而不能使人爱。名誉的引诱,金钱的贿赂,唯能使人羡而不能使人敬。唯有娱乐能使人互相亲爱,互相敬重,这就是它的大作用处。由一人的娱乐,而使一群生欣悦;由数人的娱乐,而使全社会皆大欢喜;由一时的感动,而能留为一生的纪念;这就是娱乐上"用力少而收效大"的成绩。由一人身中极混乱胡闹的储力,而使成为惊天动地的大功业、大文章、大道德,这就是娱乐的最美丽,与娱乐的人所得到最大的兴趣。我前说:"娱乐即工作。"我今敢说,唯娱乐的工作才有大出息和大作用。至于嫖妓、赌博、饮食的征逐、酬应的麻烦,这些简直不是娱乐,恕我不去论列了。

本章到此已结束。自衣食住至娱乐等关于美的意义，与"用力少而收效大"的作用，皆从科学方法上去创造。我自信这些皆是极确实可靠的创造法。只要人能依其大纲做去，一定可望得到相当的成绩的。下章为哲学的创造法，自然比第一章所说的较艰难些，但我们则极望读者于下章所得到的兴趣也比前章的较多些。

第二章

总 论

本章与前章所说的不同处：前章对于人生观是用分析的方法去研究，本章则专在综合与整个上做功夫。前章是用科学方法的，本章则用哲学的眼光。可是，分析与综合，科学与哲学，不是根本上的差异，乃在进行上的手续不同而已。人生观，一方面是当用科学方法去分析，一方面又当用哲学的眼光去综合，然后才免堕落于神秘或陷入于粗俗的毛病。我尝对于"爱情"一问题说它是可用科学方法去分析的，因为我们可以求出爱情的条件。但爱情也是"哲学的整个"，因为我们从主观上把那些条件做一块儿看去，自然是似乎无条件可以分析了。我今再把这个爱情问题稍微详说于此，以为人生观的问题上做一个举例。我意谓人们所叫做"无上神秘"的爱情，乃是由一些条件所组合而成的。由一种各不同的条件所组合的结果，而可断定它必生一种各不同的整个爱情（因爱情是由条件所合成的，所以由条件组合上的不同而可以有无数个的爱情）。倘使人们知道理智上固有逻辑，情感上也有逻辑，理智情感组合上尚可有逻辑，那么，爱情纵然如世人所说的全部情感，尚有情感逻辑上的定则。但我意，爱情不单是情感的，它是由情感和理智所合成为一个整个的——如孔、墨、释、耶的救世热诚，谁能说他们全为情感所冲动，毫无理性的作用呢？由此说来，人生观的定则，比普通科学的定则较为繁杂，即是人生观上常把情感与理智组合成为"整个作用"的缘故。所以身当其事的人无不自以为神秘或直觉的了。实则，苟能从客观上去观察，又苟能把这个"主观的整个"的现象考究起来，自可得到它有分析上的条件，因为整个的对面，即是由条件所合成的；因为主观上虽有整个的作用，但这个整个不是神秘的，乃是可分析的。不知这些理由的人，遂致闹出下头三项的误会：

（1）有许多人不知整个与神秘的分别，所以误认主观上的整个爱情为客观上的神秘性质。

（2）原来主观与客观的作用本不相同，若把客观的误做主观用，遂致生出了梁启超先生及谭树櫆君诸人的误会。例如，梁先生若知恋爱必先有"理智"为客观的背景，然后才免"令人肉麻"的理由，就不会有"假令两位青年男女相约为'科学的恋爱'岂不令人喷饭"这些话了（参看1923年5月29日《晨报副刊》梁先生文[1]）。又使谭君若知"条件"是客观的事实，"直觉"乃主观的作用，当然不致把我的条件，误做他的直觉去了。（这从答复爱情定则的讨论摘出的，参看《晨报副刊》1923年6月22日。）

（3）"整个"在主观上的作用，与"分析"在客观上的意义，彼此虽则互相交连，但各有各的特别位置。好似整个的水，虽是与分析时的氢氧二气相关系（因为水是由氢氧二气所组成的），可是，水整个时不是氢氧，与氢氧分析时不是水，同一理由。推而论之，人生观上的一切问题，例如以爱情说，在客观上分析的条件，自然与在主观

---

[1] 梁启超的这篇文章题为《人生观与科学》，是参加人生观问题讨论的。1923年2月，张君劢在清华学校作题为"人生观"的讲演，并在4月2日的《晨报副刊》上发表，认为人生观有不同于科学的特点，人生观问题的解决，"决非科学所能为力，惟赖诸人类之自身而已"。4月3—5日，丁文江连续在《晨报副刊》发表《玄学与科学》的文章，对张氏的观点提出异议，认为人生观要受论理学的公例、定义、文法的支配。梁启超、胡适、陈独秀、吴稚晖、张东荪、瞿秋白、孙伏园、张竞生等纷纷发表意见，从而引发"科学与人生观"的论战。

上整个时的现象，两者完全不相同。但是人们不能说这样的整个，是神秘的不可分析的。因为它既由条件所合成，自然是可分析了。因为这样的整个，既是由条件所合成，那么，从它所组合的条件上，就可以见出它的整个性质是什么，与它的作用有何种意义了（当然从普通的经验上得到）。若有不知上头这样的区别，一方面，就不免误认整个为分析，分析为整个；别方面，又不免误会了整个与分析彼此上丝毫不相干，所以闹出张君劢、丁在君诸先生对于人生观一问题打了一场无结束的笔墨官司！（张君的主张整个不可分析，与丁君的主张分析不能整个，皆是偏于主观或客观一端的见解，我想，还它整个与分析各自的位置，又承认它彼此有互相关联，这才是从"全处"看。）

总之，以客观的爱情定则作为主观上用爱的标准，原无碍及于客观上条件分析的方法，与主观上爱情整个的作用。并且，人苟能以定则为标准，作为主观的指南，自然对于所爱的，才能爱得亲切，爱得坚固，爱得"痛快淋漓"。例如人人有耳会听，唯知乐理的人才能"知音"；人人有目会视，唯知画法的人，才能"悟景"；我也敢说：人人本性能色，唯知定则的人才晓"爱情"。至于一味凭直觉的人，上者，不过于情上领略些迷离恍惚的滋味；下者，则无异于牲畜的冲动。青年男女们！你们如不讲求爱情那就罢了。如要实在去享用真切的完满的爱情，不可不研究爱情的定则，不可不以爱情的定则为标准，不可不看这个定则为主义起而去实行！（即爱情是有条件的，是比较的，可变迁的，夫妻为朋友的一种的"爱情定则"。）

我以为一切关于人生观的问题，都当照上头对于爱情问题所解释的去解决。即一切事皆要有科学的道理明明白白地去分析，这样才能得到头脑清楚、学问高深的人物。别一方面，又要凡事以"哲学的整个作用"做去，然后才能养成一个系统缜密的心思，与精细刚毅的行为。我常说科学与哲学是相成相助的。不是彼此冲突的（参看下面"美的思想"一节）。明白这层就能看出这第二章所说的与第一章所说的其中实有一气互相联属的线索了。

本章所说的全系综合的研究，不是去做分析的功夫，应请读者留意。这三节的细目是：
（1）美的思想；
（2）极端的情感、极端的智慧、极端的志愿；
（3）美的宇宙观。

第一节　美的思想

怎样能用最少的脑力而得到最多的思想？怎样使许多的思想得到一贯的功效与万殊的应用？我今提出这个"美的思想法"，就是希望用它来解决这些问题。

这不是科学方法，也不是哲学方法，能使我人得到美满的思想的，唯有从科学方法与哲学方法相合为一的"艺术方法"上去致力，才能达到这个希望。若论现时为人所最崇拜的科学方法，原不过为许多思想方法中的一种，并且是最粗浅的一种呢。凡一切学问的研究，固当从经验入手，于经验之后，自然又要经过一番科学方法的功夫。故科学方法自然是入手求学问时不可少的一种历程。它的价值，即在以有条理的心思去统御那些复杂的现象，而求得其间一些相关系的定则；而它的粗浅处，乃在用呆板的方法为逐事的经验与证明。殊不知世间的事物无穷多，断不能事事去经验，件件去证实，所以科学方法的应用有时也不得不穷。由是思想上觉得极欠缺，不美满，与觉得有别求方法的必要。于是哲学方法遂应运而生。

哲学方法与科学的不同处，它不重经验与证实，而重揣想与假设。它用了乖巧的心灵，拟议世间的事物必如此如此。它的长处在炮制由科学方法所得到的材料而为有系统的作用。若无哲学方法的假设做引导，则凡一切所经验的事物势无异于断烂朝报，事虽繁多而无一点的归宿。但哲学方法常不免于凭空捏造，想入非非，究其实际毫无着落的诸种毛病！

就上说来，科学方法与哲学方法各有其利与其弊。要使它们有利而无弊，唯有使它们的长处联合为一气。联合为一气，则思想上自然不致陷于科学方法的呆板，与哲学方法的空虚；而且能得到科学方法的切实，与哲学方法的乖巧。至于担任这个联络的使命，则全靠在艺术方法的身上。艺术方法一边是以科学方法为基础，与哲学方法为依归；一边，于联络这二种方法之后，自有它本身独立的效用。譬如：工程师有意于建筑一个美丽的纪念塔。其初则相地，造基，安柱，置盖，在在需用科学的方法，庶免使塔有倾倒之虞。但工程师心目中另有他理想的塔形。举凡砖、石、木、铁，以及一切零碎物件不过为组合起来以达到他理想的目的而已。这个以整个为目的的方法即是哲学方法。至于怎样才能使零碎物件达到他的整个目的，怎样使所用的材料达到最切合他理想的塔形达到最美丽，这全是艺术方法本身之事。简括论之，美的思想，一边是以科学方法为基础，以哲学方法为依归，而以艺术方法为调制；一边则专在利用艺术方法，使脑力上得到最有出息与最大效用。这个调制的功用甚大，自来科学方法与哲学方法常立于反对的地位，即因缺少这个调制的缘故。今后有了艺术方法的调制，则科学方法与哲学方法断不会彼此枘凿不相入，势将如水乳的交融。故艺术方法本身的作用更大，有它，人类的学问才能深造与渊博，才能达到理想与实行为一致，才能提高理想至于尽善尽真尽美的地位。

今为便于叙述起见，我们求得艺术方法居于调制的地位及它自身效能上的作用，大约分为四项如下：

（1）以情感的发泄去调和理智与意志的方法；

（2）以组织的作用去协合归纳与演绎的方法；

（3）以创造的妙谛去炮制经验与描想的方法；

（4）以表现的效能去贯通零碎与整个的方法。

分开说来，艺术方法的本身是情感的、组织的、创造的与表现的方法。所谓调和、协合、炮制与贯通云者，乃是艺术方法对于科学方法及哲学方法调制上的作用，今逐端论之于后。

一、艺术方法是以情感的发泄去调和理智与意志的方法

这项的意思是说情感的发泄乃为艺术方法的根源，也即是达到美的思想的第一步，就大端说，科学方法偏重理智，哲学方法则偏重意志。科学方法贵在立于客观的地位与"纯理"的研究。但实际上，任人怎样用客观的方法去观察，究之，其所观察的结果总带有主观的色彩。例如：空间是三积体么？究竟谁也不能知空间是什么！由我们主观所感觉而定它为三积体，或由别种主观的见解而定它为四积体，或无穷积体均可。新的几何学所以能与旧的同具有相当的价值即是此理。推而至于天文、物理、化学、生物及社会学，都是由人类主观上的智慧去审定的。再以纯理说，宇宙中有许多问题非专靠纯理方面所能解决者，例如：物质可分得尽么？不能么？时间有穷头么？无穷头么？空间有界限么？无界限么？就纯理去解释，正反二面都有道理，而同时都无道理。我们一边可说物质分得尽的；一边，又可说物质不能分尽的。也犹如我们能说时间有穷尽的，空间有界限的；可是，同时我们又能说时间无穷尽的，空间无界限的。这个为什么理由而使人的判断矛盾若此？依我所见：乃因人们对于外界的智识一面倚靠于感觉，一面分权于意志。就倚靠于感觉一方面说，我们觉得物质是可分尽的，时间有穷尽的，空间有界限的。但就意志一方面说，我们又推想物质不可分尽的，时间无穷尽的，空间无界限的。由此可见理智一物，乃是由感觉与意志所变成。当感觉与意志分离时，无怪理智转而成为两可的疑惑物了。就根源说，人类先有感觉而后有判断，有判断而后有理智。就后天说，人类先有意志而后有动作，有动作而后生理智。偏重于感觉一方面者流为经验派的科学家，偏重于意志一方面者流为推测派的哲学家。人们不偏重于此则偏重于彼，以致人们的智慧不失于科学派的呆板，则失于哲学派的渺茫。

然则如何而使感觉与意志相调和？即是如何而使科学与哲学能合作？我想唯有用情感的艺术方法。情感是感觉与意志静止时的结晶品，又是它俩动作时的组合物。由前例说则为"本能"。由后例说，则为"顿悟"。自来论本能或涉于神秘，或流于浮泛。其实，本能即感觉与意志在静止状态时的结晶品。它所以比理智较为硬性与狭窄的道理，即因它是感觉与意志的产生物。故它不是理智，不是感觉，也不是意志，乃是一种静伏状态的情感。例如人有饮食的本能。究之人要饮食，不是起于对食物的感觉，与理智的判断，及意志的驱遣。人要饮食好似我们胃里的情感（广义的）的一种动作不得不如此去做的。他如性欲及群居等等的本能，都是一种广义的情感从中主动的。故本能不用学习而能，同时又因学习而变迁。艺术方法于美的思想第一步应用上，即在保存人类的本能，与使本能得到最好的发展。例如保存人类性欲的本能，同时又使它由此扩充两性之爱而为家庭及人类与宇宙之爱，同时又发展它为精神上的作用（参考前面"美的性育"一节）。总之，本能乃是一种藏伏的情感，所以它是最简捷、最美丽的一种思想。

当感觉与意志组合后成为动的情感时，"顿悟"常由此而发生。我人平常的感觉与意志都是互相冲突不能合作，以致互相消灭不能生出美满的思想。幸而有时遇了感觉与意志得到合作的机会，则人们于其时觉得有一种热烈情感从中鼓动发扬。这样情感有如火的勃发，泉的喷涌，无法可制止的。由这种内火的一闪，即现成为一种顿悟。顿悟不是理智，也不是意志，乃是情感的证明，即人于领悟前无论如何去思索总是得不到的，忽一旦豁然贯通，又似是得来毫不费功夫一样，佛之于法，老之于道，以及诗人的达神，画家的传意，皆是于刹那间之前不能悟到，于一刹那间后也不能悟到，恰恰于感觉与意志会合的一顷，又适值情感燃烧最高度的一顷，与所用的方法达到于最艺术化的一顷，综此各种的奇缘而生顿悟之妙境。这真是千难万难之事，无怪顿悟不是尽人都能的。

顿悟之表现既如是其难，故要用艺术方法使它发现当然不是容易。必先使感觉与意志相协合，次使情感有极端发泄的可能（参考下节），终又须用了一种极奇妙的艺术方法，三事俱备，庶几万一得到顿悟的机会。我今姑举二例以概其余：秋之夜，"清风徐来，水波不兴"，苏东坡感此而作《前赤壁赋》。同此秋夜，听其"凄凄切切，呼号奋发"，欧阳修感此而作《秋声赋》。彼二人的感觉不同，与意志互异，故其情感上完全相反。其顿悟之道也不一：在《前赤壁赋》则极端乐观，而在《秋声赋》则充满悲态。这二篇所用的艺术方法也不一样：《秋声赋》的作者全在写声音方面上着力，他好似音乐家一样；但在《前赤壁赋》则注全神于写秋的色彩，完全是图画家的本领。可是他们虽种种不相同，而此二篇的价值则同为千古不朽的杰作。缘因他俩都具热烈的情感，都能使感觉与意志相调协，又都能用艺术方法去表现。

总而言之，美的思想法于第一步骤如能达到（即情感的艺术方法），我们由此而求别种的艺术方法当甚为容易，今即于下段继论组织法。

二、艺术方法是组织的作用以协合归纳与演绎的方法

干脆说来，科学方法所求的为归纳方法。例如：见了张、王、李、林以及许多人皆死，我们归纳起来立了"凡人皆死"的定则。这样方法好像是稳当不过的。可是，它所得的仅是过去的事实的总算账。故严格说来，科学家仅能说已死之人才是死的。凡未死之人不能说他必死，因为未来之事不是经验所能及。人们若仅赖这方法，势必只有历史的智慧，而无未来的"先见"。这样仅顾过去而遗未来的方法，当然使人类对它不满足。幸而有哲学的演绎方法出来救济。演绎法是以归纳法的结束为起点。例如它是以"凡人皆死"为前提，而推论到张、王、李、林，以及未来一切人都是死的。就归纳法说：因为

张、王、李、林，各人有死的事实，所以得到凡人皆死的公例。就演绎法说：因为有凡人皆死的大纲，所以有各人必死的事实。归纳法的长处，在搜罗事实的相关性。演绎法的长处，在"格式"严整上的推演。它与归纳法不同处，即它所判断的不在事实的真假，而在格式的协合。例如：它于凡人皆死为大纲之后，而合了"×是人，×必死"的函数。在这个函数上，人们所注意的仅在"×是人，×必死"这个格式上的关系。至于×是人不是人，我们毫无过问之必要。但当×是人，我们则能断定×必死，唯有这个互相关系的性质才值得算的。故哲学方法所求的仅在格式上的逻辑，因它不必证诸事实，所以它能有永久的普遍的意义。由此可见哲学的演绎方法比科学的归纳法，实在远胜一筹了。

但我们不是如常人见解，谓科学的归纳方法与哲学的演绎方法乃立于不相容的地位。因为由艺术方法观之，归纳与演绎不过是"组织法"的一端。从组织法着手，则二者尽有协合的余地。组织法即是归纳与演绎组合为一的方法。今就上例说，组合了归纳与演绎二方法为一整个，即是组织法，其式如下：

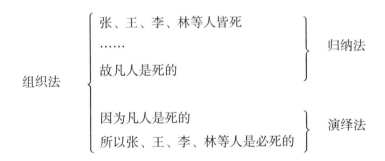

照上表说：归纳法的结束，即是演绎法的起点，可见归纳是给予演绎的材料，演绎乃推广归纳的效用。至于组织法，即在如何使用归纳所得的材料与由演绎上的推论不相背驰的一种方法。这样组织法的为用当然极巨大。今择其要分论如下：

（1）依据认识、知识、意识，及普遍识，一切所有相关的系统上，将所要知道的事情，应有尽有、详详细细组织起来。这个方法，与定名上的叙述法有些相同。不过它除了应从次序上着想外，尚要从系统上留意，所以它比叙述法更繁难（参考我的《普遍的逻辑》）。例如从"认识的系统"说，我们把"地球""静"二个名词，组织成为一个肯定的相关，即是说"地球是静的"一句话了。但从知识的系统说，我们应改组为"地球是动的"一句话了。但从意识的系统说呢，我们又当组织为"地球或者不是静的，也不是动的，乃是由观察人的主观去判定它罢了"这句话了。最后，若从普遍识的系统上去组织，它的句法是"地球也是静的，也是动的，动静乃相对上的名词，原不过是一种相关的现象而已"。总之，无论从哪个系统去组织，它的意义就跟随那个系统而定了。所以从系统上说，二个物象与意义的相关不是无穷的，乃是有限的。譬如上所引的四例，已足包括一切的"地球""动""静"三个关系，再无别个方法可组织了。

由这个组织法说，它是把认识等所得到的现象，实实在在组织起来。如我觉得地球是静的，就说它是静了。又我推论地球是动的，就说它是动了。换句话说，"句"的意义是从事实上或推论上和描拟上的相关条件中所组织出来。也可说它先有组织，而后才有意义，不是先判断而后有解释的。因"句"一经组织后，它的意义，已经固定。人们仅有依据这个固定的意义去解释它，原不用着再去判断它是什么东西呢。实则，组织之中，已经包括判断的意义在里头了。

所以从组织的造句法入手，不独可免了演绎法的判断偏重主观与成见等等毛病，并且免如归纳法的判断流于褊狭与呆板。因为组织法是主观与物观相合而成的艺术方法。例如从认识方面说，地球是静的，这是从主观方面去组织的；从知识方面说，地球是动的，这是从物观方面去组织的。至于一味偏重物观的归纳法或主观的演绎法的判断法当然免不了成见与褊狭诸弊端。故自来学者都承认判断不免无错误。因为判断终免不了"感情作用"的。可是，组织法既是于主观外并顾事实，当然免却成见的蒙蔽和褊狭的缺点了。其次，判断仅能从一面下手，纵使真确，也免不了失于呆板。如判断地球是动的，当然同时不能判断地球又是静的，或地球不动不静的，或地球是动是静的了。但组织法，既不是从物观或主观单面的判断上入手，乃从叙述法上做功夫。所以它把所要叙述的事情，按了相关系的系统上去组织。故它的意义当然比判断较普遍较灵通。并且有许多事情，不是从判断可求得来，需要从组织法才有头绪的。这个道理，待下再讲。

（2）组织法的第二方法是在把所得的组织句中，比较谁句是最与事实协合，以为择取的标准。例如于"地球是静""地球是动""地球不静不动""地球也静也动"诸语中，选用一个与地球动静上的事实最相合的句。我们苟知动静不过是相关上的一种现象，当然应取第四句"地球也静也动"了。在相对论未成立以前，第二句"地球是动"为最协合于事实，若在古时，则以第一句"地球是静"为极妥洽的根据。至于有些人或主张第三句"地球不动不静"，以他个人主观上的动静去定地球的动静了。故求最协合于事实的造句法，原无一定的标准，乃是由人类所用的艺术方法程度高低去审定的！

（3）说到第三层的组织法，它虽承认最协洽于事实的组织法极为困难。但于求得一最普遍的组织法，自信则极有把握。因为在一个系统上，如从认识说，地球不是动的；但从别个系统上，如从知识说，地球是动的。那么，在此两个相反的现象上，我们定然可以组织一个第三种的句法，比前二个较普遍的了，即是"地球也静也动"这句话，可以包括前二个，但前二个不能包括它。所以它当然比它们较普遍的了。故最紧要的造句法，除上所说的叙述及选择二者之外，在第三端的，则为求得一个普遍意义的组织。

求普遍的组织法，本是极精微的研究。我今略取二例来说明：

（甲）由认识上，见一流质被压，必向无压力的地方流去，流到平均势才止。若从这样纯粹的认识方面去组织，我们仅能依了这个认识上的现象去定公例而已。但人们后来把这些认识的材料，组织起来成为一个知识的公例，即"一个流质，如四方八面无压力，则一方受压力，它必向四方八面平均流去"。这个公例，不是从感觉得到，乃从推理而来的。所以我们说它是知识上的组织。再后，人们看"水龙头射水，常有一定的高度"，料定空气必有压力。这个为意识的组织法。虽则，它是从认识及知识二方面所组合而成。但它显然与认识及知识二事不相同。因为空气有压力，是不能由五官感触到的，也不能由知识推论得的。它不过是一种意识上的假定而已。

可是，到了这个地步，若不再进为一种普遍识的组织，为一种"认、知、意三识组合的组织"，所谓意识上的假定，必至于终究不能证实了。幸有托里拆利（Torricelli）从这方面做功夫，遂有气压表的发明。

以管内的水银升降，表示空气压力的大小。空气压力，至此宛然如在目前。这个表的作用，当然不是平常所叫的公例一样。它是一种记号，一种组合认、知、意三识上的普遍记号。所以它能包括上三识的总意义，又各各能把它们的道理，分开去解释的。

我们由此见出最普遍的道理是由于最完全的组织所表示出来的，不是由枝枝节节的归纳与演绎的判断可以得到的了。再进一步说，最完善的组织所得到的结果，是创造不是判断；是记号的指示，不是感觉的事实；是普遍的解释，不是简单的公例。我今再把吸力一个观念来证明。

（乙）自第谷·布拉赫（Tycho Brahe）用了一番观察的功夫，得到一个与从前不同的宇宙观。但他的天文学是认识的结果，不是知识、意识等的成功。同时的开普勒（Kepler）得了第氏所认识的材料，组织成为知识的应用。究竟开氏的天文三公例，可说是纯粹由他的聪明所创造出来的（开氏对于天文上观察的功夫甚薄弱）。及牛顿出，更就开氏三公例组织成为一个吸力律。这个吸力律好似极神秘的。因为在无穷的空中，一物与他物，怎么能够间接上如此的相吸？这真不是由感觉所能见，及智识所能知了！即牛顿自己也不免怀疑，但一证实事实又极切当。所以他姑且用了"if"一字去解释，就他的大意说，二个物体相吸的真情，我们是不能知的。但以它相吸的现象看起来，好似（if）是如此的。因为牛顿的吸力律，是把第氏及开普勒学说为根据所组织而成的。所以它不是此，也不是彼，乃是一种新意义，乃是一种意识上的意义。所以它含有神秘的意味，不是用认识及知识的观念可以解释的了。

牛顿吸力律不能解释的，一到相对论，用了"基本引量的十成分"法，而变成为可解释的了。有相对论，不但牛顿的吸力律可以解释，即开普勒及第氏所说的，也通通可以证明了。但基本引量的十成分，乃是一种纯粹的记号应用法。这个记号的成效，所以如此高大，因为它是由认、知、意三识所组合而来。若就相对论学说谈起来，它是组合主观、物观、时间、空间、物质、物力为一体呢。

简括言之，凡普遍的解释，都是从记号的相关中所组织出来。这样最便利的记号，常被艺术方法取来为工具。故最完善的组织法，即在研究怎么能够组织一个最协调、最普遍的记号。要望这个方法的成功：第一，须从事实上入手；第二，为同识的组织；第三，为异识的组织；及到后头，就可以抛却事实，专从纯粹的记号组织上去做功夫了。今举一例如下：向空中掷石、丢木、泼水、挥丸、吹毛，等等的结果，皆向地面坠落的。以这些事实为组织的材料，而得到一个公例如下"凡物皆坠地"，但这个乃是认识的公例。那么由认识的条件，组织为认识的公例，这个叫做"同识的组织"了。（或以知识的条件，组织成为知识的公例。或以意识的条件，组织成为意识的公例。皆是属于同识的组织法。）若开普勒的三公例，乃是从第氏的认识条件上，再进一步去组织成为知识的公例。所以它是"异识的组织"法。与此同例，牛顿的吸力律系把开普勒的三个公例组合而成，即从知识演进为意识上的组织法。至于相对论，再从意识上，演进为普遍识的组织。也是异识的组织法的一种。但它的大成功，全在利用记号去代表事实的。所以，它仅求记号组合上的和谐与普遍，同时即能得到外界上和谐的事情与普遍的意义了。

就上说来，组织法中已含有创造法。再以下式参考起来更足证明。例如：设 A 等于有机物，B 等于植物，C 等于动物，D 等于含有碳、氢、氧等。我们的前提有三：① A 或 B 或 C，② B 必定 D，③ C 必定 D。今把它们组织如下（其小写字母代表相应大写字母的反面，如 a 代表无机物）：

① ABCD　② ABCd　③ ABcD　④ ABcd
⑤ AbCD　⑥ AbCd　⑦ AbcD　⑧ Abcd

但上式的第七、第八两项与第一前提相矛盾；第二及第四两项与第二前提相矛盾；第六项又与第三前提相矛盾。所以它仅有三个得式：即 ABCD，ABcD，AbCD，这是说：有机物，当时时必有碳氢氧等的。又在 ABcD 一项，乃说有机物是植物质；在 AbCD，乃说有机物是动物质，彼此均说得去。可是在 ABCD 一项上，乃说一种有机物，是动物质，和植物质的，似乎与第一前提相矛盾。但有机物上，确有一种物，不是动物，也不是植物，乃是一种介于动植物间的混合体。这项得数明明是新创造出来！它有价值与否全靠于事实的证明（参看以下假设式与证明一段）。就此看去，可见用组织法所得的结论，不是似旧式逻辑仅有一个，而可有无数的，同时也就可得到无数新的意义了。若就 A 的反面 a 为主位组织起来，也可得了八式如下：

① aBCD　② aBCd　③ aBcD　④ aBcd
⑤ abCD　⑥ abCd　⑦ abcD　⑧ abcd

若把上八式与上页的前提对勘起来，仅有第七、第八两项，不与相灭的公例相矛盾，这是说：除无机物，非植物，与非动物外，尚有碳、氢、氧等的存在（abcD）。也可说无碳、氢、氧等就无有机物，无植物，无动物质了（abcd）。

除了从组织法中得来的狭义的创造法之外，尚有它的本身意义，即广义的创造法，它是艺术方法的一种，乃属于艺术方法的第三种，即是：

三、艺术方法是以创造的妙谛去炮制经验与描想的方法

凡一事的创造虽不能从无中忽然而有，但它于由科学所得的经验与由哲学所得的描想后，确须下了一番炮制的功夫，然后才能得到创造的效果。经过人们下了炮制功夫之后，举凡一切的事实与描想皆能由一种记号符号去代替与表示。故创造法是以描想为体，经验为用，而又须以记号为辅，今稍为论列于下：

先就描想说，它有一个大纲，即凡一事情的主张与一公例的成立，均有正面、反面及正反组合面上的可能。这个叫做"自由选择"的大纲，例如：以地球是不动的为正面，那么，此外另有地球不动的一个反面，与地球也是静也是动的组合面的存在了。又如以"地吸月"为正面，我们也可主张"月吸地"的反面，与地月互相吸引的组合面了。就大纲上说，描想既有如此的自由选择了。若就作用上说，描想在创造法上尚有第二个的特性。因为它知外界的事情和物象的公例与真理不仅是一个的与一面的绝对。所以它能预定一个目的，一个志向，一个希望，去创造实现许多方面的道理的。例如柏拉图先有了一个"理想的公道观念"为目的，他就于现有的政体如君主、贵族及暴民外，创造他一个不朽的共和国制度出来了。所谓公妻、公子、公共教育，以及政治、军事、职业等等的分配，都是从这个公道观念的模型所印铸而成。及到近世欧洲的人，也因为有这个公道做目的。所以争人权，争自由，争平等，争共产等等也随此而生。大凡人们能够有新事业，全靠他的描想上常有一个新的目的为向导。即如最固定式的数学，也是常受人们新描想的影响去变动进化的，在昔莱布尼茨先有一个"绵延"（continuity）的主见，然后才有微分数的发明，这也是一个最好的证例呢。由此看来，立定一个目的，实为创造法不可少的准备。但既有了目的，描想上又须再进为第三步的发展，才能实现

出一个整个的创造法。这第三步,即是对于前提上的命题,乃取命令的态度的。因为由实指的命题,所推论的,仅是事实的发明;而由拟议的命题,所推论的结果,也不外是一种不完全的创造,它尚要回顾事实上究竟是否相符。可是,命令的命题,有时也须用事实,但它所求的仅在事实的意义,不在其物质。并且有时遇到无事实或事实不足用时,它也能向了目的所要求的方面去创造一个新的材料,总而言之,描想在创造法上有三种作用:第一,它有一个自由选择的大纲;第二,它有一个预定的目的;第三,它能利用命令式的命题。

其次,论及"事实"在创造法上的作用,与在别种方法上,也有大不相同的地方。究竟,由经验上所得到的事实,都是零碎的关系。但创造法所考求的,乃从事实整个上去留意。凡把事物零碎上的互相关系看起来为一种现象(即归类的概括),若把事物融合处的互相关系上看起来另为一种现象(即整个的结晶)。前的,则属于经验诸法所求得的公例;后的,则属于创造法所得到的定则。其次,创造法看事实不是如经验等法的注重它们"相同"一方面。它是偏重"推似"一方面的。例如:推鸟飞的相似,创造飞空艇;推鱼潜的相似,创造潜水艇之类。这些新事情的成立虽不是从无而有,但确是由似求同。所以它是创造法的一种结果。末了,事实在创造法上的第三种作用,不是一定要有实在的物件,它容许仅是一种理想的或记号的表示。这个与上所说的命令的命题有相因而至的必要。因为命令的命题上,所采用的材料,原不必去拘束它是不是实在的事实。它所要考求的,是把这些材料(或实在,或理想,或假设,或描拟)作为一种根据,以便从它去建设和创造。如果它能建设得齐整美满,这些材料无论是何物,自然皆能有充分理由的存立了。

我们在上头既已说及描想与事实在创造法上的特别情形了,记号一层,当然有同时论及的必要。记号在创造法上的应用也有三项,一为思想的引导,一为建设的工具,一为普遍意义的代表。无记号的借助,则思想不能扩张。无记号做工具,则建设无从下手。无记号为代表，则一切事物的意义不能普遍。但记号上，在创造法的演式，格外与在别种方法上不相同。它是活动的、乖觉的、能去创造新意义与新事情的。

我今与其从虚空处去论创造法，不如就逻辑上去举例更为切实。在创造法的演式上，应当先知的有二式：一为离合式与经验，二为假设式与证明。这二个式可为创造式的先锋、助手，它与创造法极有关系的。

今先论离合式与经验——它是一种"事实的命题"：如"人类或善或恶"，"书籍或有益或无益"之类。它的演式，依旧时说，为

$$A\text{是或}B\text{或}C\text{，但，}A\text{是}B\text{，所以，}A\text{不是}C$$

这个式叫做"以肯定推论否定法"。拉丁语是 Modus Ponendo tollens。例如说：自由是好的或坏的，但自由是好的，所以自由不是坏的了。另外，又有一式叫做"以否定推论肯定法"。拉丁语为 Modus tollendo ponens。其式为：

$$A\text{是或}B\text{或}C\text{，但，}A\text{不是}B\text{，所以，}A\text{是}C$$

例如：人性或恶或善，但人性不是恶的，所以人性是善。这个式与三段式的规则不同处，是中段如为肯定的，则结论必是否定；反之，如中段为否定，则结论必为肯定。

但上所说的旧法，尚未能完足"离合式"的意义。若我们用布尔-杰文斯（Boole-Jevons）的推算法演式起来。则有：

$$ABC，ABc，AbC，Abc$$

若以 A 代人，B 代善，C 代恶，以 b 代非善，以 c 代非恶。那么，我们对于上所推算的四式，皆可解释它含有一种的意义。如在第一项则说为人是善恶混；第二项，人是善的不是恶；第三项，人是恶的不是善；第四项，人是非善非恶的。这些意义均说得过去。可见旧式的仅有一个结论，与此相形之下，未免过于偏窄了。由此也可见这个新式与创造法有密切的关系。因为它可用许多意义，去解释所有式中的得数呢。但离合式的判断上，需要从经验上入手才得。例如上所说的

四个意义，究竟哪一个与人性相对。除非从实验上把人性研究起来，就不能有切当的答复了。因为它要从经验上去证实，所以离合式仅是创造法中的起点。故现在于离合式外，应当说到与创造法更有关系的"假设式与证明"的一个法子了。

"假设的逻辑"，极为近来学者所重视。因为它除含有旧式的逻辑外，且有时于创造上极有重大的贡献的缘故。若要知道此中的详细处，可以参看戈布洛（Edmond Goblot）先生的《逻辑论》一书，及罗素的许多著作。今从撮要处说来，假设的逻辑是一种"拟议的命题"，如说，"假设某甲是人，某甲必死"；"假设国体是真正共和，人民必有自由等幸福"之类。它的命题上分为"先容"（antecedent）与"接合"（consequent）二项。例如在上说的"假设某甲是人"，则为先容；"某甲必死"，一句话，则为接合。接合的意义是与先容的互相关系而成，可以说它是足成先容上未完了的词句的。就它的格式说，约有三类：（1）先容与接合与名词是各不相同的，如A是P，C是Q；（2）先容与接合同一样名词的，如S是P，S是Q；（3）彼此虽同样的名词，但是泛指的，如X是P，X是Q。现先说它第二类的特别处：

假设A是P，A是Q，但，A是P，所以，A是Q，这个叫做肯定式。又如，假设A是P，A是Q，但，A不是Q，所以，A不是P，这个叫做否定式。

在这种演式上，应当留意者：凡肯定的，必在先容句上；凡否定的，必在接合句上。如犯这个规则，必致弄出错误。例如在第一式的肯定上说：假设一个人是吝啬的，他必不肯出钱去做好事，这是对的。但说一个人不肯出钱去做好事，他必是吝啬的，这是错了。因为他或者有许多旁的缘故，使他不能出钱去做好事也未可知。这个叫做"肯定接合句"的错误（the fallacy of affirming the consequent）。别一方面，如若去否定那先容的句，则又犯了一种"否定先容句"的错误了（the fallacy of denying the antecedent）。例如：假设一个人不是吝啬的，我们不能推论遇有好事时，他必定肯出钱呢。

在这个先容与接合俱是一个相同的名词的假设式上，乃是考求个人或个事的特别固定的状况，所以对于它的证明，唯有从特别的事实上去讨论。至于假设式中的第一类比第二类更有用处，它是先容的名词与接合的名词不同，因此，它能在事物中彼此相关系的方面，求出普遍的概括的公例。如说：假设热度增高，则体积必扩大；假设教育佳良，则人可变善之类。它所研究的，不在上句与下句分开上的事实，乃在这些事实相关上所表现的一种现象的公例。这个就是假设式比较旧时"实指的演式"法不同处，也即它比较旧式的有利益处。至于假设式的第三类为泛指的名词，它可改易为第一类或为第二类的方法，恕我在此不去赘述了。

假设式的应用，据我师 Goblot[1] 先生所说，是为一切算学及科学公例上发明的根本。因为无论何事情皆可先假设为什么意义，然后用证明法去证明它是不是。例如说，假设三角形的三角是等于 180° 的，现在要知道的，这个假设是真或假，所以证明法在假设式上为不可少的手续。试画一个三角形 ABC 如下：

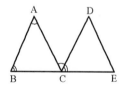

今在 C 点上引一与 AB 平行的 DC 线，那么，依几何定例，DCE 角与 B 角相等，DCA 角与 A 角相等。但在一直线上的角度是等于 180° 的，所以 ABC 三角的总数，也等于 180° 了。

在这个假设与证明法上，可以看出它与创造法极有相似的性质：（1）因在假设式上是选择二个物上无穷数的相关中的一个，以为假设的标准。（2）在证明法上，也是于无穷方法中选择一个为根据。既假

---

[1] 戈布洛（E. Goblot, 1858—1935），法国哲学家、逻辑学家，张竞生在里昂大学时的导师。

设一件事于前，复假设一方法去证明于后，这些假设的思想与手续，皆是创造法上不可少的条件。

现在应当说及"创造式"与离合和假设二式不同处的地方了。它与这二个式固然有些关系，但它另有它的特别的"建设方法"。它的前提为命令的命题：例如在非欧几里德[1]几何上，是命定空间为球面形，同时也就命定线是曲的不是直的了。由这样命题去建设Riemann[2]的几何，则三角形的三角乃大于180°了。又由这样的前提去建设Lobacthevsky[3]的几何，则三角形的三角乃小于180°了。

究竟创造式与别种演式不同处有三：

（1）它的前提不是事实的，也不是拟议的。因为以事实为依据，乃是实指的不是命令的了；又以拟议为基础乃是假设的，也不是命令的了。命令的命题的妙用处，就是思想对于外象先具有一个目的观，命定它必是如此的。及后，它全靠建设上的巧拙优劣去证明或经验所命令的与所推论的是否相符。假如它能够成立一个极优美的建设法，就不怕结论与命题上有互相冲突的地方。因为自己既依了一个目的，与立了一定的建设法去创造一个系统，那么，在自己的系统上，总是"持之有故，言之成理"，断不会自相矛盾了。例如：在欧几里德的几何上，它有它的系统，故它有它的世界观与测量法。又在非欧几里德的几何上，它有它的系统，也有它的世界观及测量法。人们不能说谁是错，与谁是对。实则，在谁的系统上，就生出谁的道理。把谁的系统上所说的，转入别个的系统上必生错误。但苟知道它们二个系统上不相同的条件是什么，若由这个移入那个，仅把它们彼此的条件相关系上一行交换，则这个的系统，可以变为彼个的系统，彼此互相通用而无阻碍了，非欧几里德几何，可变为欧几里德的，即是这个道理。

---

［1］　Euclid，今译欧几里得（公元前330—前275），古希腊数学家。
［2］　Riemann，即德国数学家黎曼（1826—1866），黎曼几何的创立者。
［3］　Lobacthevsky，即俄罗斯数学家罗巴切夫斯基（1792—1856），非欧几何的早期发现人之一。

（2）创造法的演式与别种演式上的不同处，一是它无定式，它有时用归纳法，有时用演绎法，有时用推算法，有时则用离合和假设法。二是它所注重的是建设式。这个式虽是上头所说诸法的总名，但它的特别作用上是求整个方面上的建设：例如柏拉图的《共和国》[1]及康德的《纯粹理性批评》二本书，他们各人各在本书上，把他所预订的计划，完完全全从整个上去建设，不是从枝节处去敷衍。故在此二本书上，如抽去一部分，或改易一意义，即不能恢复它们的全形，就不免与本义有亏损及原意有参差了。大凡一个系统的建设，首尾必须贯穿，各面总当一致，加一项即过多，减一事即太少。所谓恰到好处，所谓仙女制衣无缝可寻，大娘舞剑器无隙可入，精密的建设法也当作如是观！

（3）创造式所用的记号，是描想的代表，是事实的射影，是普遍的意义。换句话说，在创造法上，描想、事实与记号相合而成为一种概括的表象。因为在此层上，描想即记号，记号即描想。事实即记号，记号即事实。例如算学家的创造"绵延"一个观念。他们对此所能为力的是从记号去描拟，不是从事实上去用功。因为从事实去求出一条有限的线，是由无穷的点所合成，这个实在不可能的。倘如我们从记号上去描拟一条线，分开为二段，分开处当然有一共同点。这点即是此段到彼段绵延连接的交界点了。但这个点成立的可能，不是从事实去判断，事实上不能给我们知道二线的交界是点，也犹我们不能知道这个记号2最末了的得数是什么。究竟这个点的成立，乃人从二线交界上描拟它们的线形，逐渐变薄，薄到线无广时，它们所组合的点当然是无积了。那么，它们的交界仅有一点，因为这点是无积的，所以再不能分开它为二了。又因薄到点无积时，则一有长度的线形，当然充满无穷的不能算尽的点，并且点点是一样，点点是密接，不会在两点的中间有别种物去隔开了（凡有积的，皆可隔开，今这些点既

---

[1] 今译《理想国》。

无积的，所以不能隔开）。故"延绵"的观念及"无穷"的见解能够成立，全靠了用记号的意义去创造的缘故。

总之在这个譬喻上，已是见出凡精微的建设法，需要靠记号为工具。事实到此固然变为记号（如点无积、线无广等）；即描想上，也唯以记号为凭借。因在此上，记号即是材料，描想是不能离开材料的，所以它不得不依靠记号了。末了，我们应当明白记号所代表的是普遍的意义：其一因它是抽象的，所以能为各种具象的事实所共同的表象。其二因它是各项融合上的说法，所以它能概括各项的分个。其三因它从最高上去解释，所以同时，它能解释分类上的矛盾。例如绵延的记号，当然是抽象；其次，它能解释物理上，感触上，各种不能绵延的理由（如一手举十斤重，复即举十一斤重的，并不见与前有差异，必待至举十二斤时才感觉，所以见出从感触上是无法解释绵延的）。末了，它是依算学上所记号的道理，一步一步地去推论，所以它在自己所建设的系统上，不独彼此不相矛盾，并且可以去解释一切所有相关系上的现象，所以它是具有一种普遍的意义的。

以创造为主干去炮制经验及描想所得的材料而创造一个新的系统学问，这个系统在"抽象的学问"上如算学、几何等，当然是可适用的。因为抽象的学问，本来没有固定的限制，常随智识的进化去规定的。但一论到具象的学问上，如社会学等，就不免生了许多人的怀疑。古来许多理想的乌托邦，不能见诸实行，似乎为创造法无大用处的铁据。实则所谓乌托邦，如柏拉图的理想共和国等，虽然是与现在的社会不能适用。但安知后来进化的社会，永久不能实行这样制度吗？再退一步说，即使事实上终久不能完全达到，但理论上不可无一个完善的标准，使事实上向了这个理想的目标去进行追赶的。若能使它时时有几似处的达到，已是理想上极大的成功了。其次，具象的材料虽要靠住实在的事情，但同一样的材料，原可用建设法去造成许多不相同的情状。故创造法不受实在材料的束缚，在抽象与具象上原是彼此相同的。所异处，在抽象的学问上，仅使人改易眼光，就能了解一种系统上的观念。但在具象上于改易眼光外又当使人改了行为,才能实现了新的事业。譬如在几何学上,如人肯采非欧几里德几何的观念,即时就可明白新形学。但在社会学上,如对柏拉图的理想国,不仅要懂它,并且要去实行它的主义,然后始能把它的理想成为现实呢。由此说来,创造一个系统,无论在何种学问上均是可能了。(或问,如此说去,未免流入于神秘的、武断的、主观的范围了。实则,这个创造法,不是神秘的,因为它必靠所命令的条件去建设的。也不是武断的,因为它所命令的命题,须待后来建设法去完足它的充分意义,才能成立。末了,它又不是主观的,因为它所求的是系统的相关,即是一个系统对立于别个系统,研究它们并相峙立的理由。或又问,一个宗教或一派的学说,如能建设它的系统,它们就有存立的价值了。我对此层当然承认。但他们应知别派的学说,也有成立的价值。并且应该知道它的系统比别的系统范围谁为广大,如别的广大,他就应该去采用它。例如欧几里德几何比非欧几里德范围小,所以当采用它了。由此推论,如科学道理的范围比宗教大,则宗教应当采用科学的道理了。)

我们在上已将创造法大略说完了。今为提纲挈领起见,做成一表如下:

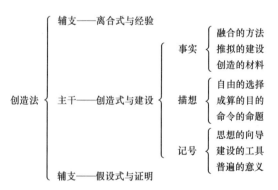

简括论之,思想的表现不外于上所说的三端,即情感的发泄、理智的组织与意志的创造。艺术方法就在使这三端怎样达到于最美的表

现。一切思想如无法使它表现，则断不能发育生长，势必至于退化消灭。进一步说，无表现即无思想，凡思想终要表现于外的。美的表现在情感方面的为"美的语言文字"；在理智的则为"美的符号"；在意志上不离了社会上各种"美的制度"。今当于下论及：

四、艺术方法，是以表现的效能，去贯通零碎与整个的方法

（1）情感表现的状态固极多端：或眉语，或意传，或手舞，或足蹈，以至哭泣欢呼与夫一切惊疑祝望的状态皆是表情的一种。但这些都是不完全的表情。唯有语言文字才是美满的表情。故要使情感达到美丽的发展非从"美的语言"与"美的文字"二项上用功夫不可。先就语言说，它是思想一部分最重要的代表。因为思想虽有三种的不同——情感、理智与意志——但情感一方面的思想最占重要，其正面的代表即为语言。故我们可说人们若无语言就无思想，又可说人们的语言程度到什么，思想也到什么的程度，由此可见要求美的思想须先考求美的语言了。

语言是思想表现于外的一种艺术，思想是一种脑内说话的习惯。习惯当然可以由艺术去养成的。就养成美的语言的习惯说，第一需要尽兴说话。凡愈肯说话，愈会说话，同时愈能养成好思想。反之，愈羞羞涩涩的，愈讷讷不能出诸口，愈使思想上感到枯索的苦况。但尽兴说话，不是乱七八糟的，乃是句有句法，章有章法，又须声音态度，各臻其妙。美的语言的第二条件，则在相题发挥：或用诙谐，或取庄重，或如短剑的相接，或似长江的浩瀚，痛痛快快，适可而止，不可吞吞吐吐取人讨厌。至于第三条件，则所言者须语出诸肺腑的热诚，不可装腔作势，弄假欺人。（不讲究美的语言者，势必语言无味，这尚可恕，最可恨的是一班人专门打官话，及守"多磕头少说话"的恶习惯，以致情感弄到消灭思想，弄到混浊了。）

与语言立于同样重要地位的为文字。文字一面是补助语言之不

足,一面又有其独立的作用。美的文字,乃是一种情感的表示与思想的射影。当其兴会所至,字字从心头沥出,"由景生情,由情生文",这便为美文。至于一味雕琢堆砌,简直是文字的苦事!

要之,思想关于情感方面的发泄,或为无声的文字,或为有音的语言。就其本源即从情感发泄时说起,语言文字极其简单苟陋。及后经过艺术方法一番的功夫,语言文字渐趋美丽,情感与思想也渐趋于美丽。美丽到如一部《红楼梦》,或如一本《西厢记》,这其间可做千万字看,也可作一个字读;虽似是拉拉杂杂写出来,其底里确有一条不紊的线索为全书的枢纽。故以表现的方法使零碎与整个有交互的作用者,才算极语言文字之能事。并且,由语言的滋蔓,同时生长了许多新情感及新思想。故就源头说,由情感与思想而生了语言文字,但就后来说,从语言文字反能创造情感及思想。这可见语言文字的重要,人们值得下死功夫用艺术方法去研究了。

(2)思想第二种的表现,乃属于理智的范围,是为各种科学所用的符号:如数目字、代数式、几何形、天文图表、化学符号、博物学的标志等等之类。符号的作用如桥梁一样,可以沟通理智的道路。美的符号即是一种最利便的工具,各科学得它后,可以向前进行工作。例如数目的根本符号不过十个,而可以推演一切至繁赜的数理。总之,科学家之于符号,恰似名画家之于丹青一样。画家借了些颜色变化的点缀,而能表现出一切的色相。科学家利用些符号,就能组织成各种科学的格式,如代数式之类。由是说来,科学即是符号,符号即是理智的代表。因为理智全靠符号的组织,故理智的思想,一面,比情感的较有条理可循,并且较为切实可靠,由是一面又见理智比情感较为机械式,较为不灵通了。再进一步说,由理智所得的思想,不如由情感所得的渊深,语言文字的进化是无穷尽的,而符号的演变是有一定限制的。

美的符号,是靠住眼光锐敏、手腕灵通去取得的。符号恍似一种图画。科学家的眼光及手腕,当如名画家一样的灵捷,眼见什么即能由手去画什么。眼锐手灵故能测量，由测量才有算学，有几何，有天文。眼锐手灵，才能观察与经验，由此才有物理与化学。眼锐手灵，才能比较，由比较才有生物学与社会学。大概说来，眼锐手灵的人，才能得到符号的利用与理智的成功。

在此层上，我们时常见得那些用科学方法者，乃看各种科学是分离的；而那些用哲学方法者则视一切科学为一个整个。可是，凡采用艺术方法者的态度就不同，他乃于每个科学中都能认出整个的智识来，即是于零碎中而能求出整个的妙用。

（3）说到第三层的思想叫做意志，它也有一种表现的记号。凡宗教的仪式、政治的组织、法律的条文、经济的分配、风俗的习惯与道德的观念等等社会的制度，皆是一种意志的表现。这些意志的表现，一边全靠于"冲动"，一边全靠于"实践"。意志是起于冲动而成就于实践的。故养成"美的冲动"与"美的实践"为求到一切意志的表现的重要条件。其冲动与实践为信仰的，则成宗教的制度；为组织的，则成政治的制度；为约束的，则成法律的制度；为利益的，则成经济的制度；为传统的，则成风俗的习惯；为善恶的，则为道德的观念；等等。由这些制度的表现，使人类的意志得以存留与进化。

于此，我们须紧紧牢记者，科学、哲学与艺术，三家的眼光对于这些制度的考察各个不同：例如用了艺术方法的社会学者或社会家，对于这些制度，一面，都有单个具体的研究；别面，又须有并合做一个全体建设的必要。不是如"科学的政治家"一项一项的去用功，也不是如"哲学的实行家"一概含糊地去建设。

思想一物在意志上算是极神秘了，但我们由人类的冲动与实践所表现的制度去考究而能得到一切意志的底蕴。他如情感与理智既然也都可以用方法去表现出来，那么这三种的表现的成绩如何，究竟全靠于艺术方法的优劣。诚能使人们如音乐家与名画家一样的才干，把一切声音及形色都能精微地表示出来，则任凭世界上怎样奥秘的事物都可惟妙惟肖地去求得，这岂不是艺术法的大成功么？这样艺术表现法的作用有四：（1）它能把情感、理智与意志三面的思想赤裸裸地拿出让人瞧，使人们知思想是什么形状，由此可用方法去养成它，发展它。（2）它能使思想得了一些艺术方法（或语言，或文字，或符号，或制度等项的艺术法）后，格外改良进步，以求达于至美的地位。（3）它能使人得这些艺术方法后，极有把握去创造新思想，即能由它去创造新情感、新理智、新意志。（4）最紧要的，也能把零星的思想，聚合为一串的整个。

总而论之，一切思想皆以表现为归宿，故思想的究竟在于实行。因为行为即思想的表现，故凡能求得美的行为者即能求得美的思想。美的行为，是于千头万绪的思想中得到它的一贯的继续。思想是变迁的，但美的思想于变迁中得到情感为中枢，而使理智与意志的调协。行为也是千变万变的，但美的行为变迁中也以情感为主动而求理智与意志的合作。美的行为家有如跳舞家一样，步步是自己创造的，但步步是协合拍奏。步步是独立的，但于进行中自第一步至最终步总合为一线继续连接的表现。这个"整个行为"的表现，即是"整个思想"与全人格的表现，艺术方法即在使一贯的行为怎样能去表现万殊的思想。这个艺术方法与科学及哲学不同处：科学方法偏于零碎的分析，哲学方法重在整个的总揽，但艺术方法则在使零碎与整个贯通为一的表现。例如一篇好文章，一面看去，是由许多零碎的字句所缀合；别一面看去又是由一个整个的意思所呵成。实则文章的妙处不在字句与意思的分离，而在零碎的字句能够聚合为一个整个意思的表现，与整个的意思能够从许多零碎的字句去发展。这不过论文章的妙处而已。推而论及思想上一切的问题，皆不外这样的表现的效能为中枢，即凡思想上能够达到"万殊一贯"与"一贯万殊"的表现，则情感上不怕无充分的发泄，理智上不怕无完善的组织，意志上不怕无美满的创造，并且得了这样的表现之后，情感、理智及意志，当然能够组合为一个整个的与美满的思想了。

第二节　极端的情感、极端的智慧、极端的志愿

前节乃专为精神的表现于思想一方面说的，但"精神"这个意义常被人所误会为静止的、消极的，及一种不可思议的概念。这样的精神生活当然是印度式及中国式与欧美的宗教式的了。这样极丑恶的精神生活当然为我们所反对了。我们所要主张的乃是一个生气蓬勃向上积极进行的精神生活，一个极切实与美丽而无神秘的精神生活。今从它的分部来看则有二类：一是心理上的精神生活，为本节所要说的；二是宇宙观上的精神生活，则留在下节去讨论。

本节所要研究的在求精神生活如何于心理上得到最美的地位与用力少而收效大的成绩。依我意见，唯有从极端的情感、极端的智慧、极端的志愿，三项上去讲求，才能得到我人心境上的美丽与成绩的巨大。本来，人类对于情感、智慧及志愿，都要取极端的态度去发展扩张才能满足的。但因环境的束缚、身体的限制及判断的差谬，以致人有要求其极端而不能者，或则甘于自足而以不极端为极端者。例如：以饮食说，人于饥渴之后，总要得到极端满足的饮食而后快，但每为贫穷所困迫而不能得到充分的食料，或因身体不康健而不能与不敢尽量去吸收。其在前的是困于环境，后的则厄于身体，以致人不能从他的极端态度做去，实在大拂逆了人的本性了。至于因判断上的差谬而以不极端为极端者，如以性欲说，世人都误认性欲的极端快乐是交媾，而不知这样的快乐是极微细，我在上"美的性育"一节上已说明此中之理由了。总之，人的本性是喜欢极端的，因为极端，才能把他所有的尽力扩充到于极大的境域而得了最大的快乐；因为由极端而后觉得个人的力量为无穷大；因为用极端的方法而后用些少的力量，就能得到极大的出息。可惜社会的制度、身体的构造，及判断的作用，常把人的极端性摧残、折磨与压抑，以致人们不能、不得，或不敢尽力去发挥他的极端性。不幸，又有一种荒谬的学说如中土所谓

"中庸之道"，务使人变成为一个寻常人，好似牛羊般的人物，普通无奇，毫无半点出色，而后称他为得乎"中庸之道"！故我极希望我人须先要把社会制度打破，把身体构造得完好，判断得到正确，又更要把那些无道理的学说铲除净尽，然后才能得到我人的极端本性。这个本性是极端的，是伟大的，是天真烂漫、浩然巍然的。凡能发挥这个极端的本性，便能得到英雄的本色、名士的襟怀、豪杰的心胸与伟大的人格。青年们！你们须知人有人的生活，如能得到人的生活，立即死去，或竟夭折，或被杀害，皆值得的。如貌似人类，实同禽兽的苟活，则虽寿满百而名遍天下，也属极无聊的寄生虫！你们须知人的生活莫如美的生活。美的生活，莫如能尽量发挥各人的极端情感、极端智慧与极端志愿。极端发挥各人本性，自能于活动中享了安静的乐趣，奋斗上得了进化的妙境。一日未能达到极端的希望，即一日尚未享人类生活的幸福，的美趣，的快感。一日达到了，则我人本性已经应有尽有的发展扩张了，这个所谓"能尽人之性"，便能成为特别的人物了。故要养成为特别人物，不是难事，就在各人本身上的情感、智慧及志愿上极端去扩充，就能得到。

这个理由待我在下三段上借给一些影子，以备诸位有意养成为特别人物者的参考吧。

一、极端的情感

人类本性，爱之，必爱到其极点；恨之，必恨到其尽头。这些才是真爱与真恨。爱之而有所不尽，恨之而有所忌惮，这些不透彻的爱与恨乃是社会人的普通性，但不是人类的本性。我尝恨我国社会都是虚假敷衍，感情薄弱，于极长期间未尝听到一个真为恋爱而牺牲，也未尝为什么真仇恨而厮杀。死的社会与死的人心原是互相因果的，这样社会安能得到有特别情感的人物呢！我们由此更当特别注意养成极端的情感以提醒这个麻木不仁的社会了。先就极端的情爱说：凡恋爱的人对于所爱者觉有一种不可思议的乐趣在心中，好似有无穷的力量要从四方八面射去一样。如被爱者是光，则用爱者即觉满地包含了光的美丽和他满身是光化了。如被爱者是声是电，用爱者即觉自己是声化电化了，遇着什么事都觉有一种声与电的作用了。被爱者是用爱的天神与生命。真晓得极端的恋爱者觉得他的生命充满了爱的甜蜜，一思想，一动作，一起一睡，都有爱神在其中鼓荡激扬。他的亿兆细血轮，轮轮有一爱情作元素；他的不停止的吹嘘，次次有无数的爱神随呼吸的气息相出入。领略极端爱的乐趣者处地狱如天堂，上断头台如往剧场一样。他似一个狂人疯子，但他愈觉狂疯化愈觉快乐！

怎样晓得极端恋爱的人就能得到这样极端的快乐呢？这个是因为极端恋爱的人一面享受了"唯我"的滋味；一面又领略了"忘我"的乐趣。由"唯我"的作用，觉得世界仅有我，仅有我能享受这个世界无穷尽的快乐。由"忘我"的作用，又觉得我不是我，小我的我已扩张为大我的我了，扩张到和世界并大与时间并长了。"唯我"时，则世界上无一人能来分少了我一毫的爱情，而世界上一切的爱情由我一人领受。"忘我"时，则当我领略情感时，我并无我一回事，我已忘却我了，我已与情爱并合为一了。当唯我的景象时，我觉得"小我"上的极端快乐。当忘我的景象时，我又觉得"大我"上极端快乐。当唯我变化到忘我时，我则觉"小我"已扩张为无穷大的我了，我又觉得极端的快乐。当忘我变化为唯我时，我又觉得"大我"已缩小为无限精微的结晶品，我更领略极端的快乐。总之，因极端的情感，就生出了唯我与忘我二种景象与一切"小我"及"大我"变化上的各种极端的乐趣。这些妙理，人当然要等到会领略极端的情感时才能完全了解，我今姑举不极端中稍极端的证例来谈一谈：

凡人初饮酒时不觉快乐，愈饮愈快乐，饮到微醺时更快乐，到大醉时，则极大痛快。这个即是饮酒愈极端时愈得极端快乐的证明了，又当其大醉时，他所以大快乐的缘故，即因醉者此时一边觉得是"唯我独醉，众人皆醒"；一边又觉得我已忘却是我，我已与酒醉的景象并合为一，我此时把我的"常我"完全脱离，而与"醉我"新相结识别有一天地了。以言交媾也有这样现象，所谓"刘阮到天台"，此时刘阮已非刘阮了，他是天台上的刘阮，不是先前人间上的刘阮了。但除了这个忘我的刘阮之外，确确切切的另有一个唯我的刘阮在其中独一静静地领受世上一切温柔的艳福。如无这个忘我的刘阮，自然更无那个唯我的刘阮，那么刘阮未免等于乡愚的煞兴。又假设无这个唯我的刘阮，更无那个忘我的刘阮，那么刘阮又未免似那禽兽交尾一样的糊涂。因有唯我与忘我陆续代替，起灭消长，所以常人觉得酒色中大有快乐在，遂奔驰争竞趋之若鹜了。

再说及冒险的乐趣，也因唯我与忘我的二个现象所致。我尝与友数人在法国瑞士间的冰山上纵兴邀游。行到中途凹凸不能越过，遂下转而行，忽低头见万丈深壑，横在目前，脚稍一溜，就有碎身的危险。在此时候，一面，我觉得是唯我，因我全身靠诸足跟支持，屏气敛息，不敢有一大呼吸的放纵；于精神上，也觉我所得的情感，此时分外真切，到现在写此时，觉当时那样情形俨然在我眼前。但别方面，我又觉得是忘我一样，我的身体软化了似变成为冰山的冰与冰壑之水了，我的精神已与地上一片白茫茫的雪景及天上一片光蓝蓝的云色相混合而为一了。我在这二个景象——唯我与忘我——突隐突现的交叉上，我才知道冒险的人是以死为玩耍，为快乐的了（参看上章第四节关于冒险一段上）。

上所取的例证，当然是极粗浅与不极端的事，但所得的快乐已足令人视死如归了。若能领略真正的极端情爱时，其快乐更为无穷量了。现再以极端的恨说，它也能使人得到极端的快乐。侠客义士，当其悲歌淋漓，觉得唯有我才能做这样惊天动地的事业，这时何等痛快。但当其浩歌"壮士一去不复还"时，又觉得我不是我了，他也有无限的痛快。总而言之，唯我与忘我，在极端恨的人的心目中所得的快乐当然非普通人所能领略于万一。推而论及极端喜、极端怒、极端慈善、极端凶恶，他们都觉得有一种极端的美趣。这些极端感情的人，不但于本人上得到极端的痛快，并且于社会上也有极端的利益。社会所怕的是一群牛羊似的人类把社会拖累到与禽兽同等低劣的生活。若怀有极端的情感者，自然是一个非常人，当然有一种非常的行为给社会生色，给人类增光。情爱的、慈善的，固当有一些极端的人物为社会做柱石；即使仇恨的、凶恶的，也不可无一些极端的怪杰以促人类的警悟。我们不单要提倡"爱的主义"，并且要提倡"恨的主义"。爱固然是美，而恨也是美。况且，凡能极端恨者才能极端爱，极端爱者才能极端恨。一社会上不能单有爱而无恨，也犹电子不能独有阴而无阳，宇宙吸力不能仅有吸而无推。由此可知宗教家的一味讲爱为偏于一端，而帝国主义的一味讲恨又未免失于所见不广了。凡完全的人物，遇到可爱时当极端爱，遇到可恨时又要极端恨，总不可有"中庸"。为社会计，也望有一班能极端爱者与一班极端恨者，总不可有牛羊似的人类！以理想说，极端的情感是使人心理上得到极端的美趣；以实用说，极端的情感又能使心理上用力少而收效则极大。这个有二种理由：一是因极端情感的人必是感觉极端灵敏，思念极端专一；二是因极端情感的人必能把唯我变成忘我，又能把忘我变成唯我。现把上第一理由先讲。

极端情感的人必是感觉极端灵敏，思念极端专一，所以于极细微的感觉中就能变为无穷大的情感。现就极端的爱情说：凡恋爱者偶见了爱人的一手帕，即足以引起了无穷尽的情感而可以做成一部"咏手帕"的情歌。只要爱人的眼角一传，脚跟一转，就能使用爱者生出了无限的风魔，而可以生，可以死，可以歌，可以泣，一切离奇古怪的行为与夫惊天动地的事业也都缘此而起。总之，极端用爱者的感觉是灵敏的，他能于一细点看出天来大，又常能于无中看出有，于有中看出一种格外生动的色彩出来。他的思念又是极端专一的，故能于极复杂的现象中得了一个整个的系统；而一切情感到他身上便如电气似的相吸引，只要一星原力，就能变成千万倍大的作用了。

又凡极端情感的人必能把唯我变成忘我，又能把忘我变成唯我，所以他于心理上其用力少而收效大。今从唯我变成忘我上说，这个即是把小我的情愫一变而为大我的扩张，此中心理上的出息极为巨大。例如孔德把他爱情妇个人的心怀，推广而为人道教上全人类的博爱，即是这个意思。凡由爱己而推及爱家，爱国，爱社会，爱宇宙，都是由小我的扩张而成为大我的作用的，反之，由忘我而变为唯我，即由大我而结晶为小我时，这个是"万物皆备于我一身"的意义，只要我情感一动，就觉天地间的情感一齐奔凑于我心坎之下听我使命一样，相传亚博洛[1]神笛一吹，万方神女与仙童一齐响应，能用极端情感的人，确有这样伟大的魔力哪！

以上所说，可见情感中以极端为最美与最有效用了。实则极端情感的好处，尚能由它生出极端的智慧与极端的志愿，这些理由待我们在下头去分论。

二、极端的智慧

就粗浅说，智慧可分为三种：（一）认识，（二）见识，（三）知识。认一物为玫瑰花是为认识，及后见其物而知为玫瑰花是为见识，一班普通人皆有这二个智识的。于无花时而能推知玫瑰是何形状，属何种类，有何作用，与何意义，这是"知识"，唯科学家才能得到。但这样普通的与科学家的智识尚未能得到智识的深微，我们由是再进而求哲学家的"智慧"。智识重于经验，智慧重在领悟。智慧是于认识外求认识，见识外求见识，知识外求知识。智慧，一面是认识、见识、知识的综合物，一面乃是超认识、超见识、超知识的超象品。故

---

[1] 今译阿波罗（Apollo），是古希腊神话中的光明、预言、音乐和医药之神，消灾解难之神，同时也是人类文明、迁徙和航海者的保护神。

智慧须经过认识、见识与知识的训练，而又要超出这些现象，专从于事物的底蕴上去探求。所以智慧是情感的物不是理智的物了。这个理由是智慧全靠于领悟，领悟不是从外来，乃从中心而出的。由此可知无情感的人，对事对物都是中心"空空如也"，自然不能领悟了。由此也可知凡有极端情感的人就能极端领悟，即凡有极端情感的人，同时也是极端智慧的人了。例如极端恋爱的人才能得到极端恋爱的智慧，即如英雄豪杰的学问都从他们热烈的情感所得来的，极端怀恨的人才能得到极端仇恨的智慧。又如奸雄恶徒的智识常极高出于常人，也由他们的情怀与人特别不同的结果。推而研究一花一草、一禽一兽、一声一电，必要研究的人对之有一种特别的情感，然后才能领悟其中的理由。我们应知道纯粹以理智去研究学问，所得的最多不过是一个普通的成绩，若以情感为思想的主体，及为心灵的活动力，再辅之以科学与哲学的方法，其所得的效果当然非常宏大。柏拉图之于哲学，释迦之于宗教，但丁之于诗歌，伽利略之于动学，牛顿之于吸力，爱因斯坦之于相对论，这都是"一片纯是光影，一片纯是游戏，一片纯是白净，一片纯是开悟"。至于老之于道，孔之于仁，墨翟与耶稣之于博爱，达尔文之于进化论，这些皆是一半领悟，一半执滞，所以未能完全成功。

　　领悟，不但于智慧上有无限的裨益，即于心理上的美趣及实用上的便利，更是非常宏大的。凡领悟的人极感美趣。愈极端领悟之人，愈觉得心中极端的美趣。领悟者于一切事的研究皆看做艺术，自然免有枯燥的痛苦。且他与"用力少而收效大"的大纲应用上有互相关联。领悟的人于极微细中看出极有宏大的作用，如牛顿之于苹果下坠，伽利略之于悬灯摇摆，就能推及于吸力及动力诸种道理的精深。

　　总之，要求极端的领悟，需要有极端的智慧；要求极端的智慧，须要有极端的情感。就本原说，情感与智慧同是一物，即是生命上的一种扩张力。诸位也知蜾蠃杀螟蛉的事了。蜾蠃为爱其子的生长，而能发明一种"蒙药",遂用其蜂蜇以灌其毒于螟蛉的脑髓,使其醉而不死,活而不动,以便为小蝶赢生鲜的食粮。我由这例而推出凡由一种情感的作用,即能产生一种的智慧用以达到他情感上所希望的目的。所谓人类的科学知识,不过把那些由情感所发明的智慧未完全处再去发展而已。但智慧所以未完全,乃由情感未极端的缘故,把情感发达到极端,则智慧自然也达到于极端,到这个地步,科学已不能再赘一词了。

三、极端的志愿

由极端的情感,同时达到极端的智慧,同时也达到极端的志愿。无情感的志愿则为"盲愿",如一味冲动无目的者之类。或为"迫愿",如饥要食、渴要饮之类。或为"诱愿",如为利禄所动,就去执鞭奔走之类。以上三项皆不是志愿。真的志愿即"情愿",即由自己情感上觉得纯由自己愿去做的。推而论之,凡有极端的情感者,就能有极端的志愿。例如:极端恋爱的人必能死生不渝,危险不惧,一直去达到他的恋爱的目的。极端仇恨的人,必一定百屈不挠以达到他报仇的志愿而后已。反之,凡有极端志愿的人,同时必是极端情感的人,于此可以见出情感与志愿是一件,不是二物了。

极端志愿的人必定是刚毅果断,所以无疑惑犹豫的痛苦,而有痛快斩截的乐趣。这不但是美的,并且是用力少而出息大。极端志愿的人的运用心灵,好似舵师的运用舵一样,只要手指轻轻一转就把亿万斤重的船变了方向了。迟疑犹豫的人常把许多精力白费于左思右想而无一可的中间。刚毅果断的人辅之以极端的情感与极端的智慧,有如名将于战场千军万马中指挥如意,步步有着落,所往无不操胜算的。

由上说来我敢说若无情感为中枢,则知行不能合一的。"行易知难",与"不知也能行",这些是孙中山先生极精微的学说,用以补救王阳明知行合一的流弊实极有益。究竟,中山学说尚有缺点处,则在遗漏知与行的根源是情感的一物。依我意见,情、知、志是合一的。而我看情感为知识及志愿的根源。无情感则无知与行,有情感自然能知与能行。知与行的程度大小,全视情感的程度大小为标准。故愈有极端的情感,愈能得到极端的知与行。例如喜欢饮食的人自能发明许多饮食的味道,同时自能去实行搜罗饮食的物件。"燕窝"一物,取之甚难,其值甚贵,但因中国人所嗜好,遂以珍馐品之故,使许多人跋涉于海边石岩之中去寻求,并且于厨房内发明烹调它的方法。假设我人无口腹的嗜好,则视燕窝如普通物了,又谁肯去留意搜罗呢?推而论之,一切学问与行为都从我人一种情感所需求上去发明与进行的。情感即是生命,生命即是情感。生物与无机物不同处,就在生物有情感,无机物则无,所以生物有生命而无机物则否。故养成情感——尤其是极端情感的养成——为最紧要的事情。粗则为饮食、男女、器用、服饰的嗜好,精则为各种娱乐及各种艺术的表情皆当极端地去培养。这些情感分析上的养成法,我在上章都已略为说及了。至于综合上养成的方法,一在使各种神经灵敏,一在使意志专一,一在领略唯我与忘我的作用。例如我要爱一人当先把可爱的条件综合起来,组成为一个可爱的"焦点",则我对此人当然极端的爱了。又如我恨一人,当先把可恨的条件组成为一可恨的"焦点",则我对此人当然极端的恨了。

我前说人类本甚喜欢极端的,因为人性本是极端的;因为极端的利益处,一面使人得到极端的美趣,一面又使人用力少而收效大。但极端中又以极端的情感为最美趣,与用力量少而收效最大。因为它能把唯我扩张到忘我,又能把忘我结晶于唯我之中,因为它能生出极端的智慧与极端的志愿。心理力的最美处与最利便处的扩张方向,即是从极端情感、极端智慧、极端志愿的发展上看出,故我看这些的发展实为人类心理力上最好的扩张法。

第三节　美的宇宙观（美间、美流、美力）

就精神力在心理上充分的扩张说来，则得了"内兴"的生活，如我们在前节所说的极端情感、极端智慧、极端志愿的发展即是。就精神力于宇宙观上充分的扩张说来，则得了"外趣"的生活，在本节上所要说的美间、美流、美力，即是。我前说人类扩张力有五种，起于职业、科学、艺术，次为性育与娱乐，第三为美的思想，第四为情、知、志的发展，到宇宙观，则为最后的一件了。这五种扩张力分则为五，合则为一；分则为万殊的扩张，合则为一贯的聚集。因它们有一共同的目标即求如何达到于"至美"，它们有共同的作用，即是"用力少而收效大"。人们如能用这样扩张力做去，不怕何事不成，何趣不得，何乐不享了。并且凡能审美的人必是一个大创造家，他能把一切扩张力创造为至美丽与最便利的事业。我们在上头的四种扩张力，已经说明这些情形了。由本节上所说的，更可见出审美家创造力之大！

一、美　间

空间一物，就常人看起来，有时也极美丽的。"月上柳梢头"，"日落江湖白，潮来天地青"，及那些"墟里上孤烟"等景致，谁也说它们是极有趣的。可惜俗人不能利用与发展自然的美景，常反把它们弄到极丑劣。现拿北京城说，这片好好大平原竟被北京人堆满了肮脏的屎尿及恶劣的屋宇，造成了一个丑极臭极的环境了。若就审美家看来，空间是一幅图画，是一件音乐，是一个剧场，有声有色而且活动的。若在丑恶的环境中，他又能如绘画家及照相家一样专从那美丽方面去领略。例如：于景山顶上凭眺北京城，近景则有辉煌的宫殿在前头，北海在其右，后门街道平直如线，其东则有北京大学第一院洋楼矗立于其间。远望之，于眼光模糊中愈觉得北京城广大无垠，住户鳞次，树木点缀得极参差有韵致。这样所看的北京比较上是一个极美丽的城市了。所有一切故宫的凋零，破烂的与禽兽巢穴式的贫民屋宇不见眼了，野蛮街道上的尿屎和灰尘不触鼻了，乞丐与穷人呼号的惨声不闻我耳而撼我脑了。由上例说，凡于无可奈何的环境中而择一美丽的地方以自娱，这个叫做"择境"，"境由人择"的确有可能性，但境不能由心造，因为我们如处在一个恶劣的环境，则虽心地如何愉快，终免不了受外界的影响而变成悲观。故与其说心造境，不如说境造心为确切，所以住居必在胜景的地方，然后心思与行为才免受俗尘所染。

于择境后，尚须择时。怎么叫做择时？它是把所得的美景扩张到无穷大的方法。再以景山顶说，在平时的登临，仅能得到上头所说的美景而已。但我与友人于夕阳西下时，登景山而领略那北海烟霞，西山暮霭，景山与北海及西山好像打成一条线；前时所见的仅限于景山一隅的美象，现已推广到西山顶上；再由西山顶上的回照，从天空而折到景山，把景山、北海、西山与天合成为一个椭圆球面的屏形了。有时我则与友人于下雪时入景山，则见漫天黑鸦在旧宫颓殿中绕白松古柏上下飞鸣，觉得别具有一种感触，并且使原有景致增添了无限的美丽。由上说来，环境虽前后一样，而所见的景象则彼此完全不相同，这个就是"择时"的效果。再把我与友人亲身经验的拿来做解释吧。我们常觉得日间所见的北京中央公园不如夜间见的美，夜间灯光明亮时，又不如在月色迷离时所见的美。此中理由是日间和夜间灯光明亮时把气魄窄小的中央公园全盘托出。但在迷离的月色时，若立于"社稷坛"的中间，恍惚间见了这一边的宫殿楼台何等宏壮，那一边又似有了一无穷广大的古柏树林，无形中忽觉得中央公园倍加广大，好似北京面积全为公园所占尽，而又与天上相连接为一气。在此情景之下，一切风景也觉倍加妩媚，人居其中如被罩在兜率宫和离恨天一样了！

可是，善审美者对于美间景象的领略尚不止此。他更进而从数理、艺术及形学（旧称几何）等去寻求。由肉眼看去，虽觉得一个环境可变为无穷大,但不能领悟"无穷大"深微的道理,唯有数理才能给我们无穷大、无穷小、无穷尽各种观念的妙趣。再由肉眼看去,一个风景可说是无限美,但究竟怎么美则极茫然;唯有艺术家能知这个风景的美量到何地步,其无限美的意义,也觉得极清楚。我尝在法国一个最美丽的湖山风景上听一画家说:"此处的光彩刻刻变幻不同,因我的眼太灵敏了,所以手终追不到眼所见那样快的变幻!我唯有搓手搁笔,仅用眼去领略而已。"我自己一次在柏林附近的一湖上划艇,也常得到这样妙境。约略在夕阳下山一点钟前,但见日影穿过树林时,山色湖光,倏红、倏紫、倏蓝、倏青、倏黄,而于红、紫、蓝、青、黄经过的最短时间中尚有无穷尽的间合色。我不是艺术家,不能领略此中无限美的真意。我唯有唱"颠不刺的见了万千,这般好景色罕曾见,我眼花缭乱口难言,魂灵儿飞去半天"而已!更就形学上看空间则愈能得到美间的大观,所谓直线美、曲线美、平均线美,圆形、椭圆形、心形等等的美丽,在自然上随处可以得到。至爱因斯坦把吸力代做"加速率"的形状解释后,人始知这个大世界乃是由那些无穷尽的球面屏形的小世界所缀合而成。各小世界各具有一种屏形,屏的点缀物即是许多的星辰。这些无穷尽的玲珑透彻的屏形各个互相观照,互相辉映,以成就了这个大世界。故这大世界好似一个无尽头的高、低、广、宽的塔形,由无穷数的层层屏形所合成,又把无穷数的星辰当做灯光用一样的美丽。我常于夜间看天形,确是这样美的世界。我深觉普通的天文学识,极当于国民学校及小学校时代中灌输入去,以养成美间的观念而提高"小我"的人格!

又审美家所领略的美间不是静止和不变的色彩,他知空间是由许多活动变幻的电子所合成的。电子时时活动变幻,所以空间的色彩也是时时活动变幻。秋云、夏雨、冬雪、春风,四时的光景不同,即在一地的风景由朝至暮看去也觉得大差异,这是电子在空中变动时所表示的现象。因它们继续不停的活动力,而生出种种新奇的声声、色色、事事、物物以成就了宇宙的大观:虹影,云霓,电光横空,雷声震地,海啸,风吼,北极的回光,银河的泻影,月晕了,星坠了,地震陷了,火山爆裂了,太平洋凸出若干丈,喜马拉雅山深深地陷下去了!这些变幻不定的现象,使我人得了关于美间上无穷尽的美趣。这个变迁,活动,递生递灭的空间当然不是俗人所住居的永久不变的丑与臭的环境所能比拟了。这样美间的变迁,别方面,即成一种"美流"的现象,因空间与时间乃是一物,从其一片不分时看去为美间,而从其此片到那片的变动时则为美流,实则,空间与时间不过一种力所表示的一种现象罢了。

二、美　流

时间有二种意义:一为社会上通用的,即"空间的时间",如每天有二十四点钟之类;一为"心理的时间",即各人所觉的,柏格森叫做"生命流",可惜他的学说流入玄学的神秘,我今叫"心理的时间"为"美流",全在心理发展上的现象去考究。

美流是一种精神力经过心理的作用而发展于外的一种现象。它的进行乃从最美的方面与采取"用力少而收效大"的方法。柏氏尝比生命,如一雪球乱滚,于滚时逐层吸收外边的雪花以成就它逐渐增大的整个球形。这样球形全是一色的雪花所合成,所以不能去逐层认识它从前吸收所经过的痕迹。这样的学说,看生命自然是"内包"的,故有一种不可思议的神秘。我今看生命流乃是一条瀑布从山顶上向了万丈深壑倾泻下去,它是"外展"的,不是内包的。各人生命的经过全靠他所经历的路程,而我们从他所经历的路程看去,自然是了如指掌,毫无神秘的意义了。譬如一条瀑布在山上与山下的水量固是一样多,但从山顶到山下一路上所发展的水力为无穷大。美流在生命的发展,也似这样的瀑布状态。同一样的生命,各因其流的发展,而生种种不同的效果。美的生命流是要从最高的峰上与最便利的路程倾泻出去的。它要使点点皆变成为细沫,点点细沫变成为云霞的光丽,电气的作用,热力的济物利人!所以美的生命流于每一发泄时必要得到充满的生命而后快。"充满的生命"即在于极端情感、极端智慧和极端志愿与极端审美时得到。今仅以情感说:当我人极端快乐时,我们觉得"空间的时间"甚短一样。究竟这个"空间的时间"固甚短,而我人所得到的"心理的时间"则极长。因为我人在这情景之下觉得我们生命是充满了这个物了,觉得并无第二件事去混入生命了,故这个"充满的生命"的享用,一边,能使人于极短"空间的时间"中而得了无穷长的"心理的时间",谁不觉得于一个最短的晚景或晨曦的赏玩好似经过了无限的光阴(心理的光阴)一样呢。别的一方面,这个"充满的生命"能使人把现在所得的景象继续存留下去而无终止。例如恋爱一人而相思憔悴以至于死,这个就是把他的情感继续保存下去,以致他所思想者,所感触者,皆是一样物在其中活动变幻的好证据。任你如何要摆脱、要消遣,终是不能摆脱、不能消遣,好似春蚕自缚,灯蛾扑火,终不能跳出其情圈!我常考究这个现象,而得了一个"现在长存"的生命。凡能极端去发展情感,或极端智慧,或极端志愿,或极端审美者,即能得到一种"现在长存"的美流。情爱也可,怨恨也可,快乐也可,忧愁也可,如使我人于其中得到"充满的生命",则我们自能把一时所得的情感延成为无穷期的"现在",而无过去与未来二个时间了。这样生命,快乐者必永久快乐,如一班乐天派之人;痛苦者必永久痛苦,如一班忧天派之人。他与常人不同处,常人常有过去懊悔的痛苦与得意的快乐,常有未来希望的快乐与患失患得的痛苦。常人是把生命分成三截的:过去、现在、未来,而现在的时间甚少,全被过去及未来所拿去。享受"充满的生命"的人则唯有"现在"。我以为美流的作用,即在使人们不觉一切的痛苦而使其常有"现在长存"的快乐。我们在上节说能极端去发展者,爱与恨都能得到极端的快乐。故唯有能极端扩充其情感、智慧、志愿及审美性者能得了"充满的生命",而同时能享受"现在长存"的快乐。这种人不会如宗教家希望未来的天堂那样痛苦,他的天堂即在他的生命所经历的现在。最紧要的是这些人既不是如常人有"未来"的观念，所以他不觉有"死"一回事。因为他仅有现在的美流继续生存下去，他的生活的经过好似睡人一样。睡人不知何时睡去与何时醒来。自入睡至醒时，睡人仅觉得一个"现在长存"的时间。在这样的时间，睡人自然不知有始有终，当其醒时他已不在睡境了。凡享受"现在长存"的生命者，他即在长期的梦境，但他是一个"自觉的睡人"，当其生时，他并不知有死一回事，及其死时他也不知有死一回事，因为他所知者仅是他现在的生命，死时不是他的现在的生命，所以他不能知了。更进一层说，凡"现在"的发展是无穷尽的，一秒钟即等于千万年一样。自生到死，总有一倏忽时间的界限，而此一倏忽间，生者总不能知有死能到头，因为一倏忽的时间，由彼看来为无穷尽的时间总是跳越不完的（参看罗素关于无穷数一问题的讨论）。故凡能纯粹享用现在的快乐生命者，不但无过去的烦恼，并且无死境的可怕！这个不是玄学，乃是心理学的作用。时间一变为美流，自然是心理的物件，这个心理的享用乃是确确切切的现象，不是神秘的东西了。

现在最难的问题即在怎么能把精神力变成美流而使其继续成为现在的生活。这个可用二方面去创造：一方面由各个生活上去造成美流，这个当依我们在上章所说的先把一切生活美化，同时又使它变成美流；另一方面把各个美的生活所变成的美流组合起来为一整个的美流，然后由极端的情感向一极美的空间去发展扩张。设一切生活的事情都是美的，则我人在这样生活上所经过的时间也都是美了。我人所经过的时间，既然全由这样美的生活的经历所造成，则自然无有别的恶潮流来掺杂，所以觉得一切的时间皆是一条线而无间断的美流了。并且，照我们上节所说的极端心理派做去，则由极少的美力就能扩充为无穷大的美流，以延成为一条无穷尽的美河，所以能享美的生命的人，他的快乐全在最确切的"现在"，而这个"现在"乃是无穷尽的长线形。这个道理待与下段所要讲的美力互相证明之后,更加明白。

三、美　力

我们在上头的"导言"上已经说明世界乃由一切的物力所合成了。但这些物力我们当使它变成为美力,而后我们始能利用它发展它为人类的无穷宝藏。今就世界上的物力分类研究起来则有三项:即自然力、心理力、社会力,待在下头逐项去讨论。

(甲)自然力。例如煤力、风力、电力、水力、日力等,当人类未能去制御之前,这些力皆能使我们可惊可怕的,及为我们所利用之后,反觉得为最美丽最利益之物了。人类得了这些力的帮助,觉得人类的力量是无穷高大,而自然的一切力都是人类的驱遣物了。可是利用这些力的方法虽有些已达到,但如何发展它们的力量到无穷大,尚是一个未解决的问题。现在人类最能利用自然力者仅有煤力一项,并且今日工厂所利用的煤力,计所出息的热力,其实不及煤力原有的千分之一;即是照好方法做去,将来一斤煤所出的热力,可以当做现在的一千斤煤用。(以北京冬天烧煤取暖说,苟能改所用的炉为德国式,则用同样的煤量,可以多出了许多倍的热力。再以"脑威箱"说,乃用一个木箱,周围紧紧地包满了破絮等类能保存热力的物,把初煮滚的锅放入箱内,用厚盖遮紧,则锅在箱中继续慢慢地沸开,待时取用,便得熟物。)我常想人类蠢极了,中国人更是蠢中又蠢的蠢物。把取之不尽用之不竭的电力、风力、水力、日力听其自然发泄,只知从地穴中去掘取那有限数的煤块。驱若干好好的人类为地中黑暗如蚯蚓的生活已极不合算了。况且一旦煤尽,机器必尽停歇,而再退为野蛮时代的工作了。故我极望我们研究如何把自然力利用与发展起来,以成就美力第一步的成功才可。我乡旁有一大瀑布,从十里高的山顶泻下,若我有钱则安机于其下,把所得的电力,或为电车之用,使我邑、我县、我州有电车交通的便利;或为电灯电炉等之用,使四围的山乡皆得了电力的利益。又我县有高山大海,于高山上利用其风力、日力,于海上利用其潮力,则一县可以供给全省全国工业与交通上一切消费力之用。由此推之,各乡邑,各州县,皆可利用其自然力以自给与给人,则在寒地的地方,冬天可使热力罩满了全城而得温暖的气候;其在热地者,可使一切力化为电扇与冰水以济一切人民的热渴。用自然力为无线电以与环球通消息。用自然力为极大的灯光,以照遍全城,并与别星球传记号。这些美的自然力大作用如能得到,人类到此,才可说是把世间的物质变为物力,把物力变为美力,把一点的美力变为无穷大的美力了,这样生活才是美的生活!

（乙）心理力。心理力的作用,我已在本章第二节上及本节美流段上略为说及。究竟如何把心理力达到最利用与最发展的详细方法,我们再当于此略谈一谈。心理力就大纲说可从四方面去看:一为情感,二为智慧,三为志愿,四为审美。这些事,我们在上头说当从极端去发展,才能得到它们的美丽与功用。但"极端"这个意义,乃是一种结果,至于如何能成为极端的手续,即为我们现在所要研究了。我以为要使一点心理力变成为极高度的作用,当从"利用"与"发展"二个手续上做功夫。先以情感说,当从"会用情感"入手。如要恋爱者当从我在本章"总论"上所说的"爱情定则"做去才好。世人都是不会用情的,而中国人更不知有情感一回事。俗所谓"感情作用"即是不应用情而用情的代名词。善用情者把心力用到恰恰好处,如父母与子女,夫和妻,朋友的相与,仇人的相待,都要各依其相关的地位,去用相当的情感。不会用情的中国人,每把夫妻做极无趣味的伴侣相对待,而以朋友为仇人,仇人为朋友的更不知若干!但于会用情感之后,尚要使它为"情化"然后才能使情感达到极端的发展。我想凡能把情感为美化,就能得到"情化"的作用。例如,因其人容貌美而爱之,已足令人风魔。若能爱其"心地之美"则更令人颠倒无似了。美是情爱的根源,因美而后发生情爱,因美而能继续与增高其情爱。看一美画,初看已觉其可爱,愈看愈觉其可爱,爱到极时几将餐其色而吞其光,这个即达到于"情化"的妙境了。对爱如此,于恨亦然。会用恨者觉得心中极有美趣,愈觉其恨的美趣,愈觉恨的可爱,爱到极点时,几不能辨别恨与爱为二物了。

再就智慧说,第一也须会利用其智慧,末后才去极端上发展。利用智慧的方法即把所要研究的学问,一面用分析的功夫,把这个学问条分缕析起来,务使巨细无遗;一面又要把它综合起来,即把关系于这个学问所有一切事情组为一块而观其全。此外,更当求了研究这个学问的种种补助方法,如记忆、经验、试验等等。经过这样"会用智慧"方法之后,我们当再进而求领悟之法。这个全在"聚精会神"的作用。例如作文,初执笔时,心中觉有几种粗具大规模的计划而已,但愈用神时,才思愈出,此时作者觉全身热起来了,觉得脑中电子好似爆裂一样了,忽然间灵境显现,灵脑想到,灵眼觑见,灵手捉住,灵笔写出。故妙文都是于一刻前一刻后想不及的,必待到了一定的时候才能出现,我人由此可知凡对于一切智慧的领悟,总要下一番死功夫,面壁九年才能悟出一点臭佛味来,你想深妙的领悟何等困难!可是,我所主张的领悟,乃是从美的与活动的方面去进行,自然于聚精会神中不觉其苦而觉其乐。如我人要领悟宇宙的道理,则当于月夜高山之上,大海之滨寻求之。要领悟人生的状态么?则于社交上的一切人情变幻中求之。如此而求领悟的道理,则于进行上步步觉得快乐,因我们步步活动地做去,而步步能利用我们的美力,自有一日对于所要求的目的豁然贯通了。

志愿一物在心理上的表现,好似一个炸弹一样。它未发时似是无物,当它发时则不可御。故要求好志愿,第一须会用其力不至消失与乱掷,继使其储力发展为无穷大的现力。必要使其力有一"焦点"的汇集,然后其爆发时有无限量的效果。但利用志愿的方法有积极、消极二手续。积极的,则照我们在上节所说,当从极端情感上做功夫,自能得到极端的"情愿"的成绩。消极的,则时时刻刻需要"容忍",使志愿不至零星发散。至于发展志愿的方法,当从养成"刚毅"的美德入手。凡既认一事应当做,即取刚强勇敢的精神不惧无畏的态度去达到极端志愿的目的。刚毅是极美的,它极似炸弹的美力,能炸得响,炸得痛快,炸得功效大。俗恐"过刚则折",但凡能使用极端的刚毅者,他不会折,乃是爆裂,如炸弹一样的爆裂,使其中的储力变成为无穷大的扩张。会极端爆发的物,即是把物质变成物力,物力变成美力,一点美力变成为极大的美力呢。故要极端地使我们的志愿力很好爆发出来,需要养成"刚毅"的美德为导火线。

情感、智慧、志愿,三种心理力的发展全是以"美"为依归。俗人所以不能有极端的情感、智慧与志愿者,乃因他们对这些事毫无兴趣,凡人能审美者,自能养成心理的"内兴"与"外趣",而得到一切好的情感、智慧和志愿。故审美一项,乃心理力发展上最紧要的原料。由极端的审美性以养成极端的情感、智慧与志愿,这是新的心理学上所当注意的问题。我们在此书上所讲求的,即在求美的种种方法,使一切的物力与心理力变化为美力的作用。但我们须于下项说及美的社会力,以促成一切美力的作用。

(丙)社会力。现时个人的力量不能善用,一半由于自己的罪过,一半由于社会的不好组织。所谓法律、政治、经济、教育、实业、军旅、交通、工程,以及一切的制度与风俗等皆当用最美善的方法去组织,使这些社会力有条理、有系统,而达到于极端美丽的目标与用力少而收效大的成绩。有好组织的社会,一班普通人的行为自然而然会好起来了。故组织好社会,是"特别人"的责任与兴趣,而享用好社会的组织,乃是一班"普通人"的幸福。特别人物是要做先锋,用大刀阔斧去斩荆棘,开新路的;能从事于"作始"的事业,任劳和任怨,才觉有无穷的兴趣。诸君!我们社会尚是在混沌情状之下,这正是男儿大有为的时候!努力进行吧!把一切社会力组织得好,让那普通人们去享用,岂不是我们无穷的乐趣吗?至于这些社会力的现象极复杂,利用及发展这些力的手续又极繁杂,我们唯有待在《美的社会组织法》一书上去详谈吧。

就本节做一结束：我们是把空间代为美间，时间代为美流，物力代为美力。这些美间、美流、美力，不但是美的，并且于实用上能用力极少而收效极大的。就本节与全书的关系上做一结束，我们是要把宇宙间的一切事物都创造成为美丽的与用力少而收效大的。那么，宇宙一切事物既是美的，而人生观必同时是美的了。实则，宇宙一切美都是以美的人生观为根据去创造成的，所以美的人生观，一面，是一切物的指挥人，它的地位极占重要；别一面上，它又是一切美中的极复杂者，它一边是艺术化，一边是娱乐化，一边又是情感化，一边更是宇宙化。但它于极复杂中又极统一，一切艺术、娱乐、情感、宇宙观，都是以美为目标，为根据，为依归。美一而已，而美的现象可以千万变而不穷。善审美者能在千万变不穷的美象中，而求得美的一贯的系统，故他能于衣、食、住、身体、职业、科学、艺术与性育、娱乐和思想上及心理上与宇宙观各种事情中领略各个的美丽与一贯的作用。世有擅长"天乐"者乎？我望其神笛横吹这个美的人生观到天上人间去，使细如电子尘埃，大如银河世界，一齐来与我们携手于美间中的美流上，用了无穷大的美力，跳下一个五光十彩而极和谐的"天人舞"！

结　论

在美的人生观中，尚有静美与动美、优美与宏美，及真善美合一的三种问题，应当在此总结束上付诸讨论。看我书者，已能逆料我所主张的必为动美，为宏美与美为一切行为的根本了，但我对于静美、优美，及真善各方面也有相当的赞许。例如以"动美"与"静美"二方面说，我看动是人类本性：脉搏跳跃，呼吸继续，无时停止，稍停即死，可见生理是动的物了；以思想说，大思小思，急思缓思，无时不思，虽睡尚思，可见心理是活动的物了；社会事物，变迁不居，进化退步，因时演绎，人为社会之一物，不能不与社会相周旋，可见人类行为是活动的物了。愈能活动，愈能生新机而免腐败：水活动而不臭，地活动而不坠，人如活动，则身体可得壮健而精神可得灵敏。故动的美，为宇宙内一切物要生存上不可缺的。可惜东方人不知道这个动美的道理，而误认以静为美了。西洋人又不知动美的真义，以致一味乱动而无次序了。实则，静有时也是美的，因为它是蓄精养锐、待时而动的妙境，这样静象当然是极需要的。我们所反对的是一味以静为美，势必使生命变成死象，这个是极危险了。究竟，动比静好的理由有二：

（1）凡动极的必有静，这样静境不过是比较上稍为不动而已，实际上它尚是继续去活动与进取。但凡静极的必不能动，它已变成死态了，不能再复人类原有的生机了。

（2）动的，假设是乱动，尚望于进行时得到一个好教训，重新取了好方向；若静的，假设是好的，善的，也不过成一个固定形不能进化的静象而已，终不能望有大出息。由这两面的比较，可见静终不如动了。

我想我国人的性质也是与人相同本是好动的。试看黄帝时代，逐蚩尤而争中原，那时民族何等活泼！到如今除了一些乱动的军阀外，我们大多数人终是喜欢静的了。循此静的态度做去不用别种恶德即可灭身亡国。缠足，是要女子静的结果，务使女子成为多愁多病身，然后是美人！男的食鸦片，尺二指甲长，宽衣大褂，说话哼哼做蚊声，然后谓之温文尔雅的书生（说话清楚斩截，伶俐切当，才是美丽。现时国人的说话习惯太坏了，或一味打官话；或混乱无头绪，无逻辑。故逻辑、辩学、修辞学等项的研究实在不可少了）。这些都是好静的恶结果，极望我人今后改变方向，从活动的途径去进行，使身体与精神皆得了动美的成绩，这是我对于美的人生观上提倡动美的理由。

论及优美与宏美（或做壮美）二项上，我国人优美有余（气象雍容）而宏美不足（度量与志气皆狭小）。宏美的伟大，能使未习惯它的人骇怕。例如登喜马拉雅峰而惊天高，临东海而叹巨洋的浩瀚，探百丈的深渊，目眩足颤，似是灵魂出了躯壳一样。但不讲求宏美的人，直不知道美的精深。凡"无穷大""无穷小""无穷高""无穷低"与"无穷尽"等等的美丽，需要从宏美中去寻求。优美的美，也必以宏美为衬托而后才觉无穷的趣乐。例如中国人谈风景者必说西湖为最美。我尝流连于其间，觉得西湖的美丽乃是小家碧玉，气度狭小的，一班人不惯看那宏美，难怪以西湖为自足了。我今要提高中国人宏美的气魄，试与他们一游黄河的形势吧，则见有那九曲风涛，疑是银河落九天的壮观；再与他们看钱塘江的怒潮三叠吼奔而至，或与他们登泰山看日出满天红，观东海的水天一色而不知其涯岸。这些伟大的美趣，岂那一望而尽的西湖，水不腾波，而满山濯濯如美人头上无发所能比拟？由此说来，能养成宏美的观念者，始能领略无穷大、无穷小、无穷尽、无限精微的趣味；同时，自然是气魄大、度量大、潇洒不凡、风韵不俗而具有各种优美的态度了。但凡养成优美的观念，而不以宏美为意者，则常流入于狭小，于偏窄，于穷酸气。再就人生行为与做事上说，我国人因无宏美做目标，凡一切的经营都是苟安敷衍，脱不了小鬼头的态度。试看德人经营 Leibzig[1] 的图书馆以二百年的发展为期，以达到世界第一图书馆为志愿，又试看他们在十年前五万余吨东方通商船只的伟观，这些凡事必达"巨观"（colossal）的奢望，实在为德国民族的光荣。即以现在的美国说，他们无一不要以"世界第一"为目的，这样宏大的观念，当然能产生宏大的出息，而使人类上或一民族上享受宏大的幸福。不见我们的万里长城么？得它而后免使北方夷狄蹂躏中国古代的文化。又不见我们的运河吗？有它而后南北得了商业及文化上交通传播的便利。这些皆是从宏大的地方着想而生的效果呢。人们所怕的是自足，自足则画圈自限不再发展，势必不能进步而终于腐败。宏大的美，就是救济这个自足的良方，提高人们一切进化的关键，这是我对于美的人生观上提倡宏美的理由。

末了，从前的道德家以为人生的行为，善而已矣。在今日的科学世界，则有主张人生的行为，真而已矣。依我的意，善而不美则为"善棍"，其上者也不过妇人之仁，如今日狭义的慈善家仅知头痛治头，足痛治足之类，于社会上实无有善德可记，其流弊且养成了社会上许多的惰民。至于真的定义，更无标准。科学定则，与时进化变迁，在科学上，已无"真"的可说，其在活动的创造的人生观上，当然更无真的一回事了。

故我主张美的，广义的美的，这个广义的美，一面即是善的、真的综合物；一面又是超于善，超于真。读《水浒传》后，谁不赞叹鲁智深及李逵行为的美丽，而忘其凶暴；读《三国演义》后，谁不赏识诸葛孔明的机巧而忘其谲诈。大美不讲小善与小真；大美，即是大善，大真，故美能统摄善与真，而善与真必要以美为根底而后可。由

---

[1] 即莱比锡，德国城市。

此说来，可见美是一切人生行为的根源了，这是我对于美的人生观上提倡"唯美主义"的理由。

除了以上所提倡三个理由之外，我们的希望更是无穷尽的。希望人们若依我们的人生观做去，自然能组织又能创造，能和平兼能奋斗，能英雄又能儿女，能理想兼能实行。这些观念，看此书者当各具慧眼用灵心去领略理会，恕我不能一一详说了。

美的社会组织法

集合国内外对于生活、情感、艺术及自然的一切美，具有兴趣和有心得者成了这部"审美丛书"。（一）希望以"艺术方法"提高科学方法及哲学方法的作用；（二）希望以"美治主义"为社会一切事业组织上的根本政策；（三）希望以"美的人生观"救治了那些丑陋与卑劣的人生观。希望无穷尽，工作勿许辍，前途虽辽远，成功或可期。Labor omnia vincit improbus.

（本丛书已出了一本《美的人生观》，此书与它是姐妹行，并观参较，意义更为彰明。）

导　言

从人类的行为与社会的结构上一行观察，我人可以得了一个进化的定则，即是社会如个人一样，当其幼稚的时代，他们对于外界的事情仅会模仿；及后，渐知创造了；再进，始能从事于种种事业的组织。这个进化的定则：模仿—创造—组织，关系于人类的行为及社会的结构至重且大：一面，我们由它进化的程度，可以判断个人，或社会的文化高低；一面，凡个人或社会的兴亡全视它在某时期的进化，能否达到某项的程度为依归。这些问题太大了，我们不能在此来详说，拟由专书去讨论。

但有一事应当留意者，组织为人类及社会最高的进程，它比模仿及创造较有万倍的重要。凡会模仿与能创造的社会，未必能善于组织。但会组织的社会，同时就能善于模仿，同时也必善于创造。反之，凡无组织的社会，一边，必使先前所模仿与创造者破坏无遗；一边，又必不能再好好去模仿与创造。今就以现时我国与日本的社会为证明吧：我们的社会混乱无条理，以致先前所模仿与创造者渐就消灭，而对于他人现在的好模范，我们也都学不来了。说及现在的新创造力竟是等于零了。至于日本的社会，因为有好组织，所以它能如"黄猴子"一样，惟妙惟肖地采用欧美的成规，又其创造力现在虽觉薄弱，但继续下去必有可观的一日。究竟组织的好处与无组织的坏处的理由，看下头几个纲领就可知道了。先说有组织的好处，因为它能：

（1）从无组织到有；（2）从小组织到大；（3）从劣组织到好；

（4）从乱组织到整。

至于无组织或恶组织的社会，则造成下头几个极坏的结果：（1）从有破坏到无；（2）从大毁灭到小；（3）从好改变到劣；（4）从整纷扰到乱。

你要证据吗？我就给了我国及美国为例子。我们仅有的一条运河，几线铁路，初办时也觉规模宏大，到而今，运河淤塞到连比外国的小沟也不如了。说及铁路更觉惭愧，黄河桥将陷落无人管，甚至坐客无车辆，钟点无定准，恐不再几时连车轨也被军阀拆完，车费也被办事偷尽，车当然不能行，或则就全押到外人手里去了。这个"从好办到坏，从坏办到无"的怪现象，在我国无事不是这个样子的。试看一座名刹、一处名胜、一间学校、一个公司、一所衙门，初办时无不赫赫煌煌，及后则不免倒的倒，缩小的缩小，有的连影子都无，有的仅剩了招牌，这些皆可见出凡无组织的社会，诸事皆不能有保存与发展的希望。但请一看美国的情形就觉大大不同了。他们的巴拿马运河，开凿得好，保存得法。他们蛛丝网的铁路，经营得好，管理得法。他们如林的工厂，似云的货物，不必说皆是他们善于组织所得来。

故我们可说，今后我国若要图存，非先讲求组织的方法不可。我们第一步当学美国的经济组织法，使我国先臻于富裕之境。我们第二步当学日本军国民的组织法，使我国再进为强盛之邦。这个富与强的组织法当然极关重要，可惜我们不能在此处从长去讨论。我在此书所特别注意者，乃是一个美的、艺术的、情感的组织法。但我想这个比富强的组织法更要紧。一因凡社会能从美的、艺术的与情感的方面去组织，同时就能达到富与强。一因凡富与强的组织，如无美的、艺术的、情感的元素，则富的不免流成为资本家的凶恶及守财奴的乏味，强的不免如盗贼式的侵夺与凶徒样的专横。

组织组织！组织到使我们个人与社会皆成为美的、艺术的及情感的成绩。组织组织！我们无论为自己，为一家，为国，为社会，以及为百种事业，皆当讲求最美的组织法。组织组织！这个组织的才能一面全恃教育的养成，一面则全靠个人的修养。所以我们今后的学校应有一门必修科的"组织法"，在小学校的则教学生怎样组织个人及家庭。在中学及大学的，则教他们怎样组织社会的各种事业。务使"组织法"成为一种科学的学问，使人确确实实地能学得到它，而后由个人的修养与才能去发挥。故组织一方面是科学的，人人皆可学而能的。但一方面，又是艺术的，各人于学到组织的学问后，全视各人的艺术方法去断定他实行时成绩的大小。

总之，我们今后所希望于国人者，唯在组织的才能与人格的养成。这个组织的学问与方法千端万绪，本书所贡献者不过一鳞一爪而已。但私心所敢自夸者，第一，凡看此书后，或能得到些组织的常识。第二，所得到的组织常识与方法，乃是关于美的、艺术的、情感的，不是铜臭的、凶横的与无聊赖的。换句话说，我们所要组织的不是单为经济及军政的社会，故我们所组织的，其结果当然比现在各强国的社会好得万倍。第三，希望看此书后的组织家由此得到有高尚的目标、强大的毅力，与艺术的方法及笃实的行为。这些美德，凡要养成为我们理想的组织家不能不具备的。这样的组织家与现在一班普通的组织家不相同处就在此。末了，我也知道这书中所说的于我们的社会有些极涉于理想不易于实现的事情。但社会事任人自为之！假使我辈为社会有势力之人，说不定凡书中所说的皆能一一见诸实行。倘若此书长此终古作为乌托邦的后继呢，则我也不枉悔，因为它虽不能见诸事实，可是我已得到慰情与舒怀了。故我所希望于读者看此书为最切实用的社会书也可，或看为最虚无的小说书也无不可，横竖，我写我心中所希望的社会就是了，实行也好，梦想也好，我写出后，我心意已快活就足了。

中华民国十四年十二月北京

第一章　情爱与美趣的社会

提纲：使女子担任各种美趣的事业——情人制——外婚制——新女性中心论。

组织方法：把社会的事业分为三项：（一）为男子所专有，（二）为女子所专有，（三）为男女所共有。凡一切粗重丑臭的工作应该由男子担任。凡一切轻巧精美的工作应该由女子担任。此外，关于一切智慧及情感的工作则由男女共同去担任。今略作简表如下：

女子所专有的事业	男子所专有的事业
一切慈善的事业（看护妇、保姆等）， 一切装饰店（绣店、花店、花瓣店、香水店等）， 女衣服店，女剪发店， 一切修容术店（如画眉、点睛、修指、擦甲等）， 一切点心店、糖食店、饮料店、饭店等， 一切商业及家庭的用人， 园艺（种菜、花及果）、家政，等等	一切运输上的工作， 工厂的工作， 除秽夫及清道夫， 一切苦工与粗工， 农业， 男衣服店、男剪发店、洗衣服店等等
男女共同担任的事业	
一切工程师， 科学、教育、政治、商业、律师、会计、医生， 图书馆、印刷、邮政、新闻事业、游历机关， 音乐、跳舞、图画、雕刻、文学等， 牧畜、渔、猎、厨房术等等	

说明：美的社会组织法的宗旨，第一，在使社会的人彼此相亲相爱。且所亲爱的动机，非出于宗教式的迷信、政治式的胁迫、法律式的严酷与经济式的奴隶，乃出于一种信仰式的欣悦、科学式的着实、哲学式的高尚与艺术式的甜蜜。第二，使社会的人皆养成各种真正审美的观念。为要达到这些希望起见，我们所以从美的事业与情感入手。

社会是建筑在事业之上的。请你告诉我那个社会有什么事业,我就能告诉你那个社会是什么情状。究竟,事业的意义比经济更大,与其说人类历史是"经济观"的,反不如说它为"事业观"的较对。这层对于马克思学说的修改关系极大。经济是职业的出产品,但职业不过为许多事业中的一种而已,社会乃是由许多事业——但不是单由职业——所组织而成。事业与职业的分别:职业仅为经济的根源,至于事业比此更有广大的意义,它除了为经济的根源外,并且为人类生活、情感、思想、志愿、艺术及政治一切的根源。先前的社会固然以经济的职业占大势力,但以后人类当然把为利的职业减少,而多求为社会服务的公益事业。

自渔、猎、畜牧变为农及工业以来,人类的工作分开了为二途同时并进:一为"需要的职业",而一为"艺术的事业"。但此间有一进化的定则:即一切需要的职业渐渐变成为艺术化,而艺术的事业更日加发展与提高。今以工业的社会说,它受了机器之赐,故其需要的职业比农业时代的较为质精而物良。至于艺术的作品比前的时代又较为发达。由此推之,今后社会的事业必愈趋于艺术化可无疑义。机器的出品必愈求其"奇技淫巧"以便推广其销路。再谈到艺术的事业,其范围必日益推广,自饮食、男女,以至思想、工作,皆为一种艺术方法所统御。并且,艺术的价值,必日加提高,到了一个时期,人类都是广义的艺术家,而一切的生活都以艺术的价值为标准。

使女子担任各种美趣的事业

可是,怎样才能使这个艺术的社会实现呢?我想应当从女子担任一切美趣的事业做起。凡任一种事业,就能养成一种心思与才能。女子本是多情感与爱美好的动物。可惜,自男子为中心后,女子被视为奴隶,仅做了奴隶的工作,以致女性的美感沉埋,最高的也不过当玩具，不得任何种事业，以致女性的情感无从发泄。今使女子做了有美趣的事业，伊们多情感及爱美好的长处必能从此尽量去发扬。男子方面也必受女性的影响，把从前轻情重智的畸形改好了，又把一向重视有利的职业而轻视为服务的事业之心事矫正了。自然是，一个社会全靠男女分工与合作才能搞得好的。男性长于理智又工于机械，故于科学及经济各方面自能得到优良的成绩去帮助女子。女子则以情感及美感来慰藉男子。假使男子是蜂，女人便似花了。花的美丽与甜蜜，不仅是蜂的安慰，也为蜂一切工作所从出。我们理想的社会就在使女子皆变成为各种的花卉，随时随地充分供给蜂有了欣赏采啜的机会。这些花的种类甚多，今姑归做六项说一说：

第一，女子应多为"艺术之花"——或治音乐，或习雕刻，或则绘画见长，或以文学驰名。有些又当为剧场的艺员，或自立场所，把歌喉唱破，将彩裙舞松。但我们所最爱的为芝兰花，它隐藏于山谷泉石之间，其芬芳馥郁则四溢于外，这就是先时法国 salon[1] 女主人的花了。伊们多是一班慧敏美丽的女子，招集有名的男女客人到家中时时聚餐密谈，调音弄乐，跳舞交欢，情感上的惬洽自不待言，并以评论当时的政治与文艺，常得以操纵当时的政局与文坛。例如法国的革命由于卢骚等文字鼓吹之功，但不能不归功于 d'Épinay[2] 诸夫人的 salon 所培成。我希望聪慧的女子多多出来主持这样的团体。我更希望我国女子少出些风头，静静地来做这样如隐藏于空谷芝兰的功夫，自能于一屋之内会谈之间，得到了人类许多同情心及社会许多大势力。你们不必如墙头桃李逗惹春色，便有无限的蜂媒蝶使纷纷穿堞而来。这件事只要家人谅解就办得到了，他的谅解似乎不难。现时无数的名门小姐大家太太谁个没有些男的女的赌牌友人！天下最猥亵的事莫过于男

---

〔1〕 法语名词，音译为沙龙，即客厅、画廊之意。salon 作为豪华的文艺社交场所，在 18 世纪流行于法国，当时的名流作家、艺术家常在有名气的贵夫人家中定期聚会。
〔2〕 路易丝·德埃皮奈（Louise d'Épinay，1726—1783），法国 18 世纪著名的沙龙女主人、作家。

女一桌赌牌：脸对脸儿，恐怕桌下还要脚勾脚儿。可是讲礼教的父母及半开通的丈夫们情愿其女儿及妻子与男人赌牌戏笑通宵达旦甚且"履舃交错"，不愿伊们有些正当的朋友，这个真是世风日下，有心世道之人不免要痛哭太息了。若使家庭之间有了正当的娱乐如上所说的 salon 一样。则家人可以得到种种的艺术而由此得交天下男女的英才，其利益岂是在家内开赌局抽赌捐所能比拟么？奉劝家主们，解放你们的女子在家庭组织一个艺术的娱乐会吧。奉劝一些开通的太太和小姐们，快快起来创设各种 salon，勿让法国的女子专美于前吧。

第二，女子应该为"慈善之花"——慈善的事业能使人们的情感直从心坎发出和透入，故最具有美趣的。但这样的花不是颠狂的柳絮，也不似轻薄的桃踪，伊们好似救苦救难的观音座下之莲花，所谓"可远观而不可亵玩焉"。凡一切慈善事业（包括看护妇在内）都抱有一种牺牲的精神。今以看护妇说，例如法国旧教所办的医院皆由其女修士为义务的看护妇。并且有一种危险传染病的看护妇会，专门收罗一些可怜的妇人，因其所欢已死，无意久在人世，遂到这种团体来牺牲性命以救他人。可惜到今日，看护妇已变成一种为利的职业，把从前神圣的意义完全失却了。我非主张人们不应求利谋生，我所恨的是那些专门为利而生。著者曾在德国私立医院割下盲肠不免住院十余日，初时有一看护妇见我似是穷学生，待遇甚慢，及后见"季子多金"，又是一番情状了。人情冷暖已足使壮士灰心，况且在病人最需要的是安慰，哪堪受所托生命的看护妇所轻视与摧残。故我极希望可敬可爱的女子多多去做看护妇，但愿伊们完全看做慈善的事业，总要收费，也不可太贵，务使平常的家庭及公共机关都能用起看护妇为卫生的监督，为小孩保姆，及为家中与公共地方的安慰人。此外凡一切慈善的事业，如救恤灾黎，收容穷老，建设贫民学校及残废院孤儿院等都由一些具有牺牲及慈善的女子去担任，断不可如我国今日全盘付托于一班借此谋利的官僚，及一班由此食饭及造谣的外国教士。

第三，女子应当为"新社会之花"——女子对于政治事业固然要管,但社会的事业更当留意。社会的事业与女子最相宜者举其要的为教育、新闻事业及游历机关。先以教育说,我以为善良的教育,当把情感与理智相调和,又须以情感为中枢,指导理智得到创造的机窍,与引导人生得到美趣的作用。所以"情感的教育"关系极大,男女都当以此为基础的。女子为教育家,伊们柔情缱绻,精致细心,喜欢说话与装饰,皆是做儿童的伴侣最要的条件。至于新闻事业,我所希望于女子的不是经营一种普通的新闻,乃在于每地方上办一专为女子问题的报馆。他如关于艺术的、情感的、慈善的,以及一切装饰与饮食居住及性欲等的讨论皆应有一种特刊物。论及游历一事,我已在美的人生观说及它的重要了。外国已有这样专营的机关,但由男子所主持。本来,游历总不免有些孤单及冒险性,如能由女子经营与陪伴,则必使旅客格外得到兴趣及增加许多冒险的勇气。英国Cook[1]发明"科学的游历法"其功已不少了,如我们从此发明"情感游历法",其功更加大了。中国女子们快出来发明吧!我个人曾有这样的经验,虽未能把它做成系统,也无妨写出来参考。这是在法国夏季天气,男女廿余人登高山而遨游。山深林密,恐怕走散的寻不着,遂约以口号,"胡呼"为认识各人之所在,一时满山似狐鸣似狼嗥。到山顶席地休息尽欢饮酒,中有一女子斜倚其女友肩,耳红颜酡,眼羞涩偷视其爱人说:"我心跳得很!"那还不是一幅爱神春睡图么?此时山色迷离中,白云缥缈,鸟声叫得怪可听儿,风过枝摇处,恍惚山林女神出来向这女伴说:"妹妹请来同我们与男子一猎吧。"又一次,秋深了,浪头老实不客气,突突地向四方冲撞。我们男女若干人乘一汽船到荒岛观古迹,船摇动得很,有些女子已熬不住,喉格格要吐了。幸亏有人说请你们远远看天边多么美丽!忽一人说:果然,有云气好似一只牛头;别一人说那似一层树;又一人说这上头不像一对男女正在亲吻么?一时众人大笑,逗得那些女子嬉嬉然把头晕胸郁忘却了。究竟,

---

[1] 今译詹姆斯·库克(James Cook,1728—1779),英国探险家。

游历已经有趣了，男女共同游历当然备觉有趣，若由勇敢的女子指挥，娇汗淫淫细喘脉脉，其趣更无穷尽哪。

第四，女子应当为"点缀之花"——一切装饰事业应由女子去铺排，此中第一要紧的为时装女服店。许多时来，世界的女装多以巴黎的为模范。其实，在巴黎左不过由几间大衣服店佣几个男子画图与剪裁借以鼓吹。男子如此代庖，无怪常有极离奇的时装出现，于女子穿着不见得美，而反弄得不合卫生。我以为束细腰，压扁头，缠小足，束奶头，种种勾当，皆由男子想出来叫女子去做。若由女子自身去创造，当然无这样的怪状。本来女子的事应该由女子主持，然后才能做得好，与做得有趣。故今后女子一切的装饰品：如时装，如理发，如整容，如香水的辨味，如花瓣的辨色，皆应由女子去料理，断不容男子去干涉，由此可以养成女子中心，使男子受女子审美及兴趣的影响，改革了男性自己生活上的嗜好。若能如此听女子自由发挥，则伊们必能于衣服上想出蝴蝶般的翩翩，云霞似的色彩。伊们矮身材的必定喜欢云鬟高髻的颤巍，长身材的则当偏爱坠马髻的稳帖。伊们眉必描得远山浮翠，眼必修得秋水无尘，遇必要时，调粉弄脂把庞儿打扮得天仙似的，更可爱那温柔双手与洁净的指甲修得尖尖如笋芽。伊们香水洒得均匀，生花插得恰好，本来是花儿前身，更把花儿来烘托，弄得人与花两不分明。花儿好身手，出来担任一切花儿的事业，把社会一切女儿皆打扮得如花似锦，中土菊花数百种，西方玫瑰千余样，尽管蜂儿醉死，蝶儿忙煞！

第五，或说女子不但当为人类玩意儿的花，又当养成为有用的花。这个有用与玩意儿的分别本甚勉强：花就是花，花就是玩意儿，也就是有用。但我今就说些有用的花儿给你们听听。最有用的莫如工程师了。但我们所希望的女工程师乃在为社会创造各种美的工程。例如建筑房屋不像美国工程师的斤斤计较一间半间房的多出，乃在计较如何能多得些美趣。实在女子比男子更当学些工程术，除却专为社会服务的工程师外，女子尚当为家庭及自己的工程师。例如住家之外有园圃，可以种菜、植花与培果；禽、畜、蜜蜂，一并听它繁殖其间，这就是家庭的花园与动物场。住家之内，一切的布置务使有条理与具有美趣。至于厨房事业，尤为女子在家庭内最重要的工作。其次为个人的作业，虽细至熨斗，也属不可少的物。中人对于此道已太不讲究了，以致所穿衣服颓皱不堪，不独外观有碍，于穿着上也不舒服。

第六，我们今应当说及那些"野花"了。这些野花是一切花的根源，虽不见重于高人，也自有伊们相当的位置，我今取来譬喻为家庭及商业的女佣了。在家庭未废除之前，家政的管理，自然以女子为最相宜。有情感与会管理的女子，于受雇为家庭的女佣之后，必能使家庭得到很好的条理与儿童及家人得了相当的慰藉。至于一切商业的买卖全用女人，则其影响于社会更大。男女社交如不从这样广义的及普遍的入手，则终不免如太太式的茶会，老爷式的请客，及贵族式的跳舞，于普通的社交终无多大关系的。女子生来长于交际及喜欢说话，这些皆与做商业的性质最相宜。伊们既在商场任事，为招呼顾客及博取雇主的欢心起见，故服饰不得不讲究，仪节不得不考求。巴黎社会对这班女佣特别给予一个荣誉的名字为midinette[1]者，乃形容其乖巧玲珑，穿得甚讲究但并不奢华，打扮得美人似的，但并不费力。伊们仅有些平常布匹就能做得堂皇冠冕。伊们只得些花粉胭脂就能烘托出眉飞色舞。伊们举动极活泼，脚步小而行极快，自下望去如李三郎羯鼓催花落时一样雨点的密攒。巴黎有伊们的点缀，如我们于春时步行郊外所看的同样灿烂，此处有红的绿的花，彼处有将开未开黄的白的蕊，那边又有些尚未呈出什么色彩的含苞。这些野花虽不足入大人先生的贵眼，但足供给群众许多的艳福。伊们的功劳确实不少。伊们是法兰西的国魂，全地球的安慰者。伊们不单卖肉，并且卖灵魂。如你不能买得到伊们的灵

---

〔1〕 midinette 是法国俚语，意为（巴黎的）女店员。

魂吗？你就不可单买伊们的肉，否则，你终必受咒骂失望！外地一些傻哥到巴黎终不免吓一大跳，自以为发现一个肉坑。他们安知这些女儿的灵魂高高在天，深深在九渊，傻大哥怎样去发现呢！究竟 midinettes 不单是卖肉的。伊们不是一帮自由不自由的私娼及公妓。伊们是自由的女子，是试验结婚的妇人。伊们是多情者，是经济压迫下的牺牲者。伊们多有一个或超过一个以上的"情人"，但总想伊的情人是有爱情的，不专为肉欲而来的。伊们把肉体与灵魂一齐给予人了。故在巴黎的社会，有了这班为情爱而牺牲的女子，觉得格外生色，格外活动，觉得男女间彼此生出极大的情感与美感。狼一般冷酷的英美人、豹一般凶的德种人、似熊的俄罗斯种、又脏又蠢如猪一样的东亚人，他们这班宝贝一到巴黎后虽骂为肉坑的生活，但终是流连不肯去的。总去，也不免赞不绝口，其有情的，想及时未免不泪落沾襟，这些皆足以证明不单是肉体能感动人到这样地步可知了。可怜的伊们，自然免不了受许多人的欺骗。"弃置与爱惜，区区何足道"，但伊们的灵魂随地飘扬，把那些如狼如豹似熊似猪的人类灌进了许多情感的血清了。巴黎的 midinettes 女郎们！你们的牺牲不会白丢，将来的世界终是你们的。在这样男子为中心的世界，你们如花似锦的女郎终不免受人摧残，好似坠絮无主，一任东西南北去漂流。但不久终有一班觉悟的女子与有良心的男人们起来为护花使者，使你们在社会上得有相当发展的机会，由这些普通的花卉逐渐变成为名花，为有用的花，为最美的点缀品，再升华而为艺术的象征。

由上说来，不怕女子不会占社会的势力，只怕女子无相当的事业。女人的高贵与男人不同：伊们不单要得到有利的职业，而且要得到为社会服务的事业，尤其是美趣的事业。一俟到了我们在上头所说的六项事业皆由女子得了势力之后，社会上不但经济的观念变了价值，而一种浓烈的情感自然而然地也就发生了。那时，"情人制"已到成熟时期，就要呱呱坠地了。

情人制

自婚姻制立，夫妇之道苦多而乐少了，无论为多夫多妻制（群婚制），一夫多妻制，一妻多夫制与一夫一妻制，大多为男子自私自利之图，为抑压女子之具与悖逆人性的趋势。自有婚姻制，遂生出了无数怨偶的家庭，其恶劣的不是夫凌虐妻，便是妻凌虐夫，其良善的，也不过得了狭窄的家庭生活而已。男女的交合本为乐趣，而爱情的范围不仅限于家庭之内，故就时势的推移与人性的要求，一切婚姻制度必定逐渐消灭，而代为"情人制"。

顾名思义，情人制当然以情爱为男女结合的根本条件。它或许男女日日得到一个伴侣而终身不能得到一个固定的爱人。它或许男女终身不曾得到一个伴侣，但时时反能领略真正的情爱。它或许男女自头至尾仅仅有一个情人，对于他人不过为朋友的结合。它也准有些花虱木蠹从中取利以欺骗情爱为能事。但我们所应赞美者，在情人制之下，必能养成一班如毕达哥[1]所说的哲人一样，既不为名，也不为利，来阿林比亚[2]仅为欣赏；也必有些人如袁枚所说的园丁，日时与花玩腻了，反与花两相忘。实则在情人制的社会，女子占有大势力，伊们自待如花不敢妄自菲薄。男子势必自待如护花使者的爱惜花卉，然后始能得到女子的爱情。爱的真义不是占有，也不是给予，乃是欣赏的。唯有行情人制的男女才能彼此互相欣赏，谁不为谁所占有，谁也不愿给予谁。情人制自然与人间一切制度一样有利又有害，但它的利多而害少，不比婚姻制的害多而利少，故情人制是男女结合最好的方法。

（一）爱是欣赏的，不是给予，也不是占有，唯在情人制之下才

---

[1] 今译毕达哥拉斯（Pythagoras，约公元前580—约前500），古希腊数学家、哲学家。
[2] 今译奥林匹亚（Olympia），古希腊地名，现代奥林匹克运动会即来源于此。

能实现这个希望。今以男女未定情之前说，彼等各自努力以博取对方的欢心。在这样的社会，男女必然喜欢装饰与表情，此外，性格与才能也必日趋于向上。由是，一面，男对女，女对男，从外貌及内心求出种种的吸引方法；一面，男与男，女与女，又必生出种种的竞争。吸引与竞争互相冲击与调和，而生出"爱的创造"与"美的进化"，今略为陈述于后：

爱的创造有广狭二义。从广义说，无论男对谁女，女对谁男，皆有可以得到情爱的希望。在情人制的社会，男女社交极其普遍与自由，一个男人见一切女子皆可以成为伴侣，而一个女子见一切男人皆可以为伊情人的可能性。总之，社会的人相对待，有如亲戚一样：笑脸相迎，娇眼互照，无处不可以创造情爱，无人不可以成为朋友。门户之见既除，羞怯之念已灭，男女结合，不用"父母之命，媒妁之言"，全恃他的创造情爱的才能，创造力大的则为情之王与情之后，其小的则为情的走卒和情的小鬼。从狭义说，爱的创造乃是对于钟情独多的对方人时时想出新花样、新行为、新表情使他快乐，使他的爱情日增，使他免为别人所夺去。一笔又一笔，白纸变成画。一抹又一勾，描出情人头。几挑复几线，情人心坎现。润饰与增补，何处须浅描，何处宜浓写。昔 Leonardo da Vinci[1] 费了十余年工夫画他情人 Mona Lisa[2]，每一次写真时，则令其情人现身取样，又奏音乐以娱之。这样的匠心经营，自然能够创造出他的真情人来。我尝在巴黎博物馆静静地看这幅真画至二三时，愈看愈好：神情何等生动，即那双手的温柔已够令人销魂了，最难描的是一副微笑脸。更堪赞美的是那对眼，试使你自右而左或自左而右活动，它也就跟你活动了。活了活了，Leonardo 的功劳真不少，他生前对这个情人的欣赏尽够了，又留给千秋万世的天下人去欣赏。但他虽是千古爱的创造的能手，尚须用

---

［1］达·芬奇（1452—1519），意大利著名画家。
［2］Mona Lisa 为蒙娜丽莎，但并非达·芬奇的情人。

了十余年的工夫才把他的情人创造出来。世有想做大情人么？我就给他 Leonardo 一个模样，请他学习天下艺术的手段向世人缓缓地去创造爱的世界。

说及美的进化问题，则须依靠男与男及女与女相竞争的催促。从横面说，男要女欢，女要男悦，不得不讲求仪容，揣摩心情。从纵面说，男对男与女对女的竞争更烈。男想某男或者容貌与才能胜于我，一切情场优势必为所把持，于是不免要发愤起来，外貌就讲求整致了，才能与性情就逐渐提高了，其下的尚要把黄牙齿擦擦，灰色脸洗洗呢！至于女子对女子的竞争更加厉害。我曾问许多法国女子，究竟伊们的时装斗奇争新为谁而穿？中有少数说为自己或为男子，其大多数则说为女子而穿。女子为女子而穿美装，骤听起来似无情理，但一转思实有因由。女子所怕的是同类的争宠。伊们看某姑娘如何打扮，某太太如何装饰，若不与之比赛，恐不能立足于情场，所以伊们不得不汲汲从事于时装了。其实任凭男女对于情爱去自由竞争，岂但衣服一门日见进化，即如居住也必力求建筑的华美与排设的丰富，即如饮食也必力求适口与快意。美的进化与爱的创造本是相连的。要爱不能不美，由美自得到爱。但爱与美乃属情人制下的双生儿，一个社会如能行情人制，自然能得到爱与美的创造和进化。

（二）爱是欣赏的，不是给予也不是占有。在情人制之下，社会如蝶一般狂，蜂一般咕啜有趣，蚊群一般冲动，蚁国一般钻研，人尽夫也，而实无夫之名；人尽妻也，但又无妻之实。名义上一切皆是朋友；事实上，彼此准是情人。这样的一年复一年继续下去埋葬于情海之中，浑然与情爱两相忘，这是一些达情者所乐为的。另外有一班人，心胸未免狭窄，情意有所独钟，认定一个对方人以为伊外无人，以为伊必同我一样心理，认我外无别人可以用情，于是彼此发愿，愿"在天为比翼鸟，在地为连理枝"，这就是情人制中的一夫一妻生活，所谓"任它弱水三千，我只取一瓢饮"，所谓"曾经沧海难为水，除却巫山不是云"。

可是请你们不要忘却"爱是欣赏,不是给予也不是占有"这句话吧。在情人制的一男一女的生活与从前固定的夫妻生活大大不同。情人制的一男一女生活仍然是活动的,变迁不居的,他们的固定不过暂时罢了。他们为要保持这个暂时固定的状态,须当时时对外与对内努力向上。对外呢,则当使外边情潮不会来打搅风波。这也用不着筑堤建坊,只要中心有主就不怕出去逐波随流了。对内呢,需要男女时时把美感与情感保存与增进。彼此更当继续从前情人的生活,能分开居住更好,否则,也要各有房间。嗜好与习惯及意志须彼此互相尊重各人的特性。职业也须各人认定去做,终日无事在家最会把彼此情爱破坏的。总之,男女各存了戒心,各个明白谁不能占有谁,各知道情爱与嗜好一样的可以变迁,各要彼此努力保存旧的与创造新的情爱,使二人的结合虽失于情爱的褊狭,但得于专一的独享。如此存心的男女,才能在夫妻式的生活中得了情人式的快乐。

(三)爱是欣赏的,不是给予也不是占有。由情爱结合的男女如不能继续情爱,破坏就免不了了。爱的破坏在昔叫做离婚,破坏或离婚即是救苦救难的观世音,破坏就是解脱,破坏乃创造新生命不可少的历程。男女既不能彼此欣赏于情爱之中已经罪大恶极了,男子或女人还要借什么名义来霸占对方人,这更无情理之尤了,或还要勉强如货物一样哑口无言去给予人,这又是太不争气了。爱之至者乃彼此两相忘,本无所谓合,更无所谓离。但既有所谓合,便有所谓离,离合本是小事,情爱的有无才值得计较呢。

以上三项所说的:一为未定情之前,一为既定情之后,一为情爱的破裂,都应由情人制去对付。然后在未定情之前,各人的情爱能扩张到普遍的人间;既定情之后,彼此能领略真情爱的生活;即至情爱破裂之后,也免蒙了亵渎情爱的罪名。情人制的好处:第一,使男女了解情爱的意义。第二,他们知两性的结合全在情爱。第三,使人知情爱可以变迁与进化,汲汲努力于创造新情爱者才能保全。第四,使人知爱有差等,即在一时可以专爱一人而又能泛爱他人。

可是，情人制能否实行，全靠女子在社会上有无地位。欧美诸邦女子已有职业，故情人制已实行了些。但若能如我们在上节所说，使女子得到一切美趣事业，则情人制更有普遍的势力与美善的结果。此外，尚有许多社会的制度应该从良改组，以便扶助情人制的发展，今先说"外婚制"与情人制的关系。

外婚制

爱是广大，不是局部的，外婚制乃是一地方的男女与别地方相结婚之谓，它是最能推广情爱的范围，故有提倡去组织的必要。

澳洲土人的社会极尽幼稚，但其婚姻组织法则极高明。它的大纲在避免父女、母子、兄弟姊妹、同一血族，及中表者的互相通婚。人类学家名此为外婚制，但对此制的意义总莫名其妙：或说他们知道"同姓不婚其生乃蕃"的道理，或说是劫婚的遗俗，或又说是土人看血族有宗教性的缘故。但我也有二个解释：第一，人性对于情爱有扩张到极大范围的倾向。人总望与他人互相提携的，但在部落的社会，唯有从外婚入手，始有得到与外族"婚媾匪寇"的好结果。第二，性交一事带有"放肆"及害羞的性质，男女太亲近之人对于性交总不免害羞，不敢尽情放肆，遂使彼此不能得到性交的乐趣，所以人类喜欢与外族疏远之人结婚。我因此大有所感触了：在我国礼教之下，男女社交缺乏，性欲的压迫太甚，又因北方多人聚睡一炕的缘故，以致家人常常做了"混账"的怪状。若情人制实行，自然得到外婚制，而免有乱伦的弊端。

爱是广大不是局部的，由情人制自然产生了外婚制，但外婚制不独能使情人制更加发展，它又是达到种族互相了解及世界大同的最好方法。由武力及经济的侵略，固然使人类互相仇恶，但由文化的侵略，也不能得到民族的融洽。人类根本的了解，只在情感，而情感的沟通，莫如在广义的婚媾入手。读史见我汉族制服北夷与西番的方法，初用武力，继筑万里长城，最后则用美人计与他们"和亲"。实则，美人计比兵力及长城的功效何止千万倍大。我曾题绥远城南明妃之墓说：

　　你的弯弯儿一对蛾眉抵多少长戈大矛？
　　你的泪珠儿似流箭的四溅飞射，
　　最可羡是汉家琵琶随你出塞，
　　把我族的心声打入匈奴胸坎，
　　呵！这抔黄土胜过了那万里长城！

　　这首"墓铭"确是明妃的实录，汉朝许多的边功，哪里敌得明妃的一行。至于唐嫁文成公主于西藏宗赞含甫王[1]，而使王发愤自雄，改变对外的武力为吸收中国与印度的文化，其功更大。及后金城公主的出嫁，竟生得一个在西域实行共产制度的名王，这个又值得纪念的。其实我以美人计去，他也以美人计来。例如在明妃前，匈奴已把苏武及李陵一班名人统统强迫入赘了。谁知这样由打成亲的结果，竟产出了两族许多的好感情及使彼此肯互相接近，并且能生出了许多混血的好汉。我以为五胡能够乱夏，蒙古能够混一欧亚，辽、金、元、清能够南下，皆由一些聪明的汉族与强健的北民互相混合的血清所造成，所谓成吉思汗、多尔衮等恐是我们远支的外甥。由此说来，我们为世界大同，为民族互相了解，及为人类的情感互相沟通起见，今后应当提倡外婚制。

　　第一，爱是广大不是局部的，故我们应当提倡与俄人通婚。闻说自苏俄变政后，沿边俄女嫁我人不下百余万（日报所说），可惜不争气的中国男子，或以妾媵见待，或则未能充分承受其情意。我曾在哈

---

[1] 即松赞干布，吐蕃赞普。

尔滨饭馆见一可爱及极美丽的俄女，曾随一山东人数年，一嘴极白的山东话，谈及轻眉锁黛愁，若有不胜抑郁者，可知伊们的遭遇了。若使这百余万娶俄女的男子有相当程度，则一转移间已得了一百余万好家庭，比什么派遣数千百留学生的力量更大哪！中俄边界数万里，俄人性质刚强正足补我族文弱的短失，吸收他们冒险、神秘与宏大的性格，同时我人给予伊们温柔优容的心情，会见亚洲人的亚洲定是这些中俄混合人种的天下。

第二，爱是广大不是局部的，故我们应当与欧美人通婚。你必定说：欧美人那样贵族轻视中国人，难道我们癞虾蟆想食天鹅肉么？到头来恐不免抹上一鼻子灰！这未免太重视白种人了。欧战时，华工在法国极受法女的欢迎。假使这十余万华工有相当的程度，回国时带了十余万的法妇来改革家庭与社会，其影响何等重大。欧美实有若干贵妇女鄙视中国人，但我们何必向这些金苍蝇磕头！且伊们生活程度太高，脾气太大，我们也不必去攀仰。最好就向他们平民阶级中寻求，尤须当向社会党人讨情，那么，他们多是有求必应的。我曾说奉命到外国游历考察若干月及假读书若干年，不如娶一外国妇有利益。远的不必说，你看某博士，某公使的家庭，谁个不被中国的老婆及老妈子捣得乱七八糟！假使他有一个外国主妇，安有这样情景呢。我认识许多朋友，虽学识平常，但因有外国妻，家庭的管理，小孩的保护，及思想的向上都有可观。至于一班比较稍有学问的人，则因回国后被中国老婆所荼毒，不数年间连外国字母已忘却。其中有数人在北京社会出风头，但可笑的是他的中国老婆最怕是离婚与恋爱等事，故他的朋友若有离婚或讲求恋爱的，他受缠足似放未放的老妻的影响，必昧了良心与他绝交的，你想这样的留学生有用无用呢？他们由考察或留学回来做了什么社会家，什么议员，什么政治家和外交家，你看他们晓得什么是政治与国际及地方自治等事，倒不如他们有一个外妇代他们交际，代他们说几句漂亮话，谈几件巴黎伦敦及柏林或纽约的市政怎样，卫生怎样，比较上于自己面子好看些。现时国家及私人雇了许多坐支干薪的外国顾问，如若这班阔人，家家有一外国老婆为有权威的顾问，新政的设施，恐怕比前快万倍呢。今日的达官大佬多是连自己一身不能管理，怎样能管理一国及一社会的事？如他们有外国老婆，自然伊们不肯让他们在大庭广众之中放响而且臭的屁，及"囚首垢面而谈诗书"那样的中国名士派哪！

第三，爱是广大不是局部的，故我们应当与日本人通婚。日本人无白种人的才能，但比较他们更轻视中国人。可是，我们留学生竟娶了不少的"下女"为姨太太或正太太，这个可叫做"以德报怨"了。日本女子确实有长处：伊们如我国女子一样有"媚猪"的性质，可是伊们身体比较强壮，肯做事且有向上心。"中日亲善"这个名词，我听见就讨厌了，但肯从婚姻入手，也未尝无些可能性的希望。请日人放开门禁吧，让我们什么人能够娶日本什么妇女为妻。我们也主张放了门禁，任什么日本男子，能够娶任什么中国女子为妻，只要他们情投意合就好。

第四，爱是广大不是局部的，故我们应当与满、蒙、回、藏人通婚。满洲皇帝已打倒了，满汉婚禁可以不存在了。满洲妇人比汉妇确有许多好处：面貌清爽，会说话，善交际，身体又好，服装也不错。在北京住的要娶满妇甚易，东三省更不必说，他如有驻防的省会，也极有机会可以接洽。此外，蒙古、西藏，尤其是回族的女子，都有一种旺相及好身材，都非汉族病质的女子所能企及。我们不是常说"五族一家"么？请让我们肉体相贴，精神相依吧，同是一家人应该有这样亲热！

第五，爱是广大不是局部的，故我们最少也当把南和北的汉人互相通婚。北方人的体魄强健可以补救南方人的弱衰。南方人的聪明伶俐可以改革北方人的粗笨迟滞。我们种族实在太纯净了，若干年来此处与彼处多是相离不过数里，老是在一个极狭小的区域女婚男娶，弄到血气太清一色了，不必说是同一样面孔，并且同一样心思。现在交通较便当了，南往北来的人数实在不少，正可从此实行我们汉人血族大团结的机会，而使其多出些变种及好心思的人物。

第六，爱是广大不是局部的，故我们男子不得已时也可娶印度、黑族及南洋、澳洲群岛的妇女。我们不仅要攀高与白种人通婚，并且要低就与上这些人联络，横竖我们女子不嫁后头这些民族就是了。因为在未实行女子中心的社会，女子总是跟男子跑的，那么以我们女子嫁这些民族不免被他们带下了，但由我们男子娶这些民族的女子，我们就可以提高伊们了。菲利滨[1]聪明的土著，十之八九都是我们男子与菲妇所生的，其他南洋许多岛民也有同样的好结果。我们男子这样工作确足以自豪。日本男子便无这样气概，鄙视与这些民族的女子结合，仅会对其人民讲谎话，说他们与日本为同族。又前时送了许多妓女到南洋一带做皮肉生意，到底来，日本人仅能在这些地方得了经济的权力，但不能得其人民的欢心（欧美人也同一样弊病）。至于我们的工作则不然，我们是希望把精血灌输到世界一切的人类，我们对于这些衰弱野蛮的民族，更当出其肉体与灵魂打入他们的心坎，使他们一齐向往光明之路，这就是博爱的宏愿，这就是世界大同的实现，这就是"四海之内皆子孙也"的新号召！

看到此处我国女子必定大起恐慌，以为这样，男子一个个往外跑，在国内的妇女将付托谁人？请缓，我也曾想出一个方法为女子筹出路，就是女子也应当外婚，外婚，又外婚。试想匈奴大单于战百万之众何求不可得，偏偏只要一个汉宫女，就可以退兵称婿，于此可以知道汉族女子先前如何被人看重的价值了。到后来呢，脚缠得太小了，古装变为外裤穿得太不讲究了，双奶束得太不像女人了，这样的怪状，一代比一代变本加厉，弄到女子不会行只会爬，弄到女子看去与男子无别。女人已一变而为兽，又所变成的竟为雄兽，难怪匈奴及外族人从此不敢问津了。他们问津不问津，于我们女子的小脚，束奶原无关系，可是我们政治家失了这样和亲的利器及美人计的外交就不

---

[1] 菲利滨，今称菲律宾。

免要割地、赂金与称臣了,这是南宋以后一班大臣所做的勾当。别一方面,外族既不以我们的女子为重,就不能不以金钱、地皮及称臣为主要了,这是五胡及辽金元清对我们所取的手段。如此看来,我们女子的地位关系于我国国际甚大(这或者是我个人读史的见解,请别的有考据癖者再考究吧)。故我极希望我国女界恢复从前汉唐的地位,这并不是难事,只要足不缠,奶不束,外裤不穿,又需要讲究些仪节,留心些装饰,学些才能,求些学问,修养得好情感就够了。你们女界若能如此,就不怕外国男人不来献媚了。我耳头耳尾常听外国人说中国女子怎样聪慧,怎样温柔,怎样勤俭。而白种男子确实比我国男子对于女子晓得用情,并且温柔体贴,饶兴趣,会殷勤。故我料今后聪明及有情感的中国女子必定喜欢嫁外国人不喜欢嫁中国人,这样与聪明及有情感的男子喜欢娶外国女子相调制,自然女子在国内免有过剩的弊害了。今且举中国女子喜欢嫁外国人一点实据,以为我国女子张目。一是《清宫二年记》的著者德龄女士。由《清宫二年记》这部书看起来,德龄女士不愧是一个文学家、情感家及外交家,恐怕也是历史家,伊最能从小处描神而使读者从大处去判断。例如伊写慈禧后的不知绘画及照相为何事,便可以知道慈禧的不能行新政了。德龄女士受巴黎社会数年的熏染,又且是聪明绝世,自然不肯为汉满人的玩具。故当慈禧要伊嫁一满洲王爵时,伊吓得眼泪直流。前清末造,满人已死气侵侵,汉人则奴气满身,遂迫伊宁愿不做王爵的命妇,只愿嫁一称心合意的美国人。伊是满人的杰出者,伊是晓得情爱者,我们祝伊的成功与幸福。下面我要说的一段事实,与上相形之下,未免有些悲哀,这是嫁我友数年已生一极美的男孩的女友,因与其夫不和,舍了爱儿,而随一欧男子到南美去了。我当然和一些中国人看了这二件事不免心窄。悲恨这两个好女子送给外人,不能在中国服务及传种。但我一转想,竟反悲而喜了,欢喜伊们为中国女子吐气争光,欢喜伊们给那些"须眉"下一大大的教训。这个教训是:"中国神明华胄的子孙!争气吧!努力向上吧!不要传统地压制我们吧!不要枯燥地无丝毫情感吧！不要看我们是你们笼内之鸟吧！请你们睁开眼看我们飞也！"伊们果真飞去了！飞去了这个阴惨惨的地狱、黑沉沉的监牢，飞到了光明的世界寻求了伊们得意的伴侣。

中国觉悟的女子们！飞吧！毛羽养丰些，你们就可飞了。欧美乐土尽足你们的遨游，你们能飞的如敢去飞，则在地下猪似的男子们就要吓醒了，他们就不敢蠢蠢然对待你们了。必有些人觉悟前非，把旧习改善，将新感提起，努力向上以期你们的一盼，恳求你们不要放弃他们。到此地步，你们在社会的势力就得胜一部分了，我所希望你们为社会的中心也已得了一部分实现了。自然，你们要为社会的中心人物更须养成别种的利器，今我将在下说明新女性的中心究竟是什么。

新女性中心论

一个美的社会必以情爱、美趣及牺牲的精神为主，可是，这些美德不能从男子方面求得的。男子对于这些美德本来无多大禀受，故自从男子为社会中心之后，把情感代为理智，美趣代为实用，牺牲的精神代为自利的崇拜了。这样的偏重于理智与经济的营求，结果，一面虽能产生了科学的光明，而一面免不了资本的流毒。至于女子本性最富有情爱、美趣及牺牲的精神，但自女子不为社会中心之后，失了这三种美德的统御，同时而使男子不能受其影响，以致男子不能不专门从理智、实用及自利诸方面讨生活，由是女子的地位一落千丈，人类的生趣也弄到不堪问了。今后进化的社会，女性必定占有莫大的势力，但与先前女性所得的权威不相同。先前女子为社会的中心仅在性交的选择，母性的保护，及家庭的经济诸范围之内而已。今后女性的影响则在于普遍的情爱，真正的美趣，及广义的牺牲精神。这些道理，我们已在上三段说明好些了，究竟新女性与新社会的趋势不得不如此的因由应当于下再说一说。

第一，今后进化的社会当以情爱为要素。可是，唯有以女子为中心，然后始能使社会的人彼此相亲相爱。但女子能不能为将来美的社会的中心，须视其用爱的方法如何。有一时代，女子虽占社会的势力，但不晓得用爱的方法，只因女性为男子所追逐之故，也能在性交上占了一部分的权威。可惜伊们对于性交的人并无何种恋爱，仅求其具有生趣及强有力能保护伊就够了。由此，男子对待这些不会用爱的女子，也无须去讲求情爱，只有强力及奸诈能欺骗女子就好了。这样社会的结果自然充满了一班卑怯被动的女子与一班凶狠奸诈的男子。今后的新女性则大大不然：伊必以性交为一种艺术与一种权柄借以操纵男子，又必以性交为表情的一种，必要与其人有情爱，然后才能与他交媾。这样的影响甚大：第一，男子知道非先有情爱不能与女子交媾，则因性欲的驱遣，势不能不勉力为情爱之人。第二，女子既以情感为号召，则男子的理智不能不情感化，而女子的情感因为有男子理智的制裁，也不能不理智化，如此互相影响，则理智的不至于枯槁无聊，而情感的也不至于任意独断。

其次，先前的女子也尝为母权的中心，可惜对于交媾之人既无何等情爱，对于避孕又无科学知识，关于生子一事不免纯粹立于被动的位置，终因生育太多的负累，反失却女子的价值。今后新女性固然着重母权，但完全出于自动及情爱的结果。出于自动的则凡不要生子者均需设法避孕，以免因孕育之累受了男子所欺负。出于情爱的，则凡为人母者始能尽为母之爱，而使子女得到爱的幸福及养成为有情爱之人。

总之，新女性对于男子及子女皆当有操纵情爱的权力，这个我想非从情人制入手不可：即第一，女子不可如古时一样与男子乱交，成为性欲的奴隶。第二，若为人妻及为人母需要有情爱及能操纵情爱的权柄为主。第三，当勉力为情人，不可为人妻及人母，最少也当于一定期内不可做这样的事情。我意谓女界须有"情人社"的组织，于其中研究如何为情人的艺术，并如何对于精神及经济上的互相帮助与避孕的方法。社员人人当宣誓三十岁前不嫁，最多只能做"情人"。如此，则男子方面当然也不能早娶，最多于三十岁前后仅能做女子的情人，自然可以免却如我国今日的早婚与小孩子就做人父的怪状。这样社会又可以免有蓄妾及娼妓的存在：彼此须是情人才结合，自然一班男子不能以金钱强人做妾，人人皆可以为情人，则精神上已有慰藉，万不得已时，肉欲上也可发泄，人人有事业，则经济上免相依赖，凡无情无义的娼妓现状当然不能存在了。从消极说，废除娼妓可用法律，但其效甚少，上海工部局抽签废妓的前例可鉴，其结果，不过使妓女变为暗娼而已。故不如从积极上着想，即以情人制剿灭娼妓较为清本治源的方法。

第二，今后进化的社会当以美趣为要素。这个希望更当以女子为中心始能达到。一个美的社会当如剧场一样，一切女子皆当为其艺员。伊们虽有正旦、青衣与丑旦种种的不同，但伊们皆有一种艺员的神气：或为林黛玉，或是薛宝钗，或当崔莺莺，或成杨玉环，或如刘姥姥，或似孟母的教子与明妃的出塞。人生本是戏，可惜从前的剧场与艺员太丑劣与太下作了。今后的舞台，当演出了儿女英雄那样慷慨激昂温柔缠绵的状态。故女子今后的责任就在研究怎样而后才成为美人的艺员。我在上已说过女子应该担任那些具有美趣的事业了，担任那样美趣的事业，自然能成为美人。我又在上头说及女子应该为情人了，做了情人，也能养成为有美趣之人。可是此外女子要作为美人尚应有相当努力，最好的则在多开"美人会"使女子于其中如学习做艺员一样：眉如何画，发如何理，眼神如何勾摄，面貌如何修整，装饰如何讲究，说话怎样使人动听，动作怎样成为雅趣。世无生来的十足美人，全凭如何打扮及表情去养成。中等人材，若肯从事于装饰及讲究风范与表情，则皆可以变成为美人了。美是情爱的根源，凡要为情人，当先学美人，美了自然不怕无情爱了。

若使女子皆成为美人，又伊所做的皆为有趣的事情，则其影响于男子甚大。女艺员既出台，男艺员也必一同跟上了；女子扮美人，男子就成为佳士了；女子为虞姬，男子就要为霸王了；女子为击鼓的梁夫人，男子就成为骑驴玩西湖的韩蕲王了。总之，女子讲究装饰，男子也必讲究装饰；女子讲风范，男子讲态度；女子重活泼，男子重刚强；女子善温柔，男子贵缠绵；女子贵体贴，男子尚精致；凡女人如能从各种美趣着想，男子就不能不从各种美趣努力了。这样社会随处皆如剧场一样的玩耍、娱乐及表情与欢悦和美趣。这个社会的精神当然全靠女子晓得美趣及风范所造成，至于组织的制度，待我们在下章再去讨论。

第三，今后进化的社会当以具有牺牲的精神为要素，这个若能使女子为中心就不怕不能做到了。女子生来有二端的牺牲精神：一端，女子总不会如男子一样看铜臭过重。伊们所要的为名誉，为情感，为美趣，而看金钱则在可有可无之间。在现在男子为中心的社会，伊们受经济的压迫，虽不免有些同流合污，可是伊们一种为公服务的心事随时发现，贱如妓女，在我国尚有爱俏不爱钞的口碑。纵在古时女子为家庭经济的管理人，其目的也全不为己，乃为伊的子女及丈夫。我以为，今后的社会若使女子管理，则凡孜孜为利的职业必定逐渐减少，而凡为公服务及为情爱与美趣的事业必定日见加多。例如慈善及装饰的事业必定日见扩展，因为这二种事业皆是女性的。他如艺术及玩意儿的事，也必日见发达，因为这些皆属于女性的缘故。诚然，慈善、装饰、艺术及玩意儿与为公服务的种种事情，不能不花费。女性喜欢花费，即为这些事情最好的动机。别一面，又可见出花费与爱钱截然为两事，可以说，花费就是不爱钱的证明。男子喜欢金钱而不肯花费，反之，女子则喜欢花费而不肯爱钱。喜欢钱，故资本愈积而愈多，以致今日铜臭熏天，资本遗毒满地皆是。喜欢花费，则努力于心情装饰与奢华的创造，换句话说，一切艺术及美趣品就因此大有发明了。今后社会，若女子占了势力，必能把从前男子所蓄的资本利用去经营艺术、美趣、装饰、慈善及情爱的事业，可无疑义，而男子必因此影响而变更从前经济的观念，即不以金钱为重，而以艺术、美趣、装饰、慈善及情爱的事为有价值了。故我以为女子天性的肯花费，与肯牺牲金钱，即是改革男子嗜金如命最好的暗示。今后的社会如不进化则已，如要进化，则男子的占有性不能不改除，而女子的侠气与创造性不能不代兴，这个希望，唯有努力使女子为社会的中心才能达到。

又有一端，比上的牺牲金钱更关重要的，则是女子肯为情爱而牺牲。伊们系情爱的动物，故当为情爱时，则虽性命也肯牺牲，试看伊们为了子女的缘故则虽赴汤蹈火，也在所不辞，就可知了。今后的女子虽对于母性看轻了些，但对于情人则比前格外加重。先前女子偶有一二为情人而牺牲，但属不多见的。若以后实行情人制，则女子为情爱而牺牲必是惯例了。女子最是心慈面软，禁不住人一求，就不免"难乎为情"起来，伊们的短处固然在此，但伊们不可及处也正在此。能受人骗及肯为人牺牲，正是英雄的本色。故我想唯女子才配受这个英雄的名字。世人所称的英雄，不过一些会杀人及会骗人的屠狗之辈罢了。若说女子，伊们肯为丈夫、子女及情人的幸福而牺牲，其次，肯为美趣等事而牺牲，最后又肯为公服务而牺牲，这些皆是值得挂上英雄的徽号。

总上说来，新女性如要占社会的中心势力，第一当养成为情人，第二为美人，第三为女英雄。这样结果，男子受其影响也必成为情人，为佳士，与为英雄了。这样的社会男女彼此皆有情感、美趣及牺牲的精神，哪怕还不会变成为美的么？

可是，女子受了数千年压迫之毒，大都已变成为奴隶了，尤其是我国的女子。今要使这般奴隶去干主人的事务，势必不能胜任，或则奴性未除不免滥用其威权，就我所知的，我国新女子已不少犯了这些流弊了。故在这个过渡时代，怎样使女子成为情人，美人及女英雄，与怎样使伊们能够影响男子，把他们也一齐变为情人、佳士，及英雄，这些皆须有一种练习与养成的准备，故我们于后三章特地从这些要点多多去留意。

附

中国妇女眼前问题

我在本书上，说明理想的社会，必要以新女性为中心的理由了，至于理想的新女性，即是女子应该养成为情人，为美人，为英雄的解释。可是，理想是目的，而实行乃为达到这个目的的步骤，故在我们未即达到这个目的之前，先来说些我国现在女界应取怎样实行的方法。

第一，女子先应把生计权抓住。这层极关重要，故应分作三项的进行如下：

（a）要求女子得与伊的兄弟同分产业——此事除一面从法律要求规定外，现在最紧要的应由各地女界发起一个有计划的社会运动。例如以北京说，先当做成了一篇极感动人的启事，提向那些比较开通的智识界、外交界、慈善界与农工商界等征求同意。愿者签名，代为登报赞扬，同时也算是为他们的女儿作保证人，免使将来伊们家人的反复。我以为这个运动是极和平而又极有效的。只要为父母者存有一分良心与吸一点新空气，定肯赞同这个提议的利益：第一，使其爱女不至因无产而受家人的欺侮，第二，使伊出嫁免受富贵夫家的凌辱或贫贱夫妻生活的悲哀，第三，免因女儿无产致受社会的蔑视与使伊们自己不能建设事业的痛苦。究实，谁家父母不怜惜女儿的无依，不过受了习俗的影响遂把女子的家产权牺牲了，今社会上既有这样的新运动，谁人不乐于赞成，以受良心的谴责，而失却自己女儿的感情呢。又此事只要社会上有若干名人的赞同，则风气一倡，凡为女儿者，得有所凭借以要求其父母的家产，而为兄弟者也就不敢依据不情的法律以相抵制了。说句惭愧话吧，张竞生于数年前感叹已嫁姊妹的贫穷，曾与兄弟们力说姊妹应分家产的理由，可惜兄弟们不赞同。今从我本身起，即日宣誓对于自己女孩与男孩，若有家产一律平分，这篇文就是给我女儿最好的凭据。极愿许多父母即日起来同我表示一样的主张。

（b）凡已嫁得开通夫婿的妇人者，应以情动与理喻其夫，务必得有一种法律性的平分产业的凭据。若有子女者，则母亲至少须有与子女同分一份家产的规定。这样妇人，始免受其夫财权的压迫，与其夫死后免受夫族的欺凌及其子女的侮辱。如其夫不同意，则当力为陈说，就设因此离婚也在所不惜，因为连财产尚不肯为妻计划，则其夫的情感薄弱也就可知道了。

（c）凡妇女不管父家与夫家富的贫的，自己总当勉力谋得一件职业以养生。但在这样社会，女子的职业甚少，故最要的应由女界共同组织各种妇女的职业机关。我以为在这个"纯阳性"的局面，女子谋生本极容易。例如茶楼酒馆与各项商业的经营，必使一班狂童痴男趋之如鹜，其生意必定比男子所经营的较兴旺。若说女子应该谋一比较高尚的事业，则我想女子应该组织"女子教员会"，互相提携，务使毕业的女子个个得执学校的教鞭，将来应把一切的幼稚园及初等教育的地盘统统由女子占满。不必说，这个情感的教育权甚大，因此我们就来说女子应该注意下项的教育一项的运动了。

第二，女子应当运动得到与男子相等的教育权——对家庭说，应规定一家男女儿童不分彼此一律得受父母的财力所能供给的教育为止点。若家财有限，势须于子女中挑选升学者则仅以其学业成绩为标准，不分男女的性别，譬如女儿聪明男儿笨，则应挑选女儿升学。对社会说，应当运动多开女子的学校，不可如今日的男女同学一样的糊涂。男女的教育实在不可相同，男子重在求"知识"，女子重在求"智慧"，"智慧"当然比"知识"高贵千万倍，安可同臭男子一味同学鬼混以失却女子的特长呢。故现在女界当运动女学独立，不可附设于男校，使办教育者得以使用其惰力。可是，教育固当在求男女个性的发展，但社交上则求男女无别地完全开放。

第三，女界于婚姻自由及母权保障二事，犹应有彻底的要求。应在各处设立许多"妇女招待所"，使一班受家庭压迫不能达到婚姻自由的女子得以逃难其中自工自供。此外，并应设"母权保护会"，使为母亲者得了物质的救济与精神的安慰。至于为一班贫家妇女尽力，举凡关于救助、卫生、保护儿童及避孕方法等事，当不惜劳苦为伊们计划，这个尤为今后女界要在群众的妇女界上占势力不可少的运动。

第四，以上所说的尚属局部的组织，从温和渐进说，也未曾不可得到相当的效果。但妇女问题全部分的解决，则全靠于政治与社会的改革。所以"女子参政"一事，在我国现在女子的程度虽稍嫌过早，但相当的准备则刻不容缓。理应由女界组织各种妇女关于政治及社会的问题研究会以为将来实行参政的预备。就上四项所说，我国眼前妇女问题的重要点已算论到，今后进行成绩的多少全视方法的优劣了。我以为要求达到好成绩须用二种的手段：(1)应当用温和时，则用女子们最智慧、最灵敏、最温柔的手段，日日强聒于男子之前，使他们终于难乎为情起来，不得不答应女子所要求。(2)应当用强烈时，如遇那些冥顽不灵的男人，则女子最好取用英国女界的"战争的参政团"(Militant Suffragettes)的前例，或打其人，焚其庐，毁其机关，阻碍其办公，种种恶剧，应做尽做。亲爱的女同胞们！你们的牺牲愈大，其效果也愈大。天助自助者！你们如若有这样先觉的少数人出来做，自然旁的女子就出来声援了，自然有些男子也出来响应了。勇进勇进！将来的世界终是你们的！

第二章　爱与美的信仰和崇拜

提纲：纪念庙——合葬制——古葬品的价值——各种赛会——情人的信仰和崇拜

人类可以无宗教，但不能无信仰与崇拜。愈进化的人类愈无宗教但愈多信仰。宗教给予人那些荒唐的迷信及虚空的崇拜，这个当然不能使聪明人得了满足的。聪明人所需要的乃在一种真实的信仰与高尚的崇拜。故自近世纪来在欧洲的社会，宗教势力一落千丈，而移其信仰与崇拜的心事于科学及美学。因为科学能给予人真实的思想与行为，而美学则给予人高尚的观念与欣赏，今后的社会仅有这样的科学与美学和合为一的信仰才能存立。

美学和科学之最切实及最美与最能使人类互相亲爱者莫如"人类学"。人类学告诉我们什么叫做人与人的义务，它教训我们怎样努力与向上。故今后我们的信仰仅在人类的自身，而可以为我们的模范者莫如一班有名誉的人类，也可说即是我们著名的祖宗。这些祖宗可以代替宗教的上帝与神明。他们比上帝与神明更较为切实的可爱。他们的困苦颠连，为我们人类牺牲。他们的丰功伟业，为他们子孙祝福。我们是他们的同类，是他们的子孙，自当景仰他们的功勋，崇拜他们的德行，笃爱他们的情谊。总而言之，我们对于这些有名的人类应该有一种特别的敬爱，但这不是与我国敬祖宗的宗法一样。因为我们对于贤祖宗固当崇拜，但对于不肖的先人又应当有相当的惩戒，这与我国对于祖宗一律崇拜大大的不同。

其次，我们爱人类的"先贤"，我们尤爱人类的"后秀"。可敬爱的莫如过去为我们辛勤的老祖宗。可赞美的更莫如我们同时及后来为人类争光荣的后辈。我们对于这两类人皆当有相当的敬礼。不过，对于祖宗的敬礼是取一种庄严的模范式，如我们下头所说的纪念庙即是此意。至于对后辈的敬礼乃在一种欢迎的奖诱式，如我们在后边所希望于各种赛会的成绩。

末了，我们所要说的信仰与崇拜乃在爱与美的合一。我们一边敬爱英雄，一边又当赞美儿女。英雄儿女所以为人类的最可敬爱与最可崇拜者，因为英雄使人起敬起爱，而儿女使人可歌可泣。我们可以说英雄乃代表人类爱的方面，而儿女乃代表人类美的方面。无爱，则美无从依托。无美，则爱又无从发生。原来英雄与儿女彼此不能相离的，故我们的信仰乃合英雄与儿女为一气，即合爱与美为一处。在纪念庙所崇奉的有英雄又有儿女，即在诸赛会中所表扬的也有儿女，也有英雄。这些与一班宗教仅顾念爱而遗却美的用意不相同，即和一班单说以美代宗教而失却了爱的意义也不一样。今先说纪念庙的组织，在后再说诸种赛会的组织，再后，则说怎样的情人始能使人信仰与崇拜，阅者就可以知道这些命意之所在了。

（甲）纪念庙

凡我们的先人中有以功勋及情感著名者即把他们的遗骸合葬一处，其上建立一座最繁丽的纪念庙。自国都至各省会、各县城及各区、各邑，皆应至少各有这样的纪念庙一座。其人的功勋及其情感能影响于全世界或一国者则入于国庙。仅影响于一省者则入于省庙。其声名仅及于一县城，或一区邑者则入于县庙，或区庙，或邑庙。

庙的位置当占所在地的中央。其高度愈高愈好，高入云霄更好，使音乐在高层奏时可以使所在地的人民处处得闻。上面须有一个大钟楼，四边均有时钟，使人民可以时时知时候。这二层的关系甚大：第一层的教训是我在哈尔滨的一区俄国人叫做新城所得来的。这个城中国叫做秦家岗，为山坡形。坡顶自然较周围高出。"中东铁路俱乐部"就在这坡的一隅建置它的露天音乐场。每当夜分奏乐时，我们住坡脚的客栈，除提琴外，余音大都隐约得闻，似乎这个音乐为全城人奏的。最便宜处，全城人不用出门与买票均可赏识乐音。我尚忆得夏时晚凉初生，煮好的绿豆牛奶粥设在厢房的槛上，一面大嚼，一面听微风吹来的喇叭与铜鼓相竞吹。每当睡时，恍惚耳边有和谐的节奏偷偷进房来催眠。那时，明月在窗，万籁静悄，仅有夏虫唧唧导引梦里人到音乐场去了。我从此才知道一个公共音乐场不是为少数人而设的，若能把其声音引长扩大，则人人皆可同乐，而音乐的趣味因人人所处的地位不同，也成无穷的变幻。例如人们在中东铁路俱乐部所听的音韵与我们在客栈内所听的当然大有不相同。而我们所得的若隐若现的音乐，另有一种美趣，若与那些临场所听的其价值当然不一样。倘有人要以他们所赏识的来相换，则我们断定不肯让出啊。

由此论之，在一地方纪念庙的上层若设有音乐，则晨兴夜寐，全地方的人民均可领略此中的滋味。这个是一种"底意识的教育"，不怕人民不会于不知不觉中养成一班音乐家，最少也是一班嗜音家了。音乐的教育甚困难，一个音乐家如诗家一样的难栽培，大概这些学问皆非有长久的闲工夫不可。有说："三世嗜音的家庭，才能生出音乐家。"有说："贝多芬与瓦那[1]一班大音乐家仅能生于近世的德国。"这个是说环境的栽培，对于艺术家比对于科学家更加困难的。譬如我国人如能发愤自雄，则三十年可以生出无数的科学家，但要养成一班艺术家，尤其是音乐家，则非经过一二百年不能成功。若我们建立一个音乐场于每地方的高顶，直接能使全地方的人民得听音乐以便养成为嗜音家，

---

[1] 今译瓦格纳（Wilhelm Richard Wagner，1813—1883），德国作曲家、歌剧家。

间接则希望由此可以产生许多著名的音乐家。由纪念庙的连带关系而使人对于音乐有一种信仰心与崇拜性，这种利益真不可计量了。

第二层所说的大钟楼，其关系也不小。我国人大多无时间的观念。我尝说美国人是"时间即金钱"的民族，但我国人是"时间等虚牝"的民族。这个缘故与时钟的多少定有关系。现在我国人家甚少有钟表，个人上更见稀少，以致许多人对于时间的标准甚糊涂笼统，仅知一日中的上午、下午、夜分三种大区别罢了。这样无切实时间性的观念的民族其结果甚恶劣，轻的则养成多数人虚过他们数十年醉生梦死的光阴；重的则使一班糊涂人办事敷衍过日，每每有一事可以一日办完者，延长到若干月尚未做好，以致国家事务或自身学问一无成就，并且因迟滞而生出了种种的损失。若能于每地方的最高顶处设立大钟楼，日间则用极强的光色，映出时间的经过。夜时，则用极大的声音，报告若干的钟点。务使居民时时刻刻对于时间有深刻的观念。如此或者使他们惊时光的易逝，悲人寿的几何，努力进取，无负生成。这是由纪念庙连带的关系而使人对于时间的信仰与崇拜的另一方法。

此外，尚有连带的五事皆应使人民有一种信仰与崇拜以足成纪念庙的效用者，一为建筑，二为图画，三为雕刻，四为跳舞，五为唱歌。

纪念庙的建筑当使其宏大无伦，华丽毕至。高度至少须有若干丈，我们已在上说及其顶应为音乐场了，其下应当为广厅可以容几千人或几万人。厅之正面，在国庙的则为有功于全世界人类的殿宇。厅之左面应奉祀深情厚爱的仕女及情文双全的文人。厅之右面为一班有功勋于一国者及无名英雄的处所。每人的殿宇后有骸骨者则以最美丽的玻璃棺盛之，其上则请名人绘其图形，状其情事。厅之前面为大门，门之内外均堆满了名人的雕刻。每当节日则使人民在厅中跳舞与唱歌。总之使人民入纪念庙，除赞美贤祖宗外，觉得有一种建筑的伟观，图画的动人，雕刻的悦目，与跳舞及唱歌的赏心乐事。

于厅之下，掘地窟若干丈深，也分为正厅与左右厅，不过其排设的人物：正厅的，为一班有害于人类的人，其左厅则为无情义的仕女及一班逆潮流的文妖。其右厅的则为一国的罪人与暴动的群众的收容所。这个地下的建筑、图画及雕刻等当应极尽悲凉愁苦，好似地狱一样，与上面的天堂一比较，使人愈觉天堂的可羡、地狱的可畏。厅之四角当堆满了无穷数的无名骸髅，与那些奸雄和无情的骸骨同一样的示众。以上所说，省庙当同一样的形状，不过省庙上面正厅则奉祀国庙全庙的人物，其左右厅则排列关系于一省的名人。其地下面的正厅则为国庙下层全庙奸人的碑位，其左右厅则为有害于一省的人物。他如县庙、邑庙等的排设可由此类推。

我们要使这些名人的情感存留于人类的心胸，与其丰功伟业可以为人类长时间的模范，则纪念庙应当时时有一名人的节日。例如国庙正厅中当祀孔子，柏拉图，瑞士之卢骚，法之笛卡儿（Descartes），意之加里肋啊（Galileo）[1]与大宛西（Leonardo da Vinci），德之来尼士（Leibniz）[2]与贝多芬（Beethoven），英之牛顿与达尔文，犹太之马克思及爱斯坦[3]。这十二个人的影响于全人类甚大，应当每年为各人做一个极大的纪念节。其次为左厅的人物，如明妃、杨玉环、李易安之徒，李白、杜甫、苏东坡之辈，应选出百余人，每年为各人做一纪念节日。右厅的人选，则如大禹的治河，王安石的新法，与及明末东林、伏社[4]，及黄花岗七十二烈士与五四运动等，也当各个有一节日以为纪念。总之务使纪念的节日几于无日无之。其日如无纪念，则代替为国耻纪念日，及各种实业振兴，机器发明，或思想革新等纪念日。以后如有名人续出，当然把后头这些纪念日取消代替。因为这样的纪念日即是群众灵魂所凭借，也为他们情感所依托，与知识的源泉，故愈多愈好，愈热烈与愈普遍则愈妙（每年月份牌应逐日将纪

---

[1] 今译伽利略（1564—1642），意大利科学家。
[2] 今译莱布尼茨（1646—1716），德国数学家。
[3] 今译爱因斯坦（Albert Einstein，1879—1955），美国物理学家。
[4] 伏社应为复社，明末以江南士大夫为核心的政治、文学团体，主张"兴复古学，将使异日者务为有用"。

念节日叙明)。每当某人纪念日，则将其人的言行传众周知。其日的音乐，唱歌与跳舞，也当各依其人的事情特别编制。如当大禹的纪念日，音乐当仿河流泛滥的声调，其唱歌应把当时治水的苦处与其成功的乐处和盘托出，其跳舞则用河工的服装与情状。又如当明妃的纪念日，则用琵琶的悲音，与出塞的怨曲，及沙漠中以毡为幕的匈奴喜剧舞。如此调动，则每年有数百种音乐与唱歌及跳舞的变换，不但使人民时时有新鲜的快感，并使他们得了无穷的常识。自然，纪念庙中须有一班特别的执事，对于各人纪念日的音乐与唱歌和跳舞皆须研究有素，以便逐日出演，为普通人民的模范。(这班执事应以下节所说的后、妃、王、卿、相、名家等充之。)

至于地下一班恶人，当然无纪念的可说，每年无妨于多少夜间开了地狱式的跳舞会，也名为几个著名恶人的遗臭值日。又把他们一切至凶恶惨淡的情景，编演为音乐与唱歌之曲谱。又将那些恶人的行为绘图雕像揭示大众，使人悲哀这些恶人的可怜。如此一来，人民不但有所劝诫，并且对于悲剧一方面的心情也得尽量地有所发泄了。

说到此处，关于纪念庙大概的组织已略具备了。(附纪念庙及美的国庆节组织法于后。)但有一事应当留意者则为合葬制的提倡。我国迷于风水之说及盛行分葬的习惯，以致尸骸暴露，数年不葬，臭气熏人，恶病传染。其已葬者则倾家荡产，占地霸山，田可耕的暂少，山可掘的愈稀，但见此处彼处一堆一堆的死人墓。如此继续下去，恐有一日，满地遍是坟穴，生人将无一片干净土了。

为今之计，唯有实行合葬制，除我在前说的那些著名的英雄男女及奸恶之徒迁葬于国庙省庙等外，其无显著的功罪者则由各族迁葬一处，其地即为他的一族的公葬处所，以后死者当合葬于此。其无姓氏的古坟，则应迁其骸骨聚合于纪念庙之下层。如庙不能容，则应焚化。

这样的合葬制，有了种种的好处：一除风水的迷信，一俭葬费，一合卫生，一壮美观。尚有一层更关紧要者则把这些著名的先人坟墓掘开移葬，定可发明现无穷数的葬品。这等葬品无论何物皆有极大的价值。你想一尊曹魏时的瓷佛可以卖六十万元（日人所得），那么，我们的古墓三代以上的不知若干，秦汉更不用说了。更有大希望者，在这些时代人皆极着重随葬的物品，且其物品极丰多。我们如能掘得，自当宝藏一份于纪念庙内，其余就可拍卖。说不定，我们老祖宗无意中所遗留的葬品，可以够我们还全数的国债外，并可以建筑各地最华丽的纪念庙，又可以为各种实业的开办费。不错，这个奢念极值得一希望的。我们老大国所恃的确在古董，今日北京城内仅卖假古董者已够养活许多人了。或者有一日我们的真古董出现，则可以养活现在四万万的穷同胞也未可知。

若说如此发掘先人古墓已犯大不敬之罪，区区利益何足贪恋？这个误会极易解释。我们为敬爱我们先人所以去掘他的墓，把他的遗骸保存一处。因为若干年来，我们的古墓尤其是帝王的坟墓，已不知被盗发掘若干次了。一经被盗，则骸骨抛弃荒丘，言念及此，至为痛心。况且，盗所要的为金银珠宝，其他一切重要器皿，竟被视为瓦砾，随意打碎，古物损失，何可计数。至于一切古墓因年久代远无人保存，多数埋没于荒野，致使先贤灵寝沦为狐窟者竟不知多少。这样罪过，我们后嗣子孙实在不能辞其咎。若由前所说的保存古墓方法行之，则当然免上二弊，而且有无数的利益如下所说的：（1）由此可以保存名人坟墓免致被盗与埋没；（2）可以由古物研究文化的变迁；（3）可以使我人对于先贤骸骨及器皿起了历史上敬爱的观念；（4）可以拍卖古葬物以望国家的富裕。总之，掘发古墓，正为爱惜先贤。我们今后国民能不能振作，全视有无这样的魄力。我们若能如此做去，然后对于死者才算不是如先前迷信的崇拜，乃是真实的信仰。必要如此，然后我们的宗法社会的木偶观念才能打破，而进为英雄及美人的崇拜。好汉的青年们！我们对于旧墓制的毁弃，当如毁弃旧寺庙的木偶一样，然后如能解脱死人的束缚，而求生人的乐趣（其古墓迁葬后当然可用旁的方法将其所葬原址保存纪念）。

以上所说，乃对于死者的崇拜在其精神的存留，不在其坟墓的保存。因其精神的可贵，一并保存其骸骨则可。若仅重视其骷髅而无精神的附丽，这样崇拜的弊害比较什么宗教还大。我们反对那些无意识的宗教，我们更当反对我国这样僵尸的宗教了。总之，我们所要信仰的是先贤，是有名望的人类，是有振作的祖宗。这样的崇拜才能打破一切宗教的迷信，才能达到爱与美的合一。我今于下再说一个新信仰，乃由诸种有价值的生人去表示的，比那死人的骨头更加有生气了。

（乙）诸种赛会

我国迎神、香会等事，人民对之何等兴味浓厚，可惜这等举动完全布满了迷信的气味，不但伤财废时，并且助奸长恶。我想若能以美的诸种赛会代替这些无谓的把戏，使群众可以免了牛鬼蛇神的诱惑，而且可以得到陶情奋志的机会，这岂不是最好的方法么？究竟，这些赛会如何组织，始能达到上头的希望，请待我们逐层说来。

我们在上已经说过要得到爱与美合一的成绩，须先崇拜"先贤"，其次则在景仰"后秀"。"后秀"乃指女子及男子以容貌、体格、才能及性情的超出群众者，把这些人选择后，在每个地方上举行盛大的赛会，一在奖励个人的努力，一在鼓励群众的同情。如此做去，使社会上时时注意于养成儿女英雄的美德，而使人人因这样美德的切磋，成了彼此相亲相爱的伴侣。我今先说女子方面怎样的选择。

第一，每年一次或几次，于国都、省会、县城，或区、邑、乡、村，之中举行"五后的赛会"。这五后即（一）为"美后"，（二）为"艺术的后"，（三）为"慈善的后"，（四）为"才能的后"，（五）为"勤务的后"，其挑选法，由一班"内行人"组织为"选后委员会"，于每地方上指定处所，任女子报名，定日决选。在国都被选者为"国后",在省会为"省后",余此类推。被选标准:如为"美后"者,则必其人美容貌、善装饰、好身材、善言语、能交际等等。如为"艺术的后",则择其艺术有专长者,如擅长音乐、唱歌、跳舞、诗文之类。如为"慈善的后",应于慈善事业有相当尽力之人中择其成绩较著者充之。他如"才能的后",其资格以著述见长,或在社会做事得有相当的名誉者为准,如在教育界尝有功劳,或在报界,或在实业界等等曾经得到名誉。至于"勤务的后"专在家庭或商店或公事房的女佣中择其勤谨及尽心者为上选。以上五项,除了最著者选择为后之外,另依类择其成绩较次者数人为各后之"妃",如为"美妃""慈善妃"之类。

这些女后及妃选定之后,择日举行赛会,一切手续皆应由地方机关郑重将事。如在国都,于赛会前一日,由大总统及国民代表开一盛宴欢迎国后与其妃。其在省及县各处则由其地方长官执行。赛会日,后与妃一早到纪念庙行礼,总统(或省长、县长等)于其中陪祭,后由总统特赠各后宝剑一柄,名马一匹。于是各后与妃各入所预备的大车中,手执宝剑,身倚名马,围随上伊的美妃,出游各处任人瞻仰。其赛会路程,以每一地方的紧要街道为主。是日参观的人,彼此上无论相识不相识,均许亲吻,跳舞与赠物。各团体应当有种种的组织,如剑术,音乐会等,也可随后车后一同游艺。如是赛会继续三天,全国一律放假。及到末日后与妃停骖于"游艺部"前(看下章的制度),听名人赞咏伊们的诗歌,并将这些后与妃的姓名勒于游艺部的门前,其照相或雕刻的像则悬在纪念庙一隅。这些每年所举得的后应有相当的优待。由地方上给予助金。凡为后的,每年改选,不是连任,但为妃的可以连任,并可以升为后。

这个组织不是著者个人理想所创出的,它虽在我国未尝"古已有之",但在法国确是"人已有之"了。巴黎每年举行一次赛会,名叫Mi-carême[1],确是群众的快乐日子。由许多工商业团体举出他们各行

---

[1] 法国传统的民间狂欢节日,为基督教四旬斋的第三个星期的星期四。

的后，游行街市。是日巴黎满山满海的人群站立各街道，一意为瞻仰后容。其中不少戴假面具者，手执纸棍，逢人揶揄。此外，尚有一包一包的"纸花"（乃由纸所剪成者），游人买后，互相抛掷，但见美人身上一阵一阵地装上纸花的颜色，与狂童谑笑的声音，这真是玩乐的日子！如你见一可爱的女子，就吻伊一满嘴，伊唯有以笑脸报之，这真是玩乐的日子！是夜各街的咖啡店满座是人，偶尔相逢，便行跳舞，达旦不休，这真是玩乐的日子！

可是，我们所要提倡的"五后会"，不是纯粹抄袭外国的套子依样葫芦去做的。第一，我们最不赞同的是巴黎 Mi-carême 所挑选的"后"，纯粹以容貌为标准。第二，伊们虽有一日的光荣，后来的命运便无人顾念，以致许多美后一生颠连潦倒，嗟叹世人的无良。我们所要提倡的乃于游戏之中寓有诱掖的意义。凡应诱掖者不但在美貌，但凡心地慈善、艺术专长，才能特授，与事务勤勉诸项，皆有提倡的必要，所以这些女子均应入选以为一切女子所表率和模范。其次，我们对于这些女后不当看做一种暂时的玩赏，应当看做人类的祥瑞，珍重保惜，唯恐不周，断不肯任伊们飘零憔悴，故我们主张以地方的资助，保护伊们长为社会的明星。

第二，于这些女后赛会之外，我们又应当组织八项"王"的赛会。由每年每地方上将男子中之以美貌、艺术、学问、慈善、服务、技能、冒险及膂力见长者举为"美王""艺术王""学问王""慈善王""勤务王""技能王""冒险王""大力王"，总为八王，其下各就其类比较次等者举为卿相若干人。在国都举的为国王，在省的为省王，余照类推。王的选举法，及待遇与赛会的情景和上所说的"五后会"相同。

这种赛会的用意在使男子具一技一艺之长与有学问及艺术之士皆得吐气扬眉，并可以为全国青年所矜式与崇拜。例如以拳技，或马术，或剑术等见长者则举为"技能王"，使天下的青年汲汲于这些技能的练习，这样关系何等重大。又如举那些游历荒区或探险绝域，或驾飞艇,乘汽车等经过长时间的飞行与极大的速率之人为"冒险王",于青年的探险前途及冒险精神也有莫大的帮助。他如学问、艺术等,若由此法去提倡,使男子得此有如先时对于"大登科"的尊荣。

以赛会的日期说,则五后的当在五月五日,而八王的则在八月中秋。这两个月份皆属良辰美景,宜于后与王的出行。但为一国的王与后者于冬期,应该由中央帮助旅费使其游历各省会。届时与该省所举的后与王者一并举行赛会,这叫做"后王合赛会"。此举,一使各省的人得以瞻仰现年国后与国王的人物,一使这些后与王有长期接触的机会得以彼此表情言欢,或为情人,或成夫妇,由此组织好家庭,希望由这样的父母产出些优良的种子。其各省的后与王约定一时期聚集国都与国后和国王一同举行后王合赛会于国都,使人民知本年各省的优秀人物。

第三,上二项所说的乃女子对女子的竞选与男子对男子的相争。这样奖励当然不免偏于一类而未能得到普遍的效果,故我们再当预备一班"名家"的荣号,以给男女合为一气的比赛而得优胜者。这个应该组织一些赛会:如泅水、跑马、打猎、钓鱼、游艺、围棋、滑冰等。例如某年某地方以钓鱼得胜第一名者则名为某地钓鱼名家。如若聚合全国各地的钓鱼名家互相竞赛,其名列第一者则名为全国的钓鱼名家。他种荣号的锡赐类此。这样组织确实有趣。以北京说,如在北海环廊上于夏日炎热,蝉声唱得起硬,柳丝垂得娇嫩的朝暮时候,一班狂童、娇娃,凑入一班白翁、老媪,又加上了男的女的绿鬓青衫一排一排地轮流垂钓,所定时间一到,检验谁人钓得最多,分评甲乙标示众人。我们就把这日名为钓鱼节。凡能得为全国的钓鱼名家者则本年中可以得到北海红利若干股以示劝奖。至于男女一同穿起水衣,于春夏之交择一名河,草绿花香,随流竞泳。两岸无数群众拍手助势。但见水面矫健的身材如鱼如鲸的冲波逐浪而去。或则当秋高气爽,鸟肥兽繁,燕山勒马,围猎驰骋。男儿好身手,举枪不虚发。女郎善睥睨,一箭竟双雕。每当冬寒,白雪漫天,坚冰在地,男女携手滑冰竞赛，铁屐高举，双袖低舞，如力士的捧靴，似天仙的散花。类此种种的游戏不厌多多去举行。各以其名，定为节日。务使举国若狂，视为莫大的仪典。英国人重视踢球与拳技，遇竞赛时，全国仕女所谈唯此，比军国大事更为紧要。立国精神既有所在，则人民不怕对它无狂热的毅力了。（上所说的三项赛会，各校内可以试行，由此法能使学生格外生趣，对学业也格外奋发。）

第四项的赛会则为男女的小孩。把男与男，女和女各以相当的年龄比较谁养育最好，身体谁最健，力量谁最大，智慧谁最高，表情谁最美，志愿谁最强。如此评定谁为"安琪儿"，就此表彰其父母或保姆，并资助这些好小孩的教育金。务使为父母者晓得怎样养好小孩的方法与其兴趣。我常想人的体格与智力，得于生成者不过十之一二。其十之八九全靠后天的栽培。人类初基最易摧残又最易培养。以我国今日猪狗似的对待儿童，纵有天资也无成就。社会的劝勉与指导，在此层上更不可少，这不仅是一种玩耍而已。就常情说，父母个个夸张自己的儿童，一经出门比赛就可打破他们自大的观念；幸而父母个个关心自己的儿童，如他们知他人养儿用何方法为最良，则个个争先去做了。我们有一个数月大的小孩，自生到今用尽气力去养育他，自以为是世界最好看了。其实确有许多不好的养育法在里头，不过我们无与人比较不知道罢了。我有友人也极以其婴孩为世上独一的宝贝，也以无比较遂至闭门自贺喜罢了。比较比较，竞赛竞赛，好父母当然受荣誉而慰藉，劣双亲也可以受些惩戒而改善，使一切小孩皆得遂其生，并且皆得善良的鞠养，这就是提倡崇拜好儿童的竞赛会的本意。

第五项的赛会，是将老翁与老妇各以其类与年龄比较他们的壮健、能力，及智慧到什么地步，而择其年龄最老及他种程度最高者，尊为"国翁与国媪"，宠之以优待礼节，助之以养老俸禄，使全国人知敬老与养老的方针，而对于这些翁媪的白发皱额，皆有一种尊严的崇拜。我常想天下事第一最可爱与最美的莫如小孩的笑窝和柔手；第二最可爱与最美的莫如壮男的头颅与少女的胸膛；第三最可爱与最美的莫如老人的酡颜与满嘴无齿的红牙床。老人的经验若由这样牙床迟迟委婉地告诉出来，少年及小孩们最是听得入，打得动的。老人的慈祥，常常由他的皱纹透出来，最使人动心的。依理，在野蛮的社会，人愈快死，社会愈进步，因为老人的顽固不化，最是阻碍少年的进取。但在文明的社会，人愈养得老，文化愈有益，这些老人乃是少年的模范品与引导人。以我国说，现在乃野蛮与文明交接的时代，我们有一班老成人，也有一班老顽固。前的，我们祝其长存；后的，我们望其速死。

总上五项的赛会，大约有三用意：第一，在把人类的美与可爱处全盘托出，使身受者有所慰藉，而使他人有所奋起。其次，使社会上多出些美人与可爱的人，则使社会彼此多出些亲爱。其三，有许多人常说美与可爱是无一定的标准，全由主观去判断，所谓"情人眼底出西施"。这样主张全不知道美学与爱学是什么东西！这些观念的错误，缘因社会上无一班"内行人"为指导。今后一个地方上当聚集一班著名美学及爱学的人为美与爱的批评家及指导师，由他们组合为各种赛会的委员会。凭他们大公无私的客观去主裁，如何始为美女，如何才是美男，怎样是美小孩，怎样是美老人。如此有一个科学的测量法，济之以挑选者艺术的才能，则世人所谓美与可爱者皆有一定的标准。例如缠足是丑，天足为美；女子奶部发达为美，束奶至于平胸是丑；臀部宽大是美，窄小为丑；面色光彩为可爱，病态是可憎。诸如此类，确有一定的界说，断非凭自己个人的好恶所能推翻。至于同是一样的天足容貌与胸膛，有鞋高其后跟，有乳大如山丘，有眉展得神光奕奕，有窝笑的意象微微，这全视各人的艺术去修饰与表现，而几微近似之间就显出美人与俗女的分别，这全在挑选者的艺术才能如何，庶使鱼目不至混珠，明妃始不至为延寿所冤屈。这些选择的方法，不是毫无把握只凭一时的主观，乃是一个艺术家对于一物的定价确切给予相当的数目，自然有难免数人于此虽同声说这物好，而所给的分数各不同。可是，社会如有这样的估美价与爱值的机关，则不怕人人对于美与爱无一定的标准而至于以缠足为美，以病容为妍，以吸鸦片为书生，以梅兰芳为艳伶了。

虽然是，可赞美与可爱的莫如人类，但此外的名花佳卉，奇禽珍兽，自有其美与可爱的价值，也值我人的崇拜。他如熏风、和日、美景、良辰，也能引起我人无限的赞美与可爱的分量。我尝与学生廿余人夜露宿八达岭长城之上，明月照高峰，烟雾似笼纱，远远望颓堞败垒迷糊不清，我此时对于长城，对于明月，对于薄雾，对于颓堞败垒皆有一种神圣的崇拜心。小院独坐，执笔构思，面我前者有美人蕉的层层抽烟，玫瑰花娇艳玲珑粉白黛绿不知若干朵，含苞欲吐者更争态竞妍。帘前洁白的玉针花尤可贵的它有绿叶相扶持。竹影介介，也不让别的花卉弟兄姊妹们的浪漫生姿。还有松唎，柏唎，在四围静静地冷眼窥人。我人类也，在此群花之中不免生惭，我敢不赞美它，恋爱它吗？暑气迫人，于西郊万花山中暂作潜伏，美啊！落日！可爱啊！月生！凡这些自然之物，花啊，月啊，柳中蝉声，山上飞禽，皆是我人最可崇拜的物。若学俗士的玩弄，无妨把这样名花佳卉、奇禽、珍兽、明月、落霞拿来互赛，以引起了群众赞美的同情与旷达的胸怀。如何赛法？则如菊花会、牡丹会、玫瑰会，以及飞禽会、走兽会（狗会等）与关于民生的五谷会等等，提倡得法，自能使全国人起了无穷的兴趣，而因比赛的结果，使花卉物品改良进步，于民生的补益更无穷大，自然能于游玩中而得实业的增进，与美趣的发展。他如消寒会、伏暑会，以及清风明月的雅集，流水浮云的欢宴，追慕苏轼的高怀，则泛舟于赤壁，景仰我祖的雄略，则涉足于昆仑。人事、胜景、天光、月色、古迹、名区，并成一块为我人信仰与崇拜的资料，这些信仰，更觉为无上的美丽有趣与有情了！

（丙）情人的信仰和崇拜

总上说来，今后我人如能从爱与美的信仰和崇拜上入手，自然能把从前一切宗教打倒了。这个新信仰最特色处乃在爱与美的合一，所以它有信仰和崇拜的利益而无宗教的迷信和武断的毛病，它能够提高人类的情感与美感，而免了宗教彼此的互相仇视与受了牛鬼蛇神的蛊惑。

可是，凡我们在上所说的纪念庙与赛会二项，仅在使它们为人类的模范，但这个尚不够的，故我们于下头略为陈述由信仰与崇拜的方法怎样能使人去实行。

第一，凡对于每个先贤或特出的后秀，应该请著名的诗人为他撰述至少一首赞咏的诗歌。把这些诗集合起来就成为国民所信仰的"诗约"。这部诗约，自然比基督教的《新旧约》及"关关雎鸠"的《诗经》好得万倍，它是聚集许多名诗人的作品，自然是陶情悦志的书籍，不是枯燥无聊的经文。它是人类历史的大观，不是那些荒唐的神话。它是常识的指南，科学及艺术的基础。它是国民人人必修的教科书，它确能打动人类的情感与提高向上的志愿。它是国民精神的结晶品与行为的大方针。它赞美英雄与儿女的慷慨激昂、温柔缠绵。它鼓励学者和技士的启智发聋与利国济民。它有的是杜甫的悲慨、李白的豪爽。它有的是明妃的哀怨、卓文君的风流。总之，这样活动的有兴趣的诗歌，不用如宗教的迫人去读，自然能风行天下，传至后世。由这样传播之力，把我先贤与后秀的言行不知不觉地灌入国民的脑中，使国民于信仰与崇拜之余，自己无形中就模范起来，这是使人民对于新信仰实行的一好方法。

第二，凡被选为我们上头所说的后、妃、王、卿、相及名家等，应当使其时常到纪念庙内或盛装，或裸体，以为图画家、雕刻家及诗歌文学家等的"模特儿"，并且任人参观以为一切国民的模范品。这些尝经当选的大都为出群之人物，或以美貌见长，或以学问见重，或以技艺超众，或以慈善著称，他们既有诸内，必能形诸外，不必说他们的精神与众不同，就是肉体也必有些大有可观。今使为模特儿，将其情状姿势绘为画图，刻入金石，演为诗歌，以垂不朽。而人民日常得以参观这班特出人物的姿势情状,也必能模仿于万一。这个模仿能得"神似"就够了,特出人物与凡众不同处,就在神气之间,而表神的方法,穿衣服者终不如裸体为真切。东施效颦,所以学不好,因为只在模仿"颦"的一点上,若伊能从西施全神气上着想,就不怕无几分相似了。故我们主张这班可以模范的人,时常到纪念庙,赤裸裸地表出他们真切完全的人格,自然使社会的人就学成他们的模样了。由外边的模样,自然能够渐渐地学入里边的神情了。例如,先学"大力王"的筋脉坟起,缓缓就能变成为有力之士了。又如学美人小孩的笑脸,自然而然地就能得到美人与小孩的温柔与天真烂漫的真情了。我所说的从外而内的学法,乃是次序上先后的区别而已,究竟,我们主张表里应该一致的,但与前人的教法从内而外,或与优伶的只图外而忘内的,大大不同。总之,我们希望这班"上选者"时时为国民的模范人,这个非使他们时常有给予人特别接触的机会不可。若能使他们时常在广众之中表示他们的人格,则其影响于国民的实践功夫上甚大。这也是使人民于信仰与崇拜一物之余,缓缓得到自己去实行的一好方法。

第三,现当说及我们在此段上的正题了。我常想,无论什么格语、训言、圣经、贤典,甚且所谓美的诗歌与人格,苟其人对这些事无亲切的需求,则这些事皆等于浮云过空。现在应当把信仰的对象放在人类最亲切的需求上,然后人才肯去认真信仰。那么,就人类的心理说凡至亲切的需求莫过于各人对于自己的情人了。

凡情人所言与所行的,特别使他的情人留意,俗所谓"枕边状"确比教堂的《圣经》厉害得多。我们在上尝说到今后的社会大势趋向于情人制,故今后社会根本的信仰必由宗教的偶像而变为情人的偶像了。人人信仰和崇拜他的情人这本是好事,但危险的,如男子们所信仰与崇拜的不是天仙,又不是美人,乃是一种恶劣的凶妇,这样一来就生出无穷的流毒了。又如女人所信仰与崇拜的不是神明,又不是佳士,乃是一些鄙陋的贱丈夫,则必把女子本来的高尚人格破坏了。爱神确是厉害，伊带了许多暗箭，疯狂似小孩一样乱射，谁能敌得住伊呢。我们仅有把爱神改善，把伊的程度提高就是了。这个，我想唯有使一班尝经被选为后、妃、王、卿、相及名家者专门去负爱神之责，去实行为世间一切人类的情人。以这样晓得艺术与美趣及有学问与慈善之人去做情人，则其行为自然极高尚。他们对于异性者虽均有为情人的可能性，可是，这样情人于性交上，最视为极宝重的事，非遇万不得已时，定然不肯轻易给予，仅于握手、传神、亲吻、表情处，示意罢了。他们使他们的对方人知交媾一事也可希望，不过非等到最浓挚程度的时候不能成功。这个最浓挚的程度自然不能预定，或者终身永无达到之期，或者言谈之间即能达到，全视用爱者与被爱者相与间艺术的手段高强不高强。以这样高尚的情人，加之以热烈的情感与有可以交媾的希望，自能使其对方人对他的言语举动有无穷的信仰和崇拜。例如，宝玉之于林黛玉，丹德之于壁亚特里施[1]，孔德之于特乌[2]之类。社会既有这样有资格的情人为倡导，则其余的普通情人当然有所模范，自能把相爱的程度提高，这是一面，即使人类对于信仰和崇拜情人之中，渐渐提高其信仰与崇拜的程度；一面使无情人的信仰和崇拜之人，缓缓地被这个好情人的风俗所习染，而也去信仰和崇拜他的情人。总之，我们可以说，将来一切的宗教必归于消灭，而代以"情人的宗教"，因为情人是爱与美的合一最好的表示。又我们可以说，将来一切信仰与崇拜可以消灭，但情人的信仰和崇拜是永不能消灭的，因为情人是爱与美的合一最好的象征。

现就本章做一结束吧：我们说，可赞美与可爱的一切物件和一切观念莫过于人类，这是孔德所要提倡"人道教"的本意。但人类中可

---

[1] 丹德，今译但丁（Dante, 1265—1321），意大利文艺复兴时代诗人。壁亚特里施，即贝娅特丽丝（Beatrice），据称是但丁曾经热恋的对象，也是《神曲》里面上帝派来的使者，是带领但丁游历天堂的向导。
[2] 特乌，即克洛蒂尔德·德沃（Clotilde de Vaux, 1815—1846），法国诗人、作家，法国著名实证主义哲学家孔德（Auguste Comte, 1798—1857）曾经热烈追求的爱慕对象。

赞美与可爱的莫如人类的先贤与后秀。而后秀中，可赞美与可爱的莫过于那些有资格的情人，这就是我所要提倡"情人的信仰和崇拜"，也即是"爱与美合一"的信仰和崇拜的宗旨。

说明：这是罗马圣彼得庙，拟仿其样为我们的纪念庙的建筑。可是，国立纪念庙的局势应比此更大，如庙高几十丈，庙内可容几万人，庙前地面千百顷，中植名花佳卉，两廊宏大，可容几万人跳舞，廊顶为大花园。其庙周围则为宏大的博物院、美术馆、文化院等等

附

美的国庆节

十几年来，首都双十节的情状，莫非是：照例，大总统受贺，阅操，赠勋章；照例，内务部扎几座牌楼，巡警厅令商店挂旗；照例，学校放假；照例，阔人食大餐，打大牌，逛大窑；照例，人民不识不知地拉东洋车，开爿店，上工的上工，食烧饼的食烧饼。不必说这个国庆节不能比较阴历新年那样热闹，就拿它来比中秋节的食月饼祭兔

子那样盛况也觉得万万不如。寂寞的市街，冷淡的点缀，凄凉的天气，虚假的仪典幌子，无情操的和憔悴可怜的人民，举目所见的仅有一些临时搭架的假牌楼与那些差差参参的红灯笼竖立在又肮脏、又臭又黑的道上，好似满面灰土色的积世老婆婆乱七八糟地此处彼处涂抹几点红胭脂，使人一见不免作三日呕。丑的国庆节呵！我一见你实在禁不住要呕，我实在讨厌你，咒骂你。

可是你十四芳龄，不应这样的憔悴形骸，只要把你精神和物质从美处去发展，就能变成为娇滴滴的美神了。我自以为参透你的新生命的秘密者，我今来说你蜕化后的新装与行为。双十前数日就把你行辕的尿屎堆积的北京地皮割去，把郊外鲜明的黄色土载来，将它浓厚地满处铺张。又不惜花费为你在天安门、景山及四城的中心点建筑些华丽的纪念牌坊。（将来纪念庙成立则借它做驻所。）以天安门为你受祝贺的中央地，到国庆日一早使你的公仆自总统以及国务员及现任一切官吏站立于一个极狭隘的棚中，这些人均穿极朴素的用人衣服恰似公仆的样子，恭听坐在对面一座极华丽的厅上身穿大礼服的人民代表的训告。这些代表分为三排，排各约十人。先由左排约略这样说："公仆！你们一年来所做甲事乙事等等确实不错，我们代表国民，到来感谢。"右排的代表继说："公仆！你们一年来所做丙事丁事等等实在不对，我们代表国民特来责备。"（所说的事当然实指）及后由中排者宣言："公仆，方才二方代表所说甚是，我们国民希望你们从今日起，努力向善，补救过失。明年此日，你们如有成绩，才来此地再会，若不争气，请速引退，免受国民的惩罚，勉哉公仆！"人民代表训告后，由大总统代表公仆团向人民代表团行三鞠躬礼并应大概这样答词："高贵的主人呵！承示训饬，敢不敬命，从兹努力，无负重托。"说完礼毕，由人民代表与政府人员阅兵，但所阅的不是开步走及几支坏枪只够祸国殃民的劣兵，乃是一些精练的工程队、卫生队及飞空队，以备阅后使工程队修理各处当日不完备的工程，使卫生队代理是日全行放假的警察职务，并以供给人民犯病的医药，使飞空艇队从天上散布了许多鲜明的五色旗帜,其中并附印种种革命史的图画与烈士的遗言,以备国民人人各得一枝存为纪念,同时并多掷下儿童的恩物与玩具,使小国民人人欣悦。如此人民才知道兵是为民,不是殃国,兵也知道民为主人,不是牺牲。于阅兵后由人民代表(政府公仆不配)将一年来确实有功于人道与民国者当众给予勋章,使所受者在群众掌声与人民公共意见之下,得有莫大的光荣,前此的冒功邀赏仅凭大总统一人的好恶从黑暗中不值钱如雨下的勋章各种弊病可以完全扫除了。

赏功既毕,由人民代表与各事业的团体,将一年来本国的学务状况,思想变迁,艺术优劣,农事盛衰,商务盈耗,工业进退,以及人民生活,妇女问题,生死数率,他如国民道德与卫生,并及军事、路政、财政、外交、法律、国际等等的实状,详详细细用各种鲜明夺目、篇幅宏大的图画,或雕刻,或统计表,或用人物假装,或将实事托出,一排一排地组成游行队以便人民参观。大乐前导,每队各由当事人穿了本业的五色服装,众人合撑大而且长的国旗,嬉笑玩乐,诸态毕呈。但见这边是代表学校的学生装,那边是农人装,第三队的为新女子的装束,如此各个表示国民的神情,一路唱歌,跳舞,玩弄,揶揄,周历全城的大街道而归。路如经过政府部局,应由其部局的全体敬谨招待,以使全游队之人得到大醉大饱为标准。

是日当然全民放假,不准有东洋车,不准妓女招客。应由政府把公有汽车及租借无数的汽车,指定路线,免费供给人民依序坐车到各处玩耍场之用,另由政府计算全城市民若干人,除幼孩另票外,各成人当给予本日最充分的面包票、冷肉票、酒票、茶票,任人民到完全公开的游艺场、剧场、公园、博物馆等,将票换了饮食的物品。各游艺场等一年来找了市民的利钱不少,一日赔本,也属应该,如消费太大的,应由政府酌量补助,总使人民于此日此夜中到处得了大醉大饱的幸福。节日的大醉确当提倡的。一个美的国度,平时应该禁酒,但在若干节日上则要人民大醉才休。在国庆日尤应使人人醉得如泥,愈醉的愈是好国民,愈应受群众的欢迎与卫生队的保护。务使大多数人东倒西倾,醉态模糊的壮男,与星眼羞涩的少女,和那些醺醺然的老翁及呢喃喃的妇人,一同扭做一团,有些似轻狂柳絮的飞舞,有些如娇嫩桃花的漂流。此日,当然准许社会的人不管相识不相识,只要一个人愿意就可逢人亲吻、抱腰、揶揄和戏弄,高兴时并要强拉硬挽他或伊去跳舞与唱歌,被请的人,如不愿意,仅好笑谢,不许生气。同是出去祝贺国庆,彼此皆为寻欢乐才出来,自然不能有硬板板的面孔如假道学家的闷杀人。

到晚,电光高照,各玩耍场的周围所排设的为各国革命的史迹及我们革命的情形。此边有徐锡麟被刽子手取出的心肝,那边有秋瑾女侠离躯的头颅,这是黄花岗七十二烈士大闹羊城的写真,那是武昌起义炮打总督衙门的缩影。极大的电影机与幻灯及剧场更当把这些事活动地惟妙惟肖地放射和表演出来。总之,务把革命烈士的高风烈节,以及那些专制官僚的凶残,打入人民的心胸,使他们知民国缔造的艰难与共和主义的可贵。那时在场的则做各种化装的跳舞:有些装成豚尾垂垂的遗老与手执鸦片烟筒的大清官僚,表现出种种卑鄙龌龊的状态向那些扮做以钱为命,以枪为护身符的民国政客和军人磕头,这些人又对那些装作狡猾阴险的洋奴与威风凛凛的洋大人鞠躬诌媚。在这样鬼怪离奇的世界,忽出一班少年男女身穿五色大礼服,头戴五色帽,手挥五色的纸棍,遇着上头那些人随手鞭打,而这些人对他们表示敬礼与服从,如此合为一处,做了乱七八糟,嬉笑怒骂的跳舞状。好过若干时后,约莫中夜时候,音乐齐鸣,国际歌,国庆歌,国歌,英雄儿女的各种歌谣更番盛唱。外边加上光明瑰异的烟火,如此大吼大闹一直到天明。

美的国庆神呵!你就这样创造出来!你既从美中诞生出来了,你的公仆还敢如从前一样的糊涂对待你吗?你的人民尚不能努力振作吗?你的仇人尚敢图谋什么复辟推翻你的宝座吗?由你的诞生节,使人民的情感彼此融洽,政治与国力日趋于光荣。美哉你的庆典!可贺哉你的纪念日!

第三章　美治政策

提纲：人种改良——美的北京——情育与性教育——游戏与军国民——礼乐的新意见——交际与国际——美的实业与美的理财法——游历的大作用——情人政治

凡一个美的社会须由下各种机关组成之：

（一）国势部，（二）工程部，（三）教育与艺术部，（四）游艺部，（五）纠仪部，（六）交际部，（七）实业与理财部，（八）交通与游历部。

说明：先前的社会是"鬼治"的，及到近世一变而为"法治"，今后进化的社会必为"美治"无疑。鬼治可以吓初民的无知，但不能适用于近世。法治可以约束工业的人民，但极有妨碍聪明人的自由发展。至于我们所主张的美治精神，它不但在使人民得到衣食住充足的需求，而且使他们得到种种物质与精神上娱乐的幸福。这个政治是积极为人民谋进化的生机，不是如前日的一味压抑为能事。故它的组织中有许多部系新创的，有许多部的制度比前的或增或减。总之，在这个美治的社会所有机关皆以"广义的美"为目的。今就其中最紧要的一部——国势部——先说一说。

一、国势部的组织法与其政策的大纲——人种改良

这个部务有四大桩：

（1）婚姻的限制与介绍，（2）小孩与母亲的保护及避孕的方法，（3）户口的调制，（4）卫生的管理。

这些机关的设置专为制造美好的国民。我想这个极关紧要。自来政治家仅知制造良政美法，而忘却了制造佳男和美女。殊不知国民不好，虽有良法美意总无多大功效，试看我国今日手执权柄的"低能儿"，任凭什么好宪法总不能领会，甚且舞文弄法，盗买选票，私造省宪。故变法以来，由外邦所贩运的许多良政，无一不是害国病民。这虽由其中有些未免不适国情，勉强效尤，转多窒碍，但最大原因乃在无相当的人民能够利用他人的成规。不必说那政法经济，原属一纸抽象，全凭人去干为。即就最具体的机器说，也须在在靠人去整顿，才能有利而无害。我今举一例：现在自西直门到颐和园有一汽车公司，共有汽车二辆，可是每日必有一辆或全数因机坏，或轮折，或别种不幸的事故而至停驶。他们收费比东洋车不甚便宜，而常在中途停驶若干时，以致每每比东洋车更较缓达到目的地。至于舒服一事这些汽车更比东洋车大大不如，汽车的座位等于牛栅羊栏，车一开行颠簸得如在大海遇狂风，稍一不慎，头脑就要碰破车壁了。他们的汽车夫不必说是劣手，转弯拐角，似要拉全车去自尽一样。即在坦途，遇必要时，收机发条也觉得诸多不如意，若在黑夜里的危险更加万倍，照路灯时灭时明，明时更有如鬼火的惨淡，灭时更不必说似在阎罗道中进行。我本暑假因家人住西山，自己每星期约自西直门往颐和园二遭，故极知道此中腐败的情形。想次次坐东洋车，则因路途遥远，看车夫的汗流浃背，有所难堪。想坐汽车，每次如赴丧车或上囚车赴断头台一样，每达目的地则欣然庆幸如遇赦复生。以我观察所得，他们车为外国的旧货车所改造者，机器已不灵活，而又付托那班"外行"的车

夫，不知机器原理，不晓修理方法，若遇将就可以驶行时，则虽机身尘垢厚积一概不管，车轮将坏全然不修，只会轮破换轮，机坏停驶。请诸君看此不要惊疑吧！这个公司就是我国政府的缩影，这些车夫就是政府的办事人，这些汽车就是他们由西洋所搬来的新法。无怪人民骂这样汽车如骂新政那样的不好，又无怪他们歌颂东洋车如歌颂旧法的有利了。实则，现在的一班人才，什么新政都干不来，他们所经营的自来水，每滴就有数百个毒菌，比井水更肮脏（现年北京自来水的实状）。他们所管理的电灯比煤油灯更黑暗，而且时时走电伤害人。

如此说来，我们对于新政就从此灰心么？这又大大不然了。新政到底比旧政好，也如汽车到底比东洋车好，自来水比井水好，电灯比煤灯好一样的不用辩驳。不过需要付托得人，然后新政才有利而无弊，或利多而害少。如此说来，我们现在要施行新政尚属缓着，最重要的先决条件，就在养成一班能施行新政的人民。这个所以我们主张每地方上应该设一国势部专门制造美好的国民以应将来施行新政的人才所需求。其制造法举其纲要的如下所列的四项，即：

第一，国势部所管的为婚姻的限制与介绍的事宜。这项大意：是凡人民要结婚，须到一定的年龄（如最低限度为男子二十五岁、女子十八岁之类。）；须有相当的才能与事业能得谋生；须有相当的壮健如无肺病，无生殖器病，无一切不能治的症与神经病等；须有相当的德行，如未尝犯过大罪恶等。如有不及所限的程度者，国势部不出婚据。换句话说，不准他们结婚。遇必要时，就将一班低能儿，及白痴者，瘸疾者，重大的神经病者，屡屡犯大罪恶者，把男的去势，将女的割断输送卵珠的喇叭管。如此庶免使这班劣种遗传为害社会。这是一种消极的抵制法。但国势部别有它的积极的任务，就在每处设立"官媒局"，将男女有结婚的资格者竭力介绍，使他们得到情投意好的佳偶。这个必将男女的身体、性情、事业、才能与"性量"等等详细调查，使他们彼此知所选择的标准与得到好伴侣的机会。例如一个身体衰弱的学者，如他对于性欲不能多用，若得了一个如狼如虎的女子，要使伊得到性欲满足吗？则我们恐不久就要索学者于枯鱼之肆了。若使女子不能得到相当的希望，则恐家庭不和，或且我们的学者就要如我国所说的戴"绿头巾"，或如法国所说的就是挂上"黄色花"了。这个不但说要成好夫妻，须有相当的性量，此外，如才能性情等等更关重要，最次等的即如职业，也当等他们有相当的谋生及养子女的能力，然后准许结婚，才免如我国今日的男女徒死一样，一味只知结婚与生子，底里连自己一人尚不够食稀饭，以致家庭等于地狱，子女无教无养，或流为盗贼，或沦为娼妓，或变成流氓与乞丐。总之，一对完全的好夫妻，需要彼此一切的条件相投，缺少一项，就失丢了一项的幸福。但凡遇这等冲动事件，当局极易于迷惘，又极易受对手人的欺骗。故最好先由"官媒局"用科学的方法，测验谁男与谁女彼此的条件最相宜。就此凭其公正的介绍手段使男女们得有凭借可以亲自试验，如果确实彼此相合，就此缔为良缘。这个人间良媒，岂让天上月老，愿天下条件相合的有情人都成了眷属。国势部的责任何等重大，官媒局的事务何等美趣！

第二，国势部所管的为小孩与母亲的保护及避孕的方法。小儿的保养至为艰难，这是一种专门的事业。我敢说，现在的父母，尤其是我国的父母，极少数的知道养儿的方法，尤其是在授乳时期。小孩在这时期不会说话，遇不舒服时仅只会哭。哭声似是终久一样，但所需求的时时不同。苟非有经验的人不知他所哭的为何事。最普通错误处，是婴儿不消化而痛哭，为母者就把乳头一塞其口，以止其声。如此继续，肚愈积而愈不消化，不久就呜呼哀哉了。故小孩期的死率最大，一是自然的表征，一可见养小儿之不得其法。故要免为父母的外行与溺爱的弊病，应由国势部于每处相当的距离地方，设立一婴儿院，其中当然由有经验的男女医生及看护妇为管理人，可以得到纯粹的"科学养儿法"，而父母于极相近的婴儿院安置其小孩，可以时时到其中得到情感的安慰，而小儿也能得到情爱的灌输。这样一面可免有家庭不卫生的危害，而一面又能得到家庭的情感，如此办法比现在的婴儿院一味冷淡无情,把小孩养成为寡情少恩的人好的万万。因为在现在的婴儿院,小孩虽能得到物质的满足,究竟不能补偿精神的损失。

说及母亲的保护,应该使产妇于临褥前及生产后有一适当的长久时间的休养。富的仅由国势部时时调查其家庭是否遵守此项的法令,其贫的则应由公家请伊入所建设的"母亲院"以实行其保护的责任。本来个人为人的义务不是在生小孩,但为种族起见,个人上似当为人种而牺牲。生产确是女子对于人类最大的牺牲,故人类应当对伊尽种种的报恩感德,使伊虽受身体上的痛苦,而得着了精神的安慰。其次,妇人如勿过老或过少,大约在三十岁,并且所生不多如二三个之类,则有因生产而反更加妩媚者。女子十八变,儿时的娇憨、少年的羞涩、为人母时的慈爱皆是能善其变者,皆有她的时期的美值,只不要一味生小孩变成老母猪就好了。至于孕妇确有一种美趣,乳部的发育突起,臀骨的伸展扩大,皆非少女所固有的美丽。而且生过子后,如生殖器保摄得法,女子的"性趣"倍加滋滋有味,似乎另外发现一个新乐趣的世界,似乎自然专以此酬劳为人母的妇人。至于娇娃在抱,此一块肉即由自己所创造,欣赏之余,更有无穷的骄傲,到此地步女子真有权利向男子说:"我看你们真不配与我们同等啊,如你不信,我就请你生出这个来。不但不会生,并且你不会养啊。"但凡有情感的男子们,定当三跪九叩头慈爱地答:"我爱,是是!"

可是,母性固然是最可敬重的,但应由女子的志愿去安排。伊们如不愿生育,则无人——纵亲夫也枉然——有权力能去压迫伊去做的。为人道,为人权,为自由意志起见,女子不肯生子与肯生子同为男子们所敬重。我们一边敬重为人母者的牺牲,一边又敬重一班不肯为人母者的觉悟。将来进化的社会,男女必有一班"中性人",即男不射精,女不受孕。他们专为社会的事业努力,他们将精力升华又升华,不愿作无谓的射精与产育的牺牲。他们让这样责任于别一班人类。其实,无这班生育的人类,最多不过人类灭绝而已,究之,人类灭绝，关系我们人类甚少。最紧要的就在这些猪狗似的无穷人类，衣食不饱，精神全无，如此才是到世间来受苦呢。故为人类传种者的功劳，终不如一班为人类创造事业者大。与其鼓励一班人多生子如今日许多不长进的政府一样的糊涂，则不如奖励少生子而多多鼓励人去做社会及学问等等的事业。我们美的政府就应有这样的觉悟，故国势部应该在各处多多设立"避孕局"，凡一切避孕方法，药品器皿等等尽力宣传与极便当地供给。务使人人有避孕的常识，家家有避孕的药品器皿。其失败的，准许于受孕一个月内到避孕局打胎，但此事须经过避孕局的准许，不准私人去施行。打落未成人形的胎儿一问题，经过许多辩论，可以证明不是残忍的。它的不残忍也如避孕者不许一个精虫独活的一样意义。因为严格说来，每次射精，何止亿万的精虫，这些精虫终归是死的，杀亿万的精虫而救存了一个精虫，不得如此称为善人，故最慈善的莫如不射精，但把它们压死在精囊也是对不住它们的。总之，各人有处置自身的事情的权利，胎儿不成人形，不过是妇女的一个肉块，伊们应有处置伊的权利。但打胎甚危险，必要经过医生的手续，始免使大人有生命的损失，故此事不能由个人去举行，需要由避孕局去帮忙才好。

第三，国势部于管理上头所说的二项事务之外，尚有一种极要紧的，即是户口的调制。这项大意，第一，是由国势部调查一国某地方上人口最多与最难于求食者，就把它调动到一个人口稀少易于谋生的处所。就我国说，应把内地人民移到东北、西北等地方去。如一国通通容不住了，就把他们调动到别国度的人口稀少者。第二，如全地球无地可以调动，则与其如今日列强的因户口膨胀不惜寻殖民地与人类宣战，反不如把本国人口设法减少，总期国力不至于摇动就够了。如我国说，能永久保存四万万就好了，如不得已时就减少为三万万也够了。三万万的人民尚不能立国与人竞争么？则何解于日本先时的三四千万就能发愤自强。故一国的强盛不在人口的繁多，而在其有相当的人口后，使他们多多有了人的资格。试思我国现在虽有人数，但无人的效率，以致十人或百人费了许多食粮而所做的工作抵不过一人之多，如此人口愈多而愈贫与愈弱。我们美的政府，仅求有相当的人口就足，但有一人口，除低能与残废外，应该求一人口的效率。国势部在此层上的调度更为紧要。它对于人民有给予各人各就所长去做事的义务。它对于人民有给予不可少的生养费。它对于人民有尽量引导到极乐世界的责任。

就广义说，关于户口的调动一问题，须由国际上共同协力，才做得好。我尝想：到而今虽有种种的国际约束，如法律，如军备等，但都不能生出大效力，因为人类根本的冲突就在户口的膨胀一项，这层未达到国际的解决，以致一国人民食饭的问题一起，则其余的国际的法律问题、道德问题，甚且军备限制问题等就不免予一概推翻。饿鬼的力量最大，无一物能抵御它的。我想今后各国如有觉悟，则彼此商酌，计较各自国的经济如何与全地球的需供若干，用大公无私的眼光及精明的科学方法，限定每国的户口最高度的仅能达到若干，则这个根本问题解决，余的问题就易商量了。

或说，限制一国户口于一个最高的数目，实行上似甚困难。我想这个似应由情人制及避孕的方法去提倡，因为情人不肯多生小孩的。倘一地方上如超过所预定的生产额时，则当大大奖励不生产者的妇女，及极严地限制婚姻的条件。又我想将来如医学更加发明，必有一日得了一种有期限的避孕注射浆。如遇一个地方已超出所预定的生产额时，则把这浆将成年人个个注射，如此于一定期限内，全地方就不能生育了。过了期限，如需要人口时，就不再用浆了。这是一种"理想药"，等到我们理想国发现时，它或者也应时发明了。呵呵！

第四，卫生一项关系于制造美好的国民甚大。任凭个人如何生长得好与保存如何得法，若公共卫生不讲求，终难得到美善的结果。况且，佳人易老，好花常比恶卉易被风雨虫蠹所摧残，缘因美人多愁善病，英雄事多神劳，他们更须有好环境，十二栏杆好与护持，始免使人有"不许人间见白头"的悲哀。故为优种计，势不能不先求优境，国势部对于地方的卫生应视为无穷重大的事了。道路、屋宇与公园等的经营，如何始能使人民得到安适与美趣的生存，我们留在后节去讨论。现在所当提及者，第一为清洁的方法，最紧要处，当于每地方上就其人口多少设立适当的公共洗浴池，限定人民至少必于一定时间到池洗浴一次。池的建筑当力求美丽与广大，池水清净，温冷宜时，使人入其中可以游泳，可以玩耍，男女老少最好不分，穿浴衣者听便，虽裸体也不为嫌。我曾在日本观海寺温泉遇欧妇数人和我说日本男女裸体共浴为世界最野蛮的行为，我则向伊们说这是世界最文明的事情，而日本政府禁卖裸体画才是最野蛮的政令。日本民族所以能站得住，当与这个性的公开有些关系。男女得此暗示，性官倍加发达，性趣倍加冲动。性官发达，其余肢体当然随其比例扩展，所以日本男女大都是好身材。性趣冲动，其余精神的方面，也不得不兴奋，故日本人的意志甚见刚强与努力向上。可是男女能够同浴就好了，我们不是苛求必定要裸体的，欧美的海浴已够使两性于浴衣隐约间，领略无限的滋味了。

另外，说到医院的设备，如肺病、酒精病、刺激病与生殖器病等皆当有普遍的专治处所。在社交自由的社会，生殖器病极易于蔓延。我写到此不免叹及现世社会的假文明了。生殖器病，原与普通病相同。而现在社会必忌讳为"秘密病"，或诋斥为"花柳病"，以致犯者讳疾忌医，遂使可治之症，变为不起之状，甚至烂鼻断指，遗毒子孙，这是谁的罪过？这是假文明与提倡礼教之人的罪过！补救之道，唯有照我们的情人制去做。则娼妓必定逐渐减少，至于绝迹，"花柳病"就可完尽了。但社会是有历史的，我们既承受了这个恶毒的社会，难免尚有许多受了遗毒的人类，或因一时的冲动而致加害于对方。或则有些假情假意的男女，身既罹毒，尚要贪图他人的便宜。或则不知自己已受毒，无意传染于他人。总之，国势部对此有二种责任：一是多多宣传，使人民得到性的道德与生殖器病的因由与预防的方法；二是多开这种医院，使犯者得了极便捷的补救。故最好，国势部有权力使犯生殖器病及一切传染及凶恶的症者皆须从速报告"官医局",以便设法救治。我信爱是不加害于人的,故凡染此病者断不肯加害于他人,何况是情人。我又信爱是宽容的,故凡被对方人一时无意所传染,当视为一个无意的灾害,断不肯以此怨其人。因其登徒子而轻蔑之则可,因其多情而被骗,遂而怨恨之,则未免失于不宽容。可是,这个非等到情人制实行不可,因为情人的社会,自好之人必多,两性既有正当的发泄,自然不用去狎玩最肮脏卑鄙满身是毒的娼妓,由此生殖器病必定逐渐减少。况且,彼此既是情人了,犯此病者断不肯以此加害于其情人,势必急求医治,若国势部再能加意防范,与供给病者便利的医药,则为人类大害的生殖器病,就可望从此绝迹了。

说来说去一大篇话,尚未丝毫去实行,甚觉惭愧,故其余一切细章不敢拉来公布了。横竖你们知本部的用意就是在制造美好的国民。你们看了我们在上头所说的,或者同意我们说能如此做去,确实有得了美好国民的希望,那么本部的目的就算达到了。至于本部实行的人才是谁?转了一个弯儿,还是要美好的国民才能做得到,那么,现在我国既无这样人才,只有待我们从速去制造就是了。

二、工程部——美的北京

这个部应办的事约有四项:

(1)路政,(2)建筑,(3)需要品,(4)点缀品。

我今就把一个具体的组织,如以"美的北京"来说明吧。怎样能把北京的工程做得好?第一,就把外城、内城及紫禁城拆去,将城砖出卖,得价做修理这些城基为道路之用。其路宽大者则于路心种花木,两旁设坐椅。至于北京旧有的道路如有经费,应当全数修理;倘若无钱,则我想出一个最简便的整顿路政方法,这个是把若干年来北京路上所积蓄的最肮脏、最臭气且最毒害的黑土，载到郊外为田园肥料之用，而回车则载满郊外的洁净黄色土来填补。若能使农民知道这样黑土乃北京数百年来市民的大便小便及脏水的结晶品，比什么肥料有效力，那么，他们必极愿意地从城外载洁净黄色土来城内交换了。这样办去，市政府不费一文，北京城内的道路皆铺上了先时皇帝所喜欢的黄土毡毯，而居民由此免致时时呼吸那些至毒的黑土，于地方上的卫生与雅观大有裨益，自然免如今日的年年有传染病的危险与所见皆是粪便色的道路了。

说及建筑一层，有地面上的建筑如房屋之类，应该每街每区上有一个齐整的格式与美丽的观瞻。凡要建筑或改造的人，必须呈报，如不按章，就不照准。（现时京师市政公所也有这样的官场文章，可惜仅是一种官样的文章！）至于地下的建筑，如地下屋宇及暗沟之类，在我国上更当大大去注意。凡建屋当掘地窖，于其中辟为房间或为储物室。这不但多得了些地方，而且一切杂物免在上层妨碍卫生与观瞻，并且这些地下处所，夏天阴凉，冬天温和，作为住居也极相宜。我意以后建屋之人如无地窖，工程部就不照准，这是一个在我国不可少的强制提倡法。论到暗沟一项关系尤大，在我国各地方——北京尚然——都无暗沟，以致居民脏水无从发泄，只好从这处泼到那处，泼来泼去，终久泼在一个地方。可惜地方不会变大，而居民继续生存，以致所泼的愈泼愈脏，愈泼愈毒。试看近沙滩北京大学那一桥下的沟水，它是积古的铜绿色，泼水夫把它泼在地上，居民就把他们的尿与脏水加上去。雨下了，风刮了，就把这些地上积土再泼到沟中。天晴了，地干了，路夫又把沟水泼上来，居民又把他们的尿与脏水加上去，如此继续不休，一代一代地泼上来又泼上去。我常说，可以饮小便，吃大便，吸精液，但不可以闻这样的水味与这样的土气。可悲哀的是，北京市民虽不要闻这样水味与土气势不可能！难怪许多久住北京的达官大佬及文人学者就要变成这样的水味与土气了。原来一个地方上暗沟的关系，有如个人排泄器一样的重要。现在的中国地方好似一个人仅有食而无排泄一样，难怪一身尽是臭气不可向迩了，难怪中国什么地方都有一种奇臭的滋味了。故我们今后如要地方上的脏水排泄得去，臭气不会发扬出来，则当讲求暗沟的工程。公众的大小便所也当位置在地下，如此一城的脏水与臭味有所归宿，不但一切蚊虫之类，不能繁殖，就一切的毒菌也不会附水黏泥传播人间。中国人啊！把你们自己排泄器整顿吧！不要一味只图食与饮，到底来，恐怕肠肚积得臭气太多，以致有生命的危险啊。

一地方上的第三种工程，就在把所需要的物品充分制造出来与极便宜地卖与人民。例如北京现在的厨房所用及冬天取暖的火炉，皆是多费炭而少火力的器具，应当由工程部重新制造德国式的火炉卖给人民。又如一切家具、器皿、玩具等等，工程部皆当从良制造供给人民的需用。又如以药品说，也当由众经营，不能任一班药商居奇取利。譬如"阴户洗具"为妇人不可少的物，但今日在我国须花费数元才买一具，若由公众制造，则每具不过数角就够了。又如"避孕药丸"现在所通行者每打概须一元余，若由公众办理，则每打不过数仙[1]就足了。其实，各种药品，大都类此。奸商取利原不足责，可惜卖价太贵，购者不能充量取用，于公众卫生及个人目标的达到有所阻碍，这个的损失才算无穷呢。至于衣服皮革制造之厂，米面罐头供给之场，关于国计民生更大，凡此皆应由工程部从大筹划，务使家给户足为要。

我们现应说及点缀品了。这项工程如公园、博物馆、剧场、音乐场、跳舞场等等之类更为一地方生活兴趣上的关头。凡一个地方上如无这样的点缀品，则其地人民就无异于禽兽的群居，故这项的点缀品关系极大，应由工程部以艺术的手腕去经营。今就北京说，我们也有城南游艺园、中央公园、北海公园等，的公园，可惜落在官僚之手，一味只知收门票而不知管理为何事。况且所收门票甚贵，直可说不是市民的公园，只是一班资本家的私园。至博物馆，如三殿等，所收门

---

[1] 仙，即先令（Shilling），英国货币单位。

票更贵，而且所排设的古物不知科学的方法去整理，使观者无多大兴趣，况且真的古物常被换为假的古董去了。幸自溥仪移居后，故宫全数开放，可惜"清室善后委员会"无钱办事，迫得也收门票一元，以为参观故宫之费。（闻每月可收数千元，其他产业尚不少，遂使内务部眼红，以致出来竞争管理，后日尚不知鹿死谁手。我当清室善后委员会发出这个争执的宣言时，尝说委员会也有不是之处，第一，它的定名不高明。我以为满清强占我们汉族的宫殿、古物与财产，正名定义，应标为收复国物委员会，不应说为清室善后委员会，使人不免疑了清室之物，何劳我人去善后。第二，他们对于故宫的参观卖票太贵了，如因办事需费则可便宜卖票，如每票一角，或数仙之类，使人民多得入或长时得去参观。但我意，应由委员会别处设法，对于故宫总以勿收票费为相宜，使人民得以自由参观为目的。第三，委员会所拟的把故宫改做什么文化馆等的进行极迟缓，以致他人有所觊觎。计自接收以来为日已久，委员会只有查点一些宫内存物的成绩，其他进行毫无所闻，这也是使人民大不满意的地方。但是，委员会无论如何总是一班公正之人，由他们办理故宫，总比归于内务部一班官僚好得万万。）论理，现时"京师市政公所"所收市捐甚多，正可由这个机关供给各公园、各博物馆的办事费，而免收一切的入门票。但现在的办事机关仅会取利食饭，安能望其为市民出力。故最好由市民组织一个"美的北京办事处"，受工程部的指挥，把那些公园、博物馆及故宫等完全免费开放，而且将一切的工程办理得完美，使人人得入其中参观与欣赏。此外，对于剧场、音乐场、跳舞场、更当把它们建筑得成为宏伟美丽的大观。

总之，"美的北京"如就上所说的路政、建筑，及需要品，与点缀品，去留意，则已达到大部分的目的了。但北京太旧了，老妇无论如何去修饰终不能十分美丽了。故北京要变成为较美的处所，应当从四郊去发展。大概于东南郊方面为实业区的扩充，于西北郊方面为住居及读书区的位置，东西南北各划入四五十里，如东南至丰台一带，西北至西山、北山之间，统统圈入，如此名为"大北京"，或名为"新北京"。这才是我们理想的"美的北京"。

因为，美的城市，需要一方有城市的利益，一方又要有乡村的生趣。现在各国都是大城市大发达，而乡村大衰落，这个缘故是城市谋生较易，兴趣较多且较安宁。但城市的腐败与大小相比例，凡城愈大的其罪恶也愈多。故今日社会上发生二个大问题，即如何使城市有乡村的生趣，与乡村有城市的利益。这个当然应使城市为乡村化，乡村为城市化才可。城市乡村化或乡村城市化，究竟，都是一样，莫非是使这个"第三者的居民"可以得到城市谋生与交通的便利，和乡村的美趣与卫生。就此说来，由前门往东南至丰台一带为各铁路汇集之区，极宜于商业。且丰台一带又宜于花果及生菜的耕植。这样的推广，若干里中就有一个商工区，商工区之间，又有田园的居民，这是城市的乡村化了。那西北一边，由西直门到西山北山间，极宜于居住及读书。别墅与读书区错落于园囿山水之间，利用电车与轻便火车及公共汽车联络北京，则乡村中就成为城市化。实则，将来各城市及各乡村的发达皆要如此做的。必要使它得到"城乡合一"的利益，然后住城者免致一日与工厂的烟囱为伍，而住乡者免有野蛮生活的悲哀。美的城乡合一图，是此处到彼处间有花园，有田野，有池塘。这个旷地可以散步，可以运动；这个旷地供给居民的好空气，与那些美丽的画图。旷地四边为居民及工商区。此区与彼区相离仅若干里，由电车与汽车的交通，则都不过数分钟就可到达。不即不离，若近若远，举目一望田野与市居间，隔得齐齐整整，疏疏落落。既得夜里听蛙声，又乐日间见烟雾。每日由此区到彼区做工，或经商，或读书，或交游，或玩耍，则觉得忽到一个新地方一样。由此穿过若干区就尝得若干新城市与乡间的趣味，这是一种利益。每区各有专业，如西山区为读书的，前门区为商业的，则各得特别出力去经营，如商业的区域，一切建置专门从商业方面去发展，读书区域专门从教育原则去谋为，如此业有专精，四民不相混杂，这是别一种利益。此外，做工与休息的区域应当分开。例如，此区为工厂之所在，则别区人民日间到此做工，夜间可以返他清静的本区休息，如此就可免终身为机器声音所扰乱与烟囱的侵害，使人民得到休息与做工的调制及卫生的功效，这又是一种利益。总之，一个美的地方的工程，当从分业与分区去建筑，其中间当用旷野隔开。各区域不可过大，各旷野不可过宽，彼此各以最便当的交通法，互相联络。务使人民虽在城市之中觉得如居田野一样，这是我们今后理想的环境了。

可是，从此说来，"老北京"的居户鳞次栉比，太不合我上头所说的原则了。即就"新北京"说，所补救的也属微细。故用严格求之，北京不配做我们的京都。只可当我们北方的一巨镇。我们理想的京都是南京。不必说南京气候较暖，尘土不扬，最优胜处是它的虎踞石头，俯瞰长江，为南北交通的要道，是中外通商的咽喉。并且南京自太平天国灭亡之后，被满军所摧残，到而今尚是荒凉遍地，户口萧条，我们在此建筑安排，大可自由布置，不是如北京满处已被许多腐败的民居及衙门所占住。况且我们所希望的"大南京"，乃从上海达苏州的一片大平原，照我们上头所说的"城乡合一制"打为一片所造成。它可由此成为东亚并为世界第一的大京都。凭借江浙的富裕与一国及全世界的财力与人才去经营，这个希望定可达到的。

要之，我国一切的城市乃由先时农业制度及一国的形势所造成。现在工业的世界，又是全世界通商的世界，故许多城市必须移易位置，始能应时势所需求。所以今后的市政，把旧的改头换面，更属小事，最要紧的是择其最优胜的区域或改筑新城，或添设新界。而所添设与新设的城市，须用"城乡合一制"。今就这个城乡合一制的建筑法做一提纲的结论，即先当定其地面为若干宽，后就这轮廓中择其最中心的地方，建筑我们在上章所说的纪念庙。由庙出发为五条大经路，把城市划分为五个约略平均的大区域。这五个区域，即一为读书区，一为住居区，一为工业区，一为商业区，一为艺术区（如剧场等）。位于纪念庙旁边的为博物院、文化院、医院、慈善院

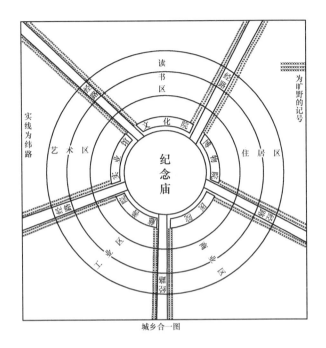

城乡合一图

等。每从此区到彼区,由旷野隔开,凡花园、游艺场、体操场、踢球场、网球场、竞赛场等,就在此地。此区与彼区当然由许多纬路联络。今作一简图表示如下。(也可名为蛛丝网图)(至于要使我国现在的乡村变为城市化,则应把交通办好,以便与城市联络,这个制度恕不详说了。)

三、教育与艺术部——情育与性教育

本部分以艺术的教育为宗旨,分类则有四项如下:

(1)社会的艺术教育,(2)学校的艺术教育,(3)情感与性教育的艺术教育,(4)白话文与新文化的艺术教育。

(1)社会的艺术教育——这层为当今教育家所最忘却了。例如以北京说,人们仅知去办许多有名无实的大学校,但其效果,倒不如多开些厨房夫、东洋车夫、老妈子、听差,及许多普通工程师的学校,于社会上更有无穷的利益。

我国无一事如人,唯厨房差足自豪,可惜厨房学术陈陈相因,不能精益求精。甚且食物肮脏,不合卫生,烹调失法,不适口腹。饮食为生命的根源,假使厨房讲究得法,不但省费,而且美观,又益身体。并且,美国人嗜好中餐,中人在美国营厨房业,多能得利。故无论对内对外,厨房学校不能不多开,使要为厨夫者练习烹调的方法与清洁的道理,并同时教以关于饮食经济上相当的智识,与中西餐异同及优劣之点和整理饭馆与接客之道。凡聪明的人在数月内就能毕业。法国厨夫在英国大客店与大邮船上当厨头者每年可得薪水千余镑,和我国国务员的薪俸差不多,这个可以见出厨夫的高贵了。我国厨夫如有相当的学术,将来或能同法国厨夫一样被全世界所欢迎。说不定,有一日大菜单上自头至尾皆中国名目,不止如今日单以"李鸿章杂碎"见长而已。那时,我国厨夫遍布地球,为灶神的使者,司人间的肥瘠,这个职业的艺术实在值得提倡的。(巴黎的厨房学校,乃由市政厅所办理者,如我国的市政厅肯去办,我们的教育部自然乐于让与。)

有一个为我国社会的重要职业,也须用艺术方法去教导者,则为东洋车。东洋车夫的生活等于牛马一般的苦恼。但今于牛马状态之下,应该使他们稍得人类的生趣,其最要的在使他们得了些常识,如能阅书报等当然更好。退一步说,应使他们知道拉车与卫生及美观的方法。据人调查:车夫多犯脚痛、肺病及生殖器病。大概脚痛缘由,乃因脚肚无适当的束缚物,遂致筋脉松放,跑时易受震动。若使他们用布带从脚跟到膝间紧束,自可避免脚痛之患,最少也减少其痛苦,鞋袜也当有特别的配制,这是一种补救的方法。车夫肺病固有种种因由,但当其拉车前走时,若使其口紧闭,仅用鼻孔呼吸,自然免如现时的大开其口饱受灰尘的弊病;此外,因闭口则走时不致气喘,较能耐劳与走得动,这又是一种补救的方法。每见车夫拉车时不知重点的所在与所执车柄的距离若干才适合,以致不管坐车人的肥瘦大小,一味只知死执一定的车柄点，以致力出极多而行极缓。并且每当跑时，不知跑的姿势，应头向前胸微弯，他们尚如平时走路一样，底下的脚跟又不知用足尖出力，只见硬直直的前半截身子与两条腿死板板的钉住足盘全部一跳一跳地如鹅脚鸭掌一样的踯躅。至于衣服不完，袜履不整，并且都是无帽可以御寒抵日，遇食时有客即拉，住宿处易受娼妓的欺骗，等等，皆应给予相当的指导与卫生的常识，这又是许多补救的方法。别的，如夏时须用麻布的坎肩与短裤，冬时须穿较暖的衣服，务使车夫有一律齐整的形色，此事应由行政机关责成租车人免费地同时给予车夫。又如禁止太老与过少的车夫及定路程车费表等事，皆应由巡警局去负责。（到了社会有相当的职业供给之后，应禁止拉东洋车，而代以马车、汽车等。）

总之，凡事皆要受过相当的艺术教育，才能用力少而收效大，并且才能使做事者具有兴趣而减少其劳苦。牛马的生活已堪可怜了，可悲哀的，东洋车夫无牛马的强壮，而任牛马的劳苦，所以比牛马更觉可怜。有心社会事业的青年们，即刻起来负救拯之责吧！倘能每季有二三日到满街向车夫指导，自能得到极好的成绩，这个运动比别的宣传不减相当的价值。

于上二项外，一切用人如听差，尤其是老妈子，应使他们受过相当的艺术教育。北京老妈子是家庭的管理人，是厨妇，是小孩的保姆，有时并且得"老爷陪房"的兼差（俗所称的上炕老妈）。可惜这些老妈子愚蠢无知，喜欢偷窃和欺骗，满身臭气不可向迩（除一班老爷们别具嗅觉外）。听差当然也有不少相同的毛病。有友人说在中国生活免受了用人的毒死已算万幸，尚要求什么美观；又有友说在中国生活比外国最少当减短十年寿。但我附说：中国所谓高等人者大都无良心与不道德，抢杀劫夺，随地皆是，这些人为外国人所看不起，我们尚可说他们是我人中的不长进者，但我们主人翁的国民代表被外国人雇去者大都是愚蠢丑陋的男听差与女用人，这样劣种实在不能抵赖了。无怪有友说，船往西行时过苏伊士运河后外人才肯视我人为平等。故我们今后要使人看我们是人,我们应该先勉力做人。今后我们应当使现在最为人当做不是人看的厨夫、东洋车夫及老妈子与听差之辈,从速把他们的职业改成为艺术的事业,而又使这些人皆变成为艺术家。如此,我们在街上所看见的乃是一班衣服齐整、打缠腿的雄赳赳东洋车夫,及一班娇滴滴美丽的女用人与那些清洁知趣,讲仪节,晓得卫生的男佣夫。这些人回家时也可整理自己的家庭使成为有艺术性的设置,这就是教育部今后对于社会教育应尽的责任。

此外,尚有一些事关系于社会的艺术教育更大,即凡一切的职业,今举其要的如屋宇建筑师、园艺人、衣服匠、木匠、铁匠,以及汽车夫、染工、织工、罐头匠、钟表匠、及一切机器工,与一切的女工;其在乡间的为农林工、牲畜工、养蜂工,及一切农具与肥料及修路等的工程等人皆应使成为"普通工程师",即使一些国民学校或中学毕业生于晚间到这些"普通工程师"学校上课一二年就得上头一样的普通工程师名目,由此使他任事自然业有专精,必定物品优良。(这个制度可参考伦敦市区所办的同一目的之学校。)以今日我国一切工人说,虽有"徒弟"学习的时期,但这样师承,陈陈相因,只见退步,并无进益,其他弊端尚不胜举。故将来"徒弟制"应严禁止,而使学者入普通工程学校,于其中不但得了他们所要求的艺术,并且能得些相当的知识与德行。(我曾经计划使中学生不升学者必习一种求生的普通工程师职业,始许毕业,后来因我不做校长他去,遂至不能实行。现在一般学生毕业后,大都做高等的流氓,若能使他们在地方上任了一样如我上头所说的工程师职业,自能大益于自己及社会了。奉劝办教育者多多留意。)

总之,一个美的社会需要使一切国民皆成为有艺术性的工程师与办事人,此外,再行培养一班的学问家及艺术家为社会的指导家。前的为一切国民必具的常识如我们在上所要求于普通人都去做的。后者为一班特出的人物为我们所希望从学校系统上去养成。

(2)学校的艺术教育——这层可分为幼稚园、小学、中学,及大学，并使其成为一个整个的系统去培植，即自幼稚园到大学皆有连接的必要。于幼稚园及小学的时代则注重学生自动的"模仿性"教育。模仿性为这个时期天然的倾向，但当使学生自动去模仿，庶能养成少年时的创造性。创造性确为中学时代的固有表示，但也当听学生自创，庶使他到壮年时期为有组织的人物。组织一事为成年天性所喜欢，故当在大学时代去学习。由此看来，模仿、创造、组织，不是三事，乃是互相联络为一气用。好的模仿中有创造，创造中有组织，组织中也有模仿与创造。一个好教育制度，必使学生具有这三者的才能而又使他能会通为一贯之用。

在幼稚园及小学既以自动的模仿教育为主旨，故它的课程，仅有音乐、跳舞、游戏、唱歌、雕刻与图画及建筑。所谓科学常识，行为艺术皆附属于这些课程之中。例如：从音乐上教他算学，从跳舞上教以体操，从唱歌上教以诗词、歌赋、历史、地理、传说、歌谣之类，从游戏上教以为人之道，从雕刻上教以生理及解剖学，从图画上教以文字的演变并教以人类禽兽心理的象征与一切天然的状态。总之，我想儿童不懂什么叫做抽象的推理，故最好的教育莫如从具体的物件使他自己去仿造，我想若能将上头的功课定为儿童的根本学问，自然他们由此可以得到艺术的兴趣与创造的才能。

其次为中学时代，这是十三四至十九二十岁之间，乃人性最喜欢创造的时期。在这时代当给予各种科学的知识，一切艺术及政治与心理及性教育等也当以科学的道理为基础。可是学习的手续皆以艺术方法为依归，如习数理，天文与物理化学者则以"相对论"为凭借，学生物学及社会学者则以变迁律及进化论为目标。如此学习科学不但免把科学变成死板板的学问，而且皆能使它成为有艺术性的兴趣，并可使学生对于各种学问皆有创造的可能。

说及大学的教育，一面，于法律、政治、经济、语言、风俗、宗教、行为论等皆用艺术方法去研究，即看这些学问各有各个性的独立而又有彼此的互相关系；一面，大学生应实用了艺术方法自己到社会去学习上头各种学问的组织情状。故大学内应设立各种调查所，如政治调查所、经济调查所、风俗调查所等，由学生任调查员，就其调查的成绩以为毕业程度的标准，如此，自可废除考试的制度。此外，有一事与大学生对于社会的组织学识极有关系者，则定国立大学彼此行"转学制"，即每系以单位为标准，凡大学生如须于四年内修完者，则此四年中得以转学四个大学，但求凑足规定的单位就好，这样，则一学生可以到北京、广东、东北、西北各大学去，不但他们有选择教授与功课的自由，并且可以得到各处社会的知识。今就这个转学制的利益计算有四。第一，除为经济所限制外，学生得以游学本国各地，而对所学的地方，自然有相当的情感，不会如今日因地理的关系而至于南北东西的隔阂常因此误会而至于互相仇视。第二，学生得从各地大学有名的教授上课，免致死守一校敷衍听讲全为单位所胁迫。第三，著名教授虽在僻省，也能得到许多学生。恶劣教师虽雄踞名校也无学生上课。由此，庶使学者散处各地免至于聚集一校，致使全国教育成了偏畸的毛病，而恶劣先生不得不努力猛进，免如今日的许多大学教授一味以念书本与跑街为能事。第四，各学校必然互相竞争，举凡请教授及校舍与仪器的设备及图书馆的组织皆必力求美备以为招徕学生之计，断不会如今日的一味敷衍为了事。由上四项说来，转学制可算有利而无弊了，故我极望由我们教育部去施行。

（3）**情感与性教育的艺术教育**——由上头所说的艺术教育做去，学生皆能成为艺术家，这样人当然易受了情感的教育。我以为情感的养成，第一，在使社会人人皆有音乐，跳舞，游戏，诗歌，建筑，雕刻与图画的常识。第二，特别为一班人办这些艺术专门学校。第三，它又不是专从学校的书本，乃从团体与具有兴趣的生活所得来。凡学生除对于学问须任个人的特性去研究外，应当使他们多多得了团体的兴趣生活。这个生活不是如幼稚园及小学生、中学生等一同游戏，一同上课就算，应该使他们起居、饮食、动作、游艺等等皆以这种生活为目标去组织才可。故我想要达到这个目的，应当将学生求学时期分为二起：一起是在校内上课的，应专任各人从特性去发挥（如实行道尔顿制[1]之类）。自幼稚园生起至大学生止该当听各人所长去单独研究，切不可一味笼统地如今日的班级制的全不尊重个性的发展。但一起为假期，如春假、夏假之类，应使各学生到山间或水边过假期的团体生活。这些假期当视为学生必修的功课一样，不准学生托故不去。自然应于山间或海边——如在北京说，则以秦皇岛、北戴河与西山一带——办理有规模的假期学校的建筑物，无款时无妨以帆幕代之，使学生在假期内，既得山明水秀的乐趣，惠风明月的美感，又使他们于其间研究种种的艺术：或临清流而浩歌，或对鸟鸣而弹琴。白云渺渺，风啸潮吼，江山如画，人物可亲，这是最好的诗料，也是最好的雕刻与图画的"模特儿"。七十二巫峰招侬攀仰，亿万兆浪头任君遨游，人生游戏之乐莫过于高揽青天俯临碧海的大观了。或时遇晴朗，月明景静，双双对舞，彼此互歌，大地为歌舞场，万籁为无声调。这些艺术的练习当然不能在校内领略，必要在山水之间与男女群众共住之时才能得到。所以假期的教育应该专从这点去注意。此外，或结队探民间的情况，或聚群采集花卉与虫蝶，以及种种有益于身心的动作，如游泳乘骑等等皆可由此去学习。这样学生于假期回校后，面黑身健，用功时可以得到充分的好精神，但最要紧的则在这样的社会，过了团体的艺术生活后，于情感上自然能够充分去发展。比较今日的学生于假期内，小学生们在家内胡闹，中学大学生的则沉溺于性欲，可以说，无论上课期内如何修养得好，一到假期就不免前功尽弃。故假期内若无相当的教养法，学校里总办无多大出息。但最好的假期教

---

[1] 道尔顿制（Dahon plan），亦译为"道尔顿计划"。美国教育家帕克赫斯特20世纪初创行的一种个别化教学形式。其主要内容为废除年级和班级教学，在教师指导下，各自主动地在作业室内，根据拟订的学习计划，以不同的教材、速度及时间进行学习，以适应其能力、兴趣和需要，从而发展其个性。这种教学模式使得学生在身心方面都能自己计划自己的事情，自己克制自己的活动，培养了学生自我教育的能力。美国H. H. 帕克赫斯特于1920年在马萨诸塞州道尔顿中学所创行，因此得名。在新中国成立前，我国少数中小学曾进行过试验。

育，则在以团体的艺术和兴趣的生活为达到情感的地步。为理智的研究，则在利用个别的教育，这个非在学校内行个别教育不可。但为情感与意志的发展，则在利用团体的与艺术的教育，这个必要在假期中办理才行。

说及性教育一问题，关乎人生比什么科学与艺术更大。性与情感有直接关系，而对于理智也有莫大的交连。饮食是生命的起始，性欲是生命的发展。现在许多政治家专心去讨论经济，而世界的教育家竟忘却了这个比经济更重大的性欲问题。我们教育部自然是不肯把它放过的，它聘请关于性的专家，从生理，心理，社会各方面讨论性教育的道理，举凡关于生殖器的构造，交媾的方法，受孕的理由，避孕的常识，与及生殖器病的防范及升华而为文艺的象征各问题，旁及教养婴儿的方法，编成为三本教科书：一为初中，二为高中，三为大学用的课本。此外又须编些普通易晓的册子，使全社会的人皆对性有相当的知识。凡"愚才是罪"，生殖器乃人身最扼要的机关，岂可毫无讲究，以致此间变为生番的野地，一任秽芜不理遂至恶毒丛生。现在我国生殖器病蔓延甚广，重的焦头烂面，轻的尚不免滴滴横流，推原其故，皆由昧于性的知识所致。况且性教育不止在肉体与病形上的讲求，它的最重要的任务乃在考求由性所生的情感与文化的主动力在何处。所以性教育是一种必要的教育，又是极严重的教育，从初中起，应由训育主任庄重地解释给学生听，使他们知道生命的发展，在物质方面则为精液的发泄，在精神方面则为情感的升华。故与其当性欲冲动时做了手淫及嫖妓或种种不正当的交媾行为极易把身体摧残，而且物质与精神相连，精液多发泄则精神就不免于憔悴了，则不如保存精液使之转变为精神的作用。由这个大纲去解释，则学生明白性的冲动是什么一回事，就不至于做了种种的非为了，就能从此把精液变为精神的作用了。这样性教育的公开研究岂不胜于道学先生的一味不说与压抑为能事，以致少年于暗中愚昧无知地一味去乱吗？性譬如水，你怕人沉溺么？你就告诉他水的道理与教他会游泳，则人们当暑热满身焦燥时才肯入浴,断不会在严冬寒冷投水受病,又断不会自己不识水性,就挽颈引领,闭目伸头,一直去跳水死。故要使青年不至于去跳水寻死,最好就把性教育传给他。我想这个性教育的运动极关紧要,本来就想在"北大"稍微讲演,以备学生将来在中学当教导青年之用,若有机会,我再把所教的编成为教科书再来请教吧。至于我们教育部尚有一个极重的任务,即

(4)白话文与新文化的艺术教育——总之,我们教育部所要提倡的为新文化,但新文化的工具甚多端,如演说,如演剧,如电影等等。譬如这次"五卅"的惨祸,在北京一方面仅用了几日的讲演,就能使全市民虽至车夫儿童皆知英国的凶横。又如演剧,更易于宣传,例如北京人差不多皆有戏剧上相当的知识。至于电影,我想若能使每票价便宜到几个铜子,使露天中人人得立足观览,又有精制的美片,如此当能使人人喜欢与受了无限的感动。可是一切文化的工具,莫如文字能传得久远与写得精微,而文字中尤以白话文为最能当这个责任。白话文是最能写出人类实在的心声的,它的好处:一方面,是人人能写得出与听得懂;一方面,又能把时间性、环境性及个人性皆写得精微妙肖。它最是普通化的,又最为艺术化。最普通化,因为它是人类所要说的话,故人人能模仿得来。它又是艺术化的,因为它是人人所能做,故必有极高的天才才能做得好。譬如说话,人人皆能,但要为演说家与雄辩家须有天才才可。正因它是最普通化,所以它能为艺术化,故白话文既宜于群众的模仿,并适于天才的创造。简而言之,普通人能做白话文使它通,天才家又能使它美。若说古文,则因它是古昔死人的语气,故现在活的普通人总模仿不来,勉强模仿也苦不肖。至于一班天才勉强去学,不但不肖,而且矫揉造作,张冠李戴,必至笑话百出,丑态万端。试拿任一篇所谓有名的古文,初读下去稍觉声韵铿锵,但愈细心读下去,愈觉它的装饰与不通。但试拿一篇有名的白话文,不必说那些著名的语录与词曲,就那任何篇的《红楼梦》,初看下去觉得极平常,但愈看下去愈觉得奇妙。故可说百看不厌的,

万看不倦的为白话文,仅可一读的为古文。白话文的粗浅者不免说些嘻嘻吗呢的语气,但究竟尚是生人的字句,譬如听老妈子说话虽啰唆讨厌,但尚能听得懂。至于"之乎者也"的骷髅,真要触破生人的眼帘了。因上理由,我们教育部训令各校应用白话文,其一切社会的文告,也以白话文为标准,如此使普通人能看得懂,这是一种利益;科学方面能写得出,这是第二种利益;艺术方面能写得出奇斗新,这是第三种利益。至于古文,既不能合众用,又不能为科学之需,并不能应艺术的要求,例应严重地去禁止它流通。

(附注:或说我国为单音字,故说话时须要语助以便人听,如叫桃做桃子之类,若以入文必至累赘不美,依此理由而断定我国语文势必不能一致。这个主张实无根据。我今姑举三说以破其惑。第一,凡说话与做文都是注重"句的语气",不是以单字为主,故说话时,除指物命名外,句的缀合虽用单语不借语助也能动听,如说"我食桃"则音义俱解,无须说"我食桃子"才能明白。由此例推,凡做白话诗与白话词曲等,也能做到律诗一样——如二桃杀三士——的简洁。第二,外国拼音其进化则由复音而变为简音,我国象形,其进化则由单音而变为复音,故指一物时如不叫做桃而叫做桃子,乃是进化的趋势,因"桃子"的音义不会使人听桃作为陶、逃、淘、梼等等的误会。并且句的缀合,文的美丽,不是一定的以简单为贵,以繁重即贱。例如"二桃杀三士"未必优美于说"两个桃子杀却三位好汉"。一句话,若用最协调的音乐伴唱时,恐后句的神气活动美丽胜过前句万万。第三,做白话文不是一定要把俗语诌言一律入篇,不过挹取俗语的精华为美文的材料而已。故白话文确能成美文,因其一边有生人的语气做材料,一边又能听作者自由去创造,不是如古文,一定要死板板模仿某派某派才成为大家。以上所说本无多大精彩,只因章君孤桐孤桐为章士钊的号。一流人大放厥词,遂不免附及数语于此。若要详尽,尚待驳者有意对这问题从长讨论时,才行对付。)

白话文虽不是新文化的本身,但确是新文化的工具,所以有提倡的必要。至于新文化的本身是什么？它是有一个大体粗备的目标，不过进行上不免因时地的关系而至于取纡曲的路径，但目的确不能易，否则，就要开倒车走回头路，甚且至于陷入深渊了。至于"新"字的解释，内含有二个意义：一因旧的进行，其目的不错，我们无妨就其旧有势力使之联属递变以达到新的希望；一因旧的不好，断然把它消除，而别寻新的路径。前的譬如我国的丝业与瓷器，因旧的有它的好处，我们今后不过研究新的制造法以足成旧有的价值就够了。后的为缠足与鸦片等事，我们应把它剿灭，断不能任它去继续递演。至于"时代"二字原与"文化"一语的意义不相同，时代乃听诸天时的变迁，文化乃由人力认定一个目标去进行。姑让一步就以文化比时代，则新时代虽与旧时代相交连，但新时代另有它特别的情状。例如现在秋天，虽则由夏天所演变而来，但寒气侵入，确有秋的独立时代的现象，断不能说秋即是夏，除神经病外，也断无说秋天等于夏天。实在说：文化确有它独立的价值，不是必定要依人、地、时的要求。例如缠足不是文化，这不是它因为在我国为昔时人民所要求，遂说缠足为文化。凡一个文化，当有一种目标，若因人地时的束缚而不能达到，这是为时势所迫而无可奈何，不能说因无人地时，就无文化，好似说我国前时无天足的要求，遂无天足一回事同一样的荒谬。此等意义，本甚粗浅，可惜今日尚有许多人不懂！

究竟，我们的新文化运动是什么？一在铲除旧有的习惯不合于文化的意义者，如缠足、吸鸦片与许多伦理的观念等；二在将旧有的文化发扬而光大之，如丝业，如磁业，如我们温柔的民性等；三在创新天地，如遇有些必要的文化，虽我国数千年未曾有过，虽自人类以来，未曾有过，但我们不能不去提倡。我们不只要应合人地时的要求，并且要提高与创造一些虽在前此所未有的文化，以便引导人们向新的美的方向去进行。人类社会所以比禽兽高处在此，禽兽仅能适应地时的需求而已，人类则常与人地时竞争，去其旧的腐败，而求新的生机。我们教育部的目标就在奖引人类常常向新生机的方面去进行，这些新文化的运动，约略如我们本书所说的，今择其要者，一为创造许多美趣的事业，一在提倡情人制，一在以爱与美的信仰代替从前的宗教，一注全力于美治政策，一在传播公道与自由的主义（下章的意思）。简单说来，我们在引导一切人民，使它成为审美的、情感的、艺术的与智慧的好国民，这就是我们教育部对于新文化的运动所应负的独一责任。

四、游艺部——游戏与军国民

游艺部的事务本甚繁重。美的社会一切事情皆应作游艺观：社交种种是一种游艺，婚姻与交媾还是游艺，各种工程也当视为游艺去做，教育更为游艺的事情，一切组织皆以游艺为目标，而一切人生应以游艺为究竟。游艺游艺，如云腾空，如鸟翱翔，若问它们的目的，便是它们的归宿处。美哉游艺，安得世人尽如腾云飞鸟的游艺！

指导与组织种种的游艺方法，事虽繁重，归类概括，约得五项：（1）赛会与节典，（2）儿童玩节，（3）尚武的精神，（4）智识的指导，（5）情感的发泄。

第一项的事务，为纪念庙的礼节与管理法，节日的筹备与赛会的组织，皆应由游艺部去负责经营。此项详情已在上第二章说及，现不再谈。

第二项为"儿童玩节"，关系极大，今应稍微详说如下：

儿童时候，就一面观，他们全不工作，但就别面观，人生最忙的莫过于这个时期了。他们所忙的不为金钱，不为名誉，又不是为知识，乃独一无二地为玩耍而玩耍。故在利用这个天性起见，我们主张应把现在的幼稚园及小学校一律改为"儿童玩耍场"，其中的功课仅有音乐、跳舞、图画、雕刻、唱歌、游戏、建筑等项。于公园内也应当特别为儿童筹备各种玩耍的地方与玩耍的器具，总使儿童到这些地方如成人到剧场一样的快乐。

但有一事更紧要者乃是"儿童玩节"。我意每月至少应该有一次的玩节：如正月中有一日为"逐蚩尤节"，三月为"义和团节"，五月为"国民运动节"等等。在这些节中，准许四岁以上十岁以下的男女儿童备带小木枪、假手枪、木剑、军装等。这些兵械虽打得响但打不痛。并应使儿童作种种象事的化装：如当"逐蚩尤节"，则应使他们有些扮编发磔须与凶脸的蚩尤，有些则扮黄帝及汉族强横的兵卒。各个成群排队，各队有长以任指挥。彼此相遇时则用枪及木剑互相冲击。如一队枪剑被打落地，或被抢去，或受打痛而哭泣时，则算失败，其胜的则奏凯旋之歌。当然，相打时以手与脚部为限，不许伤及头面及阴部，这种监督的责任应由无数的特派巡警及游艺部人员为主干，其余社会的人也皆有监视与劝解的义务。如遇"义和团节"，则有些队装八国联兵，有些则扮义和团。如遇"国民运动节"则有些人扮了奇形怪状的达官大佬，有些则为学生工人的伟状，他们气昂昂手执木倭刀与假炸弹，身上藏下了一些纸头颅，如打败时则给予大官们枭首示众，打胜时的代价，则取得了官僚粉碎的骷髅。女孩与男孩一同运动，最好的则男孩任战斗队，女孩则任保卫及看护妇。那边雄赳赳如虎的奋争，这边又是娇滴滴的救护。此日情形满街中似有战事一样，处处堆满了许多头颅与骷髅，街街充满了大师兄小师弟念咒画符的神经病状，与那些醉态模样及杀人不眨眼的洋大人洋小人。总之每月中举行一次历史的著名事实与临时发生的大故的儿童玩节，惟妙惟肖地使小孩去模仿，务使他们于玩耍之余，同时并能得到种种的知识与志气及好行为。

第三项，则为尚武的精神——说及壮年的游艺于踢球、游戏及俱乐部外，成年男女都应于游泳、骑马、驾汽车、乘飞艇等等得有一件技术的优长。他们如无一样优长，就要受游艺部的责备而监督他们为强迫的学习。这些玩耍专为军国民的预备。凡每年定在冬季百事稍闲之时约二三十日聚集男女的壮年者受了军事的教练。这些平日为民兵，一朝有战争则皆能赴疆场以御外侮。军队生活确实有趣，由游艺的方法去部勒，更觉其有趣味。他们起居动作的一定次序与整齐。他们一条心与一样的行为。他们的勇气与彼此的互相亲爱。实在，军队的道德与品格，确非民人所能及。好的兵士皆是一个小英雄的神情，他们一听命令虽赴汤蹈火也毫无畏怕。他们的牺牲精神与急难的义气，都不是平常人所能为的。故美的国度其人民无论男女皆应受过军事的锻炼。但在这种新军队的生活须看做游艺一样的组织。就陆军说，他们步、马、炮、辎重、卫生队等操练，完全如游艺队一样。马队操演如赛马队的有趣，步队似游历队的探胜，炮兵如放烟火一样的美观，卫生队更有无限慈爱的精神从中表现。它如飞空艇队及海军皆当做游艺队观。他们官长，有如游艺队长的识趣，他们的兵士，即是游艺队中人的活泼而且高兴。人人是兵，人人也是游艺人，不但不会觉得如今日兵士的无聊，并且可得种种的道德与智慧的生活。

可是军队与游艺队，自然有些不相同，游艺的军队，无事时则如游艺，有事时则应以军法从事，断不能如平时游艺队的自由。但当战争往疆场时，军队尚当做游艺队观。所不同处，不过平时的军队是喜剧时的排演，战时的则如悲剧的痛快而已。

不想争人土地，掳掠人民与财宝，只愿为义气与人道及自己生存而战。这样战争何等痛快！马声嘶嘶，所要吃的为奸人肉与血！枪弹呼呼，所要穿的为恶汉头与躯！炮火连天所烧的为无人心的商店与住屋！美丽呵！一弹怎么大！打落去，满城烧得干干净净连恶种孽裔也不能存留了！如此如此！杀！杀！杀！刀在枪头，血溅面上，弹在心胸，狂疯似的杀神怒气冲天，恨气裂地！如此如此！冲锋陷阵！杀！杀！杀！如此如此！掘壕筑垒，相拒连年，继续一年！十年！百年！杀！杀！杀！半身入土，扎硬阵，打死仗，炮声震动到耳聋，火光射得人目盲！如此如此！继续地杀！杀！杀得尸骸遍野！城无居人！杀得恶人毫无存留！如天之幸！杀得坏人不存！并不紧要！痛痛快快为正义、为人道、为自己生存而战，而杀人而被人杀，无论如何，总是痛快！总比被人欺负，忍气吞声，自己藏在床头郁闷而死较有千万倍的痛快！

战争确是一种游戏，自来的战争乃一班恶人的游戏，以后的战争则为一班觉悟的人的游戏。所不同处一是为欺负人而战争，一是为保护正义及保护人与己而战争罢了。故我们游艺部既视战争为悲剧的游艺，自不能不好好预备去对付。它的责任更重大的，它乃代替从前陆军部、海军部与飞空部三部的事务。因为我们美的政府看战争不过一种游戏，原用不着什么陆军部、海军部与飞空部平时专门以杀人为事那样的荒唐。它所要预备的是人民男的女的皆应有一种好身体与一种好游戏。它平时所望的在喜剧的游戏中达到人人有好身体与具有兴趣的玩耍，它固不想战争，但必要时，它知全国人民个个有充分的预备，个个跃跃要试这种悲剧的滋味。

第四项的游艺部职务，乃在指导人民怎样得到智识的普及，这个方法应于稠人广众之场，搭起许多极华丽的牌坊。每日把国民所应知道的事情绘画传声放在牌坊排演出来，如李彦青枪毙之日，应将曹政府年来的腐败情状，在满街上详详细细布景绘形。于各小街道及街口等则利用其街牌，于是日皆挂上"兔子被枪毙"的警相，而粗略陈其因由。如此，居民每日头昂昂要知道的是今日各街牌坊上挂有什么好图画。今日为"大忘八"的现形，居民料到必有某大佬的妻子跟人偷走。明日为"小滑头"的示众，知是某阔少的撞骗。后日为守财奴的上枷，证明某资本家已破产。这样的一桩一桩把当日的社会事情使人民个个有兴趣地知道是怎样一回事，这个比报纸的势力当然较易于普及。

此外，尚有第二桩事更关重要，则组织许多活动的戏剧与电影及留声机队，使他们到各地轮流去排演，每地方上应于数里之内组织一个游艺场，每年至少在此场中排演戏剧、电影、留声机共有数十次。于此数里内的人民，人人皆得免费听剧与观影。自然由此，虽属穷乡僻壤的人民也皆得到一切需要的常识与必具的情感。我常想人民不能普及识字，本不要紧，识字与知识及道德原不相干。所要的在使人民怎样于兴趣中，而能得到相当的智慧与行为。我想这个如能从我们在上头所说的去施行，自然能得到了。

第五项的游艺，乃在足成前头一切游艺的意义，这是用游艺的方法，使情感怎样能去发泄的组织。这项本意，专在夜里做功夫。一切玩耍，通常多偏重于日间，但夜里确实比日间更好玩耍。夜气沉沉，月华阴阴，花倍美丽，叶较鲜明。大地景象格外觉得生动。恍惚"自然之母"广开慈悲心怀招了群众到伊胸前抚摩玩弄一样。故夜间游艺各种事情的组织更为游艺部所当注意的了，今举其要的为"夜花园"的设备。每地方上应有一个树木荫蔚，水声潺潺的广大夜花园。如城内不能得到这样场所，应该在城外寻觅，但求通宵交通便当就好了。例以北京城说，应指定西北山一带为夜花园，这是北山，这是白庙，这是万花山，这是碧云寺，这是香山，这是果子园，绵延递续，各有深林，各有暗谷。山顶则可摩天光，地下则可寻萤火。此处有跳舞场，彼处有咖啡馆，那边有客栈，这边有楼台。另外，各处备有许多零星的暖房以为冬天及阴天的住宿。夜静更深，花正吐香，月正亮，露正重，云已开，侬与君咖啡吸后酒态正浓，携手跳舞，舞得如蝴蝶的双飞，时时口相亲，鼻相闻，脸相贴，手相叉。舞罢余兴尚高，君呵！携侬到大地去舞罢。到那山顶树木翁郁之下，花与月影相移动。君与侬今夜就如此伴月影与花阴过了春宵一刻的好梦。舞罢，这个舞有阿拉伯的，有西班牙的、有意大利的、有非洲与澳洲式的，最通行的当然是本地方的中国式。舞罢，舞得体惰神倦了，不能再舞了。爱神含笑而去，睡神联袂而来。睡罢，一直睡到日上山尖，鸟声已盛唱了恋爱的歌曲。开眼所见的一枝一枝上跳来跳去的是那有情的比翼鸟便是昨宵侬与君的化形。

可是，请诸君不要误会我们这个夜花园，是与上海的同样龌龊肮脏，即与那伦敦、巴黎的一味如吃苦瓜一样的行乐，也大大不相同。第一，我们夜花园的目的不是为娼妓及吊膀子的生意场，乃是专为情人（或情人式的夫妻）的消遣所。第二，我们的目的是使人人得到野外生涯的乐趣。现在城乡的组织，使人一到晚上觉得如阴灵戴了惨黑黑的面具拿人去睡眠一样。如若我们去组织夜花园，使人在夜景行乐得了大大的兴味，使人所过的夜景，不会在狭窄与恶劣空气的黑房中，而在树影花阴与行云流星的旷野上，使人于爱情的发泄能扩张到天上与地下去，使花儿，月儿，树儿，云儿，一同伴爱人来睡眠，使风伯雨师，露姊土妹，时来搅动侬好梦。

总之，游艺部的任务，不但要使小孩与成年得到玩耍，而且要为老人谋娱乐，它不但要使人日间得到好游艺，并且要使人夜间得到好环境。它不但要使人于游艺中得到智慧与志愿，尤其要使人得到情感有充分的发泄。此间有不夜之城，使人人弃了屋宇的龌龊而乐于到露天旷地的大舞台，举行他们种种的娱乐。放弃先前个人的苟陋，扩张成为公共的住居。把先前个人的快乐，变成为天上人间一齐的领略。这样的游艺部岂但为游艺而游艺？我们敢说，虽孔夫子后生，必说"此之游艺大有道焉在其中也"。

五、纠仪部——礼乐的新意见

纠仪部的职务，积极上在制礼造乐，消极上在纠正仪节的过失。它是代替从前司法部与巡警厅的责任，但它无司法部的严酷与巡警的不情。它实在要以礼节与乐舞代法律，而以医理省刑罚，故它所管的为：
（1）礼仪司，（2）乐舞司，（3）疗过司。

现先就积极方面上说，纠仪部应请一班识礼的通人，从进化的人类心理与美善的社会基础上着想，扼要提纲，编辑一部"新礼大典"。其中并无繁文缛节，使人难行，如中国从前三跪九叩头一类的麻烦与无谓。例如我们的新婚礼上，不准新娘坐四围密封时常致闷死人的野蛮花轿，应规定以开敞的马车，无钱的以坐东洋车为主。新娘应穿改良的古装（参考我的《美的人生观》衣服一节），颜色红白听便，但不准用大巾满蒙头面，人生最快乐的为洞房花烛的日子，应当如何心花怒发，尽情领略人间的极端欢悦，新人安可不露头扬面一路受群众的欣赏呢。于婚日一早新郎应到未婚妻家行"亲迎礼"。到伊家时先向其父母和家人行三"大鞠躬"礼（我意为应分为大小二种鞠躬：大的则弯腰低头约五分钟，以示隆重，小的则如现在通常礼节用。）后当在家人前向其未婚妻行一大鞠躬礼，并应这样说："亲爱的！我特来欢迎您和我一同过那无穷的快乐日子，我誓以诚意表示我终身对您爱慕。"新娘答如仪。略受茶点招待后，新郎骑马（这个难题恐我国现在许多娇稚新郎未尝受过温柔滋味，已被马脚踢死了。但我乃为将来社会一切人皆会骑马谈话，自然免有此弊。）跟随坐车的新娘，或左或右，或前或后，引逗得两面相笑，四眼醉迷，姤得路旁人心头热热地跳咒这对儿确实撩得人神摇心乱。到了结婚场，由证婚人三人（一由男家请的，一由女家请的，一由男女家二星期前通知纠仪部所派来参礼的）问明新人确实相爱？并请他们说明相爱的理由。必有些新郎说，我爱伊美丽、贤惠与温柔。必有些新娘说，我爱他是一个好看，聪明和识趣的男子。又必有些新人说："我爱就爱了，这是神秘呵！请您勿问，我的心情连我自己也不能分析哟。"照例，应由纠仪部所派的说："幸福的人呵，我听您们相爱的条件确实不错。请您们从此把旧有的爱慕条件，互相勉励，美中求美，又把未有的美德从新采行。"又应笑容悦色对那主张神秘的新人说："幸福的人呵，愿您们把您们所承认的神秘情爱秘密保存，免至被人窥破呵！但我们希望您们于神秘之中时时从心理上发明彼此相爱的真情。"如此礼毕，来宾赠花篮、花球及各种礼物（但禁止用金钱），新人将他们所预备的"同心影"分送各人为纪念。于是喜乐大奏大吹，新人与来宾男女成双成对跳了种种喜的tango舞[1]（舞状详后，当然凡要结婚者，非晓得这种乐舞不可。此事应由乐舞司将不识这样乐舞者先行教导）。是晚

---

[1] 今译探戈，一种双人舞，起源于非洲，但流行于阿根廷，融合拉美风格后传入欧美。

不准闹房，新人应当较平时早休息。不准男人验"处女膜"。（因为膜的有无，不能证明是否处女，况兼彼此既以情爱相结合，安可管对方人从前事。）另彼此新人应有相当性的知识，这项应由"教育与艺术部"执行考验之责。结婚的明日新人双双坐车或骑马到纠仪部或局、证婚人家及来宾处道谢。自后须有最少一个月做"情爱的旅行"。各处交通上及旅馆见了新婚证据应以半价相优待（当事人不唯得到假期，并且照平时支薪水）。如此使初婚之人得了无限的欢迎，与过了一个浪漫时期的生活。这样婚礼才算是合乎人情的了。

说到丧礼，不准停丧过久，约停三日需要出葬。出殡时不准露棺。赴吊之人行三大鞠礼，丧家不必举哀陪拜，准许亲友送花圈，但除贫穷丧家外，不许借此敛财。如死者确有特别功勋或毒害于社会则由纠仪部派员到场哀悼与弹劾并述其功罪。私人无特别功罪者则由纠仪部所派在各地方的礼仪司，节录其生前的事状在纪念庙前贴布。使各人身后的是非分明，免至如今日死者的子孙必定说他是好人一样的荒唐。

他如祭礼一层应分为地方公祭与家祭二项：地方祭为纪念庙礼节，则用最盛大的仪节与乐舞。每日必有一个名人的祭日，从晨七时起至八时止，在国庙的则由总统率各官吏到庙主祭，并向大家宣讲此人的历史，于此可以表示执政者的文采到何程度。如为家祭的，则由家人行三大鞠躬后（不准拜跪）宣读先人生前的事迹（好坏勿忌）。在纪念庙则用大乐队与大舞队，每队各以三百人组成。家祭不准用大的乐舞队，仅许用十人组成的小乐队与小舞队。

此外，比较上头所说的礼更为普通者则为普通应酬的仪节，此中可分为饮食、谈话、相见及其他等项。饮食礼节，先须"分食"，即菜料无妨盛在公共碗碟，但每人须具有二份食具，认定一份特为到公共碗碟取食料之用（凡家人有疾病者也应实行此法。不但病人免传染他人而他人也免再加给病人别种疾病）。饮食不能有声（中人食粥及饮汤时若有五人以上其声可闻数十步如鸭洇水时一样）。不能开口咀嚼，即于食物入嘴后须紧闭口，免使人看见口内烂腐的丑状。不准骨头丢地，须放在自己碗中待用人倒去。不准剩存余物于自己的碗内，这个凡遇举箸提匙时不必取物太多，若味合的才多取，不合的则应取物极少，自然较易于勉强入口。不准放屁，本来凡遇有人时总须避到大便所放屁，于礼才合。但放屁中的最可恶处，则在食时的轰击使人敛气不得，仅好把屁味同食物一同咽下，这是何等残忍！不准吐痰，理由同上，痰比屁难闻又难看，并且传招各种病，故比屁更当预防与自重。痰盂不准放在食厅，只好放在小便处。最好，痰与鼻涕口水，当用布巾或纸巾拭后放入暗袋。客来仅敬茶水，不备烟酒。雅致之家可烧盘香代纸烟，暑天可用汽水，冬天可用咖啡当酒。我想这个代替极关重要。烟酒为害极大，而且花费。除在特定节日时许用外，纠仪部应严行取缔。若使各饭馆茶室烧了极好的盘香，则人的鼻口已感痛快，如此不用多费而已得到嗜好的满足。至于酒的代替物，则为汽水与咖啡，暑天既得汽水的凉爽，冬时可得咖啡的滋养与兴奋，如此代替不但无害而且有利了。

于饮食礼节外，更须兼及于谈话。凡无论对待何人遇有要求时应说"请"。如说"请你给我泡茶"，虽对自己用人也当如此。当所请的事做完后应说"谢"。称男为先生，女未嫁的为女士，已嫁的为夫人，老爷太太的称谓应当废除。对较熟的则称为"你"，自称为"我"。不许用那些卑鄙龌龊的代名，如鄙人、仆、妾等。说话应当高低得宜，不准如官僚一样的对待下属则厉声厉色，若对待上司则卑词鄙音。凡要说的当痛痛快快直陈无隐，不可吞吞吐吐使人讨厌。

相见的礼节，对长辈则用大鞠躬，长辈答如仪。平辈则用小鞠躬，答者如礼。在私居时，客来出门接，客去送到门外。在办公地方则迎送皆以自己办公房的门户为限。在路相遇时则互相点头或脱帽，或举手到帽檐作军礼状，彼此皆以笑脸相向。遇面时各以时候须请早安，或午安，或晚安。男遇女，男先说；晚辈遇长辈，晚辈先说；子女向父母先说，答者如仪。亲吻礼除夫妻情人外，应废除。握手可通用，但如手有传染病时须穿手套。坐车及一切事故，强壮者须让衰弱者有座位及种种便宜。路遇行人有危难，虽不相识应有救助的义务。

请客之礼除特别宴会外，平常交酬须夫妇同请，自己有妻的当出招待。这层为今日我国社交最关紧要的问题之一。现在一班主张一夫一妻制者，其实他们乃是"有夫无妻制"的代表人。他们男人日日自己跑街赴宴，但他的妻永未尝被人请过。他时时设法以酒食结纳要人，而不许其妻一同具名出头。我尝说这班男子实行"老婆老妈子化"主义者，他看他的老婆，不过家内一种老妈子，充其量当老妈子头而已。故今后如有妻的人，若请他不并请其妻便为失礼，被请了而不肯同其妻外出也算失礼。若其妻自己不愿应请，自当别论。但请他人夫妇同宴者，自己有妻不肯出为招待，算为失礼。如妻有事故不能预会，自应别论，但最好就不应请人，须待其妻能招待时才举行。

啰啰唆唆，说了不少的礼节，未免使人讨厌。可是本部职有专司，自不能不把礼节的大纲列出。其中自然有些保存古礼的，如亲迎一节为我最赏识者故特为保留。此外极多采取欧美现行的礼节，这虽是外来货，但确有可取，自当不以外货而鄙视。至于我国古礼中尚有"冠笄二礼"，应采其意而别行编制者，如把男女冠笄之年延长，定男子到了二十五岁、女子十八岁时，则各于左奶部的服装上缀一花形以表示男女已届可以交媾之期。每年于初春元日在纪念庙举行冠笄的盛典。此外尚有军礼一项应由游艺部特制，不再附及。至于各种运动与竞赛较武等事，因其易引起对手人的仇雠，也应特编礼典以防误会。

可是礼的真义是情感的，苟无情感，则一切礼节皆变成为机械的死板无聊。故我们于礼之外而再求乐与歌和舞以助情感的发展，如此一边有礼节为规矩，而一边又有乐与歌和舞可以放纵，礼与乐与歌与舞相调和，人类始能达到于风流跌宕之中而有雍容不迫的气象。究竟这种乐歌舞是什么，这为乐舞司的专职了。

音乐一项，其理甚微，不能在此说明，而且在这个旧乐已崩新乐未生的社会，实在极难说得使人明白，现在唯有从大纲处谈一谈。凡乐一面在使死的礼节得到活动的趣味，故凡有一种礼节，就应有一种音乐去配它。礼有婚、丧、祭、应酬等项，所以乐也当有婚、丧、祭、应酬等的分别。婚乐当然取其温柔缠绵使听者觉得春情无限尽付与音韵和谐之中。丧乐必要悲哀悱恻使人生了无限的感慨与坠落了多少的泪涟。祭乐不必悲，也不必喜，仅能逗出对于死者的哀思与对于生者的希望就够了。普通应酬之乐，有悲的如孤雁啼猿叫得人肠百回转，有喜的，喜得人满面春风笑融融。总之，音乐不论悲与喜，当有乐理为根底，使人得了高尚缠绵的情操，既不可如郑卫之音靡靡然使人肉麻，也不可如大锣大鼓的一味轰破耳膜的野蛮遗音。

乐的第二层作用处是由它产出了各种歌曲。现时我国社会几无一个较有系统的唱歌。学校所用的各个不同，我曾与大学生十几人围坐长城的败堞上，一时彼此高兴想唱歌以发泄，但如某歌为一二人所晓唱的他人则不晓得，历试各歌无论如何终不能得到彼此共同的圆满，虽至于"国歌"也不能人人能唱。由此使我回想从伦敦回来时，在船上有英国人二十余，各种职业不齐，有的系裁衣匠，有的系到南洋当牧人，当然他们无我们大学生的程度，但他们聚起来唱歌，大概有十几种，为人人所能唱。每当狂风激浪之夕，或蓝天白日之晨，群集而歌，彼此融融泄泄，时则慷慨悲歌，同仇敌忾，时则婉转缠绵若不胜情。由此一行比较，英人唱歌的教育确比我人的高。这个不是小事，凡国民的灵魂与情感，常借歌曲为依托与团结。故我们乐舞必要制定"国民须知"的歌谱约五十种，有的是为人道的如《国际歌》《国歌》《纪念歌》等，有的为英雄歌如《中国男儿歌》（看附件）之类，有的为儿女情歌，或则为各种知识之歌，如天文歌，如地理歌，如物理化学的定则，生物与社会的组织皆应谱为美丽的歌曲，或则为各种舞歌，使凡入小学者皆能随口成诵，由此可以得到外物的知识与团体的情感。中学生则应熟习较深较多的歌曲，大约有百种之间。大学生最少须知二百种深微的乐歌。以后如要考验一人的程度，就听他所唱的歌，务使一个社会变成为歌国，人民变成为歌人，习俗濡染于这种高尚情操的歌风，哪怕社会不会无美俗了。

其三为乐和歌与舞的关系。乐歌舞，本可各个独立，但彼此能合一气更觉能撩动人的心情。舞时无歌已成"哑舞"，若无音乐更成"苦舞"，故舞须有乐，这个在欧美社会上尚能得到，至于舞兼要歌，除剧场外则极难得到了。我们乐舞司当于此层大注意，务使普通社交上皆能得到乐歌舞一气之用。又它所注重的舞，为各种tango舞。这些舞极有趣味，而最能表得出情容。若为喜的tango舞，最好为婚姻及玩耍的时节才用。当舞时，舞男有把舞女一脚提起到私处微微掠开，又将嘴儿作势似要去相亲一样。有的，舞女头伏男阴醉态模糊。或则彼此口将近而忽离，情愈挑而兴愈旺。或则男抱女身，女绕男颈，如蝶戏花，似鸟依人。读者必说这样"淫舞"不如勿舞。但我则说要舞就须"痛舞"。况且这个不是淫舞的，巴黎学生区的舞台常常出演哪。虽此种舞，不能与不相识之人实行，但既为情人，或是夫妻，或为好友，大家就无妨一同戏玩，又何须什么顾与忌？但我也知现在社会不能通用这个"洋舞"的，故须待到情人社会实现时才去施行，有道学癖者请放心些，你们总不会得到这样"眼福"也。我今再说悲的tango舞吧，则见蓬头抢地，凶睛射天，双拳击柱，一声声痛叫得哀哀要绝，两眶泪频挥而不干，男比霸王更叱咤，女如虞兮较娇啼。这种歌舞适用于悲惨时代，如"五卅"之变，庚子之乱，或则父母逝亡，亲友沦丧，人情到此发于自然的呼号，而以tango舞的悲态表出之确能得到淋漓尽致的痛快。此外，团体舞，也当极力提倡。儿童舞更不可少。幼稚园及小学学习儿童舞。中学学习普通舞及团体舞。大学应学习悲欢二种的tango舞，这是教育与艺术部的课程。喜节用喜舞，悲日用悲舞，儿童用儿童舞，有时则规定为团体舞及普通舞，这是纠仪部对于人民所组织的舞台的执行。

以上礼节与乐歌舞各项的大纲已编制好了。那么，纠仪部对于人民的责任，就在提倡去实行与监督他们的越轨。他们派出了许多纠仪员到街市去，到剧台去，舞台去，酒馆茶楼，私家宴会，时常也有他们的踪迹。常常在街上见到纠仪员干涉行人的吐痰与衣服的不整，如今日巡警干涉车夫不穿上衣一样。时常听纠仪员抱怨某人跳舞不好，某项乐队不佳，若他们不改善，恐难免于干涉等等的论调。若使他们遇到现时北京出丧所雇的乐队常常奏了玩耍的乐音自然要带这些乐队到司责备了。可是他们当然比巡警程度万倍高。他们皆是礼仪司特办的专门学校毕业的。他们熟知礼典，精通歌舞与音乐。他们穿极整洁的礼服与礼帽。他们手所执的不是警棍与枪刀，乃是一面最精良的"折镜"，凡犯礼与乱乐者，就把折镜照他形状，使犯人知自己的丑陋与行为的错失。（或问这样折镜如何构造，恐是著者的胡诌。我答你未看过这样折镜，安知我的胡诌。其他问难皆如此答，呵呵！）

凡被纠仪员带司告诫或惩办者，大概为三种人，一为不知礼乐与歌舞者，由疗过司带其到礼仪司或乐舞司再学好后始放出。一为由于身体有病而犯罪者，如某人今日无食偷人面包，则由疗治司考查，如他不能得到工作致无生活之费，则应通知国势部筹备补救之法，而多给予生活费后放之自由。如他偷惰不肯工作，则应注射"不惰浆"使他兴奋去谋生。如他有疾病不能工作，则由医生疗治好后放出。又如有一个女子犯色狂罪，则由医生验明伊的病源，如大阴唇作怪，则即割去就能变成为常态了。其他种种罪人皆可用治病法去救治，自然由此无须用别种刑法了。其第三种的犯罪者则为神经病，应由神经医生治疗之。如路遇一人面青眼乱，因为一个铜子至于打伤车夫，则应由神经医生查察他神经确实过于刺激，应令静养安好始许出外。又如因故杀人，更当由医生研究什么神经病，从速医好后，特别再给予数年相当的礼乐歌舞的练习，又须查其性情确已移化，然后准他自由，另须终身受纠仪员特别的监视。若杀人犯的神经病过重，已无疗愈的希望者，则应当犯人熟睡时用电击死。总使死者免受一毫的精神与肉体的痛苦为主。现在各国所用死刑的方法极其野蛮，而我国的割头示众，或游街后枪毙等等更是野蛮的野蛮。禽兽的野蛮尚不会如此残忍对待其同类。同是人，你有什么资格去杀他？你所恃的不过权力与法律而已。以权力杀人当然是野蛮之尤。以法律杀人也未见得文明。且他犯死罪，杀他罢了，何必斩首示众，血流满地？他杀人已不该，你杀他就算该么？至于平时不能使人民良善，而以尸首吓人望他不为非，则更为无理之尤，野蛮之尤，胡闹之尤了！

总之，法律可以废止。现在的法律当然是一班权力者的"好家伙"，即将来由一班法律家本自然的定则以立律，也无多大的价值。因为立法纵平，而执法者终不是天帝。换句话说，终不能大公无私而不免于舞弊，那么法虽良而究竟终不能得到好结果。可是，我们不是无政府的。我们虽主张"毁法"，但望以礼节与乐歌舞的规则代替它。换句话说，我们不主张法治，但主张"美治"。我们所编制那部"新礼大典"就是先前法治国家的"六法大全"。我们慈善的医生，就是代替他们黑暗的监吏与残暴的刽子手。我们知道人的犯罪，必有一定的因由，或由于社会环境的胁迫，或由于自己的身体及精神上的变态。我们知人不能杀人，禁人，仅能帮助人，疗治人。我们美的国家并无监狱，只有病院，并无杀头刀，只有提琴，并无子弹，只有药丸。我们在引导罪人变成好人，好似医生救治病人变成好人一样。我们如遇大病不能医治者，只有呼天叹息无可奈何，仅使他不觉痛苦而终，但不愿如今日的法官与监吏，既苛待了犯人的身体并残贼他的灵魂。我们知人的变态如常人不能无病一样的普通，遇有罪者，仅求于变态时期免出外伤与自残就是了，但不能如今日的制度，把一个仅一分的恶人，禁到他变成十分恶人那样的残忍，又常把一时的错失，而必使他成为终身不能改过的罪犯那样荒唐。重说一遍，法律应该废除的，它是强有力者的私造品而又是一切罪恶的根源。新的礼乐与歌舞，应当代替法律而兴起的，这是能使人们得到乐与歌舞的尽情而又得到礼节的规矩。人人尽情与守礼，自然不会犯罪了。至于在礼乐之外而犯罪必由社会的迫害与自己身心的变态。前的救济，待我们在下章去讨论，后的救济，全由医学去治疗，这是纠仪部内特设疗过司的用意，请你们美的国民同意通过吧！

中国男儿

1895 年中国陆军军歌

$1 = F \dfrac{2}{4}$

```
5  5 | 5̇. 5 | 5̄6̄ 4̄5̄ | 3  1̄0̄ | 2  2 |
中 国   男  儿，中 国   男 儿， 要  将

2̇. 2 | 2̄3̄ 1̄2̄ | 5  0 ‖: 5  5 | 5̇. 5 |
只 手   撑  天   空。     睡 狮   千  年，
                         中 国   男  儿，

5̄6̄ 4̄5̄ | 3  1̄0̄ | 2  2 | 2̇. 2 | 2̄3̄ 1̄2̄ |
睡 狮   千 年，  一 夫   振 臂   万 夫
中 国   男 儿，  要 将   只 手   撑 天
                                       mp
5. 0 | 6̣ 6̣ | 5̣ 5̣ | 1 1 | 6̣ 6̣ | 2 2 | 1 1 | 3 3 | 2 2 |
雄。  长 江  大 河，亚 洲  之 东，峨 峨  昆 仑， 翼 翼  长 城，
空。  我 有  宝 刀，慷 慨  从 戎，击 楫  中 流， 浃 浃  大 风，

5 5 | 6 6 | 3 3 | 5 5 | 2 2 | 3 3 | 1 1 | 2 0 | 6̣ 6̣ | 5̣ 5̣ |
天 府  之 国，取 多  用 宏，黄 帝  之 胄  神 明   种，  风 虎  云 龙，
决 胜  疆 场，气 贯  长 虹，古 今  多 少  奇 丈   夫，  碎 首  黄 尘，

                        1                 渐慢  2
1 1 | 3 3 | 2̇.1 | 2̇.1 | 2 3 | 1 0 :‖ 2̇.1 | 2̇.1 | 2̄5̄ | 1 ‖
万 国   来 同，天 之   骄 子  吾 纵   横。   至 今   热 血   犹 殷  红！
燕 然   勒 功，
```

214

六、交际部——交际与国际

这部有对内对外二种职务：对内的则在谋社会交际的便利与兴趣。由交际部规定每年几个日子为"交友节"。如阳历的正月一日、三月三日、九月九日、十二月十二日之类。于各处筹备许多"交友节"的场所，若在三月三日及九月九日并应在水边及高山之上广设会场，以便修禊与登高者的憩息。各场内盛备茶点及各种游艺之具，又特派出许多女交际员随场招待，并应利用其科学和艺术的眼光与手段，审视谁与谁最相宜为朋友，然后诚恳诚敬地为之介绍。例如见了一位红颜娇羞的女郎，芳龄二八，秀外慧中，则为伊介绍了一位气象雍容、温存尔雅的书生。如见一位高大身材举止粗莽的男子则为他介绍一位浓眉阔嘴的强壮妇人。若他是厨夫么？则寻一位打杂妇为他伴侣。假使伊是老妈子，则应找一年纪身材相当的听差。如此结交就免生小姐拉车夫，听差交太太，那样不相配了。（我尝与一贵夫人辩，伊说某女子如由伊所爱的学生变迁去爱车夫，这尚可恕，但伊所变迁的乃比学生的地位更高的人，所以不服输，这个确实有些道理。但我所立点处是以才能人格均为标准，不是以地位为定点，假使车夫及听差有相当的程度，则小姐太太们恋爱他也是进步。假使老爷大人们无程度，则小姐太太们去嫁他当然算是堕落。但我想今日的车夫听差们总比学生教授程度低，所以我许人从恋爱车夫听差的变为恋爱学生教授，若从相反方面的变迁，我大概不赞成，这或是我的阶级观念太深呵！）

此外，并应为人介绍年龄、职业、才能相当的同性朋友，庶免使人有滥交恶伴的毛病。总之，当由此养成社会喜欢交游的风俗，务使在"交友节"每人至少得了一位新的异性及一位新的同性朋友，如不能得到，则群以为羞。平时已经纳交的友人，应于交友节互送礼物，如不依礼，就视为绝交的表示，由此办去，交友节不但使人得了新友,并可由此对旧友时时增了许多的情谊。我国人交友最不看重交换情感的形式,每每隔数十年不通音问,以致使对手人不知是友是仇或是路人。至于势利之徒反得借此招摇,有些朋友已经意见变为仇敌,如一是照旧主张革命,一已变节为政客,但后人因为前人的名气可以吓人,每每说是他的兄弟,这样的朋友实在危险!故最好由交友节的表示,可以证明各人对于友人的意见,如经过几次不送礼节,便是证明对他不肯继续视为友人,若对手人反在外招摇,则可由其本人,或其亲友攻击他,如此交友之道既有所标准,当然不会滥交以受人累,而被弃者也自然不敢再引些阔人为重以乱人听。是友是仇,界限分明,省却多少麻烦,免了多少误会。而所交者,必要程度相当,事业相似,自然不会有今日的"势利交"种种弊端了。

凡遇交友节,应由交际部请邮局对于为交换情感的不封信件,图书明信片,及各种礼物等应该免费输送。并于是日在"交友节"场内预备许多酒席,以备有意结交之人到场抽彩,遇有八人得票者就开一桌为他们祝福。儿童也可参与,但由交际员特别介绍相当的年龄为"小朋友",其桌席也以儿童为限。如此办去,老的少的,男的女的,皆愿到场与人证交,这样不知不觉中就能引导社会的人皆成为朋友一样的亲热了。

可是,交际部的希望不但在使同一社会的人皆成朋友,它的责任更有比此重大者则在达到全地球的民族皆成朋友,这就是它对外独一的方针。依此宗旨做去,消极上可以免有了今日外交部的一味阴险欺骗为能事,积极上可以得到国际彼此的了解。我今来说怎样使地球的民族皆成朋友。

凡所派的大使、公使、领事及外交一切的人员,皆以美丽、有情感及才能的女子为合格。伊们外交独一的手段,以"情感的交际"为主,对于社会及政治的运动一以情感为依归。伊们的职务有四:第一,怎样使所派地的社会的人对伊起了同情;第二,怎样使自国与所派地的社会家、思想家及政治家等,得到情感的交孚;第三,任各种情感宣传之责；第四，提倡本国人民在其所派地结婚的事宜。由这四个新的外交方法，自然可以得到人类真正的了解而免先前一切外交上的误会了。今应逐节稍为说明于下以便为新外交的方针。

第一，外交官要使所派地的社会对他起了同情，则最要紧的不可以官僚自居，而当多多出外与社会相交际。尤其是凡对于其地的慈善事业应该努力帮助，故可以说，从前的外交官是"商务官"，今日的为"政治官"，将来我们的为"慈善官"，伊们有的是金钱可以救济难民与建设许多慈善事业。若无金钱的外交家，只要伊们有的是良心与情感，自然可以宽慰许多穷苦的人民了。我国古时的外交，也有以"救灾恤邻，国之福也"为号召。虽在今日一地方上遇有灾难，各国代表例有救助之义。可惜，这些皆是表面的文章，我们今后所望的，实实在在看邻国的祸难如自己所罹的一样，本其披发往救的热诚，不为虚文所拘泥，这才能使被慰者生出感激的心怀呢。

另外，外交官要使所派地的社会对他起了同情，则最好的应多向其群众方面尽力活动。故外交署馆应该变为所派地的群众机关，遇必要时，或明助或暗帮就为群众努力做事。苟为正义而争，如遇革命军起时，则宁可碎身粉骨与所派地的恶政府反抗，不必顾及于国交的危险。总之，凡外交官对于所派地当视为自己的国土一样，而对其人民当看做自己的人民，痛痒既如此相关，自然可以得到彼此间情感的融洽了。

第二，外交官怎样使自国与所派地的社会家、思想家及政治家等得到情感的交孚？我想最要紧的则用种种方法使两国这些人物互相到其国考察、讲演与探问。现时的外交家乃一种变形的侦探。他对于政治、军事、经济等等常用秘密的侦查以报告本国。我们今后的女外交家断不肯做这样凶恶的行为了。伊所要报告的为自国及所派地的思想、技能及情感。伊所介绍而来的即这些的宣传人。伊所介绍而去的也即是这些的宣传人。人民代表的互派，学者的往来，社会家的彼此热烈欢迎与招待，使这些"上流人"互相了解，各视友国的利害，便是本国的利害，换句话说，他们视友国即是自己的第二母国，那么自然用不着什么捭阖的外交手段，与翻手为云、覆手为雨的那样心思去毒害邻国了。

第三，我们的女外交家最重大的职务为对于各种情感尽宣传之责。伊们是情神的使者。伊们有一个，也只有一个的口号："各地方有情感的人们聚合起来吧！"凡伊所能宣传的地方，如借慈善的事情及公众运动的场所与那报纸、电影、演说等，皆以这个情感的主义相号召。遇关系国有一件重大的事件发生，伊们总是大声疾呼彼此以情感相了解，提倡彼此应该互相退让，彼此应以朋友相对待不当以仇敌相疑猜。伊们详细地向其人民解释：若诉诸战争无论胜败都要吃亏，不如彼此以互让的心情，忍些气，认些错，横竖将来总有了解的一日，则纵有理而认错，自然受了他人相当的尊敬。总之，今后我们"第五国际"的作战方略是"有情者与无情的宣战"，这也是一种阶级的战争。我们不管贫富与否，只问他们有无情感。凡有情感的虽富人也是我们的朋友。凡无情感的虽贫穷也是我们的仇敌。我们知资产确是社会的制度所造成，我们不必向富人仇恨，只把社会的组织一改，富人的阶级就推倒了（参看下章）。但现在的富人苟具有情感者，断不肯坐视万金家产腐朽于败囊破箧之中，而对许多贫无立锥的人民漠然不肯一援手。我们所爱的就是一班富户，虽受社会的制度所造成，但肯出钱去赎过，并且他们所出的钱不是做收买人心的手段，乃为本于良心的冲动。假设有这样富而仁的人，我们何必去摧残他呢。至于一班贫穷的人，我们也极原谅他们的衣食不足，教育不完，遂致时时不免凶狠鲁莽。但苟其人有慈爱之情，哪管他是盗贼，我们也当爱他。若无情感的破落户，他们只知一味借"无产阶级"的头衔，行了他们中饱欺人的实态。这些人，我们安能因他的贫穷遂认为同道吗？总之，我们今后的旗帜是以情感为基础。我们聚集这些有情感之人不论他是富的、贫的、贤的、愚的、高的、低的、男的、女的、白种的、黑族、红棕色的，皆应同隶在这个旗帜之下与那无情感的，虽是父母、兄弟、姊妹、族人、朋友、亲戚、同乡人、同国人宣战。"各地方有情感的人们聚合起来吧！数千年来的社会，皆是一班无情感的人做了我们的统治者，致成法律不平等、经济不平均、教育不普及、情感不交孚！各地方有情感的人们聚合起来吧！我们应有这样阶级的觉悟！我们有情感者应当联合为一线，打倒那无情感的政府与其人民！各地方有情感的人们万岁万万岁！"这是一种宣言，系草于公元一九二五年十月一日成立于什刹海的一隅，起草者是预备做美的社会组织法的顾问张竞生，赞成者有他的伴侣与十个月大的小孩。万岁万万岁有情感的人们！这是预备将来"第五国际"的女外交家向全球全民宣传的底稿。

　　第四，我们的女外交官为实行这个情感的宣传，一面，伊们有一个决心去与所派地的人结婚。但最慧敏的仅许做情人而不愿为人的妻。一个这样的女子，能使伊所派地的政府个个总长以为爱他而不恋爱他人。被伊请来同桌的，个个觉得仅有他受了特遇，个个满足，并无一个失意而去。这样才能确实为女子特长的交际手段，所以我们主张唯有女子才能胜当外交家的责任。若男子的牛性猪气，动不动就要得罪人。故使他们当外交家，弱国的则一屁不敢放，仅会阴险欺骗；强国的则只会下旗归国派舰轰击相威吓。这些过亢过卑的手段，确实是男子做外交家的劣败证据。男子本来生成这样卑鄙及鲁莽的性质，他们坠地时就无交际才，不幸由男子中心社会的荫庇遂得拥节出使，至于闹出了数千年来的外交许多罪恶荒谬的史迹。其实男子岂但性质恶劣，不堪为外交家，就他所最夸的重理性与善经济说，更足证明他们无外交官的资格。因为他们太偏重理性了，故缺乏了情感，遂每每因一支国旗被人打倒就要召兵开仗。因为他们太看重金钱了，故缺少了牺牲的精神，不见英国外交官因拥护鸦片的利益遂把我们数十年来几千万的人民毒死吗？若使具有情感与富于牺牲的女子当外交的重任，则打倒一支国旗算什么事。打倒若有因由的，则应彼此和解。打倒如无因由的，则只付诸一笑好似风刮去一样。总之，伊们总能使大事化小，小事化无。总不肯如今日的男外交家，开口合口说什么国家尊严，主权勿失。实则他们仅会保重这个玄学的抽象的国家一个空名字，而不顾及常因这些虚面子致打死了几千万人，坏了几千万房子，饿死了无穷数的老幼，摧残了多少的学术。但这些他们全不管的，以致古今许多的怪象常常被外交家所演出来了。若使有情感的女子们去做外交家，伊们是有情感的理性者断不会生出那些怪现象。伊们是两造的和事老，这边认错，那边作揖，这边说硬，那边说软，这边讨情，那边乞谅，凡虽有严重事件，经过这样的爱神三番五次地吹嘘就都变化为云消雾散了。爱的女神呵，你们自然以金钱为轻，情爱为重的。你们不愿本国有益而加害于他人，你们遇有利益大家享时才肯去做的。

伊们自己是爱神了，伊们更当推广其爱到全人间去。故其终末而且重要的责任就在使本国的人民得与所派地的人民互相婚姻。伊们时常开跳舞会使两国人民互相认识。伊们时常调查彼此人民的性情才能等相近者为之介绍成为情人或为夫妇。伊们不愿如欧战时，巴黎的中国公使馆承了法国内务部之命摧残华工与法妇结婚的便利。伊们不愿如今日的美国尚有什么唐人街的存留。伊们的责任在使本国人民与所派地的人民互相"混化"。不错，是混化不是同化，就是使他们不是把中国同化于人，也不是使人同化于我，乃使我与人互相混合起来，使我中有人，人中有我，我我人人分析不清，迨及子子孙孙更不能分得清楚。这些子孙的祖家有中国的，有波兰的，有英、日、美、德的，有马来的，有黑族的。他们确实混化起来，他们辨别不出哪一国是"祖国"，哪一种文化是自己的文化。各地皆是他们的祖国。各种文化皆与他们有关系。似这样的人民尚有什么不相了解么？尚有因国家的观念而打战么？故我们的外交家，不但在使全地球的人皆成朋友，并且使四海之内皆成同胞。必要待到这二个目的达到，我们的外交家才算称职。

由上说来，交际部的职任对内对外皆以情感的交际为宗旨了。

它所派出的外交官也可称为交际官，一切职守皆以交际为范围，关于商务及政治等事不过为附属的条件而已。我们的外交官称职不称职，全视伊们受了所派地的人民欢迎不欢迎。由此大纲为标准，故各国所派来的外交官也以女子及能否得到我国人民的情感为标准。如伊们到我国来，一切行为不以情感、慈善及互相帮助为依归，我们就不能承认了。总之，我们的交际部所派出的交际员与外交官皆是一班娇滴滴及聪敏的女子，当然不会如今日三寸丁那样丑公使的辱没人。我们所受的也是一班慈爱温和智慧双全的女外国代表，当然不会如今日所见那些磔颏狐脸，满眼包藏了无穷的狡猾与凶狠，开口就说什么强权那样糊涂汉。这样的交际部才可算是美的政府的机关呢。

七、实业与理财部——美的实业与美的理财法

自来中外的理财家重在收税而忽略于自己生利的方法。我们美的理财法与此大大不相同。它第一宣布一概口岸皆为自由港并无关税的征收。它第二豁免内地一切的厘金，任凭外商来竞争，与任凭内商的努力。竞争与努力，其结果必定使商务繁兴与农工的振作。可是，它自有生财的方法与限制私家资本的膨胀。因为它是从实业中谋理财，故财不但得到充足，而且实业得到大发展，并且使大地皆成为美丽的色彩。我们今先说：

（1）美的农业的经营是什么一回事吧。于每地方上，由部经理许多极大的农事场、林场、牧畜场、水产场与园艺场。这些场的作用，一在得到公家的出息，二在指导人民得到最好的收成，三在使大地变成为美丽的局面。以农场说，在一定区域内，由它专利发售各种农具、种子与肥料。这些农具是自己制造的，种子是自己收成的，肥料也是自己发明的，如此种种的利益已是极大了。况兼有林场的树苗与

木料的出息。况兼又有牧畜场可以卖畜种和家生的禽兽与售牛乳，并卖马和管理兽医。此外，又有水产场，其利益又更大了，它有渔盐莫大的利源。再加之园艺的出产，既可以卖果树果实与花种花卉，并可以售蚕种与蜂窝。这些利源准够政府一部分的使用了。不见北京农商部仅靠一个中央农事试验场的出息已足接济好些部费了。

可是，政府方面所得的利益还在其次，最要紧的，人民于此得到种子、肥料及种植培养种种的好指导，则其利益更无穷大了。实则，美的农业的希望岂但如此，它于一定区域内规定人民仅能种某种物，养何种畜，培植何种林木，栽治何种花卉与果实。此地是宜于种桑养蚕的，则就限制人民仅能种桑养蚕。那边仅准种柑，第三地方只许养花卉。东边可以蓄蜂，西池可以养鱼，南北一隅不准于种稻麦外别有经营，诸如此类的限制，既可以使农民互相得到帮助的利益，并且可以得到美丽的观瞻。以实利说，譬如某地极宜蚕业，苟一家单独经营，或一年多蚕而少叶，其蚕必致于饿死。或一年叶多而蚕少，则叶未免于弃置。到底来，终不能得到蚕丝的好收成。若于此地同营一业，则东家叶子多余，可以补助西家蚕子的食料。甲处蚕子稀微则可向乙处收买。此外，机器互相假借，人力互相帮忙。偶逢蠹虫侵害，则彼此利害相关，大家必肯齐心驱除，当然较比一家单身匹马为有效力。其次，由这样的指定，则农家不能因厚利而种有害于民生的物品，如今日我国满地种罂粟，更把五谷抛却，遂生出了烟土堆积而粮米空虚的怪现象！

若以美趣方面说，限制作业，更为必要的政策。这地通通是稻田，则所见的如江南一幅好画图。田里蛙声处处叫，一套无穷尽的绿袍，满满盖住了大地的身子，夏风吹来，秀苗油油然如长袖的善舞。说到北方的麦原更加兴趣了。举目一望，远连天际，麦穗作金黄色，夏日的烈光照去，越显得娇媚有姿致，一到晚景被熏风荡得如黄海金波一样的离披。这个麦海的美丽，另有它一种海景的奇观，凡尝领略这个情景者看此当与著者此时同有一样回想的无限滋味。

我笔写到此，我神已驰到这个麦海和凉风相摇动了！我回想海水的寒冷无情，我愈觉得麦海的穗波热热地有生气。我回想大洋的狂浪振荡得我脑乱神昏，我愈爱慕谷海的安静慈祥、令人可亲。我如要自尽吗？我就去跳入这个生命的海中与谷神相拥抱而归化于大地之母亲的怀内。美的政府呵！你们最大的责任，就在安排全大地皆为人民生存的安乐窝。并使这个大地为果子园，这是一带遥遥的柑圃橘场，那是柚地和苹果所果实累累，枝叶垂垂，中有无限的蜂蝶如闹官衙、如戏彩棚。再越界而凭眺，池塘鱼跃、野草雉鸣，更兼有菊畦与牡丹台一排一排地如丛云的反照，其上有飞禽的遨翔，底下有走兽的驰突。大地如此变成为公园，为公囿，为花圃，为鸟笼，为蝴蝶的家乡，为云儿的福地，五彩辉煌千形万象，花红柳绿，鸟鸣兽号，平原有一片一片的美丽地毯，高山有一丛一丛的瑰异围屏。春气融融，绿畴酥软，夏日照高林作赤血色，射出了万道的金光，秋月晶莹洗得满地干净，冬雪挂树枝，冰冷的地皮上有洁白的银幕，大地如此又一变而成为美人的怀春与壮士的悲秋了。实在说来，必要这样美丽去安排，才能对得住自然之母的神情和风韵，伊一个赤裸裸的身材，全凭人去怎样修饰，就变成了怎样形状。又使人怎样尽力去修饰，伊也就怎样去报酬他。故把伊弄得好看了，同时也得到伊种种的好处，美与利益，一举双收，人们对于农事必看各种美的工作做一种实利，然后才得到了农家的三昧。

（2）我们既于大地上装饰了无限的美观，又当使大地的物件变成为极美丽的效用，此层应当特别从工业入手了。由"实业与理财部"在各地设立种种的工厂，而使一切工人在工厂内得到种种的乐趣，当做工时好似在剧场看戏一样的快乐。这要把工厂建筑得极美丽极卫生与合用。工厂内五光十彩的是时时刻刻变幻的光线。千韵万籁的是回回次次更换的声调。把所有轧轧单调的机声，用法使它消灭，而代了彼此工人的情话喁喁。工人所做工的时间每日四时为最多。每年仅做三个月的"官工"。但无论何人皆当就其才能，每年为公服务三个月的工作,如此人人有工作,则各人三个月的每日四点工作尽够社会充足的应用了。

至其出品,当分为二项:一为需要品,则用机器,务使用最好的科学方法使其效率最大,出物最多,这层应全由男子去担任。另外一项则为艺术品,则全由女子用艺术的方法细心地一点一点去用功,她当然不求其多而求其精。这二项的物品分配法,待在下章去讨论。

总之,公家如此去经营,则凡私家的工厂也当照此去办理。凡需要品若告十分充足后,就不准继续制造,应专从艺术方面上用功夫。务使社会日积月累得之无穷的艺术品。则将来人们所穿者皆是极精致美术的衣服。屋内所用的皆是极美丽的器具与地毡。金银币当然是废止的,凡厨房器皿,饮食箸匙与一切装饰品,皆是五金用了极美丽的方法所制成。建筑一项更是美之又美了。木雕铁刻,处处皆有美术性,而有价值的图画与雕刻更是汗牛充栋,家家皆有了欣赏的乐趣。于社会上的通用,既无金银,仅有许多种的"美值票",全由那些名家的画图所缩影,不过其上加印"美值若干"数字而已。其使用法当详于后。

但有一事应当注意者,公家虽有许多工厂,但私家工厂也听其存在,不过其资本及其制造的物品与件数须受公家的限制,总使它们不会妨害社会的安宁与搅乱金融的现象,并使它们时时依了公家工厂的最好方法去实行就好了。如此,公家既得了工作的利益,同时又能使私家的工厂得到好指导,这不但不是与民争利,而且为民生利了。由上说来单靠农工二项的利益已够政府的费用,而于此外尚有商业可由公家去经营而得到利,故现论及:

(3)商业一门,怎样由公家管理的方法了。凡一切有关于普通民生者如自来水、电灯等应由公家去经营,这层似不用再去论及。但我们美的政府对于商业的问题别有一种见解,即要把它做成为一种艺术事业,不仅看做一种谋利的机关而已。怎样能使商业变成为艺术的事业。这层可分为二方面去进行:一为操纵金融的方法,二为做生意的方法。要操一国的金融，应把银行归公家专办，不能由自家经营，公家银行，与外国交易者则用"信用票"，即以本国的货物与外国的货物为交换的标准，自然不用着金银币的累赘。至与国内的交易则行使"美值票"。凡得票若干可到公家工厂换物品，或要购买外国物，则须到国家银行换取汇票。凡公家时时得以限制内外货物的交换。如今年本国棉花丰收，则不准外国运棉入口；又如本国粮麦歉收，则禁止输出食品。由此做去，则国内仅有美好物品的娱目，并无铜臭的熏心，于冥冥中直接使本国人民专从艺术的实业方面做功夫，间接也使外国人的通商，不是为金钱而来，乃为货物的交换与比赛，自然他们的货品也不能不从美的方面努力了。

说及做生意的艺术方法，我在上已主张应该由女子做商人的理由了。由公家在每地方上设立许多宏大美丽的商场而使女子为商人。优给伊们的薪水，重视伊们的地位。使伊们打扮得如天仙，如玉人，招待人如簧如箫的迷惑，殷勤时好似情人照顾的热诚。买客到此如入迷楼，险些不能逃出。这样商场当然如赛会场一样的排设。第一层有的是日常必用品，第二层为衣服，第三层为鞋帽，第四层为家具与排设品，第五层为杂物，第六层为剧场、茶室、露台的玩耍场等等。所有一切国内与国外的物品，形形色色皆齐全。你要看巴黎最新的女装吗？则请到这边来。你要得到维也纳的家具吗？则请到那边去。你不用到全地球去，你仅到这样的商场一来，则世界上所有的衣食住、玩耍等等皆应有尽有极便当地待你取用，这样商场当然不止能操纵一地方上的商务而已，它的紧要处，则在使农工等业得它为比较的赛会场，以便去短采长。而一切普通人由此时时得到新鲜美丽的眼福与物品。

由上做去，我们美的政府不用收税而专从农、工、商三面去生利，则财用自然极充足了。它由此并有二个极大的希望，就是一边使私家的农工商得到好好的指导，而一边则使大地变成为美丽的农场，工厂皆成为艺术的工作，商场皆成为赛会场的大观。这就是我们美的实业观，也就是我们美的理财法。

八、交通与游历部——游历的大作用

于上所说从实业的经营可以得到公家无穷的利源外，交通一项更可得到极大的收入。如铁路，如邮政、邮船，如飞机，如电报与电话，在在皆由公家专利去管理，就不怕无充足的政费了。可是，我们的交通部不但为交通，不但为利益，而其最大的目的乃为游历。所有铁路、船邮、飞机、电报与电话等特别注重于游历的便利。凡穷乡僻壤，绝岛荒区，苟有名胜所在，或特别有趣的地方，则有种种交通的便利以便游客的光顾。我们不止要经营津浦路，我们并要于靠近泰山开一支路并从山下用升降机达于山顶，使人得以登上泰山最高峰，欣赏一轮红日从东海涌现。那时万道金光四穿八射，周围山丘，各个返照，千态万状，斗媚争妍。我们不但要西通藏，北达蒙，我们尚要在喜马拉雅组织飞机队，腾云凌空以穷世界最高的胜景；又要在蒙古沙漠组织骆驼与汽车队，旷野万里凭眺那大地不毛的伟迹。我们不但要有黄河长江的邮船，并且要上达巫峡三巴以至昆仑发源之地，与夫青海扬流之区，皆有扁舟可备探奇寻幽之用。我们不但在通都大邑有通消息的机关，并且要在喜马拉雅峰上安置无线电报以为环球最大最灵的电台，并于戈壁沙漠之中装置无线电话以与内地通讯。最要紧的，我们把全国划做几个游历区，如中区与东西南北之类。中区以长安为总汇，东区则定上海，北区则定奉天，南区则定贵阳，西区则定安西。各有游历的干线与支线，而以铁路、轮船及飞机组织之。铁道不能到的，则用汽车与自行车或马轿等代之。轮船不能到的，则以航船与铁索代之。飞机不能到的，则以绳索及拐杖代之。这些游历区的铁路、轮船及飞机等自然与专为实业的交通计划不同。它一方面利用实业的交通系统，而一方面另有它独立的经营。它不是专为利益，而专以美趣为宗旨。故它的组织,有时极要丢本。它或者有时费了几千元的煤油,仅得了数十元的赔补。但这个不能使我们游历局灰心的。它一面从实业交通的系统上得了无穷的资助,另一方面它从"游历的外利"取偿。什么叫做"游历的外利"呢?就是在各名胜的地方建筑一些美丽的旅店与玩耍场,以为游客的安乐窝与销金窟。故游历区最要的组织,在使这些游历区的地方有极美丽的建筑场与极著名的博物馆、文化馆、美术院、医院等,而于各游历地的原有名胜者则极力扩充发展,无名胜者则努力创造。此外,于卫生及玩耍的场所也当多设备。例如此地有温泉的,则应竭力经营,使旅客可以洗浴与吸饮,并为人说明这种温泉可以医治肠病、皮肤病及生殖器病。又如彼处有茂盛的松柏,则于其中注意于极美丽的经营,可以为肺病及弱衰者的休养所。海边,细沙如毡,风云交变,波涛连天,极宜于壮年的骋怀驰目。高山深林,静穆无声,嫩草铺地,好鸟娇鸣,大可以为老年人的静养与酣眠。总之,务使各地皆变成为名胜,人民皆成为寻胜中人。一丘一壑,一石一流,收拾得饶有雅趣。此去入山数十里有一瀑布,则狭径有牌为标记。这边到某处有名姬埋香之地,则叙述其艳史以引诱人去凭吊。各处各地皆为游客必要经营与流览,故每小路旁当种树,每乡区有花园,每村路皆修理得干干净净,每个人民皆打扮得齐整娇媚以表示今日今晚就有贵客来临一样欢迎的热诚。这村的女子是二三尺长的发针四方交叉如架楹柱;那乡的女子则头上梳了一幅风航,两袖阔如航翼。左路的男子是麻布短裤,日光照射时则阳具毕现;右边的儿童则鼻涕流下一二寸长,吸出吸入作抽泣声,煞是好看。各处各保存其风景与名胜。各地人民各保存其服装与习俗。但求各处的环境与各方人民皆以美趣与洁净为依归就好了。美是多方面的,若各方面皆得了美的一体,则合起来就成为美的大观了。如此环境皆变成美化了、名胜化了,人民也皆变成为趣味化了,和好客化了。外边的人就皆变成为寻胜家化了、游历家化了,游历局由是自然能行它的游历政策了。它的政策有二方面:一专用许多智慧勇敢、情貌并佳的女子为游历指导人。有些为黄河、扬子江与珠江等游历线的专家，有些为昆仑山脉、天山山脉、阴山山脉等的专家，有些则为洞庭湖、西湖等的专家。这些人各对于其所管的游历线，皆有若干年的经验与极锐利的观察。伊们知道某处有什么矿，什么树，什么草与什么花鸟。伊们熟识某处的风俗，某处的方言。伊们是游历家也是地理家与风俗家。至于游历局的第二政策更关重要，它一面使本国人皆成为嗜好的游历人，而一面又使全地球之人皆视我国为乐土。今先说怎样使全国人皆嗜好游历，这层应分为三项的组织：

（1）普通游历队——凡全国成年的男女皆应每年有一个"游历期"的权利与义务。各人须领一张"游历票"限定若干的路线与日期，除有特别事故外，不准不履行。

（2）学术游历队——这层的组织更关重要。自中学生以上应于每地方上每年组织一个或若干个的学生游历队。或限定游遍一条水源，或预期历尽一个山脉，或从某地到某地，某省到某省。今以北京的学生游历队说，或则出古北口至赤峰，或则由张家口到布鲁台，或则穿过山西的境界，或则从八达岭的长城东到榆关西达丰镇，或则先到大沽口然后由海岸北至葫芦岛，或南行到烟台。自然这些游历，皆用步走，只雇用些行李车、饮食车及医药车而已。每队当然有数千百学生，有的手弹提琴，背携衣包，有的随景绘画逢地唱歌，有的考察地质的变迁与实业的情状，有的研究气候的相差与民情的不同。人数既多，各处临时的供给不易，故干粮不能不多预备，到处仅寻些水料就够了。无论水边与山坡，平原或高地，一到睡时大家就撑幕或露天酣眠起来了。雨来各披上雨衣，风来则戴上风镜。文武全备，旱湿无碍，如此一群大无畏的游历家勇往直前。男的女的，成排成阵，笑嘻嘻，一路口讲手划，情感固然融洽了，而身体壮健，精神怡畅，种种的利益也相随而得到了。故凡中学以上的学生皆要于一定假期内，每年须参加这样的长旅行，然后始许毕业。这样旅行自然比书本所得的知识有万倍大而且真切。

至于一些专门学者和艺术家更当与他们种种游历的便利，使他们周知环境与民情及种种相关的学术。譬如日本三岛，落日西照，别有无限的景致，不但其云色特具粉红娇姿，就那水光与树影说，也另有一种说不出的情状，举凡要成大画家、诗人、文学者势不能不一观。又如钱塘江秋天大潮，吼奔之状与飞云相竞走，赏心悦目，断不是那班卧游者所能领略。就那蒙古沙漠一片白茫茫的雪地论，此情此景，也必要身履其境者才体认得真切。书本是死物，试验室是陋屋！你们学者与艺术家，为何不把万物看做读物呢？又为何不把大地看做试验场呢？我今与你们说游历的利益吧，如你是富者，我就请你到五大洲去，热烈烈的有非洲的黑脸，白泠泠的有西伯利亚的胡须，那是南欧的热情者，那又是北美的红野蛮。你要知图腾制度吗？澳洲尚有许多好材料。你要知妇女运动的话剧吗？请你一问现在尚存的英国许多女人。学画与雕刻者请到罗马。研究文学者请往巴黎。如要 dollars 则请入籍为美国人民。如要学某人的鄙视妇女，请到德国参拜康德与叔本华之墓随便就翻译他们几句书。如你无钱到外国，能在本国旅行吗？则五岳五湖也不可不一涉猎。最无钱的如在北京住，也当到城外一行。你要跳河吗？则朝阳门外的肮脏水沟尚有些水鬼相待。能到陶然亭吟几句泰戈尔式的白话诗已算有诗人的天才了。请君西出西直门一游颐和园。其中有满后慈禧的艳迹已够使你学成风流客了。再西行到玉泉山被满帝封为天下第一泉者，若饮其水，大概勿多饮，尚不至于泻腹。又西行，行到卧佛寺，你可看出美国教会的势力，一间僧房一季要租数十元。转一程儿到碧云寺，魏阉的余韵又有存者。到香山更是新式的教育模样了。由此到八大处不必说更处处遇到乞丐与阔人。你若肯做此种游历，你就可得到了许多社会的见识。此外天然美趣，如山水园林之乐更不必说了。游吧游吧！大游大益，小游小益。虽则在今日盗贼遍地，臭虫满店的世界，但如你肯出游，则被贼拿去的，将来尚可希望成为要人，比你困守愁城永无长进的固然不可同日而语，即比那被五斤煤油与二十斤柴便烧杀了的也胜得万万倍哪！就被那些臭虫吃饱说，也比那些真正的佛弟子白白饿死较慈善咧。游吧游吧，治世之游乐不可言，乱世之游也大有滋味。游吧游吧，故我于上所说的学术游历法外，尚当再说第三种的：

（3）情感游历队的组织了。科学的游历法，如美国到蒙古的考古队等的举动虽则重要而未免嫌些寂寞。我今所要谈又最为我所喜欢谈者则为情感游历队的组织。第一，凡在大城市者则限定在初春早秋若干日内要婚娶者须即举行，就让这班新婚夫妇，成群游历。第二，则请那班情男情女，双双对对，携手并肩，到那山明水秀的地方听比翼鸟的唱和，观连理枝的开花。及到那山穷水尽的时节则彼此对哭，哭后又笑，笑后再哭，如此哭哭笑笑，高兴时就合抱起来向那深谷大海一掷而与大地相合一，这是悲剧的游历者，但也未可厚非。第三，则为哲士高人，以欣赏为独一的目的，以达观为一生不二的宗旨。例如希腊许多名人大多采取这样的游历态度。老子骑驴过关以及后来许多清游之徒，大概具有同样的心思。这些喜剧的游历，为情感游法中的最好者，我们当应大大去提倡。凡在政界或学界工界商界等任事若干久者，就应使他们作一次稍为长久的这样情感游历法，务使他们吸些好空气，得些好精神，以医治他们平时脑满肠肥的毛病。

现在于国内的人民游历法说完之后，应该说及如何能使全球之人皆视我国为乐土的方法了。在这样野蛮的国土，外人所希望我人者仅为金钱。他们来我国专门为利，得利后，就满载而归。不但对我人毫无情感，而因为利之故，自然不免对待我人如牛马。我们今后的政策，就在使外人来到我国处处得到美趣的快乐，但不能得到金钱。好似瑞士国一样的方法，我们虽供给你们一个广大的"公园国"，但你们当带钱来费用。由此说来，我们不可不先把我国整顿成为一个全世界的公园了。使外人要看第一长而且工大的城基，非来看我们的长城不可。使外人要看第一最高峰与最长的运河，和最古的坟墓与最稀奇的古董非来我国不可。使外人患病者要医好与休养的佳地，非到我国不可。使外人要得到最完美的博物院、美术院、文化院等，非到我国不可。我们有的是那些世界无比的名胜，使人到其中如到天国一样的平和与快乐。我们有的是人类无敌的情人，男情人，女情人，性情温柔，美而且慧，爱情深长，识趣知味，使外人男的女的到来，享受人间未有的情爱，领略天上才有的艳福。他们来的不是为商为金钱，他们来的乃为快乐与为情人，我们就此也把门户大开放特开放。不论谁族人，不管他红的白的，棕的赤的，只要他们或伊们即男们和女们具有情感的，凡有来与我们讲情爱，看我国为乐土，为地上天国，看我人为情男或为情女的情怀的，我们就大开胸襟，大放双手，全与收纳，抱入心坎，一律欢迎，特与优待，一概平等。我们希望由此容纳全世界的民族混合为一民族。我们就把本国变成为全地球民族的公共地方，变成为万国人的住宅，的公园，的名胜。我们不但不妒忌，我们且大欢喜，欢喜我们的理想果然达到，果然我们的国土变成人间的乐园。果然人类皆成为有情的动物，果然各民族变成为我们的姻娅。果然社会变成为情人的社会，人类心理变成为情人的心理，人类行为变成为情人的行为。

结论——情人政治

以上八部的政治，可以说专为使人类变成为情人而着想的。因为各部所设施的，都是从爱与美二方面同时并进。因为各部虽各有自己的政策，但彼此有相同的目标则以美趣为依归而以达到情爱为究竟。爱与美的造成，即情人的造成了。爱与美的成功，即情人制的成功了。

由这八部合成为"美的政府"。此中人物乃由"爱美院"所选出。"爱美院"定为千人，由历届在各县各城各省被选为第二章所说的后、妃、王、卿、相及名家者举出充数。美的政府对爱美院负责，凡一切关于爱与美的问题，一经爱美院议决，政府唯有执行不能驳复，如奉行不力或举措违背爱与美的精神者，一经爱美院通过弹劾，政府全体人员即当辞职，由爱美院另选他人代替。但爱美院的额数，女子当倍于男子，以符女子为社会的中心的要义。爱美院人员的选举法，另有细则公布之。"嗟尔男子，阳气已衰，权移女流，幸毋顽抗，自取罪累。其男子而具有女性者，知爱识美，自占优胜，又当别论。咨尔女子，努力进取，勉为情人，勉为美人，男德不振，女性代兴，进化潮流，违天不祥。"这上头几句似古似新的语句，乃由一种先觉的人类的心声所叫出，由著者在空中吸收来的，这当然不是一种天书，也并不是一种乌托邦的文告。

附

组织全国旅行团计划书

　　旅行种种好处，我们在"壮游团"启事数则中（参看十一月份北大日刊）及在《美的社会组织法》一段上（书即出版）大略已说及了。现在所讨论者着重在组织的大纲与实行的方法。

　　先就组织说，应以学校为主干，于北京或上海的学校中择一处为全国旅行团的总机关。各处所设立的为分机关。分机关对于总机关不是附属的，乃是友谊的、并行的，与同僚的结合。所以需要一个总机关的缘故，不过为一种有系统的组织与为各处分机关聚集材料与传达各项旅行的消息而已。总机关内应出些旅行的出版物，分机关不能单独出版者就在总机关的出版物上宣布。各机关的宗旨相同，即在提高美趣与强健身体及联络情感和增长智识为目的。每机关设团长一人，事务员若干人,团长每次旅行时必到,并供给团员各种旅行的知识。团费以少收为贵,服装及旅行用物能划一更好,以便于旅行者为佳。这是组织的大纲,今应于下论及实行的方法了。

(1)各旅行团每月至少作一次近郊的短途旅行。每年至少作一次长旅行,此项道途愈远愈好,随时摄影与作文为纪念,旅行费用,务求节俭,能步行及野餐更好。

(2)应将名胜与古迹竭力保存,并应修理旅行所应到的道路及种树木与建置各种美趣品。又应时时创造新鲜的名胜与纪念物,务使各地变成为制度文物的中心,引起旅行客的注意。

(3)诚意地介绍本国人与外国人到本地游历,并提倡本地人到本国各处与外国游历。如此,既可以使本国人彼此情感融洽,并可以使外人了解我们真正的民情,与使本地人知外国人与本国各地方人的实状。同时于本地指定优待的客栈,或就旅行团的机关内为招待所,使外人到时有宾至如归之乐。

(4)于每次旅行时应向人民说及旅行对于地方的经济及情感上有种种的利益,使他们对待旅客应该有礼貌与诚恳的态度,及教导人民知道美趣及卫生的知识。

(5)应把旅行看做一种科学与艺术的事情,故每次出游时,当同时考究风俗民情,山川形状,气候变迁,搜集禽兽昆虫,并以赏鉴各种自然及人为的美术为目的。

总上所说,我们要组织一个全国旅行团总机关的用意有三:第一,有系统的组织,使全国人民尤其是学界确实看旅行为一件极紧要的事情。于暑寒假时,全国有数十万或数百万人在各处做一个相同的工作与有同一的目的。各个成群整队,登山涉水,抵日御风,养成铜筋铁骨的身格及周知各处社会的民情。如此也就免使许多青年在假日乱用光阴于打牌、逛妓及种种无聊的家庭生活了。第二,使教育界知道旅行是一种教育最好的方法,在昔亚里士多德曾以此实行他的最美善的教育,故凡学校对于学生的旅行应该竭力提倡与帮助旅行的费用,使学生喜欢旅行,并望于极省费的旅行中得到极大的利益,就以此规定旅行为必修科也不是过分的。第三,使我国由此变成为"有路国",社会上由此养成好客及善于招待的风俗,使本国的游历者到处受了如兄如弟的欢迎,使外国人来我国游历者,随时领略到友爱的情谊,这个于国际的宣传上也有万分的重要,所以我们想组织一个全国旅行团即在以众力达到上头所说的目的。各处青年们起来响应我们吧!如某地有三人以上的同意,就可以成立旅行团的分机关,顺便就给我们"北京大学第一院壮游团"一个消息,以便将来征求各方大多数人的同意决定在何处设立全国旅行团总机关。凡已成立的旅行团并望于各方面提倡多多设立这样的机关,愈多愈好,以便人多,对于保存名胜及整理道路与旅行的兴趣诸方面上较易达到目的。我们也拟于明年征求团友到全国各处分途运动,使这样的旅行机关多多得到成立的希望。

第四章　极端公道与极端自由的组织法

提纲：共法与互约——共需与各产——共权与分能——共情与专智。

一个美的社会须从二个极端的方面做起：一个是从社会全体说，当采用极端的公道，举凡法律、需要、政权与情感，都使人人受了平等的保护与分配。一个是就个人方面说，则任其极端的自由，凡契约的订定、生产的方法、办事的能力与理智的运用，皆当听各人的才能与意志安排。

公道与自由不是相反而适相成的。凡一地方上的公道愈大则个人的自由也愈大。故凡一地方上能极端的从公道去组织，则个人的自由也愈能得到极端的自由。

野蛮的社会百无组织，一切公共的保障全无，故个人的自由也几等于零，不必说弱者固受强者的侵剥，致其生命财产朝不保夕，意志情感不能发挥。即就强有力者的酋长头目说，其地位也仅能全靠一时的势力去维持与靠命运的侥幸。势力既可以变迁，而命运当然不能长靠得住，故今日可以揭竿而起取人天下的，明日则就有他人取而代之的危险。总之，要得个人的自由，不能全靠个人的自由行动，须从社会的公道组织起。

可是，社会组织的方法有种种，有时，愈有组织的社会，愈使个人不能得到真正的自由，这个毛病是它的组织不善，外面上似有公道的现象，底里乃是一种假公道的实状，个人的自由当然免不了为这样社会所牺牲。例如：在古时的各种宗教团体的组织，在近代的为法治国家的组织，在今日的为民主国与苏俄共产的组织，其实皆不是真正的好组织，故自古及今真正公道的社会尚未发现，无怪个人的真正自由也终不可得了。故现在我们所求的不但社会要有组织，并且要求得到一个美善的社会组织。它的组织怎样才是美善呢？就是一面使社会上有了真正的公道，别一方面又求个人有真正的自由。我今先说第一项的这样组织法，这是在达到：

一、共法与互约

因为在今日"法治国"之下，表面上似是在法律之前人人平等，似是人人受了法律的保障，似乎强者不能欺负弱者，富人不能压制平民，在位者不能滥用其威权，在野者不受非法的侵害。其实，许多法律皆是欺骗人的器具，毫无一点的用处。

第一，就法律的使用上说，强有力者当然不肯受法律的制裁，故法律仅为一班弱者的枷锁而已。

第二，就法律的本身说，法治国的法律必极多，正因律例愈多，个人受法律的束缚也愈甚。在这样的国家，法律变成桎梏，人民变成机械，所谓一切思想与行为的自由也完全被法律所夺去了。故我们虽不是如无政府党的主张取消一切法律，但最少须把法律的本身与使用二层上大大改良。就其本身说，凡法律条文当从概括上入手，不必枝枝节节去着意。法律如玄学的本质一样，凡非紧要的，多一件不如少一件好。

我意谓最好的法律当为一种"礼节化"的，它仅处于指导的地位而无压抑的强迫。譬如以"婚事"说，好的法律约略如下方的规定："凡由男女两方情意相投而结合者就享有夫妻的权利与义务。至于怎样结合的条件全由两方同意去规定。"换句话说，今后法律仅是一种社会的指南针，专在指示人民最好的方向。至于社会实在裁制的效力，则全在各人由自己的意志所立的契约上。这样社会一方面有了公共遵守的大法若干条，而条文意义并无强迫的性质，故人人皆愿奉行，不至如昔日强者对于法律得以利用，而弱者则乐于逃避了。而别一面，则让全权于各人所立的契约，举凡两造同意所立的契约，经过一定的手续后而又不背于大法的范围者，就许得以完全发生其效力，如一方不肯履行，则就其契约所定的，应受了相当的惩罚。这样办法，公共的律条极少，故执行者不能舞文弄法，而人民也不至于受法律的束缚，得以由个人自由去立契约，这是对于法律执行一方面上的便利了。法律本身的改良与契约使用的利便同时并进，由此使人民一边皆得了法律的保护，而一边又得了随意立约的自由，这就是在公共法律之下人得了公道的实利，同时便使个人有充分自由去运用他的责任心了。例如法律大纲上规定男女以情爱结合者即是夫妻，则凡以情爱结合者，不管他是久的，暂的，公开的，秘密的，一夫一妻的，多夫多妻的，但凡在他们互相承认结合的期内，则就承认其为夫妻。这样一来，于情爱上，何等公道，又何等自由。它是公道的，因为凡以情爱相结合者，不管一方面的势力地位与外界的纠葛如何，对于所缔结的契约，就有履行的义务，而其对手下就有"法律"的保障，与求得相当的权利。它又是自由的，仅要两面的同意，则各种的契约可以成立，如彼此愿于二年内为试验结婚期也可，愿不为夫妻而永为情人也可，愿结婚后如一方犯了某种条件就须离婚也可，以及其他种种的规定均无不可。

　　推而凡一切的法律皆当照此大纲去编定，如此，各种的法律，皆以实现社会的公道为目的，而各人所立的契约，则以发展个人的自由为依归。举凡先前法律的弊病可以免除，而契约的利益可以得到了。必要这样承认各种契约为个人自立的法律，然后才能活用法律的妙谛。又必要使公家所立的法律变为一种礼节化的，无硬性强迫的，然后才能得到法律的真义。这是我们今后努力改良法律的意见，以期达到我们第一步所希望的公道与自由的两利。

现当说及第二步的公道与自由怎样始能得到的方法了。

二、共需与各产

这是经济的问题，当然为社会的一个大关键。[1]

三、共权与分能

狭义说，这为政治问题，广义说这是社会问题。先就政治说，我极佩服孙中山先生权与能的分别。他在《民权主义》第五和第六讲上，主张权与能分别的重要。依他的意，选举权、罢免权、创制权、复决权，这四权的作用应全归人民。所谓行政、立法、司法、考试及监察五权，乃是能的作用，则应归诸政府。他说："用人民的四个政权来管理政府的五个治权，那才算是一个完全的民权政治机关，有了这样的政治机关，人民和政府的力量才可以彼此平衡。"这个区别确实重要。以政治说，"权"归人民，政府不能专制，"能"属政府，人民不可掣肘。如此，政府于受人民付托之后，在一定范围之内能够发挥其所长。其实，社会的一切组织如会社，如公司，如学校等等皆当作如是观，然后一方面才能得到权势的平均，而一方面又能得到各人能力的发展。这个理由，是"权"为公共的，是整个不能分析的，能是专属的，是分析不是整个的。权是公共的，故人人皆有相等的权力，所谓人权由于天赋，人人是主人翁，谁不能欺负谁，侵害谁。可

---

[1] 这是张竞生在20世纪初期介绍社会主义流派时对马列主义的认识。建国以后，张竞生的认识有了根本性的转变。他认识到马列主义作为中国共产党和中国人民指导思想和理论基础的必要性和正确性。为避免不必要的误会，故此处删去四段文字。——编者注

是能乃专属的,故因智愚贤不肖的不齐,则某人仅宜做某事,不是某事去勉强某人。人人同有相等的权力,故人人平等。人人各个的才能不齐,故所任的事业各别。前的平等,才是公道。后的不齐,才是自由。前的公道,始能使一班有才能者不敢滥用威权以欺负无能者。后的自由,始能使一班有能者得于职分之内尽量发展其所长。有前的公道,然后有后的自由。能的自由,正使权的公道格外坚固,因为各人各尽所能,能,即是他们的权力了,已够使他们满足了,当然不必去滥用威权以取胜。能即是各人的权,凡各人能用他的能者,即得了他的权。由此看来,权与能虽一为公而一为私,一讲平等,一讲阶级,但彼此互相调制并不枘凿。由此更使我们坚信公道与自由是并进不是矛盾的了。

以上所说的三端,一从法律,一从经济,一从政治,皆使我们觉得求社会公共上的极端公道,即是求得个人极端的自由。但尚有第四项一层的公道与自由的妙用比上三端更重要,这是我们在下所说的。

四、共情与专智

这个问题确实比上三端更重要。可以说,有共情,然后有共法、共需与共权的可能。也可以说,共情乃是共法、共需和共权的母。情不能共,则法与需和权,统统不能共。这个有凭据可以证明:若干年来法治国的不能使法为公,与古今社会上的不能共需与共权,就是由于无公共情感为根基的缘故。故今后要使法律经济与政治皆得有真正公道的组织,须从情感的公道组织起。

怎样能使情感公道呢?这不是如宗教家的请出天神来就能解决的,也不是哲学家、人道家,讲些慈善话就能做得到的。情感的发生,由于爱与美,故凡能把爱与美从公道上去分配,则就能得到公共的情感了。今先说怎样把爱从公道上去分配的方法,我以为当从博爱上入手。博爱的养成，应从消极做起，这是使社会的法律与需要及权力皆有公道平均的分配，使人人免至因法律、经济与政治的不平互相仇视。但它的紧要处，当然在积极一方面，即"情人制"的实施。自来宗教也曾竭力提倡博爱，但他们的博爱，乃是一种枯燥不情的玄名，故宗教的博爱终至于有名无实。可是，如能从情人制去着力，则社会自然而然能够彼此互相亲爱了。由这个情人制的推广，必能使家人的相待，朋友的相交，不相识的相视，皆有一种情人状态的表现。我预拟一个情人式的社会，父母子女，兄弟姐妹，亲戚朋友，以至路人，皆有一种亲爱的团结，彼此皆如好朋友一样的热诚相对待。这个是什么缘故？乃因男女，或叫做夫妻的既以情人而结合，则其所生的子女，朝夕所观感者为其最情爱的父母的举动，他们也就不知不觉中变成为情爱的人了。由这样有情爱的子女组织为社会，自然社会上的人：或互相认识的朋友，或不相识的路人，也皆有情爱的表示了。反之，如以我国说，由无情爱的男女所结合的家庭，则其子女也冷淡凶横，而由这班人所组织的社会，无怪就成了一个无情无义的群众了。故要使社会得到真正的博爱，当应从情人制做起，因为情人制的社会，人人的情感皆用得出与收得入，这是情感分配上最公道的。

但别一面，要使人人得到情感公道的分配与享用，则当从美入手。美也有消极积极二方面，从消极上说则当使一切丑的不存在，始免使人讨厌。从积极上说，则凡生活及艺术与精神上皆当求得种种美的表现，这个最好也当从情人制着手始能得到。唯美派及艺术家的美皆是狭义的，因为他们不知美的根源在于情人制的发挥。他们不能知一个社会如实行情人制，自然而然地能使生活艺术化了，艺术上再加色彩了，精神上更加美丽了。由情人制而得到广义的美，而使人人皆得了美的欣赏与受用，而愈因共同欣赏与受用，而愈使美上加美。譬如从前的美妇人关在门内，涂粉抹脂，仅为伊丈夫一人的玩弄，有时连丈夫因玩弄惯了也并不觉得伊的美丽。究竟，这个美妇人的美完全等于无用。今若使伊变为社会的情人，则其美的价值就完全不同了。

试使伊坐车游遍一城,则满城的人通通领略到艳福了,至于一班想象亲其芳泽,拜倒裙边,则其艳福更愈大了。美不是占有的,一被占有,则其价值完全消灭。所以美是最适宜于普遍的欣赏。由此可以明白我们上所说的公共情感,于博爱外,更需要于"兼美"了。博爱与兼美皆由于情人制的发展,而合成了为情感。故要求共同的情感,须从情人制上用功夫。不必再说,我们在此书上所要求的,就在怎样求得一个情人制的社会,以达到社会的人彼此皆得到一个公共的情感,若能如此,就不怕不能得到公共的法律,与公共的需用和政权了。

可是,情感固然贵于公共,而理智上则贵在各人自由的创造。所以自来有识之人皆主张思想与言论应任各人的自由,因为不如是,则人类变成为奴隶,社会的文化也就不能长进了。

我以为情感必要公共的,然后各人的情感才能扩张为无穷大。理智需要私有的,然后各人的理智才能达到于无穷深。情感贵在横的四方八达。理智贵在纵的上天入地。我又发现人类心理确实喜欢这二个极端性的:它欢喜情感与人愈共通愈好,它又喜欢理智与人愈差异愈妙。我更觉得社会确要有这二个极端性的冲突与调和然后才有兴趣与进化。

同一社会的人,如同具有一个公共的情感,自然是痛痒相关,休戚与共,自然是同哭同笑,同恨同爱。自然,这样笑得何等痛快,哭得何等精彩,恨则恨得有力量,也如爱则爱得透彻了。这样社会公共上好似有一个"大同情心",各人均分了这个心的跳搏,这样的大同情心自然与各人的心共鸣共和,这是何等的兴趣与生动呢。但社会别有一方面与此极端不相同的表现,即是就理智说,则要人人的思想不相同,使思想上得了五光十彩鬼怪离奇的大观。人人立异,日日创新,无一抄袭,无一重复,这样社会当然极呈其文化的长进了。

凡情感相暌违的社会,其人民的思想则互相雷同,平淡无奇,如自战国以后,我国的情感极其惨淡与理智则极其枯燥的一样。至于欧洲现在的社会适与我们相反。他们的情感则趋于共通,而理智则趋于别异,故其结果,同在一个社会的情感极其融洽,而思想也日新而月异。

由上二证，可以见出能使情感相交通者，同时就能使其人民的思想呈出瑰奇的光彩。就别一面说，任凭各人思想的自由，则彼此不相压迫，自然免至于互相仇视，这是一种助长公共情感的方法。此外由思想的切磋，自然能使人互相了解，这也是助长社会的情感的别一种好方法。总之，使个人思想与言论自由，同时就能使社会生出了许多好情感。反之，由情感的共通去努力，即能得到各人思想的自由。这些都是可以证出公道与自由是互相帮助的，不是互相反抗了。

在本章上所要说的，乃在陈明由公道与自由的互相协调，而能生出一个美的社会，与证明凡愈能使公道得到极端的组织，愈能使个人得到极端的自由，同时愈能得到社会极端的美象。这样社会是美的，极端美的，因为法律至此变成为礼节化的温和，经济变成互助，唯有能力才是权威，而情感能够充分的发展与共通。

总上说来，凡一个社会上，如仅从法律一方面，或经济一方面，或政权一方面去求公道，这样公道是不极端的，必要法律、经济、政权与情感统统从公道组织起，这样社会才能得到极端的公道。别一面说，一个社会仅任个人自由订立契约，或自由生产，或自由发展其才能，这尚未能算得个人就此得到极端的自由，必至于立约、生产与用能三种自由之外，尚能得到理智充分发展的自由，然后才能说为个人得了极端的自由。照此看去，今日各先进国于公道与自由二面的组织有些是假饰的，有些不过得了几分之几而已，故凡要求极端的公道与极端的自由者对此当然表示不足，势不能不向我们的组织法一方面去进行了。

结　论

提纲：独立人——合作社——教育权独立——情感的国际派

我们理想的社会，不必说，应当照上四章所说的去组织才能达到的。但要从现在的国家，一跳就到这样理想的社会，于事势上万万不可能，故最少应须有相当的预备。这个预备的手续，依照各国的情形彼此各不相同，若就我国说，应有下列的四项。今先从独立人一端说起。

独立人

这是说凡人不能先把自己组织好，断不能去组织社会。故我们要预备为社会的组织家，先当勉力为自己的组织人。这个应先把自己从生计与智识及技能各方面组织成为"独立人"，即是使这些事不求人助，而能助人，为各人立身的标准。现就生计说，于消费方面当量入以为出：贫学生，宁可做颜回的一箪食，一瓢饮，断不可如今日有些在北京的学生，每年已得了家费三四百元，尚日日向人借钱的无聊。穷教授呢，当如战后的德国一样，每餐仅用一碗清汤，一个鸡蛋即足，断不可如今日北京教书的每月实得了一百余现金者尚时时向人说穷的没趣。在社会办事者，要当刻苦似印度的甘地，单床只桌，布衣一袭以自给，断不可如今日的政客与官僚，奴妾满群，汽车辉煌，全靠一张嘴的吹牛，不惜丢失人格为饭碗的牺牲。总之，各人于消费方面，当先求自己能独立为标准，除非万不得已遇缓急时，断不可求助于人以损失高尚的人格。必要这层做到后，才能说及生产一方面的组织。

生产的预备有二方面：（1）学问，（2）技能。就学问说，每人应有一个系统的课程表，无间隔地日日就表做去。就技能说，每人至少应学习一件谋生的艺术，或为工程师，或做商人，或务农，或教书，至于政治、法律、及社会的各种事业，仅当看做一种社会的事务，人人于谋生之余应该过问的，但不能看它做谋生的职业。要之，为学问也可，为技能也可，各人应有一个学习与使用的方法——或科学的，或哲学的，或艺术的，即就这些方法中至少认定一个做去，自然于一定的时期内可以得到一定的学问与技能，如此出而任事，自然不怕不能称职了。故为个人计，先把学问与生产的技能及消费的程度弄到独立的资格，各人有相当的学问与技能了，自然能得相当的生产，然后，就其生产的能力，提高消费的程度。人固不可做阔少，一味会消费而不能生产，但也不可为守财奴，徒事积蓄资本，到底，连一杯清水也不能得到饮的幸福。我以为个人最要的处世方法，刻刻努力于生产，同时把所得的余利尽量地用去，如此可以得到个人不息的工作与痛快的享用，社会方面也从此得到经济的流通与工作的兴旺了。

究竟，个人与社会是息息互相关系的，先把社会的个员养成有独立的人格，不怕社会不会好了。反之，也可以说，把社会整理得好，不怕个人不会变好了。所以我们于组织独立人格之后，应即继续说及怎样在过渡时期组织一些好的社会事业，今举其要的有三端，即合作社、教育权独立与情感的国际派。现照次序讨论于下。

合作社

这样会社，各先进国已多设立，它大概分为消费合作社、生产合作社及储藏合作社,而以今日我国的情状说,三者皆占重要,不过其进行手续上应从消费合作社做起。

这个理由是我国现在完全为一个消费国,我们消费者受了二层的侵剥,即一为工厂的资本家另一为市场的商人。资本家的大本营为工厂,但其先锋队为商店,商店之于工厂如伥之于虎引导它到市场遇人而噬的怪物一样。若消费者能组织各种消费合作社,由社直接向工厂订货,自然免得了商店的周折而物价当然较商场所卖的为便宜,间接就能减少资本家一部分的势力了。其他,由消费合作社可得种种利益,现略分说如下:

(1)可得真实与需要的货物——商人当然一味以利益为前提,故他们所卖的重在贱品可以得厚利,其次则不管顾客的需要品是什么,而欢喜卖奢侈物可以取重息。至于消费社既以社员的需要为目标,故所办的货,当然取其适用与上品,断不会如商场专以贱品卖贵价的欺骗人。

(2)可以提倡国货与抵制仇货——商人既唯利是视,故无论社会上抵制某国货的声浪如何高,他们苟有利可图,则不惜假商标偷卖,不观近年来抵制日货的结果吗?到底,各种日货依然充斥市场!若各地有消费社,当然以购买本国的价廉物美者为主,万不得已时,纵要买外货也当向友邦交易,断不肯与那些杀我人吮我血的仇人讨生活。由此说来,唯有消费合作社才能抵制仇货与提倡国货。

(3)可以实行各种社会主义。中土近来似乎各种社会主义都有人提倡过,但都无多大的成绩,这不是无人才,也不是无机会,其根本原因乃在无人能够将自己所信的社会主义应用出去。我意为各党各征求意见相同的党人组织消费合作社,于其中实行其社会主义,这样使党人的团结极易与团结后倍加坚固。以消费社为基础,其相结合的党人,因生活的利害关系,必能出死力拥护本党的利益,当然不会如今日之入党者泛泛看做一种签名式可比。故要一个主义执政权,应从消费社先建设一个稳定的经济与情感的基础,以便从此实地试验起而推广到政治与全社会。

（4）由消费社容易建立生产与储藏的合作社——我人皆知我国现在应多建设工厂，但此事谈何容易，第一，要有资本，第二，所出物品要卖得出。若各处有社员众多的消费社，则由社中人招集股本极易，而就社内所需要的物品去制造，自然不怕工厂的出品至于停积了。总之，由消费社而推广到生产机关，同时并为农民经营各种储藏合作社，使农民出品不会被奸商所垄断，暂时收藏起来以备善价出售，如此三个合作社互相帮助，逐渐就把资本家打倒了，同时各种社会主义就实行了。各人一面有合度的消费，一面又有相当的工作。工厂上，凡所产的皆以消费为目标，不会过多与过少。社会上，经济的基础坚固，政治上自然易于进轨道。凡此种种的利益，皆全靠于合作社的经营，它的关系真是重大呵，但它的组织则极容易。以消费社说，凡稍熟习消费合作社主义与办法者就能办成功。因为所聚合的皆为需要相同的人，人数必然极多，由此各人所出股本虽极微小就可成立。况且货物一来，既行销去，货不停积，本钱无须许多，而各人所出股本，即可取物以偿，不怕会丢本亏累，这些种种优胜都是消费合作社兴盛的原因。试一看外国得到这样会社的大利益，使我们在此不能不速来大大提倡了。虽则是，救济我国现在社会的方法固甚多端，但经济一道极占重要，我们在未能将经济全盘整理之前，上头所说的三种合作社——尤其是消费社，当然尤是极关重要之一了。此外，我们应当注意者则为下列的问题，即：

教育权独立

换句话说，即是使教育权与政权分离。这是一个在我国过渡时代改良社会的好方法。因为在此后若干年内，我国政权，必定继续操于军阀及一班滑头政客之手。各省军阀与政客各霸一方，所谓政治与教育断无进步的希望。但我国已有数千年来统一的历史，我们断不愿它变成为战国时分裂为几十邦的混乱，故于全国政权不能统一与发展之时，应当先从教育权统一与发展起。而由教育的统一与振兴以谋人民智识的发展，以便养成一班政治及社会的好人才。

要使教育权与政权分离独立，可由二方法去达到：（1）从教育行政系统的组织做起。各省教育厅当直接统属于中央的教育部，一切人选及事务不准省长干涉，并应同时有各省的教育基本金免受政界权力所动摇。但中央教育部的组织，应有特别的权力，其部员以负有教育的名望者为主，不能听任一班官僚所把持。（2）上头所说的如不能做到，则应由一班在教育界有权威者组织一个全国教育独立社，认定一个新文化运动的方针，操纵全国大部分出版界的权力，并请派人到各处讲演，由此联络各处的学界为一气以与当地的势力派相抵抗。以今日现状说，这个后的方法比前的较有效力。

为什么教育权应当与政权分离呢？第一，现在政界中人的混浊断不能为教育尽力，他们仅能摧残新教育，或办理一班腐败的学校为粉饰，如此听他做去，必至谬种遗传，社会将永无清明的一日了。第二，希望由教育的独立，得以养成一班好人才，以为将来代替那班腐朽的军阀与政客，则今日国政虽乱，终不至于如此终古。第三，教育为专门的学问，为神圣的事业，为国脉的基本，纵在将来政治清明的时候，教育权仍有与政权分离的必要，然后才免使神圣的教育为国家主义宣传的利器，如今日欧美日本的流弊。其次，免使一班外行人操纵教育以贻害人民。末了，始有一班真正的教育人才专门为教育的事业。

由上说来，我们不怕我国现在政治的混乱与社会的黑暗，所怕的乃在全国无一个真正的教育统一机关。有一好的教育机关，自然能养成我们在上所说的独立人与合作社家了，这些人自然能缓缓地得政治权以实行各种美善的社会政策了。实则有一好教育的机关，我们由此不但能养成一班本国的人才，尚且希望它养成一班有情感的国际人才，这层为我们在下头所当讨论了。

情感的国际派

这个问题骤然看去,似乎不能适用于今日的我国。因为我们现在所最吃苦者是各国对我们的各种不平等条约。论理,我们现在独一最好的方法,只有以强暴的手段对待他们,但我一转想这样办法确实是大错特错了。我们生死的关头固然在能不能解除这些不平等的条约,可是解除之道,不必靠诸强力,仅要用温和的手段就能得到了。我所谓温和的手段,不是向强邻摇尾乞怜,乃在以情感的热诚与他们大多数的人民互相了解,就此运动他们听从我们合理的要求。我先前也曾想用武力解除强邻的束缚,今则转想大可不必。第一,我们实无相当的武力可以对付他们合起来的强邻。第二,假设有武力,也未免牺牲的代价太大了。第三,自华盛顿会议之后我们居然得了山东与今日的关税自主案,各关系国居然在北京关税会议上肯予承认,使我觉得,列强尚可讲理,不是一定要以武力相对待才能得到他们愿意修改不公道的条约。第四,而使我觉得最清楚者,我国历来内乱,列强的挑拨与暗助固有些少关系,但大部分的责任,仍然在自己的国民不争气,以致"空穴来风",故我们不必过恨列强的凶横,应当先恨自己人民的授人以隙。为今之计,唯有把内政修理得好,自然缓缓可以得到外交的胜利了。至于现在的政治,如我们在上所说的,一时断不能好,我们现在仅有从"为国际而国际"的方面入手以期列强的人民谅解而已。这个我想最好应认定一个"情感的国际派"为方针,于每国京城设立这样的宣传机关,同时就这机关内常川驻有名人若干人向其国各处为情感的亲善的讲演,而使外国的名人也时常来我国讲演与宣传亲善为宗旨。这个向外国的宣传机关,应当由中央政府拨出一批极大的经费,与派定若干的名人董理其事。我们敢说,这样机关胜于百万的雄兵,胜于数十个公使馆的靡费。弱国固可以得到优胜的外交的,这个全在使列强人民对我国的国势民情有相当的谅解,这个非从情感的国际派宣传入手不可。这样的国际方法，表面看去似甚和平，底里，实在比苏俄宣传赤色主义更利害，因为情感的了解，其势力胜于经济的解决万万。

　　我们在上所说的四个过渡办法，确实是救治我国灭亡最好的方法与引导我国达到理想的社会不二的法门（并附解决眼前中国妇女问题一节于后）。如连这些过渡的办法尚做不到，则我国今后的局面又不知堕落到哪个地步了！有志的人们，速起来吧！你们当然不肯坐视我国长此堕落，必定能于过渡时代中，实行一些美善的组织法，以期将来引领我国达到我们那个理想的社会。

伟大怪恶的艺术

序

本书第二章所介绍的是烂熳派首领嚣俄著名的序文（是他在所译《格隆威》剧的序文），在文学界曾经起了极大的革命。[1] 由这序的影响，而艺术方面加上了"怪恶"的材料；思想方面而有自由的争取；文字方面竟得了白话文与白话诗的解放。其影响之大，百年之后，我国"五四"以后的新文学运动尚受其余波所及。可惜我国新文学运动诸人胆量太小，学识太薄，只于文字方面的解放稍收成绩；至其思想仍然保守了奴隶式的传统观念；更可惜是在政治上对于神圣不可侵犯的思想自由，未能作彻底的要求，以至今日已被摧残殆尽；最大缺点是彼等对于"怪恶"与"伟大"的艺术，毫未介绍提倡，以致新文学的色彩不浓厚，而无惊人的大出息。胆小如鼠的某某等不足论矣。半放脚的某某辈更不足取。可说彼等乃"假文学"的运动者。前事已成陈迹，深求也无用了。今后所望于新文学巨子者，鼓起大无畏的精神与不可御的勇气，以嚣俄此序为前驱，以我们所加入的为后殿，于以建设一个真正的新文学。

去年——一千九百廿八年，法国文人发起了烂熳派的"百年大纪念"，即纪念嚣俄此序在一千八百廿八年的诞期，即纪念此序经历

---

[1] 嚣俄，今译雨果（Victor Huge，1802—1885），法国作家。《格隆威》是雨果的重要戏剧作品，今译《克伦威尔》（*Cromwell*）。这部剧作的序文要求打破古典主义创作的清规戒律，扩大文学的表现范围，重视自然、情感的自由表现，强调人物描写的崇高优美与滑稽丑怪的对照原则，是法国浪漫主义文学的宣言。

一百年期间的大成功。由昔例今，将西比东，我们逆料嚣俄此序在我国不久也必收了极大的效果。否则，我国文学界尚未达到新文学的程度。否则，必有一种阻力妨碍其进行。但不论如何，我国如有文学界这个名词存在，则迟早必有一日开了思想自由之花，热情表示之果，与蔓延而成了"伟大与怪恶的艺术"的枝叶。这是人类一种自然进化的程序，不是个人与一部分的势力所能遏止的。

至于本书第一章所论列的，一面，我们将嚣俄大意作为较详细的解释以便国人易于领会。因他所说的仅有欧洲一方的文学，今将我国的加入去，使阅者不至于茫无头绪可寻。别一方面，我们又加上了一个极重要的意见，即在解释"伟大"与"怪恶"乃是二而一，彼此相因而至的。嚣俄以为伟大自伟大，怪恶自怪恶，新文学应当伟大，但又应当怪恶。但我们竟谓伟大便是怪恶，怪恶便是伟大，这其间连带的关系，读者看第一章后自能明白。这是新文学最重要的基础，有此，今后的新文学又更有远大的翅膀了。

在末后又附上拙作《袁世凯》一剧，聊供读者作一譬喻，作一怎样将怪恶变成伟大的方法而已。

民国十八年五月
张竞生序于巴黎"旅欧译述社"[1]

---

[1] 旅欧译述社，1929年张竞生获广东省政府主席陈铭枢资助，在巴黎组织"旅欧译述社"以翻译世界名著。

一、伟大与怪恶的观念

怪恶,这个又怪又恶、怪得可笑而恶得可怕的艺术,乃烂熳派首领嚣俄于一千八百廿八年所发现,乃烂熳派最新鲜的建议,乃新文学最重要的材料。

这个发现在新文学的重要,比哥仑布[1]发现美洲更为超过。嚣俄那篇序文(见下章)更有价值。这是精神上、思想上的新建设,不仅有经济上、物质上的价值而已。由这个发现,将从前古典文学的缺点暴露无遗;一切旧文学的基础随而倾倒,而新文学的建设于以开始。

从前文学与一切艺术,只重在善良与悲哀的描写。这是未能包括人生的真相与自然的真理的。因为自然上的一切物,尤其是人类,不仅有善的、美的、高尚的一面,而且有恶的、丑的、卑鄙的另一面。人生真相原来就是这些复杂与矛盾的性格所合成。艺术而忘却了这个两面的人生,无怪所写的只有善良与悲哀的心情而缺乏了凶恶与诙谐的材料,由是而艺术上免不了一种不完全与不切实的缺点。

自一千八百廿八年嚣俄的序文出后,"怪恶"的材料在人生与艺术上的重要始为人所认识。而后新的文学——完全的文学、"人情的文学"始得了世人的重视。新的艺术,真的艺术,悲与喜,善与恶,高尚与卑鄙,伟大与矮小同在一气去描写的艺术始告成功。

---

[1] 今译哥伦布(Christopher Columbus,1452—1506),意大利航海家。

嚣俄研究文学的进化有三阶级：第一是神歌，第二是英雄诗，第三是"人情剧"（广义为"人情文学"）。人情剧固然集神歌与英雄诗而成，但自有其独具的性质。唯它，始能将人类复杂与矛盾的性格表现出来。它有伟大的可颂，又有怪恶的可恨。尤其是有了怪恶这个材料，照嚣俄说，而后人情剧始能成立。

怪恶，不错，这个材料是有二种作用的。第一，就个人说，因其有怪恶所以成为人性。其怪恶少而伟大多者则成为大人物，他正因其在怪恶相形之下而愈显出其伟大的价值。在别人说，因甲的怪恶，而可表现乙的伟大：有"丑"的丑陋，而后有"生"的清高；有"净"的凶横，而后有"外"的沉静；有婢的痴黠，而后显出小姐的娇贵。怪恶是一种阴影，有它，而后图画更为显明。这是一种穿插，有它，而后人生始不枯燥。这是一种衬托，有它，而后剧台始有色彩。

古时，悲剧与喜剧分离，至人情剧而后悲喜相合，这是怪恶在艺术上的别一种作用之功。恶人因其阴险、奸诈、欺骗、造谣、播弄、凶狠，遂致生出种种的悲剧。但怪人因其粗陋、愚蠢、奇异、古怪、诙谐与混赖又能引起人笑乐而生出种种的喜剧。故此，可知有怪恶，而后悲剧与喜剧自能合为一块而成为人情剧了。

然则怪恶在人生的意义与艺术的作用，确实均是占了极重要的位置。可惜前人忽略此层，或则虽偶然见到，但也未曾视为紧要，而终未将它隆重写出。这个在欧洲的希腊、罗马时代以至于中世纪如此。在我国可说到今日尚是如此。

所以，若问我国的文学界曾到嚣俄所说的第三期——人情文学也未？作者对于怪恶的观念已经了解也未？怪恶的材料在艺术上已经得了重要的位置也未？我们可说未，未，未！

元明剧本，大都有丑、净加入。至于明代的《水浒传》，不必说，更是以怪恶为大纲。但《水浒传》的作者，并未深知怪恶在人性与艺术之重要，不过所写的事情是盗贼，而加以天才的发展，遂能写得那样怪恶可怕。故可说这是一种偶然的碰到，并非作者有意提倡。所以，最多只能说《水浒传》是"怪恶艺术"的萌芽，但尚不是成立的时代。因除此书外，社会毫无此种作风，而且作者只看怪恶是一种变态，而不知此为人性应有之事情也。自《水浒传》而后，经过《红楼梦》以至今日，尚未有新文学的建设，为的，就在不知怪恶的观念，同时也不知"伟大"的意义之缘故。

可是，我们并不因此而减少了研究"怪恶"在《水浒传》的观念之兴趣。这是一种新文学的萌芽，其关系于今后新艺术的成立至深且大，故我们在此应该来多说一点。

《水浒传》最写得好的当是宋江、鲁智深、武松，尤其是李逵诸人。因此诸人伟大与怪恶的性格俱有，故能写得极真实与有声有色。宋江，人甚奸险，但极有手段，有胥吏式的习气，而又有英雄的气概。喜交纳豪杰，乐救人患难，而施予甚慷慨，但极猥靡、懦怯与怕死。他是伪君子的代表人物。至于李逵，这个怪恶的李煞星，则特特与他相反。李的诚实，反映宋的奸诈；李的好杀，反映宋的妇人之仁；李的傲侮，反映宋的谦恭；李的勇气，反映宋的柔弱。他们矛盾的性格，两两相映以成趣。此义，唯有金圣叹看得出。金说《水浒传》作者故意以李逵衬托宋江，故每遇宋江有所表示时，必同时插入李逵以相诨。因此《水浒传》的结构，甚严密而有趣，其文笔遂能尽擒宋放李的能事。我想圣叹也不知此种怪恶与伟大互相矛盾的艺术之真意义，不过偶然见及而已。但见得甚深切，故在此等处上批得也甚好，可惜今日新式的《水浒传》本将"金批"一概删去了。

鲁智深与武松，也是高尚与卑鄙、伟大与怪恶混合一气的人物，所不同是，鲁怪恶得甚粗陋，而武的怪恶则甚精细。

《水浒传》写鲁智深打死镇关西时，何等怪恶，而其伟大则在纯粹以侠义救护金翠莲父女于险。至于写其醉后，向着金刚像误为人类时，他这样说："你这个鸟大汉，不替俺敲门，却拿着拳头吓洒家，俺须不怕你。"于是拿起了一把折木头，去那金刚腿上便打，打得泥和颜色都脱下来。这真凶得可怪，怪得可怕了。到后："智深吐了一回，爬上禅床，解了绦，把直裰带子都必必剥剥地断了，脱下那只狗腿来，他道：'好！好！正肚饿呢'，扯来便吃。"他吃后，又把那些剩的狗肉向那邻右的僧人满口塞进。及后，又撇了狗肉，提起拳头，将那些劝他的僧人乱打。这又是凶得可怕，怪得可笑了。

论及武松的写法，便不是这样粗陋。武松虽是怪恶，但极乖觉，他是英雄式的怪汉。他不怕死，不怕痛苦，而极以情义为重的怪杰。唯有他能这样说："都不要你众人闹动，要打便打，也不要兜拖。我若是躲闪一棒的，不是打虎好汉，从先打过都不算，从新再打起，我若叫一声，便不是阳谷县为事的好男子。"——"要打便打毒些，不要人情棒儿，打我不快活。"

《水浒传》的擅长处，就在能将这些怪恶的性格写出，同时使人见出他们又是伟大的人物。因为怪恶便是伟大，愈怪恶愈是伟大，例如武松杀潘金莲及西门庆时那些行为都是怪恶与伟大的混合物。这是就自己个人说。又因写个人的怪恶，愈易写出别人的伟大或矮小。例如写鲁智深的凶暴与伟大，自易同时连带写及长老的慈善，众僧的弱小，镇关西、崔道成、邱小乙等的淫乱。又如写武松的高强，反面则写得甚有趣味的三寸丁，被打杀的潘金莲、西门庆、王婆、蒋门神及鸳鸯楼的人物等的鄙贱。其正面陪衬的人物，在鲁智深则有林冲，而在武松则有施恩。

明乎此种矛盾而又复杂的结构，高尚与卑鄙相混中，悲惨而又诙谐的调剂，则知《水浒传》洋洋洒洒，对于若干人的写法各有性格而不相侵犯；对于若干文字的延长而不见吃力之缘故者，乃在于善能体认那些不相同的人格中而有一致和谐之可能，即在善能于怪恶中而求出彼等百零八人的共同性——伟大的性格。以是百零八人的性格虽极离奇参差，但彼此既以义气为重，这个伟大的义性，就是他们互相结合之共同点，也即《水浒传》的总结构上，觉得甚紧密而无放松之所在。

《红楼梦》，自然也是初期人情文学之杰作，它的伟大物是情，而其怪恶的对象也是情。嫂叔通奸，翁媳爬灰，以至一切奸淫邪乱，无奇不有，无恶不作。但真情、伟大之情，也因此而生。黛玉与宝玉互爱之情，实属伟大。然此中也有怪恶可说者：黛玉的癖，宝玉的痴，黛善妒而宝多情，黛喜哭而宝好乐，黛好思而宝不思，黛细心而宝旷放，凡此怪恶与矛盾的性格，而演成了黛宝两人的怜惜与龃龉，以至于娇嗔怨怒，一个病死而一个出家的结果。由此可见《红楼梦》之佳处，就在能将这些复杂的人格深刻写出，尤其是对于黛宝二人的怪恶与伟大处能够惟妙惟肖地传神绘声。故虽无《水浒传》写怪恶与伟大那样大手腕，但对于儿女深情的描写，也算千古以来独一的妙手了。

除了《水浒传》《红楼梦》，较能描写这些复杂的性格——怪恶与伟大——而外，《三国志》之写曹操也尚可以。至于传奇，《西厢记》虽词曲佳妙，但构造平常，毫不足取。这不过一对儿女调情的心理，其事未免简单。若使郑恒争亲，张生或至于见杀，而莺莺也因之而丧亡，把一边为情而动与一边为礼教而怯的心理、矛盾交战的复杂尽量写出，则当较成完璧。《桃花扇》的结构已较《西厢记》好，可惜，所写贤奸的心情未能深刻。

总之，这是自然的定则，凡一部好的人情文学，必定在于描写复杂与矛盾的性格上有十分体认。其体认程度高低，则其书之好坏优劣也因之判定。故《水浒传》比《红楼梦》好，《红楼梦》比《三国演义》好；而这三本小说比那两本《西厢记》《桃花扇》的情节较好。

可是，如上所说，我们看这些在我国近世代表之文学，只能说是"新文学"的萌芽时代。因作者并未晓得人性复杂的心理，而又未能参透怪恶与伟大互相因果的大纲，所以未能实实在在建设一个新文学。至于欧洲文学作家在近代（约略与《红楼梦》《桃花扇》同时代）的，于英有莎士比亚，尤较近的则有德国的哥德[1]、法国的嚣俄等，

---

[1] 今译歌德（Goethe，1749—1832），德国诗人、剧作家、文艺批评家。

均能看出鬼与神有同样力量，善与恶常在一气，怪恶与伟大是不能相离的大道理，故其描写人心是极复杂与精微的混合物，遂而能够建设一个新的文学——人情文学。

莎士比亚的剧本，其主人翁都是有两重人格，怪恶与伟大的人格。今举一例以概其余。在《哈勒》(Hamlet)[1]一剧，主人翁哈勒本极钟情于奥斐丽小姐。及他知道其死父乃为其叔王及母后所毒害之后，对于女人的情爱一变而为鄙视与怀疑；先前的柔情一变而为刚狠之气。一心只在报父仇，但报仇之心甚高洁：当仇人有悔悟时则虽有可杀的机会尚肯为之姑容；必待其罪恶贯盈而后始肯下手。这是伟大的报仇法。然当他误杀其情人的父亲时，则无丝微懊悔，又可见其残忍之至。此外，写奥斐丽，既悲情人癫狂（因哈勒佯狂），又哀其父被杀，于是激成为狂疯而至于自溺。中间又极深刻描写那个弑兄妻嫂而自立为王的人之危险，与王后爱情人及爱子的天性交战于中，终于酿成了后被鸩，王被杀，而哈勒则死于剑毒的大惨剧。

嚣俄在深攻莎氏剧之后，叹服莎氏不愧为新文学的大家，因其于复杂与矛盾的人性都能面面写到。于是嚣俄在自己所写的歌剧名《赫拿尼》(Hernani)[2]也颇学莎氏剧之所为。赫拿尼因要报父仇而为大盗，但当王将其情人给他时，他把父仇忘却而为爱情所克服了。然在合婚之夜，其妇的叔父要他践约自尽，因前时，赫氏几被王所得，幸得其妇的叔父（当时他正在谋娶她，虽为叔父但极对她颠倒者）所救，曾经许以身报；到此，赫氏不能不听命，遂于未交合之前饮药而毙，此又见他以信守为重而以情爱为轻了。总之，我们见此剧的人物，尤其是赫氏，都极尽古怪与伟大之情致。

世上无全善之人，也无全恶之夫。怎样善人，总有一些奸伪。怎样恶人，总有一些善德。原来人性就是这样复杂与矛盾的。文学所描

---

[1] 今译《哈姆雷特》。
[2] 今译《欧那尼》。

写、艺术所表现的人物，乃是比较为杰出者，则其矛盾的性格当然更为显现。哥德之写浮士德乃是一个老学究，但不能忘情于肉欲，于是"鬼伴"就来，群魔交至。本想为善，而所做的是恶。本是听诸良心，而究之终为"鬼训"所战胜，以至于奸少女，杀少女之兄，使少女为世所鄙辱。在浮士德，虽是伟大，但其鬼伴也极其怪恶；怪恶的伟大，并不让于浮士德的本身。这是一本最著名的描写双重人格之书者。世上原无鬼，但各人总有鬼附身。一切恶行都是代表鬼之伟大，不是人性所能解除者。

上文已将怪恶与伟大的相关系上说了大概了。而且说到欧洲近代作家，因其能将"怪恶"加入为艺术的材料去，所以能建设新文学——人情文学，此其义，乃为嚣俄所发明。

但他所不知者，第一，怪恶在相当情形之下，变成伟大之后，并非怪恶。第二，艺术所重的伟大，另有一种特别的意义。今将第一事先说。

sublime（有译为"壮美"者）[1]：原有伟大与恶怪二个意义在内。因其太伟大了，未免使人见出怪恶。因为人类太卑小，见了伟大，不免生出可怕的心情，遂而觉得为怪恶。例如独自一人立于危岩之下，深坑之上。举头只见云在飞扬，低视则黑暗不见底有何物。于是观者自己觉得微小，似不免为周围的危险所迫害者，于是不免心惊脉跳以至于头昏，其足下好似站不稳，如将跌堕于坑底一样。观者到此不但觉得巉岩、深坑为怪恶；即在头上的飞云与丽日也均觉为怪恶了。实则，深坑自深坑，伟大则有之。但人因其深密不可测度，所以觉得为怪恶而忘其伟大。推而至于驻足高山之巅，肆神于无边之海，或在大树林之内，或立于荒野之中，因其山高、海大、林深、野荒，遂而觉得身处其中者有一种不自安的状态，而同时对于这些外象又不免觉得

---

[1] sublime，是文艺批评、美学当中一个重要理论范畴，今多译为崇高。

为怪恶了。

凡普通人对于大人物的伟大思想与行为，也常为之发生了一种怪恶的观念。因为普通人太卑小了，一见他们的伟大，就不免了生出疑惧。故天才家常被世人诬为疯狂。他们的思想与行为的伟大，总不能求得当时人了解的。故每个时代的代表人物，总不能不蒙了"怪杰"的恶名。

艺术既以介绍"代表人物"为目标，故其所描写的当然是伟大的心情与行为。但在此应该注意是"伟大"这个意义，在艺术上有特别作用。它不是如道德家之以善良为伟大。艺术的"伟大"，乃是"代表""特出"之意义；或者是善，或者是世俗之所谓恶。可是，这些世俗善恶的观念，于它都无足轻重的。它所要的是"代表人物"；"特出的""超人的"心情与行为。在艺术上，李逵与贾宝玉乃是同样价值。李逵好杀人，不错，但他是"代表人物"，所以他的行为是伟大，虽则在世人看则为怪恶了。

由此而论，艺术只有一件代表物——伟大，并非如嚣俄等所说有两种——伟大与怪恶。艺术所写的只是伟大，虽则他人见的或为伟大，或为怪恶。即使其所写的为怪恶，仍然不是怪恶，仍然为伟大。例如写李逵救宋江时："一身赤条条，抡起两斧头，大吼从窗上跳落刑场，把监斩官的头砍了。"这不是怪恶的写法，这是伟大的写法。

要明白此意义，然后能写出伟大，同时能写出怪恶，同时怪恶才不妨碍为伟大的表示，而后所写的人物始能整个贯串，而后所描写的始成为高等的艺术。若如嚣俄所说，则不免于伟大与怪恶分家了，如此所写的是蹩脚的人物了，安能成为艺术。故须知人性是复杂的，但不是分离的。可以有两三种人格，但不能分开，分开则变为疯狂之人了，安能成为代表人物。故怪恶，在艺术上只可视为伟大的别名，或则为其阴影，是助成而不是忤逆，是统属而不是独立。李逵的斧头，只可看为他的阴影，但不是其代身。世人所谓善也可，恶也可。艺术，只要写得伟大，只要写得是代表人物，则虽所写的材料是怪恶，但也变成其伟大了。

在自然上，心理、行为上，固然有怪恶这件事。可是，这等怪恶，一经成为艺术品后，完全失却原来的意义，因为艺术与自然不相同处就在此。在艺术上，不论狗屎、骷髅与《红楼梦》的傻大姐，以及《水浒传》李逵的开口便是"什么鸟，咬我鸟"，以及《桃花扇》的保儿刷马桶所说："龟尿龟尿，撒出小龟，鳖血鳖血，变成小鳖……"均是伟大化了，并不见得怪恶。最代表是波铎黎[1]在他《恶之华》所写的虽是腐臭的尸骸与丑恶的事情，但这些腐朽者在他的艺术上已变成为神奇了，故我们见的只是伟大，并非怪恶。

可是，嚣俄虽在此种分析上不见精细，但他主张将怪恶加入艺术去，而创造了"怪恶与伟大混合"的新文学，将旧文学打倒，其功勋委实不少。我们不过再进一步以求艺术本有的使命而已。这个使命就是艺术所重者在伟大，在代表人物，在将怪恶变成为伟大，在描写怪恶时不见其为怪恶而直视为伟大，这确比嚣俄所说的再进一步了，如此而后始能创造出一个"纯粹伟大"的新文学。

---

[1] 今译波德莱尔（Charles Baudelaire，1821—1867），法国诗人、散文家、文艺评论家。

二、兴奋与苦闷的由来

艺术是自然的反映,但与自然不相同。自然有美也有丑,有香菇也有狗屎。但艺术只求伟大,只求代表人物。它将自然之美者写得更美,更美就是伟大;它将自然之恶者写得更恶,更恶也便是伟大。故在自然上有美恶,而在艺术的反映上并无美恶之分,只有伟大一致。

烂熳派的艺术家(诗人、文学家、美术家等)比任何派较为注意于伟大的介绍。故烂熳派最喜欢到自然去,鉴赏自然,与自然合一而受自然的启示。因要伟大,唯有向自然去寻求始能得到。高山峻岭、大海之滨、平阳落日、夜间星辰、风号、雨狂、雪飘飘然、鸟叫泉喧,凡此自然景致,均能引动观者起了伟大的观感。以下三图,可为例证。

此一图(第一图)也,表示一个少年到那荒野,鉴赏自然的乐趣。这个草屋,这些野花,在海边石头之间,在春阳静穆之下,这个少年,鄙弃社会的浊滓,独自梦想自然的伟大,不觉油然生了至温柔的情感、至伟大的心怀。故烂熳派的情感是伟大与温柔的,因受自然的伟大与温柔所影响之缘故。

这个烂熳派(第二图)向着自然,向太阳、大树林、微风习习中,张开他的心灵求与自然相会合,相觉悟。这是读习艺术时最好的环境。

这个(第三图)烂熳家在瀑布之前,听那潺潺之声,如自然的天

伟大怪恶的艺术

第一图

第二图

第三图

籁诏示与启悟，于以写他的诗文。这个直接感受的天籁，当然能写出美丽与伟大的艺术了。

因为烂熳派之感受自然，不从其平常处入手，而乃从其伟大与怪恶处梦想，故其表现的图画与文学也如这些自然的深奥、兴奋与苦闷。所以烂熳派的艺术与古典派的古板不同处是，如下第四图，为"凡尔赛"宫园，乃十七八世纪时之法国式，最足代表古典派的艺术者。其宫殿正正方方放在上，宫殿下的前庭、花圃、青草毡与水池成为极正直的子午线，两边又是齐齐整整的树篱，如此合起来，虽然极整个的和谐，但此种极端的规矩准绳已与自然伟大和深奥之美不像了。无论此园怎样广大，但其意义总不深厚，只要一目便已了然，而终不见其伟大。

至于烂熳派的嗜好与其图画，则如第五图之曲折回旋，起伏凹凸，显出超脱不整之妙。至如第六图其名"鬼桥"，能将自然的怪恶，变成为艺术的伟大。其第七图，在树荫蔚茂之下，在这个小小环境，自觉有无限大的自然景趣洋溢于其中。

此外烂熳派最喜欢鉴赏与表现的是那壮大的败垒颓垣。

这第八和下面的第九图，乃是烂熳派特有的感受与艺术。在这些破碎的而又宏壮的古堡城基中，鉴赏者确能触起了无限的感慨与悲哀。这又是由自然的怪恶而变为艺术上的伟大的一种好材料。

就上看来，烂熳派的心情与艺术有二特点：一、喜欢从自然的伟大处去探求；二、喜欢向著名的陈迹去凭吊。由前之追求伟大，而终难于完全达到，由是而起"兴奋"的情操。由后之回想往迹，而叹世事的无常（或对人情有不足），由是而生了"苦闷"的心怀。故苦闷中而有兴奋，即失望中而有希望，愁苦中而有快乐，才是真烂熳派的心情。论及嚣俄未免太看重苦闷，而忘却了兴奋一方面。殊不知只有苦闷，而无兴趣，则恐连普通的生存尚不可能，安能望有创造。烂熳派乐于苦闷，不错，但他们的苦闷乃有一种希企的快乐在内。下有二

伟大怪恶的艺术

第四图

第五图

第六图

第七图

第八图

第九图

画,乃烂熳派大家特拉克辣[1]为哥德的浮士德及玛格丽写照者。老博士浮士德学贯古今,但一想其残年垂尽,则未免不闷从心来。在此片上(第十图),他向那个头壳说:"可怜无物的头壳,你那丑恶的牙齿嶙嶙,对我有何话说?"这是至无聊赖的念头了,但浮士德,并不因此对于人生快乐而绝望。在第十一图,玛格丽等待变成青年的浮士德未来时,自己这样说:"无他,一切生存均是重负了!"这个怀想,完全是苦闷吗?恐兴奋的分子更多呢。

最苦闷的,莫如丹丁[2]在游地狱时了。下图(第十二图)也出于大家特拉克辣之手,描写丹丁与微支儿[3]同游地狱之状,然而也有不少兴奋之气。因为丹丁于写地狱之后,再进而写了游天堂之歌,可见在地狱时的苦闷,并未阻止他到天堂时的希望。

在我国最苦闷者莫如《牡丹亭》的杜丽娘游园时所见的光景。但此中也具有不少的希望与兴奋之神情。她唱:"原来姹紫嫣红开遍,似这般都付与断井颓垣。良辰美景奈何天,赏心乐事谁家院。朝飞暮卷,云霞翠轩,雨丝风片,烟波画船,锦屏人忒看的这韶光贱……"看这末句,她偏要生存,偏要领略韶光的心事如见了。又如《红楼梦》的林黛玉也是最苦闷者,但她也可算为最有希望之女子,希望与宝玉结婚。及见此愿成虚,她即变成为极端的苦闷,可是已魂归天上而不能再生存了。

所以,创造家不是纯粹苦闷的。于苦闷中而含有兴奋与愉快。至于烂熳派乃从伟大处梦想,他的苦闷更为积极,更想在苦闷中打出一条生路。他的苦闷,有如情人的相思。相思愈苦,而所望愈大,其中心尤愈快乐。又有如第十三图的"唱法国国歌者",于无限郁积中,在失败中,仍然振起英风,向前复仇。又有如第十四图,在沉舟近于死亡之际,忽见有救船远远来时的痛快。

---

〔1〕 今译德拉克洛瓦(Eugène Delacroix,1798—1863),法国浪漫主义画派的代表人物。
〔2〕 今译但丁(1265—1321),意大利著名诗人。
〔3〕 今译维吉尔(Virgile,公元前70—前19),古罗马诗人。

第十图

第十一图

伟大怪恶的艺术

第十二图

第十三图

第十四图

第十五图

（第十五图）精神凯旋，（第十六图）美神被拐，十五、十六两图乃出烂熳派名家之手（普麓东[1]）。第十七图乘在神马之前者为嚣俄，其后为许多烂熳家，最后为大仲马，在云梦中想者为诗人拉马丁。这

---

[1] 今译普鲁东（Pierre-Paul Prudhon，1758—1823），法国浪漫主义画家。

伟大怪恶的艺术

第十六图　　　　　　　　第十七图

为名画家格兰米[1]诙谐之笔。

　　总之，我们要使人注意是"纯粹的苦闷"，当不能创造多大艺术的。必要兴奋与苦闷一气，而后始能发展其充分的天才。在此层上，世人似乎有未完全了解者，故特为揭出。至于烂熳派的表示不但在苦闷中含有兴奋，而且它有许多专事"诙谐的艺术家"，更与苦闷完全相反了。这些"诙谐的艺术"的影响甚大，到今日已成为专门了。由此可知烂熳派的创造，除兴奋外，尚有"快乐风流"的产品。在上三幅代表作品，以见烂熳派的艺术是多方面的，而其情感是随兴所表示，不定限于一格的。

---

[1] 此画作者为邦雅曼·鲁博（Banjaman Roubaud，1811—1847），法国油画家、版画家、漫画家。张竞生只使用了此画的左半部分，并可能将作者误为鲁博同时代画家 Grand Ville。

三、自由与热情的表现

"思想自由"的要求有三方面：（一）对于自己的心灵，（二）对于文字，（三）对于法律。

烂熳派最重要的解放，是心灵的自由。古典派的思想不自由：凡前人所未言的，后人则不敢言。后人只可重说前人话，以是陈陈相因，臭之又臭。一切既如机械的传出，毫无自造的心灵，终于使人讨厌，吐弃而后已。至于烂熳派乃重个人主义的，故他只说自己所喜欢的话。这样任凭各人去主张，所以新思想的勃发有如春雨后的新笋。而且这样新新不已，新到上天入地，震鬼惊神，将人类的心灵充分发展出去。这是思想自由所得到的第一种好处。

其次，古典派对于现世事，只是安分守己，所谓"君子居其邦，不非其大夫"，但求于世无忤就好了。这是乡愿的存心而养成了社会上不生不死的"中庸性"。人莫哀于心死，而身死次之，古典派的社会，人心全死，毫无一点生气呢。在烂熳派，则认思想自由与政治自由为二个天经地义，而非别人所能侵犯的。以是他们对于政治及道德等主张，总具万分勇气，虽至因此而得罪也所不惧。嚣俄曾因政治的意见与拿破仑第三相忤，至于被逐十九年之久。但他并不因此而灰心，卒之能推翻帝政而恢复共和，这是由思想自由而能同时得到政治自由的第二种好处。

由思想自由，对于科学的发明、道德的建设，尤其是艺术的创造，均有极端的助力。艺术之创造，全靠个人的心灵。前时一切人言之未必是，而天才家一人言之未必非。虽则前人言之而是，而后人也不必依样葫芦，应当别出心裁，别求上进。至于道德的建设，初始时代，常起旧势力的反动，若非予个人以自由，谁人又敢去创始。昔在十五六世纪时，有说地动者则招禁锢或火刑之祸，以是而知要科学的进化，思想自由尤属必要。

心灵自由之外，文字自由为促成思想自由极重要的事。烂熳派的文字，乃一种天籁与心声，一种自然的反映。心、口、文字一样相符，故烂熳派的文字当然是"白话式的文言"，不是如古典派仿效前人的古文体。烂熳派的文字，全由作者的天才去发挥。并无所谓体例，他自己创造体例。并无所谓习惯，由他自己去创造习惯。自由的文字，当然不是一定的格式所能拘束。艺术的文字——美的文字，全由个人的聪明将字句体裁组织得完善，使人看得神醉心赏就是了。《红楼梦》不足法，《水浒传》不足学，今日的白话文更不足取。自由的文字，是他自己的天籁与心声，我想必是一种"混合的文字"，即在白话式中含有诗意的字句，在极正体的国语中又杂有方言，在极共同的表现中而有其作者个人特别的性格，在极优美的典故中夹有不少的怪恶与粗陋在内。

末了，思想在法律上的自由，也当如在心灵与文字上同样的要求。所谓思想自由，若非政治许以自由，其势也难得到好成绩。在此层上，我国宪法虽有规定，但无异等于空文。彼有势力者，固然忌他人的敢言，但防口甚于防川，迟早必有溃决的一日。且思想不自由，则人民必成愚蠢，仅为敌人的资助而已，其于有势力者，徒见国势衰弱，终也同归于尽了。故以势力阻止思想自由，禁者也不见有利，反不如任其开放，较为彼此有得。

总之，自烂熳派出，政治自由与思想自由均见争得，这些成绩，应该归功于他们的热情。他们一切成功，均靠其热情为主。有热情，而后其诗文、小说、美术等均有吸引人的力量。有热情，而后其情感与行为均能跳出俗人之圈套。故要为文艺家，尤其是要为烂熳派的艺术家，第一，当先有热情。

到自然去，到高山、穷谷、巉岩、大林与那无边的大海去，听那潮声、风声、雨声、鸟声、泉声，见那花之颜色、太阳、月亮、云霓、星光，凭吊那伟人的名胜、荒野的丘墟、残败的古迹，探求那大人物的德行，多爱小孩、美人、老人，多与世离而常与大自然相接近。诚能如是，除非是生来便是枯燥无味的古典派，凡属少年，只要有一点情趣与一点血性的少年，如此常与伟大的自然相接近，则未有不生出热烈的情感者；有了热烈的情感，则又未有不成为烂熳派、新文学家与艺术家者了。

四、嚣俄的序文

　　这篇译剧（译者按：即《格隆威》剧，乃莎士比亚所作，为嚣俄所译者，剧文甚长，不录）不是为博得群众的感情，也不是有政治作用，更不是向禁止者讨饶，尤不想与文学界合作，借以恢复译者已经被他们所贬落了的名誉。

　　他写出来，也如经文所说：聊为那些孤、穷、赤裸的眼睛看一看而已。

　　经过好久的迟疑，始决定为此剧添上注解与序文（即这一篇序文。译者）。这些实在于读者不关重要，读者所要的仅在作者的才能。至于作者的观念从何而去，与思想从何而来，凡此极少能够改变读者对于其书好坏的批评。好似参观了客厅的，极少再去参观地窖；食了果子了，谁又肯去研究树根；故看一书的正文后，序与注解，实在等于闲文了。

　　况且，序与注解不过常为增加原著的篇幅起见以为夸张门面之具而已。这种伎俩有如将军临阵，聊将行旅箱囊塞满阵地以长军容。可怜是注解多而序文长，竟将正文撇开一边。其状正如那些将行装假阵势的将军们，遇交战时，则静静地从炮火中间跑逃得无影无踪。

　　这种技术虽佳妙，但不是作此序者所愿用。此剧原文已够长，再用不着去吹大。并且此序文对于原剧有不少的批评，恐更引起许多误会；故它对于原著，正如一个穿了奇装的兵士站于阵前，只有引起敌人的攻击，终于保护少而误事多呢。

然而我也有一种希望。明知世人不喜欢参观地窖，但常愿相其地基。故此序文，不顾如何惹动批评者的怒气，而终于写出了。作者对于著述，成败原不在意，他人批评，更少乱其心胸。不过希望在这许多主义纷呶之中，乃竟出了一个虽无文采风流，但极富于自信、热诚、勤苦而有文学兴味之人来提出一个新的意见，也未算不是一件有趣味的事情。

我今所提出的全为艺术一问题。对于原剧的好歹完全无关，而且也用不着去辩护。这是最无聊的事情，断断为个人辩护及为自己利益计算的。故今特为声明：此序所说毫无何种作用与能给予人何种曲解。这不过就事论事，有如西班牙寓言家所说："冤各有头债有主。"

可是，有许多自称文学大家不惜降尊，愿与我这个作壁上观的无名小卒挑战，则我在此序文上有时作了相当的准备，也属当然，这就是我的弓弩与石块。至于其他的利器，乃向古典派的头上攻击的。

说到此止，再论别题。

就事实说吧。一个文化，说切实与广义些，一个社会，不是长久保守一地。人类全体如个人一样都是逐渐增大，扩充，以至于成全。到今日，他已经由孩童、壮年，而成为老年了。前乎近世纪者，名为古代。古代之前尚有一个时代，古今人名为洪荒，不如叫为"初民"较为切实。故到今日，人类已有三种递变的文化。诗文，乃文化的前锋；那么，社会文化已由初民、古代，而成为近世了，则诗文又将如何变迁呢？

在初民时代，人类见了这个新生的世界，不免惊醒起来，诗文也同时兴起。在这些新醒的眼前所有自然的景象均属新奇可喜，既乐且醉。故他们第一起手所唱者莫非颂神的歌文。他们与自然之神距离甚近，所感受的都是神的诏示，所梦见的都是神的影子。心情无限直向自然去充量发皇，他的心声便是天籁。此中诗料只有三种：神、灵魂、万物。此三种包含一切，此三种了解一切。大地仍然是荒野的。只有家庭，并无国界。只有父亲，并无君王。各种民族，各随其生，无产业，无法律，无意见，也无战争，一切为个人，个人为一切。社会是一个共有的机关。人类完全自由，毫无拘束。此时畜牧而无一定的生涯，乃最适宜于个人的梦想与深沉的思维，由此造成为文化的起始点。随牲畜为转移，逐水草而迁徙，他们思想也如生涯一样，好似浮云听风播弄时变形与易向。这就是初民。这就是初民的诗人。一腔鲜血，满身热狂，他只有祈祷，但并无宗教。他只有歌唱，但并无诗章。

这种诗，这种初民的歌词，即是宗教书中那些赞颂开天辟地的神歌。久而久之，这个幼稚的世界逐渐蜕变。一切范围又再扩大，家庭变为部落，部落变为城市。这些城市集合而成国。固定的社会代替先前游牧不定的生涯。行营变为城邑，毡幕成为宫廷，洞穴升为神庙。这些新生国的首领，虽则仍然是"牧掌"，可是到此已成为人民的牧掌了。牧童的棍已变为皇家的杖了。一切均归于固定凝结。宗教已有一定的形式，祈祷有一定的仪节，教义有一定的解释。君主与教士分治人民。先前的父权制度一变而为宗教的社会。

人民起始觉得生聚周密，彼此互相排挤与龃龉，由竞争土地而闹出战事。人民东迁西逃，由是而有移居及旅行等事。诗歌乃社会的反映，它将事实谱为歌文故其歌文所载的乃是社会的变幻、国事的蜩螗与战争的雄伟。这是英雄式的诗歌，荷马（希腊英雄式的大诗家）于是应时而起。

荷马确是古代最大的代表。在这个社会，一切仍然极简朴，一切均满含了英雄性。诗与宗教与法律尚未分离。初民的野陋，到此已变为庄严。一切风俗与个人行为俱极厚重。虽则离牧畜的生活不远，仍然保守敬重外人及旅行家的旧性，但一家内自成一国度。所有的，均以家庭为中心，各家各有其神明与各守其祖宗祭祀。

再说一遍，这样社会的文化，只能生出英雄诗。诗的种类虽各不同，但其性质都以英雄式的为中心。般大儿[1]（希腊诗人）的诗，近

---

[1] 今译品达（Pindar，约前518—约前438），古希腊诗人。

于英雄式为多而近于神话的为少。即在此时的史家，无论如何重于纪事体；究之，其文仍然是诗意，其事仍然是英雄传；故赫罗笃[1]（希腊史家）仍然是荷马。

最显现是古代的悲剧最是英雄式的体裁。这些悲剧在希腊剧台上都是极其壮皇与宏伟。剧中人物：不离英雄、半神与神。其情节：无非是梦感、神的诏示与不可避的命运。其布景：则满装了伟大的表示、出丧的盛仪与战争的事迹。剧台所做与民间所唱都是那般英雄的历史。

更有足以证明的：当英雄剧出演时，后台则有唱歌队以助声势，于以增长其英风，并以描述事情的经过以引起观者的兴趣。这些歌队之作用，若非诗人用为衬托英雄剧之壮观，试问尚有何种意义呢？

古时剧台的伟大、繁丽与壮观，也与其剧本相同。剧场可容三万人，在旷野与白日中表演，整日歌舞不休。剧员张开喉咙，挂起面具，与用"夹架"以提高其身材；他们伟大无伦，如此正足表示其所代表的人物。其剧台也极伟大。此中能将内外两面俱全的一个神庙，或宫廷，或战幕，或整个城市，完全布置出来。今就记忆所及的来说：则有坡迈爹立于高山；安的贡在仇人的塔顶寻其兄弟；唉哇聂从大石岩向正在火焰中燃烧的高巴尼尸身跳下；一船到埠，从内出了五十位王妃与其随从；种种如是伟大的装潢，其剧台的建筑也极其裔皇瑰丽[2]。古时事情，无一件更比剧台重要得过了。宗教与历史的事情都在剧台上排演。教士便是剧员。宗教仪典与社会令节也俱以剧场为表演的所在。

所以应当留意是此时代的特性：所有悲剧无论其情节与形式如

---

[1] 今译希罗多德（Herodotos，约前484—约前425），古希腊历史学家。
[2] 坡迈爹，今译普罗米修斯（Prometheus），古希腊神话中为人类盗取火种甘受惩罚的神。安的贡（Antigone），俄狄浦斯之女，今译安提戈涅。唉哇聂，今译埃瓦德内。高巴尼，今译加巴莱。参见欧里庇得斯的《哀求的妇女》。

何，根底都是英雄式的。他们都从荷马脱胎而来。同样奇幻，同样悲运，同样英雄，一切都以荷马为格式，都是以《意里约》与《奥第些》（荷马的二著名诗本）为蓝本[1]。古代希腊的悲剧不离荷马，有如亚施儿、拖黑度之尸总离不开特辣的城濠一样[2]。

可是，英雄诗的命运不能长久，气力已告衰竭，只好在自己屁股里旋转。罗马只会抄写希腊。微支儿仅会仿效荷马。这个英雄诗也死得英伟，它在少年已经尽节。

这本也是时候了，别一个社会与别一种诗文正在等待交代。

一个精神化的宗教，接枝在物质化的多神教上，静静地寄生在古代社会，将它杀死，从腐朽的尸中生出一枝新文化的花。这个宗教是复杂的，因它是人生的。它在经文与仪节中又将人类的道德深深加入。最要紧是它告诉人类有二种命运：一是暂时而一是久远；一则向地而一则向天。它又诏示人类有二种生存：一是兽性而一是智慧；一个心灵与一个肉体。总之，人类是一个混合体。一边与万物同质，一边与神灵同气。前的，从矿石数到人，以人为殿。后的，从人类数到神，以人为先。

这个真理，一部分曾为古代哲人所怀疑。到了《圣经》而后始大明畅。古代多神派只在暗中摸索，真假毫无把握。有些哲人虽点起了一些微光，但又透进了许多黑雾，以是他们所见的都是魑魅鬼怪。唯待有"神的智慧"之人始能见出此中的真相。毕大哥[3]、耶比格[4]、苏格拉底、柏拉图在前执火把，到基督来，朝日始大放出其光明。

古代的神，十足物质化，不是如基督主义之分别物质与精神。古人见一切物，虽至于眼不可见的"希微"与思想上的渺茫，均有形与

---

［1］ 古希腊两部著名史诗，相传为荷马所作，今译《伊利亚特》和《奥德赛》。
［2］ 亚施儿（Achilles），希腊神话中的英雄，今译阿喀琉斯。拖黑度（Hector），特洛伊王子，今译赫克托耳。特辣（Troy），今译特洛伊。阿喀琉斯战死赫克托耳的故事，是荷马史诗《伊利亚特》第22章所述之事。
［3］ 今译毕达哥拉斯（Pythagoras，约前580—约前500），古希腊数学家。
［4］ 今译伊壁鸠鲁（Epikouros，约前341—前270），古希腊哲学家。

质。依他们，一切皆可见、可摸、可嗅与可闻。以是，其神应有云遮，始不被人所见。神与人一样：要饮，要食，又须睡觉。人能伤害神，使他流血，使他残废成为跛脚仙。他们宗教里充满了神仙的偶像。即神火，也可加入雨点的光彩在铁钻上打成一片。天神将世界悬在一条金丝线上。太阳由四只马拖挽上升。地狱乃在地球口中的深坑。他们的天，乃是一个山岳。

在多神教派的人看，万物同出于一炉，由此而降低神格；由此而提高人类。荷马诗中的英雄几乎与神的身体并大。亚惹斯[1]敢与天神打架。安施儿的勇猛并未弱于战神。到了基督教，始将物质与神灵分开。它掘了深沟：将心灵与肉体，将神与人，划在两边。

到了此时，人类生了一个为古人所未晓的情感。这个新情感，比严肃有余而比忧愁不足，这就是"苦闷"，此乃当然的结果。一因在久困于古代贵族的宗教之下，一旦得了平等、自由与慈善的新教，人民安能不起了一个新情感呢？一因自得了《圣经》诏示人类在肉体中有心灵、在倏忽间有长久之后，他们又安能不由此而起了一个新观念呢？

而且，社会一切事均起革命，思想一端也不能不卷于漩涡。古代，国事与人民毫无关系。国破君亡，乃是一家的事完了。扰乱的不过在上头，如我们上所说的，这不过是那些英雄的事情。至于人民乃在下边，只有家事使他操心，上头事于他毫不相干。可是到了基督教，一切从头到脚尽行推翻。在此扰乱之下，人民心理不能不受其影响。这不仅是一种口头反响，而且是一种实力的反动。到此时代，人类始是实在觉悟：他们既悲自己的乖蹇，又叹他人的颠连。这种悲天悯人的情绪，其结果，在古代多神教的卡东[2]则成为"绝望"，而在基督教则成为"苦闷"。

---

[1] 今译埃阿斯（Ajax），古希腊神话中的勇士，特洛伊战争中的英雄。
[2] 今译加图（Cato，前95—前46），古罗马哲学家、政治家。

同时，又给人民一个好奇去研究的机会，因为这是一个大惨剧发现在眼前。狂潮由北而下，罗马帝国变了色彩，全个世界努力与死神挣扎。自它死后，所有雄辩家、文法家、诡辩派拥挤而来，好似群蝇攒集于尸体中，其声汹涌，聚讼纷如。各各占据了一肌一孔，咕啜尝试。这是头一次给了这些"思想解剖家"对于这个死的社会得了剖尸工作的快乐。

　　故在我们的面前有二派人：一是苦闷与研究的天才家，一是分析与诡辩的鬼怪家。前以圣安格丁[1]为先锋。后让浓嚷[2]扯大旗。这个时期的重要，虽最低微的作家——让我说句粗话——也在预备了肥料为将来好收成之助。"中世纪"已将"南帝国"接枝过来了。

　　在这新宗教与新社会两层基础之下，当然应有一个新的文学。先前的英雄诗所表现的只有一面的艺术，而将别一面的美抛弃。他们初时所表示的固极伟大，但陈陈相因，到后来，未免过于矫揉造作，使人生厌。到了基督教后，诗文始入于正轨。诗人到此也如教义一样始得一个高尚与远大的眼光。他们知道，凭人类的眼光为标准，一切万物不见全是美的。丑陋也在美的旁边；畸形与风韵并生，怪恶与伟大同至；恶和善，影与光并不能离开。于是他们自思：艺术家将恃自己褊狭的才能，而与无穷边的自然力争胜吗？人应将自然所创造的改变吧？变相的事情较为美吗？艺术能将人、生命、自然三件事隔开吗？一件物将其筋络及生机除去后，比较为佳吗？凡事见得愈偏，愈见其中的和谐吗？从自然与万物而观，又受新宗教、新哲学的影响，诗文的艺术到此得了一个坚实的新步骤，有如大地震后，别有一个天地。诗文到此，也如自然一样，也如万物一样，知道将影放入光中，将怪恶加入伟大。换句话说，诗文到此也如宗教一样。在心灵中见出肉欲，在智慧中见出畜性，诗文导源于宗教，本是相因而至的。（译

---

[1]　今译圣奥古斯丁（Saint Augustin，354—430），古罗马宗教思想家。
[2]　今译朗吉努斯（Longinus，213—273），古罗马时期的希腊修辞学家。

者按:从意文的 grotesque grottesco 而来,至于"伟大"乃译 sublime 者,有译为"壮美"。有"奇形怪状"的意义。译者细思了好久,终寻不得一个相当的名称。后于翻《水浒传》时,始得了这个较为确切的"怪恶"译名。因为"怪恶"头一个字有"可笑"的意思,而后一个字又含有"可怕"的意义,合起来恰与原文在诙谐中而有凶暴的解释有些相合。)

这是一个为古代所不知道的大纲。一个新材料竟入为诗文作艺术,而且竟得了极大的发展。这个新材料就是"怪恶",其表象则为"喜剧"。

到此问题上应让我们聚精会神来说。因为这是新文学的特点,而为旧文学所无。因为这是现代的而有生机的艺术,与旧的、古典派的死气沉沉不相同。若用较空泛而较易引起人注意的字面:这是烂熳派与古典派的分野。

卒之!那班等待我们机会好久的敌人们竟得了把柄了。他们说:"这是事实作证了,你竟以丑为可取,而以怪恶为艺术的材料呵!请吧……温和些,稍为有点好兴味吧……你不知艺术乃补足自然所不及,将自然变美,与应该选择吗?古人不知丑陋与怪恶的事情吗?不曾将喜剧与悲剧混同一块吗?效法古人吧!先生们!古人可法,亚里士多德……簸露[1]……拉哈柏[2]……"——这也实在。

这些驳论也有根据而且新奇可喜呢!可是,我们的责任不是来答辩的。我们更不是来拥护主义,希望神明永久阻止有此种拥护。我们所要辩的是事实,是历史家不是批评家。至于事实使人喜欢不喜欢,还不算重要,但是事实永久存在。再说一下:确实是由怪恶与伟大混合一气后,始能产生了现代的天才家——一种繁丽的色彩与不竭的创造力的天才家,完全与古代简单无味的天才家不相同。

---

[1] 今译布瓦洛(Boileau,1636—1711),法国古典主义理论家、诗人。
[2] 今译拉·阿尔卜(Jean-François de La Harpe,1739—1803),法国文艺批评家、剧作家、诗人。

但这不是说古人全不知喜剧与怪恶的事情。这实在是不可能的，因为一切都有根源，后来的必与前头相关系。在荷马的《意里约》篇中，爹亚特与铁神瓦刚的言动极其诙谐，当然是喜剧的人物[1]。希腊以悲剧为最盛，自然免不了夹有喜剧在内。今就记忆所及而言者：如海神、羊神、打铁神，都是怪恶，岩神、地煞妃、司生神、贪神，也是怪恶。独目的波里横乃凶暴的怪恶者，至于泉神司铃，则为怪恶中的温和派[2]。

可是，这些表示怪恶的艺术尚极幼稚。此时代时兴的为英雄剧，英伟之气，溢满四表。至于怪恶，则避之唯恐不及。这不是此时代的文字性质，所以怪恶实无相当的位置。例如上所举的羊神、海神、岩神，不见怎样丑；贪神、司生神，不见怎样离奇；地煞妃乃极温和与慈善。他们所写的怪恶，总离不开一种伟大的神气。波里横以高大见称，米打[3]有王家风度，司铃乃是神仙的人物。

故要在古代寻求纯粹的怪恶化的喜剧甚难，总有，也不过一种随意的点缀品，写在不著名的剧本上作陪客而已。在奥林必的高车前，算得上特必施的小车吗？[4]在荷马、耶施儿、梳福、预里比之后[5]，亚里士多芬[6]与柏禄特[7]能算数吗？荷马打倒一切，有如赫格儿[8]打倒一切的矮子。

---

[1] 爹亚特（Thersite），今译戴尔西德，荷马史诗《伊利亚特》中的人物，跛足、饶舌。瓦刚（Vulcain），今译乌尔甘，古希腊神话中的火神，貌丑、跛足。
[2] 波里横（Polyphème），今译波里菲墨，古希腊传说中的独眼巨人。司铃（Silène），今译西莱尼，古希腊神话中的泉神，酒神的同伴。
[3] 米打（Midas），今译米达斯，又译迈达斯，是希腊神话中的佛律癸亚国王。
[4] 奥林必（Olympus），今译奥林匹斯，希腊东北部的一座高山，古希腊诸神的居所。特必施（Thespis），今译泰斯庇斯，古希腊诗人，希腊悲剧的创始者。
[5] 耶施儿（Aischulos，约前525—前456），今译埃斯库罗斯。梳福（Sophoklles，约前496—前406），今译索福克勒斯。预里比（Euripides，约前480—前406），今译欧里庇得斯。上述三人为古希腊三大悲剧作家。
[6] 今译阿里斯托芬（Aristophanes，约前446—前385），古希腊早期喜剧代表作家。
[7] 今译普拉图斯（Plautus，约前254—前184），古罗马喜剧作家。
[8] 今译赫拉克勒斯（Herakles），古希腊神话中的大力士。

至于近代则完全不同。怪恶占了极重要的位置。随处均有它的重要使命。一边则创造了可怪与可怕，一边则产生了玩耍与诙谐。在宗教上则有无穷的迷信，在诗文上则有繁多的幻想。由它而布散了在民间对于空中、水中、地内、火焰里许多鬼怪的传说。由它，而有巫人在夜中御影而行的故事。由它，而鬼的形状乃是头上二角，雄羊脚与蝙蝠翼。由它，永久由它一面给了丹丁与米东[1]描写了地狱的怪相；一面又给了胶罗[2]与美赛安斯[3]图画上奇怪的形骸。若从诗文、画图而说及剧场的人物，则有意大利的丑剧为前此严重的旧剧家所未梦想得及者。又有丹惹[4]的跟人那样古怪。更有浮士德的鬼伴那样离奇。实在，怪恶到此充分发展。古时描写铁神憋脚，仍然保守他的伟大尊严。到了近代，真不客气，竟将他描写成为矮子了。其在雕刻也有这样的变相。例如将先前雄壮的"七首的水蛇"，一变而为螭首、虬头、蛙身、鼠相了。这些离奇的创造，越显出近代才子的大胆。若在古代，连正眼也不敢去瞧一瞧呢。例如古代时的地煞妃总比不上莎士比亚的《马壁》[5]剧内那些巫人的可怕与真实。他们阎罗王也不如今日的小鬼那样有鬼气森森呢。

依我们说，若能将怪恶加入去，定能作出一本好艺术。近代人已经得了这个好成绩，虽则攻击者也不少。在后，我们想去举例证。今先说此项艺术实在具有无限的色彩。大画家卢邦[6]，似极知道此中作用，故他在所画的宫廷加冠大礼的繁胜时，每于其间添上丑而且小的宫臣。因为怪恶乃伟大的衬托，于相反中，更加显出其伟大的姿势。若如古代的纯粹以美为中心，则未免千篇一律，令人生厌。伟大与伟大一块，不见比较则无形其伟大，而且使观者不觉有交替的趣味与调

---

[1] 今译弥尔顿（Milton，1608—1674），英国诗人、政论家。
[2] 今译加洛（Callot，1592—1635），法国艺术家。
[3] 今译米开朗琪罗（Michelangelo，1475—1564），意大利艺术家。
[4] 丹惹，今译唐璜，中世纪西班牙传说中的青年贵族，欧洲许多文学作品的主人公。
[5] 今译《麦克白》，莎士比亚悲剧作品。
[6] 今译鲁本斯（Rubens，1577—1640），法兰德斯画家。

剂的乐趣。至于怪恶，即是一种交替，一种调剂。由它引进，而愈觉得后来的美为新鲜与兴奋。有蟾蜍在旁，波神愈形其线纹之美兔；有矮脚仙前导，愈显出林妃之蹁跹来迟的妙致。

实在说来，近代艺术，因有此种怪恶，所以使伟大的美比古人的更为宏壮，更为清幽，更为繁丽。这是必然之事的。艺术之所以为艺术，必有其自然的和谐。故荷马所写的天堂所以不如米东的美者，因其所写的地狱不如米东所写的为凶恶。丹丁若不写范塔的黑暗与乌哥兰菜饭之粗劣，则也不能描出丽美妮与璧亚窬那样的动人[1]。他若无这样豪放，便无那样风流。肉团团的泉神、威猛的海神与骄傲的风神，正愈表现如水般的婀娜的波神与林神。若无近代思想家去幻想那些坟墓中食尸鬼、树妖、骷髅、尸变与一切物怪，怎样会凭空捏造了美如云霞的山仙林妃？古代诚无这些艳福。他们"情神"也夸称为美丽，但怎样能比今日古冗[2]所画的那样飘逸轻盈。君又不见那生机勃勃的中世纪雕刻像，全由其雄伟粗暴的面部所表示出呢。

由上所说怪恶在艺术发展的势力与其深长的影响，读者借此也可以推求怪恶在喜剧上所占的位置如何重大了。究竟，剧文在此时代所以与先前不同处，乃因它在一方，则将人性中所含的兽性涤去，而得了在莎士比亚剧中人物：深情如柔烈，贞正如滴滴穆娜，热烈如奥菲[3]。别一方面，则又将兽性所存留的尽量托出。所有骄奢、淫佚、欺骗、贪婪、浪荡、假伪，均由此生。莎士比亚及穆利爱[4]剧中充满了这些怪相。好人甚少，而歹人万端。所谓好行为者，乃人类在极狭小的范围中竭力检点与勉励勤修的苦果。至于丑恶，不由我们所制裁，乃与一切万物相游移，所以与人性每相矛盾。而其势力甚大，常

---

[1] 皆出自但丁《神曲》：范塔，即饥饿之塔；乌哥兰，今译于哥利诺，被关进饥饿之塔；丽美妮和璧亚窬，今译里米尼和贝娅特丽丝。

[2] 今译古戎（Jean Goujon，约1510—约1565），法国著名雕刻家和建筑师。

[3] 柔烈，今译为朱丽叶，《罗密欧与朱丽叶》中女主人公。滴滴穆娜，今译为苔丝狄蒙娜，《奥赛罗》中女主人公。奥菲，今译为奥菲利娅，《哈姆雷特》中女主人公。

[4] 今译莫里哀（Molière，1622—1673），法国剧作家。

常有新状态发生,可又无一定的成形。

返观怪恶侵入近代文学的程序,尤觉有趣。它来得甚骤,如暴风狂浪,其势难以抵御。当拉丁文学衰落时,它忽生了璧斯、璧特郎、柔卫拉,而集成下亚比勒的《金驴》一书[1]。由是而启发了欧洲文人的无穷新的幻想。凡传说、故事及小说里,充满了怪恶的色彩。无论北至日耳曼,南到西班牙,均受其影响。在西班牙小说,命名《玫瑰记》中,描写选举王时有这两句话的滑突:"他们所选的王真丑,除了大骨头,别无所有。"

在中世纪的雕刻中,所受此项的影响更大。高大的教堂壁上涂垩的都是伤残的形骸。其门楣则画上了地狱及火烧的情状;在其玻璃窗中所绘刻的更为动人。柱头与檐前则有许多鬼怪野兽的装潢。民间屋宇、堡塞与宫廷,都是竞相模仿。由此种艺术而影响及于风俗。民间则有喜剧,而君王又重诙谐的臣工。大君主如鲁意十四尚优养了滑稽大家斯卡铃[2]。余风所及,其后则酿成了深情重义而行为神出鬼没的骑士风气。从风俗而入为法律,中世纪的法官们成群结队与人民同跳各种的怪舞。末了,从艺术、风俗、法律界而到教堂里,则有极怪恶的仪节与可笑可怕的祭礼。由这些的结果,而生出了热烈、有力量而富于幻想的新文学。若言其代表,则有三人可称为近代的荷马者:于意国则有亚里呵[3],于西班牙则有赛汪爹[4],于法国则有鲁魄力[5]。

若要将怪恶在此时代的势力全行举出,于势实在不能。总而言

---

[1] 璧斯(Perse, 34—62),今译柏尔斯,罗马诗人。璧特郎(Pétrone),今译贝特海尼,公元1世纪罗马作家。柔卫拉(Juvénal, 42—120),今译尤维纳利斯,罗马诗人。亚比勒(Apulée,约123—180),今译阿普留斯,古罗马诗人、哲学家,《金驴记》是其代表作。
[2] 今译斯卡龙(Paul Scarron, 1610—1660),法国诗人、小说家、剧作家。
[3] 今译阿里奥斯托(Ariòsto, 1474—1533),意大利诗人。
[4] 今译塞万提斯(Cervantes, 1547—1616),西班牙作家。
[5] 今译拉伯雷(Rabelais,约1494—1533),法国作家、人文主义者。

之，即细微至于民间一件小故事里已令人抽绎不尽其中的古怪意味。在古代时实在不知道此中"美"与"霉"的精微。

而且，在此时代，怪恶不但占了一个相当的位置，并且凌驾于"伟大"之上，这当然是反动的结果。久而久之，伟大的美，缓缓恢复了主人翁的声势，怪恶只好在陪臣之列。在米厘罗[1]与卫罗耐斯[2]的画图上如是安排，即在美赛安斯那幅著名的《最末日的裁判》，与卢邦在安慰[3]教堂的"覆顶"上所描写的人类堕落，也莫不如是。可是到今日这两个大纲已到互相立于平等地位的日子了。有一个人——如丹丁说及荷马一样称呼的，一个"诗王"，出来平章一切。合了两种相反而相成的天才喷出一把双穗的火焰，在此火焰中，吐出了这个"诗王"——莎士比亚。

到此，我们已达了近代文学世界的极峰。莎士比亚，就是"人情剧"（drame）。人情剧，乃怪恶与伟大、可怕与可笑、悲哀与诙谐相合的氤氲。人情剧乃第三时期——现代文学的特性。

由上而论，诗文有三个时代，各个时代与当时的社会互相交连。这些就是神歌、英雄诗、人情剧。初民的神歌是直抒心情的感受。古代为英雄诗，到近代则为人情剧。神歌颂扬自然的伟大，英雄诗则在描写史事的光彩，人情剧专长于绘画人生的事实。第一期的文学，纯粹出于天籁；第二期重在奇伟的烘托；第三期则以真实为依归。沿途的卖唱队，所歌的类多是第二期的文字；小说则为第三期的出产品。前的时代以历史家占优胜，至于近代则以新闻家及批评家为得势。第一期的人物是神话，如亚当因与夏娃偷情而被逐出天堂、卡因因妒杀弟而被放、纳安得神助而造船以避洪水之难等故事[4]。第二期的人物

---

[1] 今译穆立罗（Murillo，1618—1682），西班牙画家。
[2] 今译委罗内塞（Paolo Veronese，1528—1588），意大利威尼斯画派重要画家。
[3] 今译安特卫普，比利时城市。
[4] 卡因、纳安为《圣经》中的人物，卡因今译该隐，纳安今译挪亚。

是英雄,如安施儿、亚特勒、奥赖特[1]等。第三期是实在的人类,如哈勒、马伯、奥特禄[2]。第一期生存于理想之乡,第二期乃为伟人的表观,第三期则重在人生的写真。此三个时代的文学渊源乃出于《圣经》、荷马与莎士比亚。

这就是各时代的人类思想。这就是他们的三种面孔:少孩、壮年、老成。无论从一地方,或全部的文学去观察,它们都照这个次序的。其在法国,则马勒伯[3]先于沙柏兰[4],沙柏兰前于哥乃[5]。其在希腊,则奥悔[6]前于荷马,荷马先于耶施儿。若从大端而说,《圣经》先于《意里约》,《意里约》先于莎士比亚剧。

凡人类,究竟总是在起始时,唱其所梦想者;及后,叙述其所做的事;到末,始描写其所思。因此之故,人情剧所以在复杂的组合中而成为最完全之作。它极其深微与衬托,有哲学意味与美术性质。

在自然一切事上,都可说是必要经过这三个阶级。若不嫌粗,则诗家可主张朝阳初升,当为神歌。到了日午当天,乃为英雄诗的最发皇者。及至日影夕照,是为人情剧的反映,此际正为日与夜、生与死的竞争点。然这是诗吗?癫狂吧,又为何而喻及此呢?

说到此,应当声明者,所谓这三个时期云云,乃就其最显明的特性而论,其实断无这样分开得清清楚楚。今以《圣经》说,虽以神歌为主。但是《君王》章,则近似于英雄诗。而在《佐》篇[7]又可算为人情文学。荷马诗中除了主脑为英雄诗外,又有"人情"与"神歌"二体文字的参加。在英雄诗中,自然应有此二体的文字。故

---

[1] 亚特勒(Atrée)今译阿特柔斯,奥赖特(Oreste)今译奥雷斯特,均为古希腊神话人物。
[2] 哈勒(哈姆雷特),马伯(麦克白),奥特禄(奥赛罗),均为莎士比亚剧作中人物。
[3] 今译马雷伯(Malherbe,1555—1628),法国诗人和文学批评家。
[4] 今译沙坡兰(Chapelain,1595—1674),法国诗人、文艺批评家。
[5] 今译高乃依(Corneille,1606—1684),法国作家,法国古典主义戏剧创始人。
[6] 今译奥菲(Orphée),古希腊传说中的音乐家。
[7]《君王》章,即《列王纪上》《列王纪下》;《佐》篇,今译《约伯记》。

一切相糅杂错综。但每一个时代中只有一件为主脑，其余的，不过为附属品而已。

人情剧乃文学之最完成者，神歌与英雄诗仅算得其一体。有人说法国人不晓作英雄诗，这实不错。虽则在辣真的《亚打里》[1]剧中，与莎士比亚剧一样含了极好的英雄诗。又，人情剧的直抒心情与神歌体相似，不过将其扩充发展为自己的体裁罢了。所以热情启悟的神歌，到了人情剧，已如朝曦变为夕阳；又好似"老年返童"但不是少孩。这是一种郁闷的表情，已不是初民时代的天真烂熳了。在《圣经》的后篇文字，比前头的已经减少了许多幼稚可笑。到了近代的"小唱"虽则仍然保存了"直感"，但极不如昔时的痴骏，它思想多而醉赏少；在甜蜜的梦想中已含有苦痛的人生了。可说神歌体从起始时已含有人情剧的种子。

故一切均以人情剧为归宿。今作一喻更为明显。神歌体的诗文，似一安静的湖水，将云霓、星辰的影子反映。到了英雄诗已如长江奔流，挟沿岸的树林、田野与城市的遗痕，一同向人情剧的海中泻去。如湖，人情剧映出那天象；如江，它映出了沿岸风景；可是唯它自己始能如海的深窨与多风波。

所以到了人情剧，一切诗文均向此而奔赴，均以此为总汇。米东所写的《失乐园》，究竟是人生剧，虽则也可说是英雄诗的体裁，当丹丁写完《地狱》那篇文后，他的天才使他觉得所写的情事复杂，终是人情剧而不是英雄诗，于是他提起铜笔来在这部伟大的书上题为"天上的喜剧"。

这两个掌握近代诗文大势力的人，竟与莎士比亚合作，于是近代文学的地位更见坚固。他们二人与莎氏一样同为人情剧的大作家，同是将怪恶与伟大合在一处。故他们之于莎氏有如两翼游柱之拥护正梁。

---

[1] 辣真（Racine，1639—1699），今译拉辛，法国古典主义剧作家。《亚打里》为拉辛的五幕诗体悲剧，今译《阿达莉》。

今将这些要点再为扼要说起。

自从基督教告诉人说,你是两件物合成的,一是死的,一是长存;一是肉质,而一是心灵;一是被肉欲、嗜好与冲动所拖引,一是向热情与梦想而颠倒;一是向地钻,一是向天升。从此,人情剧就发生了。这些由生到死不休的多方冲突生活法,若说不是人情剧,是什么呢?

近代诗文从此种教义出的,当然也是人情剧了。人情剧是实在的人生生活。这个生活便是怪恶与伟大两个相反的大纲所合成。其实,不但人生,凡文学、艺术及自然上的一切,凡属实在的,即以此两个大纲为基础。人情剧不过为自然上许多事物的一端而已。所以到此,我们敢大声说:"凡在自然的,也即在艺术。"这虽有例外,但例外适足以证明此例的实在。

以此为立论的大纲,举凡从前乌烟瘴气的文学,与两世纪来无理的批评,一经人情剧出世后,均如矮人国所排下的蜘丝阵,不用斩决而已自断了。

到此,而又有人说奇形、怪状、丑陋与怪恶不能为艺术的材料;则我们将告他,怪恶即是喜剧,喜剧既已为世人所公认是艺术了,那么,"怪恶"当然也是艺术。

假如他们再不服气,硬要将怪恶从伟大劈开,而不允许喜剧合悲剧同一剧演。我们再当提醒他说,凡前时基督教派的诗家,并未将人的兽性方面从心灵中分开不说。如将这两物阻止在一块,则其结果必甚劣:一边生出了无着落的过失与虚妄,而一边则生出了空空洞洞的罪恶、侠义与德行。两边各走了空虚的极端,而与真实的人生相差太远。故要一个实在的人生,应先以"人"为标准。而要将这些不实在的喜剧与悲剧分开时所产生的恶划除,尤当以人情剧为标准。

在人情剧,一切实在的事情互相纠结。肉欲与心灵同样重要;人物与事情都有两种矛盾的现象。时而可笑,时而可怕,或则悲喜交集,笑啼并存。这个就是那些审判官一面说"死刑"、一面说"我们去食饭吧"的怪剧。这个就是苏格拉底临死食毒药时,一边与门人说了灵魂不死的大道理，一边叮咛杀鸡祭神以还愿的滑稽。这个可以解释堂堂罗马议院为了皇帝买一尾小鱼通过了极郑重的议案。这个可以明白法国名相里些料[1]甘受了救火夫的辱，而大君主鲁意十四愿忍其剃发匠之气。由这个而有了格隆威"议院在我布袋，皇帝在我衣袋"的谈话。由这个而有了格隆威与其同通过处王死刑案的同事，彼此于死案通过后互相将墨水涂面作鬼脸而笑的行为。这个又可以看透凯撒打胜天下，在凯旋时竟怕所坐的车倾翻的心理。因为，凡天才家，无论天才怎样高，总有禽兽性在其中作怪。因其如此，所以才是人类；因其如此，所以人情剧得以成立。拿破仑曾说："从伟大到卑鄙只有一步。"确能见到人类的本性，因人性的光明，而燃出了艺术与历史的伟绩；因其悲号，而叫出了人生的惨状。

最有趣是，那些善于描写人情剧的作家，自己为人也极其矛盾。他们笔下虽极诙谐怒骂，使人可笑，但本人则极忧闷，乐天派的爹孟格聂[2]，无异于悲天派的赫拉格尼[3]、布马些[4]多愁，穆利爱不快，而莎士比亚则以苦闷名。

若论"怪恶"，确是人情剧中最美的材料之一，因它不仅为点缀，而且实在是需要。有的人物怪恶得甚难以测度，如 Dandin, Prusias, Trissotin, Brid' Oison[5]；有的人物怪恶得可怕，如 Richard III, Bégears, Tartuffe, Méphistophéles[6]；有的人物怪恶得风韵风流，如 Figaro, Osriok, Mercutio, Don Juan[7]；凡此等等，随处发现。其最平常的怪恶，则每与伟大相合；其特别的，则自成其傻态与呆形；

---

[1] 今译黎塞留（Richelieu，1585—1642），法王路易十三时的宰相，枢机主教，出色的政治家、外交家。
[2] 今译德谟克利特（Democrites，前460—前370），古希腊哲学家，也是古希腊民主政体的思想代表。
[3] 今译赫拉克利特（Herakleitos，前540—前480），古希腊哲学家。
[4] 今译博马舍（Pierre Beaumarchais，1732—1799），法国喜剧作家。
[5] 戏剧人物，依次译为党丹、蒲留西雅、梯梭旦和布里多瓦松。
[6] 戏剧人物，依次译为理查三世、贝日阿尔、答尔丢夫和靡菲斯特菲勒。
[7] 戏剧人物，依次译为费加罗、阿斯里克、墨库邱和唐璜。

而常于不知不觉中,已埋伏了不少这个行藏。幸而有它,而后人生不至寂寞。有它,而后有笑;而它,而后有哭。它有时为卖药者,有时为巫人,有时则为葬埋的工人。又如在莎剧《黎亚王》[1]中那些呐喊、悲鸣,又伟大,又凄楚,又谐和铿锵,即是它的余音。

故在莎士比亚人情剧中,自有其特点所在,而非他人所得仿拟者。他是剧中之王。他是聚合了三种才能:哥乃的悲伤、穆利爱的诙谐、布马些的超逸,皆在其一身。

由他,而知法国古典派的三个"统一的大纲"均归无用。所谓这三个大纲者,即一剧的事情必在"同一地"发生,时间必在"一日夜"归宿,而其情节必有"一个中心点"。此后一件尚可存在,前二件则甚属无谓。(以下节译。)

人情剧之所重处乃照事实去排演,不能为老规矩所限制。故剧中发生的地方与时间的长短,均应按照事实。若将事实不讲,而去依就成法,势必将艺术变成为不是实在而为假装了。

至于情节当要有一个中心点,庶使观者一目了然。但这个不是说事实不应复杂。只要有一个主脑,余的事情自然可同时发生,不过应附属于此主脑内,庶免有枝节横生之弊。

故我们敢大胆说:自由的时候已到了。先前古典派的成规,不知害死了多少天才。到今日在社会上,自由已如光线一样随处射入;独最宜于自由的思想界竟未能沾此余惠,真是怪异之至。所以今日最要是先将从前的一切的理论、文学及主义打死,先将那些石膏做的假美术毁弃。规矩不足守,成例不必援。唯有自然的大纲足以为艺术的大纲。唯有自然的细目,足为艺术家个人的细目。自然的大纲是永久的、根本的,有一定的范围。但其细目则极尽其变化,只能用为一次及用在一回。大纲,是建筑的栋梁。细目,乃临时取用的棚架。大纲是骨头;细目,始有情感。天才家专靠自己的心思而极少去模仿。他

---

〔1〕 今译《李尔王》,莎士比亚悲剧作品。

对于大纲及细目的采取，不是如化学家的烧、毁和合；而乃如蜜蜂飞起了金色翼，攒集在花心，将花蜜采出，不使花瓣有一点变色与花萼有一些变香。

所以我们不要忘记：诗人与文学家只有向自然及真理去领悟与受其启发。西班牙诗人瓦卡[1]说得好："当我要写喜剧时，我将'成规'用了六枝钥匙锁闭。"对于成规的防范，用了六枝钥匙实在不见为多。不必说次的不必法，即如莎士比亚、穆利爱与哥乃等也不可取为标本。苟有犯此，则鲜有天才，只能变为他人的面孔，自己所失必甚大。自然上随处给予树木的浆液，也随时给予天才的才思。寿人与文豪自己便当如一丛树，任它狂风暴雨怎样飘荡，终是好好保守其果实不至丢失的。与其奉守一家一派的成规，失却自己的面目，则不如为小荆棘与彼遮天的松柏同其生存，不愿为寄生物附属于大树上。大树虽大，全靠自己的浆液以成大；凡寄生于其中者只能变为细小。任怎样大的树，只能产出其寄生的小小"求福枝"。

自然吧！自然与真理。新的文学与自然及真理的关系比旧文学当更深切。不过"艺术的真"与"自然的真"，实有一定的界限不许侵越。幼稚的烂熳派常将这二者混合为一。殊不知，艺术不能与自然一样"全真"。今以哥乃著名剧的《雪特》[2]为喻。若求与自然一样，第一，人即骇异何以雪特说的是诗，这已不是自然了。而且是法文。为什么他是西班牙人，不说其本地话呢？再进一步，剧台所演的是真的雪特吗？一个剧员装做他，可知不是雪特的真面目了。又进一步，则须剧台上所布景的太阳、树林与屋宇均是自然的物——如此苛求，一直至于无穷。因为这是逻辑，而不能苟且的。

故为免除误会，应知艺术与自然是不同的。它们是两件事，否则，自然不是自然，而艺术也非艺术。艺术除有一部分是真实外，有

---

[1] 今译维加（Lope de Vega，1562—1635），西班牙戏剧作家，被誉为西班牙戏剧之父。
[2] 今译《熙德》，法国剧作家高乃依的剧本。

一部分乃全属于理想。它本身上满含了自由的创造、色彩形状的布置与种种材料的使用。唯天才家能善于利用其机能。若出于俗手，则一切均变成为死的工具。

人们也知人情剧乃反映自然的镜子。但设镜子是平面的，则其反影虽真，而可惜无色彩与线纹。故人情剧应是一个凹面的镜子，使外来光线不至消失而且放大，能使一星的变为一束，一束的变成为无限的火焰，如此而后可称为艺术。

剧台确是一种光学的应用地。凡世事、历史、人生，皆应在此中反映出来。但须借艺术变幻的手段，然后能研究世事与自然，质问历史，讨论事实与风俗，把所有的矛盾调和起来。一边，补足历史家之不足；一边发挥自己的天才，将所有的色彩与理想涌现于阅者之前，以激动其歌泣的情操。诗人是诚实的，艺术的作用是神圣的。从历史说，则恢复往迹之遗失；从诗文说，则创造前途的理想。

这是一件伟大与可赞叹的事情，在看到一本人情剧中，艺术能够将自然发挥，而其情节确如实在，又得诗人从各方面去描写，使观者得到内外一致——外面则见人类的言动，内里则得其心情。换句话说，在人情剧中能够看到人生与良心一气。

故艺术家应该与必须选择的，不是"美"而是"特性"。不是如俗手东涂西抹，而乃将其人物的特性，从细事到大端，随处均有深刻的描写，而造出了一种浓厚的空气，使观者退场时似乎离开了别一个时代一样的怅惘。艺术所描写的在特性，所以不至于堕落在普通性。普通性乃杀害人情剧的凶手，短视眼及浅呼吸的诗人始肯出此。有大眼光的艺术家，将其人物的特性外写得浓厚、特别与切实。虽在最普通的事上，也给予一种特性的表现。诗人如天神，随处不肯放过其神通的力量。天才家如造币机，钢入去，金入去，一例出来均深深印入他的特别记号。

因为避免落俗套与为艺术起见，所以我们仍然主张在人情剧用诗以达意。诗的好处就在能尽其驰骤的能事。一边对于事情能够精微切实，一边对于心灵能够细腻委曲，故诗乃最适宜于人情剧的描写。它给予事实的是线索的透逸，它给予言语的是色彩的飘逸。它是带子，给予衣服种种的皱纹。诗怎样会将自然的意义改变呢？试问白话文家：穆利爱的诗不能达出一切的真实吗？酒入瓶后就失却原来味道吗？

可是人情剧的诗，不是如古典派的奥晦，又不如今日自称"白描派"那样无味。人情剧的诗，应是自由、诚实、确切，应说就说，不含吞，尽量表现，不必顾忌。喜与悲，怪恶与伟大，总是一样流利倾泻。所表现的是事实而又有诗意，是艺术而又有所根据。深沉、快意、飘忽而紧凑，宁可乖巧些而不肯失于拙陋，宁可浮言些但不可说相反话。最要紧是声韵铿锵，这个给了诗文不少的伟大与神味。诗歌长于婉转缠绵，所以能将人情与天然的风韵与秘密曲曲道出。本是一件事，而可用万种的诗句达意。故最怕的是多言无当，所以时时留意于切实的描写，不去求美而美自至。热狂情愫、英伟风味与及人情的复杂，唯有诗始能对付。所有事情均可入诗：从上到下，从高到低，从诙谐说到严重，从精致说到粗鄙，但不肯有一句虚话。总结一句，如有大悲剧家哥乃与大喜剧家穆利爱二人的才能合于一身，如此诗句，当然不是美丽的白话文所能望其肩背。

又在人情剧的诗，要求美丽，须不好死守自己的口气，而应相题发挥，由何人之口而使说何人之话。又使剧员心有领会而后口所念的与神情同样恰到神化。诗的美处，就在听者回想之际觉得在极少的字句中含有无限的滋味。由诗的反映，意义较为浓厚与光辉，这是炼铁成钢的妙技。

白话文在人情剧也有同处，如在"说白"与"对话"的时候。不过其力量不大，而其翅膀飞不远。但此比较诗易为，故中才之士做得易好。又有一种取巧的方法，即白话文与白话诗混用，如莎士比亚剧一样。这也有其长处。若能调合得好，自能不生痕迹。实则，但求文好，虽将人情剧全写做白话文，也是好的。文字尚是次要的问题，头一问题乃在剧中的内容。这个仅有一法，就在作者要有天才。

文言也好，诗歌也好，最要是在"恰切"。严密、深潜与合理的"恰切"，不是仅有外形的"恰切"而已；天才家自可自由运用其才能，而自然不会与逻辑相悖。俗话方言，由他组织后而自成为文理。他于普通文法可以不顾，凭其"胆量"与"偶然"去创造及建设自己的文笔。他确有这种权力与权利的。虽则人未说起，但总有人暗中承认：法国文字并未固定而且永久不能固定的。一种语言是不固定的。人类思想永久向前进行变迁，文字也如此进行变迁。一切事均是如此。人身变大，怎样衣服不变呢？十九世纪的法国不是十八世纪，十八世纪不是十七与十六世纪之可比，那么，孟代[1]的文字当然不是鲁魄力的文字，巴斯胶[2]的不是孟代，也犹孟德斯鸠不是巴斯胶。这四个人的文学各有其擅长处，因他们都是说自己的话。各时代各有其思想，也各有其代表思想的文字。文字的变迁如海潮的震荡，有时侵入某处，有时放干某地。因此，时过境迁，其文字也变成无用。语言文字也如别事样，每个时候总有些新的加入与旧的归于淘汰。如何办？实在无办法。任怎样是不能使法国文字成为固定的模型。任你怎样去叫停止，语文与太阳一样是不能停止的。当其停止时便是死亡的时候，所以有许多文学派已经死亡了。

凡此云云，我不想去提倡什么主义，我最怕的是主义。今所望的是各依天才去创造，不可为前人所驱使与受其约束。凡有约束，便不能自由去创造，如此，则所作的乃是假装不是艺术了，乃是理论的批评不是文学了。

以上既将人情剧的大纲与性质及其文字说完了，现今应当说及此序文中单独的事实，即格隆威在莎士此篇剧中的意义。

格隆威乃历史大人物，而历史家都言之不详，我偶在翻历史中始为注意他是英国政治及宗教改革的首领。

---

[1] 今译蒙田（Montaigne，1533—1592），法国文艺复兴后期的人文主义作家，欧洲现代散文的创始人。
[2] 今译帕斯卡尔（Pascal，1623—1662），法国哲学家、散文作家。

格隆威不但是军人、政治家,而且是一个极复杂的怪人,多方矛盾与互相冲突的怪物。恶多,善也多,天才与卑劣的人物,欧洲的专制魔王,但不免为家庭的玩物;杀王的凶手,对付各国使臣的能手,但为其小女孩所玩弄。严重与苦闷,但有其嬖臣四人。自己喜欢作了恶毒的文字,但对人则彬彬有礼。粗陋的军人而又是极精细的政治家。不信宗教,而又喜欢它。枯燥无味而又散漫的演说家,但有时又说出极俏皮动听之语。虚伪,而善于听言。听信术士而又驱逐。不喜极端,常常威吓,但极少用暴力。信仰清教派,但又喜欢轻佻的诙谐。对熟人则极藐视,对清教徒则极客气。忏悔不是出于诚意,但良心又每觉不安。手段多,方法多,计谋更多,又能常用智慧去节制幻想。又怪恶,又伟大,这是拿破仑所说的"下头四方形"之人面为复杂人物的代表者。其言论如代数的确切,而其色彩则如诗歌的灵幻。

唯有大人情剧家如莎士比亚者,始能将此复杂的人格写出。他的艺术,其高妙诚非他人所能及。但其剧本不能说是全璧无瑕。我自己也能看到其短处,但不能为之更改。因其缺点,所以见其伟大。因其不全完善,所以正见其为天才。高山必有深谷,大橡树中始生了离披不整与许多无谓的冗枝烂叶,但因其如此,所以才成为橡树,你要直枝滑叶吗?则请于苇茅中求之,但勿去扰乱这些冲天遮日的大树……

(下略)

五、袁世凯（人情剧）

（共三出）（共八幕）

人物：李如洁——河间名妓

　　　吕阿黎——李的知心婢

　　　章伟民——李的情人

　　　三烈士——国民党人

　　　袁世凯——民国总统及大罪人

　　　小甲、小乙——袁的弄人

　　　中西医生、袁的姬妾、文人、官吏、孔庙赞礼官、兵士，上六项各若干人

　　（有音乐队更好）

时间：民国五年

地点：北京

第一出

第一幕

一间极繁丽的西式客厅。布景：花园夜景，景中有许多房屋及各处均有兵士站岗。幕开时，人见。

李如洁　古式极美丽的宫装打扮，坐在桌旁，手执书，并无看，如有深思梦想之状，只视吕。

吕阿黎　极美旗袍，正在添香。有相当的年纪。

李：这是多么好的机会，那老贼竟然"井落在吊桶里"！

我今不想逃走了，定要与他拼一死。

他说："民国就是我。"我说："总统不是你。"

他想做皇帝，我不想做贵妃，只想他试试老娘的洗脚水。

阿黎，香添好未？那人敢待来呢？

吕：这正是时候了，

（闻紧紧叩门声。）

他手打得如他心一样碎！

（往剧台底一小门，问）

来者谁？——是情瘟使——是你，请进来。（吕开门。）

章伟民　军官装束，腰旁有手枪袋装手枪，甚威武俏丽，与李如洁同是廿余岁人，从小门进来，李起迎，两人深吻了五分钟。

章：一切俱备，只待今夜一点钟，我们就脱离了这个总统府化的牢狱。

李：请缓。容我先告诉你一件奇事：他昨夜在此睡，梦中口喃喃吐沫："皇帝真好，真好，皇帝，让我试一试，试……试。"

（她极悲伤又极恨说）

我爱，我的生命！你知爱情有大有小，小的是我们百年偕老。大的是什么？

章：是我们死后的情爱一直同天长地久。

李：不错！但要我们的情爱与天地同长久。不是我爱你，你爱我便可以。推广我们的爱情去爱中华民国，民国长存，我们的爱情就算永久不死矣。

（她指厅上所挂的袁世凯相，狠狠地说）

这厮于国于家，不忠不信，背誓反盟，不若猪狗。我们与他拼一死，为国为民，就是为我为你！

章：呵！但是……

李：但是你心爱我，我心爱你，心心相印，就是天长地久。若是物质而言，百年如一瞬，死后也何有？如今逃走呵，又安知我们爱情到中途不变易？

章：我的心肝！我的生命！说什么我们爱情中途变易！你尚不能深信我吗？如此不如天诛地灭！请把我心血打出你看吧！（当他向手枪袋取枪时，即被李与吕将其手制住。）

吕：有话缓缓说吧，又何必这样性急！

章：（流泪。）嗳！除此，无以表白我心迹。

李：（流泪，甚感动。）我岂敢疑你对我不诚实？但我此时别有念头。此生已休，待来世再图绸缪。你愿为我而死，不如留此为国报仇。

章：我愿为你而死，也愿为国报仇。私情公谊在我心头好似缢鬼的索子此推彼挽两下里都不得开交。几月来，我总想将老贼打倒。忽又转思，他的忠伪尚未证实，或者他好好做总统为民国吐气扬眉。又想及我们柔情难舍。到今日，这贼逆志已现，这层公仇已够要他一命。又况你被他摧残那层私仇更使我怒发飞腾。（他握枪柄状。）他血在我枪口，只待你命令，我就将他射击。

李：我爱！我的心肝，我的宝贝！你也知我自那日被他狗党从河间驱迫上道时，已拚却一死报你！又想你英武盖世定能将我打开罗网，一任我们如蝴蝶双双自由到天涯翱翔游冶。到此来后，又改变了先前意志。（她指花园景中那些房屋。）你看多少油头粉面，供他兽欲。说什么女权人权，他强奸了女身，又要强奸了民意。筹安会是他所包办，兵权财权由他脚挥与手指。滥借外债，国权消灭。人民膏脂全在他鸦片灯上燃作残烟和灰烬。到现在，我想吸他血比我们亲吻时所尝的津液更趣味了千万倍。不但不想逃走了，只望更与他亲近。

章：好好！你既有此心，我便有此意。可是他近来非常警备，怎样使他上钩饵？

李：这有两个方法，一个急攻，一个缓进。缓进由我，急攻由你。你在外与周、秦诸志士商量，炸弹、手枪均可应付。我这里又有一法使他缓缓消灭。他嗜鸦片烟如命，吸烟后，又想食糖改改口味。他患糖尿病，连糖物，天也罚他无福消受。我想及矿质中提出一种叫做"萨加怜儿"，含有甜味，但无糖气，西医用来供患糖尿病者驱驱牙舌。今请由你请他试用，由我这里安排甜品，多多暗放进去。此物刺激神经，妨碍消化。他久用了，必死于此。

章：好；这样做，就这样做去。（作情眼乜视她。）我已忍耐了好久了，他的艳福，未知消受到何日？

李：（面作红羞。）我们心心相印，不强如异床同梦？那厮重烟不重色，烟吸饱了，昏昏睡去如猪豕，你何必妒忌这个"兽人"，在美色上连嗅嗅味也不曾够。

（章李彼此好久各作沉思不语个。）

章：牺牲我们为民国，未免为了虚名失实利。最好是求一个两全之法，将老贼结果，把我们重聚。

李：那更好了，不过天下事无这样便宜。最好如你说，我们长存，他死去。其次大家一齐死。最下是我们死了他未死！

（忽闻哨声。）

吕：莫非他又来了？

（作开窗看状。）

确实老贼来了，还有两粒睾丸！

袁世凯　六十许岁人，穿大锦袍，戴西瓜帽，御长靴，烟容可掬，但眼神甚凶猛。左右有小甲、小乙。

小甲、小乙　作丑装打扮。腰左右各背手枪两枝。

（小甲，小乙打门报说）总统驾到。

（吕开门，李、章到门外欢迎状，又同入坐状。）

袁：（作鬼脸笑。）哈哈！伟民，不，必达，你竟先我来了。

章：因为李夫人头痛，打电话叫我带药来呢。

袁：（视李）面子红红，不是头痛，便是伤风，真是多病的崔莺莺。

（向章作骄傲状。）

必达,哧!你不快活吗?来不上几时,就升为我卫队的团副,前途正未可限量呢。你何必叫做伟民,民又什么可伟,真是不通之极。我偏要改名必达。哧!靠我,你必定必定能必达呢。(必达二字用力说出。)

(又改向李说。)

你表兄,真实好人。诸事勤慎,待人谦恭,卫队里,无一人不敬仰他。他对我格外忠爱。记得一次我肚痛时,一碗苦苦的药正放在桌上,他进来闻知就拿去尝。这尚不算。我有糖尿病,你所知道的。有一日,他将我的尿盆中的尿用指沾去尝尝,尝后极喜乐向我说:"总统的尿,糖味不甚浓,养养些似不足关重要。"这次使我真感动。眼见自己亲生儿子尚无这样孝道呢。哧!世风不古,如先前那样为亲尝粪的事尚能见吗?我不愧说,自己养的总不如他人养的为好,所以我想将必达过继呢。我看唐史,像安禄山对唐明皇能够这样忠诚就好了。(此时李、章二人眼光勾得更乱。)我说错了,安禄山是杂种养的。既认杨贵妃为母,又与她有暧昧,这还算得上孝道吗?我想中国如出这样混账儿子,必定将他剿灭十族呢。

(又转向章说,章此时甚形惭愧。)

岂不是吗?你做得极自然,毫无矜色与一点夸功,这更使我爱惜你呢。

章:但愿总统康健,为民造福,我辈勤苦何足计较。

袁:这就好了,我想不久就升你为团长呢。

(李举腰身衣作目势给章个。)

章:谢谢总统。我近买得一枝最精致的西洋手枪,愿献总统作孝敬物,让我将此中精妙的机关解开总统看一看吧。(他说时正向手枪袋解纽,袁见其手颤动,疑有变故,即大声叱止。)

袁:(极严厉)不必!在此闲居私地,不必解开危险的利器。

(即用眼色向小甲、小乙说。)

你们将他的手枪袋及手枪一气接收了。

（小甲、小乙将章的手枪袋取过。）

袁：（用命令式向章。）时候不早了，你可退出，让我们休息休息。

（章出，幕下。）

第二幕

花园布景。

章：（独自一人甚兴奋）这老贼真狡猾，甚灵敏。怎样知道我这个尝尿试药的孝子便是要他饮弹的仇雠？黄帝呵！中华民国之祖呵，你竟比他不灵敏了！你不能庇佑我多一秒钟，将那枝手枪显一好身手？我又太不灵敏了，未执枪已先心动手震。这心与手平时何等镇静，如今你们竟一齐侮弄我了。莫非是老贼的命运尚未告终，且让他再享几日的兽福。可是我怎样能忍受多一刻的羞辱呢？他今在我可爱的床里吐雾吹云，温香软玉，我则须无明无夜一秒一秒去算时刻。天呵！我愿即时将这双猪狗打死，将这臭尸放在野外任那狐狸枭鸠撕裂啄啜。再努力吧。此击不中，再有他遭。缓进急攻，双方并进，他纵能逃勇士的枪，总难通过美人阵。我待去各方面进行奔走。（下，幕闭。）

第二出

第一幕

一间会议厅。

穿中衣的奇形怪状中医生三人，穿西装的西医三人，各分坐桌一旁。

中医甲：诸位请了。承总统吩咐，将"洋糖"审查一番，诸位各有高见，应请从长讨论。

中医乙：我想这糖断不能用。什么"散家怜儿"，这个名已不通，又不好听。既名散家，家散了，真不祥气，一个人总食得有效力，也不好用呢。我们知道糖尿病乃是肝火不服脾土，此乃火克土以致下体衰弱之所致。故最要是用补剂，人参、高丽、天冬、熟地，煮得又老又硬的鸡蛋，日日食去，夜夜又不要到婊子处去，包管元气充足，百邪回避。所谓洋糖也者，在本草中并无此味，显系西药。西药全用霸道，诸位应请留意。

西医甲：这位所说，令人摸不着头脑。什么火呵，土呵，牛头对不着马嘴。五行之说完全不是科学字。我们学西医者，脚踏实地，即一个字，苟不是科学的，也终身闭口不敢出气。

中医丙：那么，先生开口闭口，甚么科学科学，愿闻大教以开茅塞。

西医甲："萨加怜儿"，西名为 saccharine，乃从拉丁文 saccharum 变来，意义是含有糖味，同样重量，比糖甜过有三百倍。本草虽无，西书有载起，洋糖比中糖原来有力气。

西医乙："萨加怜儿"乃一种炼制品，有糖味而无糖的利益。但用为患糖尿病者做甜品最可骗骗口味。然不可多用，多用则刺激神经与妨碍消化。

中医甲：由此说来，可知此物是不能用了。

西医丙：少少用就好，不是说不可用。

中医乙：既然多不可用，少也不可用了，我们就主张不可用就是。

西医丙：如此不免太武断了。

中医乙：你晓得什么？凡西药西名的，一些些，就与中国人不相宜。因中国人的五行与西国人的五脏不相同呢。

西医三人同说：如此真胡说了。

中医三人同说：我们不胡说，你们才混账呢！

众西医：你们竟骂起人了。

众中医：难道让你们动起洋鬼子脾气，就不肯让我们升上肝火吗？

众西医：如此胡闹，会开不成了。

众中医：会开不成，乃是你们的过失，与洋鬼子终是开不成会的。

（他们一路散去，一路叫骂：洋鬼子……）

众西医：程度真不够，真不够。

（他们一路散去一路摇头。）（幕下。）

第二幕

总统府办公厅。

袁：（独自一人）知人知面不知心。宁可我负人，莫使人负我。昨夜，我看章某那样神气，似对我有暗害之意。幸得我掣肘得快。我想那婊子也是一路人呢。今日她又向我殷勤说什么洋糖可治我糖尿病。今据中医所说有毒，而据西医所说则少用不妨碍。我想，总信中医为好。西医不免有点洋鬼子气，自来我就预防他。现在更怕他们与恶党有相关系。至于这班穿长衣的中医们则断不敢有此大胆。现特暗饬密探侦察章某行动。我想做人真无趣味，连自家人与最信用的人都是眼底藏剑，腹中藏刀。若做了皇帝后，不知又要引起多少敌人。但皇帝名声大，作皇帝终比做人有趣味，所以无论如何总要试一试。（正在沉思个。）

（小甲、小乙如前打扮，鬼鬼祟祟出台。）

小甲、小乙：祝望主上万岁万万岁。

袁：小鬼头，你们要作什么把戏？

小甲：我昨夜梦中，我做了乌龟，在我背上爬出一条真龙，转身一看，原来就是总统，这不是皇帝的见兆吗？

（袁首肯。）

小乙：我梦得更稀奇。我见了牛母后头，牛母后头是牛尻，生出了一条蛟龙，出世时天上见了五彩云霓。那蛟龙力量好不伟大，一翻跳就将周围毁成一片大池。我被池水浸了好久，忽听蛟龙作您口气向我说，不必骇怕。他将我放在背上，我好不骇异，忽然醒来觉是一梦，但已经满身冷汗全裤潮流。这可见总统应运之时了。

袁：（首肯极感动。）静静吧，切勿向外间道及。如有风声，请看你们的头。

（一传令官入，手提许多名片向袁鞠躬说）

筹安会会员求见。

袁：（看片后）请。

（传令官出，引进许多奇怪的文人打扮。）

众人：敝会办了好几个月，结果，全国民意佥同，均说我国不宜共和，应请总统早登帝位以慰众望。

袁：我能浅德薄，怎敢僭越。

众人：全国人心确实一致拥戴。

袁：容我好好细思一下。

众人：总统若不俯从众意，我们就要用强力将黄袍加身了。

袁：凡事都要细思，况且这个易制，关系重大，不能草草。诸君请退，自当不负雅意。

（众人退出。）

袁：（向小甲、小乙说）你看这班猴子，叫他们说，他们就这样说，真学得肖，哈哈！你们的梦，不久要实现了。

（前传令官又进来说）

一班前遵命往闭议会的军士请见。

袁：请！

军官甲：托总统福庇，已将议院闭得不闹出事。

军官乙：有一二议员不肯出去，被我吓打，他们就如鸟兽散了。

军官丙：有几个议员乱叫"非法非法"，但我将总统那些汇票散给他们后，他们就同声说"应如此办，应如此办"了！

袁：多谢诸位费心，容日当有奖赏。

诸军官：岂敢岂敢，感谢总统向来提拔之恩。

（诸军官退出。）

袁：（向小甲、小乙）这班国民党议员，天生成是我的敌人。他们口口声声说根据某条宪法、某条律文。要将我向他们叩首屈膝戴德感恩。这可见他们思想拙昏，行为乖舛。他们难道不知道我是杀人不眨眼的魔君？什么任命一个总长要求同意，费多少钱要请允准。请吧，众位议员们！如今好了，此间大屋已经出租了。请你们去别处胡闹吧。你们总要叩阍也已无门。从今后任我自作自主。民国就是我，帝国也是我，谁敢道个不字。反对我者，或用钱收买，或用兵打倒。赞成我者封官赐爵，身家长保。外国顾问已代替我向外国鼓吹。内地督军已帖服如走狗。所有百姓等于草蘁，拉起一把摧折一把。高兴起来拿他玩耍。（小甲此时给他一枝雪茄烟。）恰似这枝雪茄，要吸便吸，放下就熄灭。什么民意，简直是胡扯。民意如值得一交，我就不敢向他论价。那班筹安会们也是民意，几个钱就买开了千万口。算吧！国民党先生们，感谢你们为我造就这个天下！

（前传令官又入。）

总统，明早为祭孔之期，请定何时动驾？

袁：（沉思一下）就在七点吧，百官一齐六点先在圣庙伺候。

传令官：知道了。（下。）

（袁与小甲、小乙退下。）

（幕下。）

第三幕

孔庙布景

赞礼官二三人，官吏若干人，均穿袁所制的古装宽服高帽。

官甲：今日好冷，起得又早，有点伤风。（作打嚏个。）

官乙：为什么不多穿些？

官甲：老实说，敝教育部好久未发饷呢。

官丙：我们陆军部近来尚好，不免偏点了。

官丁：这是当然的，现在重武，武官应得优待。文官饿些也不算什么紧要。

官甲：这是什么话！（忽开喇叭声。）

众官：总统驾到了。（众人向袁鞠躬，袁答如仪。）

袁，大服装，跟随小甲、小乙（如旧装束）及许多军官兵士们。

袁：一切俱已齐备？

赞礼官们：齐备。

袁：如此就好行礼。

赞礼官：（唱）主祭就位。（袁中立，余官各就列。）

赞礼官：（唱）跪，一叩首，再叩首，三叩首。兴。

　　再跪，一叩首，再叩首，三叩首。兴。

　　三跪，一叩首，再叩首，三叩首。兴。

　　礼毕，请总统训话。

袁：诸位，今日祭圣，行三跪九叩礼，甚对。试想孔子那样大圣人，不配我们多多跪拜吗？今日有一班新青年，专学习外人皮毛，主张不要祭孔，主张废去跪拜之礼。这是夷狄之教，不肯敬重君父师了。我不但想祭孔用跪拜礼，就是下属对上司，还是要如此的。（百官面面相觑，无言而退。）

袁：（向小甲、小乙及兵士一切人们）你们请在门外等待吧。

袁：（独自一人向孔子像）素王，让我说句不客气话——你利用我，我利用你，岂不好吗？你让我为中国皇帝，我推你为天上太尊。我又要假借你名，推行我的新五伦。就是君命臣，臣当服事君。父不负教养之责，子则要孝敬亲。妻敬夫，夫可不必爱妻，妾媵愈多愈耀门楣。朋友有利益的可以交与；无利益的勿相来往。我若得天下当把这些伦理实行。大成至圣先师呵！我们同辱同荣，同盛同衰。"洪宪"若兴，圣朝有祭。帝国若亡，谁来管你。话说不尽，暂止于此。我今日来的，是专诚请神给予一个启示。（他在袋内摸出了一个"袁世凯"银币一元，丢落地下后，拾起一看，觉得满意。幕同时下。）

第三出

第一幕

在北京，中央公园的大柏下，夜景，甚黑暗。国民党人三位，均学生装束。

国民党人甲：那老贼实在想做皇帝了。这个奸贼把前尽忠民国的宣誓竟忘记了。

国民党人乙：宣誓在他不过等于放屁！他自少以来，不知宣誓了几多次。除杀却他，别无良策。

国民党人丙：除杀却他，别无良策，为民国流血，虽死犹值。

三人同声说：为民国流血，虽死犹值。（章从黑暗中来。）

三人同声说：那个魔影就是他的催命使！

（章到，互相握手。）

章：诸事已经妥当筹备，待后天，他往天坛祭天时，便是老贼魂归地狱的日子！

三人同声附和说：待他往天坛祭天时，便是老贼魂归地狱的日子！

章：在此夜深人静之际，细声吧，恐有暗探侦视，那边树中恍惚有人影呢。

（远远地有人影在动。）

三人同声说：不错，恐是侦探，我们去看吧，如是，便杀却也，不好犹豫。

（四人往视，侦探假醉在地下梦呓。）

侦探：（作咻声。）这个草地比我发妻，更为温柔！抱得紧紧不让她走。

（又装作呕吐。）

四人同说：这是一个醉鬼，放他吧。请往那边商议我们的事吧。

（四人一路行，一路说笑。）

章：后天八点钟前，他从前门过时，你们从城顶放下炸弹，包管他变成灰尘。我在他车前算是记号。你们好好放落，勿顾及我。我已将身卖给民国了。

三人同声说：我们已将身卖给民国了！

由天安排，由地葬埋，我们四人，一同成灰。

同心共志，努力杀贼，壮士一去，誓不复回！

（四人握手共下。）

侦探：且喜草上有耳，听得更明白清楚。（下。）（幕下。）

第二幕

在监狱中

李如洁、章伟民、吕阿黎、国民党三人均上手钳。许多兵士，监狱官。袁世凯军装打扮。小甲、小乙，如旧状。

袁：（向章伟民）真是妙计。我的小孩，你也如此！

（向李如洁）真是妙计。我的爱姬，你也如此！

李：（向袁怒视）你以为一切女人都是奴隶？都是你的泄欲便器！不要瞎眼，不必乱吠！我生来就恨你。恨你这个不要民国的总统，不要人民的皇帝。

（指章个）

我生来就爱伊，爱伊是诚实的男儿不怕死的烈士。

（说时，她靠近章，深深吻他，两人抱得极紧。）

（袁极怒视，又羞愧又妒忌。）

李：他是我独一的爱人，我的灵魂已经好久嫁给伊。你能杀却我们身体，但不能划灭的是我们爱的真挚。（她说时，频频亲吻章的嘴。）

章：（向袁怒视）你的侦探固极灵敏，但你安能将全国人一网打尽？只要有一个烈士存在，你便不能好好安枕！我们牺牲，正偿夙愿。你的生存，良心蠹朽，比死犹惨。你以我先前谄媚，有爱于你？错了，老贼，凡媚你者都要杀你。你除自己外别无同气。不信，待将灯点在你脐上，然后始知你是孤擎，那时未免太迟。

国民党三人同说：你这奸恶的老贼，骗了我们的民国。我们是民国的小孩，杀贼不死，我们死得也应该。待我们死后，变作厉鬼来与你算账，那时才知我们厉害。

袁：（极沉思痛苦。）若将你们一齐放出，你们将何以报俺？我让你们生命，你们肯让我做皇帝？

李、章、吕、国民党三人同说：不肯！不肯！

袁：（命兵士及狱官）那么，今夜十二点，便将他们一齐在此地枪毙。（骄视下。）

李、章：好！我们爱情如此天长地久！

不愿生分离，但愿死在一块！

民国万岁！我们六人万岁！

（彼此相亲吻，互抱得极紧。）

国民党三人、吕阿黎：好！你们爱情如此天长地久！

不羡老贼生存，只羡和你们死在一块！

民国万岁！我们六人万岁！

（幕闭。）

第三幕

一大睡厅，前装的中西医生，兵士官吏，小甲、小乙，及盛装的姬妾用人等。

袁：（面死白色，睡在床中作梦呓。）皇帝做不成了；云南反了！各省又响应。亲近的将领又反了！反了！反了！（作哭泣状。）可怜老袁，不好好做总统，竟想做皇帝，而今连总统也做不成了！（呜咽不止。）

众人齐说：请总统好好放心吧，各省都平安呢。

袁：（作癫狂不懂状。）平安吗？我肚子实在不平安呢。这里（手指腹）全是屎尿，别无物件。我真无法子，皇帝作不成了！我也不得活了！

西医三人互相说：肠胃拥塞，神经错乱，应先泻一泻。

中医乙：（作鄙视状。）西医动不动就大泻特泻不止，我们中医是极端反对的。须知病人最重元气。一泻，元气也就泻去了。元气一去，百邪交攻，现在总统如此失统，正见元气不存，以致诸邪敢来捣乱，故我主张保存元气为主。

中医甲与丙附和说:这是根本之策,去百邪当先扶元气,还请阁下坚决主张。

中医乙:依鄙人意见,总统几日来不能好好食饭,以致元气空虚而成今日病症。所以攻贼上法应先充实自家军械。故宜使总统照常食他素所喜欢的煮得又热又硬的鸡蛋八枚,然后又将我们特制的熟地一碗送下,如此保管元气充足,好似家内军实充足一样,盗贼自然不敢来侵犯了。

中医甲与丙:赞成!赞成!

西医三人同说:这真怪论,如此食下,定不消化,岂不速死呢!

中医三人:你们学洋鬼子的,哪有我们世世祖传的经验对呢?听我们主张吧。

西医三人:不可能!不可能!

中医三人:你们嚷什么?还是我们去取决于总统吧。包管你们又如前时什么"散家怜儿"那样不见用了。

(中医三人前就袁的病床问)

总统,还是喜欢中医或西医的话?

袁:(作蒙憧状。)是是,还是你们,你们中医说得对!

(中医同身向西医说)

岂不是吗?先让我们奏功吧。

(于是他们将八枚鸡蛋,一枚一枚整个地塞进袁的嘴内,袁作不能受状。但他们一人压着袁左手,一人压着袁右手,一人硬将箸深深塞进到喉咙去。塞后,又将一大碗一块一块的熟地塞进去。袁目凝,手抓腹作难过状。)

中医三人:好了,如此元气一足,百邪就回避了。

(西医作暗笑状。)

袁:(手抓腹,口要吐又吐不出状。)好了,元气充足了。但这腹屎屎如何安置呢?

(又手抓腹作极痛苦状。忽然大叫大嚷)

李如洁！你来此什么！呀！吓死我了！他们一身都是血，血腥怪难嗅的！呀！他们都来扼住我喉了！（喉咙作咯咯声。）要我命了！要我命了。（目暂变色，手继续抓腹。）（又极力振作，要起身，但又放下状。）我要死了！抵挡不住了！他们硬要拿我去。（又手附耳作听状。）去吧去吧！不错不错！
（袁目视庭中众人后向他们说）
请你们千万不要忘记在我墓碑上，别的均不可写，只写"民国大罪人袁世凯之墓"就好了。（说到此，脚已挺直，气已停止。）
（诸人一齐伏下。众姬妾均靠死床旁作假哭状。）（幕闭。）
（但在台后，远远闻得许多民众欢呼"民国大罪人袁世凯已死了！民国大罪人袁世凯已死了！"之声，及许多唱国歌之声。台下同时奏中华民国国歌。）——完

《袁世凯》后记

《袁世凯》一剧，自构意至写竣，经过时间仅十余点钟，所以草率，当然缺点甚多，但作者正要借此给读者一个新文学——烂熳派文学——的一些大观念，使于其中见到其突兀滑脱、随意创造、随手拈来，特意在写袁的心理不是在写其历史也。人情剧（广义作"人情文学"）的长处诚如嚣俄所说，在能将人性怪恶与伟大及各种矛盾与复杂的性格尽量写出。至于作者又望在此剧中将怪恶变成伟大。此点当然极难达到；时间、才能及经验，均不容作者轻易达到呢。但作者并不由此灰心。在此"处女作"上，已具端倪了；后有机会当再来试一试。

民国十八年五月巴黎近郊

烂熳派概论

上图示烂熳派的作家是：向自然上领悟；山与水及万象是他的书本；荒郊旷野是他的书房；由此写出各种人类热烈的情操及心怀

第一章　烂熳派的意义

通常说烂熳派与他派，尤其是与古典派不同处，就在特别注重于"幻想"与"情感"。实则还未说得彻底。烂熳派的幻想不是伏在案上搜头空思。他们乃向自然上直接承受其种种的启示，这是一种"直感"（inspiration）。这是神游六合、超出人世间的一种"领悟"，一种"顿觉"。至于情感，烂熳派所喜欢的不是普通的情感，这些平常的人情，实为他们所吐弃，他们所要的，乃是热烈奇特的情操——热情。

一、直　感

当陶渊明早起，晨光尚在朦胧熹微之际，他拿了手杖到山间水涯散步；看了山头云霞"无心"飞来飞去，听那鸟声唱那爱情友谊的曲调。此时微风习习，从咽喉呼吸入了肺腑，觉得心脾俱清爽玲珑。他老人家立在"三径"，手抚孤松，神赏众菊花争艳斗媚。他高兴极了，就在东篱之下，叫了孩儿拿出家中自酿的老酒，一杯复一杯自斟起来，不觉醺醺然看那日影渐渐移到庭柯，鸡鸣树巅，狗吠邻家，熏风自来，禾黍油油与清风互相上下摆舞。他自己这样物化，以为是太古的人民，以为是"羲皇以上人"！

若在春天，他则信步行到西畴，见了树木欣欣向荣，泉声涓涓然从山岩下泻出,向那树根草芽上流去。于是他登了"东皋"随意呼啸,弹他那张无弦索的手琴,对了清流而作些诗词歌赋。春残夏又来,农事将忙,他在田野与农夫亲戚们谈些"情话"。秋去冬已至,雪片纷纷,寒山凋零,又有一番气象。

这样四时在郊外游赏,朝暮不同,阴晴递变,自然上的万象迭出互异。它的伟大、它的瑰丽、它的时时刻刻的幻变,无形中将个人的小己包围起来,将他混化与自然相合为一体。所以陶渊明大叫起"聊乘化以归尽,乐夫天命复奚疑"的感想。

以他这样沉潜浸淫于自然,故他一己之内不啻为自然的缩影;遇有发泄,当将自然的情状反映出来。他就是自然的代表。他的作品便是自然的影子与声籁。如他的诗,如他的《归去来兮辞》,如他的《桃花源记》,都是代宇宙说话,都是作者个人与自然同化的作品。

所以陶潜诗文,就是一个向自然上而得到直感的最好证据。若要将西方烂熳派来比并,可以说是东西互相辉映。今先把这派的图画与诗意介绍出来。

以下第一图是表现春的美丽动人。树叶的勃发温柔,小鸟的活泼依人,小流的清澈,田家的静穆,和了人物的旖旎。这是以精致胜人。

第一图

烂熳派概论

第二图

　　此第二图，乃是一个烂熳派对着自然与太阳行歌呼啸。他左手提琴，右手拿书，两眼看日头，神若有所会。这是春天的直感法。树的蓊蔚，那样茂盛，那样静肃。细草蒙茸，那样甜倩，那样软柔。天色迷漫，云气阴霭中，上头将太阳半遮住，只许一半的光线射出。下头将树林与人物也一半迷住，一半给予他醒悟。这是一种"天人互感"的最好画图。

　　闭守一室，向书籍研究到断简残编，所得的不过些他人唾余。所谓烂熳派，就在于不肯如此效法腐儒书呆子，终日伏在案上，呻吟到了白发，只晓得半部《论语》或一卷卜卦术的《易经》。他们知道自然的伟大，与鉴赏它时时刻刻的无穷变化、无限宝藏、不可算计的新鲜风景与色彩。他们如卢骚、哥德、贝仑辈[1]，从此吸收宇宙的万象，

――――――――――
〔1〕卢骚、哥德、贝仑，今译卢梭、歌德、拜伦。

而反映为奇伟的诗文词章。

自然的骨子为山岳，其血脉乃水流湖海。太阳、月亮，是它的眼光。风云雨露乃其腔窍。草木花卉是其装饰。四时的变幻，万有的发皇，乃是它的表情。

今先说自然的骨子——山岳的美丽吧。山的形状极穷变幻：有清秀如美人脸，有壮严如丈人峰。或似英雄的赳赳，或如儿女的喁喁。或若猛鸷的下击，或似矫燕的上升。韩愈的《南山诗》说得极好："……或连若相从，或蹙若相斗。或妥若弭伏，或竦若惊雊。散若瓦解，或赴若辐辏。或翩若船游，或决若马骤。或背若相恶，或向若相佑。或乱若抽笋，或嵲若注灸。或错若绘画，或缭若篆籀。或罗若星离，或翁若云逗。或浮若波涛，或碎若锄耨。或如贲育伦，赌胜勇前购。先强势已出，后钝瞋詛譳。或如帝王尊，丛集朝贱幼。虽亲不亵狎，虽远不悖谬。或如临食案，肴核纷钉饾。又如游九原，坟墓包椁柩。或累若盆罂，或揭若瓮豆。或覆若曝鳖，或颓若寝兽。或蜿若藏龙，或翼若搏鹫。或齐若友朋，或随若先后。或迸若流落，或顾若宿留。或戾若仇雠，或密若婚媾。或俨若峨冠，或翻若舞袖。或屹若战阵，或围若蒐狩。或靡然东注，或偃然北首。或如火熹焰，或若气饙馏。或行而不辍，或遗而不收。或斜而不倚，或弛而不彀。或赤若秃鬝，或熏若柴槱。……喁喁鱼闯萍，落落月经宿。间间树墙垣，巀嶭架库厩，参参削剑戟。焕焕衔莹琇，敷敷花披萼。翕翕屋摧溜，悠悠舒而安，兀兀狂以狃。超超出犹奔，蠢蠢骇不懋……"

以上韩愈所说的仅指南山，若使他见了大地的一切山岳，不知又怎样写法。

实在山的美丽不仅在其骨干，而且在其草木的点缀、鸟兽的叫号、风云的烘托与夫星辰日月的辉映。

山中的朝景，一种晨曦微茫之象，一种轻描淡摹的神秘，若把它来比"美人晓装图"，最是相似。当夜色将去未去、太阳要升未升之际，这恰是美人微开饧眼睡态尚存之时。此际，烂熳派喜欢立在最高峰，看那光与影互相驱逐；千岩万壑中：这是青苔，这是绿藓，这是金光从石头上反射而来，这是红霞从树杪中击激而出，这是从淡蓝而浅绿而晕红而粉白而极端的玫瑰色的五彩带披在山脚到了山头飘摇于空中。

山中气味格外新鲜甜蜜，一种馨香芬芳，乃是百种花卉、千丛香林所酿成，人间香水美味都不及它千万分之一的令人心醉神怡。

在此光彩气味之中，试一闭目深思，觉得周围的空气娇嫩轻倩似要将肺腑洗涤而清，似要将身子托举起来与飞云流霞相荡漾；恰好是耳边鸟啼，脚底轻飚，有如羽羽然以登仙。

山中晨曦给予烂熳派的恩典是温柔、愉快。晨曦是夜尽日来，是从死而再生，是一种奋发的象征。从晨曦而得到的感觉是"山光悦鸟性，潭影空人心"，是"杨柳岸晓风残月"，是孟子所说的"浩然之气"。

烂熳派之所以爱山，因为山有林木，有鸟兽的叫号、昆虫的声响，而孕成万籁的和谐。这些众籁，自具一种神秘，可以说是自然的声啸借此以表出它在春夏天的欢乐，秋冬时的悲惨。这是自然的情操。喜欢山林的烂熳派，当其神与意会，自己情操被自然的情操所渗入；久而久之，自然的情操已全占他的心坎，故其手所写的，全是自己所感到的心声，也即全是自然的情操。

山有清秀的，也有粗绐险恶的。烂熳派的鉴赏与他派不同处，不但在观其山水清明的气象，而且最喜欢与那个"鬼谷""巉岩""妖穴""魅洞"相周旋。

自然与人心一样具有二种的表现：一边是喜乐的，愉快与善良；一边是悲哀的，苦痛与凶暴。清秀的山水代表第一方面。险恶的山谷代表第二现象。善于鉴赏的当将这两方全观，然后始能见自然的整个。

况且险恶的山水感动人较为深切。仰望半壁江山，似要从天上堕下；俯临深渊，觉得如现实的地狱，无意中自然生起了危怕与惊恐。

所谓"壮美""伟大""雄壮""浩然""大观",底里都是一种"可怕"的表示。无论一个山峰怎样美丽,假使其高出云烟,自下望去,似山巅与云气一样飞去,立时觉得"可怕"的心情发现。故烂熳派要求"壮美"与"伟观",自应从那"可怕"的自然上去搜寻。

荒野、急流、古怪的洞穴、高深的渊谷、雪山、冰坑、最高的峰岩,凡此,一边可以得到自然"可怕"的现象,一边可以得到"直感"的领受。

因为在这些"可怕"的自然,个人觉得甚渺小,觉得外界的力量甚伟大。觉得个人似被所鉴赏的对象所侵吞,所混化。在个性甚强烈的烂熳派说,觉得个人与外象混合为一,觉得个人包含了全自然,个人与自然直接交通;凡自然的表象全由个人所领受,以是个人所表见的全是自然所诏示。

在这些险恶的处所,最易得到"可怕"的心情与自然的诏示时是在夕阳与夜景。夕阳无限好,又最好的在近"黄昏"。此时苍茫中,周围因黑暗而缩小,渐渐缩小其范围,缩小到使个人觉得所鉴赏的对象便是自己。今假如个人立在最高峰,此时,夕阳已下,初时所见的,尚有远山的各种光色,渐渐夜气来侵,诸山逐次沉没,渐渐觉得只有自己的山头尚存在。随后,黑色愈浓厚,山头也已不存,只有自己一身孤立在高峰上,左右周围,依稀渺茫中似已消灭。如此回想刚才所见的远山色彩与天上人间的一切表现,全个归到自己的身上。这时自己便是宇宙,宇宙便是自己。

夜景的直感与朝气不同处:晨曦是把个人分散为千万的分子,各个分子与外象相混合为一。这是发展的、一贯而万殊的、喜乐的、从个性而得到自然性的。夜景是把个人中日间所感想的千万分子归合为整个的个性,是敛藏的、万殊而一贯的、悲哀的、从自然性而得到个性的。

夜景是苦闷的象征,神秘的表现。夜景给予烂熳派是古怪、惨痛,与无聊赖。从夜景的直感,而幻成为烂熳派对于神秘、山魅、林

烂熳派概论

第三图

妖、坟魑、尸煞、鬼怪，种种的描写。

这些寻幽搜奇的习尚，凡是烂熳派的都对它有特别的嗜好。好奇喜怪，这是烂熳派的特别心情。此中直接的影响乃由自然的怪状与夜景之所致。今先举四图，表示烂熳派所特喜欢的山水。

在此第三图上，虽清秀中，已经含有粗厉。试看此石边大树，其槎枒极见突兀。山石蹲立，小草横生，小瀑布奔放不羁。远望云气抑郁，罩于小阜、旷野之间，形成了一种苦闷无可聊赖中的环境，但同时又有一种神秘、伟大、而与自然相通的幻象。

在这第四、第五，二图上，混名为"鬼桥"：一方面，有那巉巉的危岩；一方是那白茫茫的瀑布从天而下奔于深谷；介此中间，一勺小桥，孤悬于两大石层。若使人立在桥上，俯视万丈下的深渊，仰观飞云在岩顶，时闻猛鸷、山猿号呼攻击之声。此景，卢骚最写得出，在他《忏悔录》中，他说最喜欢在这等桥上，手握紧栅栏，头倾前下

第四图　　　　　　　　　　　第五图

瞰，以至于头眩神昏，如此至于若干时之久，时或掷石到谷底作响。此等感觉当然格外深刻。因在特别"可怕"的环境，始能领略外界的伟大，同时也觉得自己的伟大。其第六图乃一幽洞。看到洞门深邃，洞外细草与小树丛生，别有一种感触。

于山之外，自然现象最普遍与最动人处，应推及水。水的特胜是活动与其反映的光彩。泉声潺潺，从山巅而泻出于峰峦之间，于此发泄山中的幽闷，同日也使静默的山景，一变而为动弹的水光。故水之源头，多出于山；水泉乃山的脉流，有水，而后山，静中见动，严肃中而有轻倩的气象。

水与山最亲近而配合最稳称者是湖。湖的周围，所有山景，得了湖光而益形生动。烂熳派鉴赏湖景，得力于湖的"直感"者甚大。英国烂熳派中至有以"湖派"特称者（见下章）。实在湖的美景在静中见动，动中有静。它是会合山与水为一致，使山因水而流丽，水因山

第六图

而恬逸。由湖景而"直感"得"动静和谐"的声籁；由湖景而"直感"到"光影合拍"的照相；由湖景而"直感""灵肉一致"的妙趣。此第七图，乃法国"不惹"[1]湖景，昔烂熳派大诗人拉马丁与其情妇在此得到许多"直感"的美句。可恨我们的五湖边，尤其是西湖，仅为一班酒肉之徒与娼妓所遨游，求如词家柳永之流能去咏"三秋桂子"已极渺如晨星了。

湖的美丽与最感人处乃在明月之下，一片银光照得湖色莹洁，使湖岸与山间成为光与黑影相间的色彩。由月影的返映，湖光直与天光相连接，此时狭小的湖界变成为无限大的涯岸。同时月与星辰的影子全在湖心荡漾，好似天空跌倒在湖底，所谓"三潭印月"已极形其确切，尚不如说"月印三潭"为更美妙。

月光，尤其是初月——新眉月，如美人的眉弯；月光，尤其在满

---

[1] 不惹（Bourget），今译布尔热湖。

第七图

月,整个月光,尤其是秋月;月光,下弦月,鸡声晨晓的月,冬天月;其实,一切月光,均有一种美致,一种撩动人的情趣。可是月的美处在其所附丽。当其附丽在柳梢头时,便觉有"人约黄昏后"的兴奋。当其破云穿花使花弄影时,满地花木自有一种生动的引惹。若在深闺,看它度帘越户而来,好似情人蹑足而到洞房偷情。自来咏月甚多,可以说占了诗篇一大部分,可见月光感人——尤其是感动诗人的深入。

月的附丽于湖间,比一切的附丽尤更可记。这因此地有山有水,有弯曲的岸,有花有木,有石与有屋子,由这些的影子而见出月影的复杂中而和谐。这因湖水静逸,领受月光较多与真切。这因湖边的万籁恬穆中而有和谐的节奏,同时将月影渗入这些声籁,恍然月影也有节奏与音韵起来。

黑夜与月光当然是处于相反的景象。黑夜给予人的是神秘、恐怕。诗人所得到的"直感"是鬼魅、妖怪、悲惨与危险。

月夜是光明的诏示,是愉快,虽思妇愁人见此未免伤怀,但在月影之下,所得到的痛苦总含些快乐的分子。所以诗人在月夜所得到的"直感"是超逸、兴奋,是心地清澈、神志光明,李太白咏月诸作,最能得到此中三昧。

除湖沼外之水，应算江河，此间滚滚，兴感实多。然水之广大无垠者当推海洋。不见海洋不能说晓识"水情"。嚣俄，法国烂熳派首领的天才大诗人嚣俄，喜欢以天才比海洋。他说："有些人是海洋……波涛，潮流的进退，浩浩荡荡，各种声波，深黑，透明，海藻的婆娑，乌云的颠簸，鹰鸷击波，在无数的浪头，状如万星的光耀，上下浮沉于不知何有之乡，那些头颅混混沌沌，那些群众踉踉跄跄，有的如泣如诉，似怪似妖，在这些黑如夜里，那些可怕的凄哀，愤怒，刺激，苦痛，那些暗礁，破船，那些汹汹的狂噪，天的悲号与人的混合一块，这些血海；——若在天气静明之时：那些风韵，温柔，良晨，这些愉快的白帆渔艇，这些歌唱；那些美岸，远远见到大地的火烟，城市的热闹，那些蓝色的天与海水，这些严重的气候，扼住咽喉的臭味，这些盐，无它，一切物均腐化；——它有暴气也有慈善；无限大中而有涯略；于复杂上而有一致的和谐；狂荡之后而复平和，革命而有建设，它是天堂也是地狱，这样长期的变迁，震荡，这个无限的宝藏，那样不能窥探的深蕴；——凡此种种，可以聚合与反映在单个的心灵，这样心灵就是'天才'，你可以由此得到耶西儿（Eschyle，希腊诗人）[1]、意惹（Tsaie，犹太诗人）、丹丁、米些翁[2]、莎士比亚；看这些人的心灵与看海洋的心灵同样就对了。"

抄完此节后，不必再说海洋的鉴赏，于文艺家的"直感"是怎样重要了。

自然万物的美焕新鲜，全靠在其时时的变迁。这些变迁全靠在其四时的推移与阴阳燥湿的递换。同一山岳，同一湖海，在春光明媚之时，山披青翠之衣，水现细纹之带，自具有一种娇滴的风韵。若到冬天，波涛撼天，黄叶堕地，又有一种凄凉气象。夏天，在山，则"佳木秀而繁荫"；在水，则金波与碧液纠缠以成彩。于秋观山，则"风

---

[1] 今译埃斯库罗斯。
[2] 今译缪塞（Musset，1810—1875），法国浪漫主义作家。

霜高洁";观海,则波平如镜。

由上而观,大地乃是最大的藏书楼、最佳的书本、最富裕的博物院、最美丽的剧场、最动人的剧本,最具有诗意、词章与音韵。美的,丑的,善与恶,刚柔,勇怯,光明与黑暗,一切一切,都可从自然而得到。

由此而观,也可以知道烂熳派的特长与其伟大。因为他们最喜欢鉴赏的是自然的现象,由此而反映为他们的词章,所以他们的诗文,都是从自然所得的"直感";有的如长江大洋的浩荡;有的如湖沼的清净无尘;有的如春山的青翠;有的如秋容的皎洁、冬象的惨惨淡淡;有的如月色的晶莹;有的如黑夜的漆黑,如鬼怪的可怕。

这个得力于自然的"直感",已经给了烂熳派无限的优胜,而况他们尚有一种精神的作用,又非他派所可企及者,这即是"热情"。

什么是热情?

这是一种激烈的情感;不管是或喜或怒,或爱或恨,或好或恶,或乐或悲,总是达到其最高的程度,所谓"爱之欲其生,恶之欲其死"。喜则"拍手叫绝",怒则"竖发冲冠"。爱则爱到尝其粪,恨则恨到将其头作溺器。乐则乐到眼泪四垂,悲则悲到要哭无泪只有干泣以至于肝肠寸寸断。

这种热情,当然为古典派所不取,和平派所吐弃。可是人类的伟大、情感的真正,全靠这样热情的发挥。例如法国一千七百八十九年的革命,群众因为有革命的热情,所以能将根深蒂固最有势力的皇室、贵族、教徒推倒,而建立真正的共和国。

如第八图,即是一千七百八十九年七月十四日,巴黎人民攻破黑暗惨无人道的"巴斯底"监狱[1]纪念片,以至于将此狱的管理官等头

---

[1] 今译巴士底狱,是关押法国政治犯的地方,也是法国专制王朝的象征。

烂熳派概论

第八图

颅悬于杆上游行。从此时起,法王地位一落千丈,以至于自己也不免于上断头台。热情,尤其是"群众的热情",自然不免有时太过度,但其革故创新的力量至大,非此不能以建巍巍的奇功。

中国人最喜欢"中庸",平平常常,普普通通,如一丘之貉,如一群羊,一群猪狗,任人宰割,任人使唤,而中人竟自夸这样中庸性为君子之道,以致养成一群的奴隶性:不管蒙古来也好,满人来也好,以至于虎狼来主宰也好,只有屈膝称臣,毫无表示一点反抗性,这就是"中庸之道"!

"辛亥革命"为我国人吐出一点奴隶气。不幸,武昌起义只有些兵士具点热情,至于全部人民仍然不知不觉,以致后来演成一班军阀执政而互相戕杀的怪象。由此可见我们人民因无热情于革命,所以不能建设一个真正的共和国。前车可鉴,法国革命的热情可以效法(当然不必学其上断头台的方法),我们如要建立一个真正的共和国,应当先养成对于共和国有热烈的情感。

热情在实行上已经具有这样的大力量,至于个人得此而为情操,与发挥而为文章,其效果更有足纪述者。

烂熳派的作家都是热情的。

他们怎样能热情？可以下头二项理由来说明。

第一，他们喜欢鉴赏自然与从自然上而得到"直感"，这个已在上稍为说过了。因他们能从自然的现象得到"直感"，此中影响于情操上自然成为极热烈，譬如朝日初升，那些万道金光将大地射击，这样领受的情操，安能不巨大？夕阳黄昏，那些迷离的气象罩满了宇宙，这样领受的情操安能不宏伟？暴风狂雨，全海风浪震撼如山崩岳倾，这样领受的情感当然极端的激烈。暖日当窗，见那三两小鸟飞鸣于柳条杨枝之间；或则月明星稀，露湿风和，此景此情怎样不使人起了极端的温柔性。

自然的伟大，其表象也从而伟大，鉴赏自然的烂熳派，其情感受自然的伟大所熏陶，当然也成为热烈伟大了。

提高志气，将"小己"扩展而与大自然相合为一，这样情感最易于夜间鉴赏星辰而得到。见那满天星辰为数不能算计，回思大地不过在空中一点微尘，而我个人在大地上更是微尘中之一微尘，由此与太空比拟，个人自己直是等于不能入算的微尘。从此觉得平常自私自利所斤斤计算者真是无谓与毫无意义，只有与自然和合为一，然后个人的小己才觉有趣味与值得生存。

"与自然和合为一！"这个标语，文艺家与宗教不同处，宗教则埋没自己的个性；至于文艺家——当然特别是烂熳派的文艺家，则特别重视个性。他们视个性乃整个自然的表现，由此我们可以解释烂熳派所以热情的第二因由，乃因他们的个性甚强烈。

"中庸"的人，并无个性，他们如一群羊、鸡、狗、豕，济济跄跄，旅进旅退，人云亦云，只会规摹他人，毫无自出心裁，这样民族与个人只有受他人宰制，与依样葫芦，断不能创出新思想与好文艺。

烂熳派的个性甚强，因为他们一方面乃受整个自然的感触，故其个性乃是整个自然的代表，的反映，的影子。别方面，他们的幻想，拟议力，甚强，故能将一点微细的事实看作为天来大。这个由小而扩张为大的幻想力，可从神秘、英雄故事及男女爱情三方面而求其根源。

"神秘"在烂熳派的文艺上占了极大的势力。他们歌诵神鬼妖怪,一切魑魅魍魉,山魔,水精,坟中僵尸作怪,夜里巫人念咒,以至于猫狗猴鸡俱能施威致祟。这些事实,若从科学上来观察,当然毫无立足地,但文艺与科学各有范围,文艺之优长就在全靠天才去创想。许多事实在科学本是空洞,但一经天才的文艺家描写出来便成为可能的存在。例如《浮士德》里的魔鬼猛非[1],俨然是一实在的人物。烂熳派所以要这样描写神圣的事故,因为借此可以表出极端的"恶性"。

本来,实在的人物,也可供给为恶性的材料。在此层上,若将恶性极端去描写,则此种恶人立即也变成为鬼怪,如写张献忠喜欢食人头髓,一日不杀人,他就食不下。又如西方故事说"蓝须人"禁了许多女人在塔内,奸淫之后,又把她们一个一个杀却之类。可是这些人性的恶总未极端,因为人类无论怎样穷凶极恶总具有点人性。我们说烂熳派是"热情"派,是极端的主张者,故他们要写恶性,除了"人类恶"外,尚要借写鬼怪的凶恶,这样始能表出他的"极端恶"的情操。例如猛非,他看恶事不过是一种游戏,故少女可诱奸,慈母可毒杀,女儿可格杀,生女可沉杀,一切俱可消灭,良心、学问、悲悯等等均属无谓,只有恶性的发挥是他独一的快乐。原来魔鬼是恶神的本身,他的天性便是散布恶的种子,所有恶事都可无忌惮去做,这就是"极端恶"的代表者,写此后,"人间恶"直不足一顾盼了。

热情的烂熳派写"极端恶"后,又喜写"极端善"。他们最喜欢写是"英雄故事"。英雄是人类的代表,是"人神",是善的极端者,他们的心情行为俱非常人所可企及。例如施儿(Shiller)[2]描写太儿

---

[1] 今多译为靡非斯特。
[2] 今译席勒(Friedrich von Schiller,1759—1805),德国著名作家、哲学家。

（Tell）[1]，瑞士的英雄，适逢本地君主的专横，因他不知礼数而得罪。专制君主命他于百步间如能射去其子头上的苹果，可免他死罪。太儿于无可奈何中，施其绝技，幸而免杀其亲子。但未射前腰间预备一箭，如初射不达目的时，他则将此第二箭反射其暴君。这件情事何等可歌可泣。烂熳派喜欢写的，就是这些超人的事实。因为此正可发挥"极端善"的情操。

所有真正的文艺，其描写的人物必是"代表的人物"，即是他们不是极端恶，则必是极端善。这个理由本极易晓。因为普通人物，人人皆知，不必烦劳文艺家去描写；即去描写，也毫无价值，而不能引人去注意。故所有的文艺家必是注意于描写"代表的人物"，不过烂熳派尤能从"代表的代表"，即从极端上去着力而已。

男女爱情，真正而热烈的两性爱情，又为烂熳派最好与极通用的材料，因为这样爱情乃一切热情的根源，亦为极端善与极端恶的混合物。

人类本是情感的动物。但其情感须有所附丽与挑动而后始能发展。其附丽与挑动之力最大者莫如男女的爱情。父母子女之爱，尊敬而已。兄弟姊妹，亲睦而已。至于朋友之爱更形泛泛。可是男女之爱则极其热烈。一因肉欲的要求，一因情感的交换，两个人的情爱似不能分开的；各方寻求其"对方"；彼此找得其"半体"；未达此"并体"之前，两方均觉其生命的缺损，必俟其"对方"得到后，生命始觉完满与美畅。

男女相爱既是出于自然与热烈的要求，故当其寻求之时或当"对方"尚未得到之际，则寻求者不管是男是女，两情奔悦如渴鹿而赴阳焰，如战士的往疆场，他们一种勇敢直前之气，任什么礼教、法律、舆论、父母之命，均不能阻止，于是而演成为钻穴、跳墙、人约黄昏后、亲吻、偷情。此中进行，一方面则表示相爱的男女种种义气、热

---

[1] 席勒剧作《威廉·退尔》中主人公的名字。

情。以至于危难在前,死患在后,都不能阻止其和合,这是一种"超人的行为""极端的善"。又一方面,则或有阻碍其进行者,这相悦爱的男女,或则自杀,或至于杀人,以及做出种种的暴行。原来,人情不能全善,也不能全恶,凡有善必有恶,而凡有极善者同时也有极恶。这些现象,尤为男女相悦时所特见的。

要之,烂熳派以个性为前提,以个人思想行为为准则。所有传统的宗教、风俗、礼教、人伦道德,以及于社会的法律,裁制及种种防闲,他们都视为妨碍个性的发展应当划去。这样个性的发展,同时得到各种新思想与新文艺的建设,同时则在社会及政治上起了极大的革命。因为思想与文艺贵在各人自出心裁。各人各去用心搜寻,不肯抄袭他人唾余,则其结果必能产生新鲜的材料。至于由个性的发展,自然养成各人独立自尊的气概与自由平等的风尚,于社会政治上的改革力也甚大。

总括而论,烂熳派的立足点全在个性的发展,但这个"个性",不是空空洞洞,也不是个人的武断,它乃从自然的感触而幻成。这样个性,乃是自然的代表,的反映,的影子,它乃一个"小自然",故这样个性的具体与内容甚形丰富。因为它乃大自然的缩影,而其影射的情状则各人各有不同,因各人各用个人去观察,则时间、地点,与其方法,各有不同,以致所摄取的影子各不一样。譬如各人去看庐山,有从山脚望上的,有从巅上俯视的,或则在朝阳穿林时由东方而注视,或则于晚景向西边而徜徉,以至于千万人各从一定的时间与方向去观察,则千万人所得的各各不同。他们所得的虽则是庐山的真象,但只是一体,并未得到其整个,这是"普通人的个性"。

若论烂熳派的个性则比此更丰富。他于四时、朝暮、阴晴,无论什么时候都去视察,而且从各方面去观察,由是将这各时间与各方面的庐山混成一块,心目中有一个整个的庐山真象。尤好是这个真象,不是他人的,而是他自己的,因为这是他自己,他个人所观察得的真象。所以烂熳派的个性甚丰富,因为他乃从整个自然上去直感。同时，这个个性又甚强烈，因为他是由个人将自然各种现象结晶为自己的影子。故他自己所代表，发挥与行为，乃是全自然的力量，所以其思想甚宏远，情感甚热烈，行为甚刚强与伟大。

再说一遍，烂熳派的个性，乃是全自然的缩影。凡言个性而不以自然的现象为背景，则其个性必薄弱，明白此义，然后始不会误会烂熳派的个性。

第二章　历　史

烂熳派各地各时均有。今从欧洲与近代说，则起始于英国，继盛于德邦，而集大成于法兰西。

烂熳主义乃北欧民族的产生物，可是南欧的西班牙如罗拍的卫佳（Lope de Vega）[1]，如胶特浓（Calderón）[2]的诗与剧，已满含了此种主义。而以《民间歌谣丛谈》名 "Romancero" 为最浪漫与影响力最大。民间所唱都属出于心声与天籁，其一种自然简朴，万非那班矫揉造作的文人笔墨所可企及。例如我们的《诗经》——当然是古代民间的歌谣——其中所描写的何等自然与简朴不俗。此中言情更是天真烂熳：见一好女子，他就说夜间不能睡着；相爱就去偷情，密约去桑间濮上，只要狗不吠，星常光；不愿意吗，就即罢休，"你不我思，岂无他人"；也有用情甚真的，如"出其东门，有女如云，虽则如云，匪我思存"之类。说及西班牙的《民间歌谣丛谈》一书，就是一束"野花"，乃烂熳的男女从自然采撷而保藏起来留给后人晓得同样心情者去鉴赏。

昔时的西班牙乃是一切小说的旧乡。它是颜色的反映与醉迷之邦：蓝色，一切墙影均是蓝光，头发深蓝到呈黑彩；黄色，从女子的黄色辉煌的内裳以至于黄铜的手环，以至于吸烟者的黄指甲；红色，女子的红里衣、红扇与红颈珠，以至于粉红的汤、红的酒与白的面

---

[1] 今译洛佩·德·维加（1562—1635），西班牙诗人、剧作家。
[2] 今译卡尔德龙（1600—1681），西班牙著名剧作家。

包。太阳从西方沉下,反射它的光线,把此地的色彩更加一层的渲染与补足。"夕阳西斜,天色从热红而橘红,而病黄,到了怪蓝以至于凶青,同时与那紫光色的夜景混合成为一个冷酷的黑茫茫世界。"(法国哥支耶[1]所说)

凡此自然的景色,给了西班牙人一个喜剧中而含苦闷的象征,同时也给他一种古怪奇异的感触。故西班牙乃是热情者,勇气与锐感,他们曾出了许多天才,怪荡不羁的人才。他们是自由的奋斗者,虽受阿拉伯一时的降伏,到底,自能抬头而耀光。

意大利,地属南方,气候与西班牙相同,民族——拉丁,也是同系,故其情感热烈,在喜气中而含有凄凉的状态,一切也与西班牙人相同。

意大利,伟大罗马的故邦。意大利,三杰[2]艰难创造的新国。意大利"复兴"时代,出了许多艺术家,大诗人——诗人丹丁的家乡。

丹丁名著《神曲》(或直译为《天上的喜剧》)(La Divina Commedia)乃是意大利整个自然的表现。他在九岁认识了一个八岁的小女孩柏阿丽,到了二十六岁,这个"理想的爱人"已经化去,丹丁受此纯洁的爱情所影响,由是写出他心中的积闷而成为许多的著名诗篇。

烂熳派都是富于情感的人,但其情感不是苦闷,也不是愉快,而乃在于苦乐二者的中间。他们重肉而又重灵,而尤重"灵肉一致"。由此,烂熳派的情感终久不能得到快乐,因为他们所希望的"灵肉一致",终久不能实现:或则仅得到肉欲的满足而缺乏心灵的安慰,或则连肉欲也不能满足,只好去空望心灵的报酬。可是"人世间"虽永久有缺憾,而大自然的鉴赏,常足以酬劳。所以烂熳派对世间则极苦闷,但对自然则极快感。这种"不得于人而得于天"的心情,形成为此派苦乐参半的特性。

丹丁对柏阿丽生前既不能得到亲炙,徒呼"佳人已属沙叱利,义士今无古押衙"而已。况且玉消香灭,此情更难安慰,丹丁于是只好

---

[1] 今译戈蒂埃(Théophile Gautier,1811—1872),法国诗人、小说家、批评家。
[2] 指意大利建国三杰,他们是马志尼、加富尔、加里波第。

托诸幻想,在《神曲》中,他幻想地狱、天堂,幻想柏阿丽已登仙,领他游天上各种福地,这固然是一种无可奈何的安慰法,于苦中求乐趣,于烦闷中自求消遣。

十九世纪的意大利,承受了丹丁的遗泽,烂熳派的势力更加膨胀。在米兰,每星期出了烂熳主义的期刊,竭力与古典主义相抵抗,而鼓吹自由与切合时势的文学。

意大利的日光,晶焰光莹,从橘子林中反射一切的金光。意大利的风景如画图,湖沼广大众多,蓝的天,树枝扶疏,细草蒙茸。这是世界上最著名的建筑师与图画家的产地,最和谐的音乐之家乡。举目所见的无非是凶猛的性格,活泼的表示,热烈的爱情,任侠,轻生,忽歌忽泣,随时都有奇遇,恨气与失望的悲哀满地飞扬,为爱而行凶,为柔情而牺牲。自暴君、猛将,以至于教士、恋人与夫野人乡民,都有一种特别的色彩与心情。全个意大利,便是烂熳的世界。

上图乃表示丹丁得了柏阿丽的启示,以写成他的名作。女的情思,至足动人。

第九图

瑞士的湖山比南意大利也不差；最著名是亚儿坡山脉（Alpes）[1]，蔓延于法国、瑞士与北意大利及奥国、南德之间，山顶积雪，永久不化，其最高峰名"白山"者，尤为奇特。瑞士诗人哈勒（Haller），于一千七百三十二年曾写一本诗叫做《亚儿坡》者，即专在描写此山的佳胜与其山民的简朴自然。此书甚著名，应算为烂熳派名作之一，影响于全欧的文学甚大。

在这诗中，哈勒有这样的写法："在山、湖与巉岩之间，日光的影射固然厚薄不同，但极和谐而成为整个的风景。山谷细草青绿温柔，山顶覆满黑林，坡地斜下平荡，其间无数牛羊鸣呼，与谷音相照应。湖在石岩间，返映如一大镜，一层烟雾常在水面飘扬。同时见到谷形的青草，卷成折纹，将这些风景包罗起来。""又有赤露的高峰，一条一条的坑陷满堆积雪，其高直与天齐。夏日炎炎，峰上变成为晶柱，山下青翠，长久保存其阴凉。瀑布急流而下，撞过了无限的石岩，水沫泼散，成为灰色与游荡的雾霰条条如挂在严重的空气内。五彩的虹霓从这雾霰中射出，谷中全成为玫瑰色。凡见者莫不惊异这些河流从天降下，又复变成为云雾从地而升上……"

他又描写此山的牧童牧女结婚礼节的简单，但他们爱情的真挚比社会的阔人婚姻者不啻有千万大。哈勒是自然主义者，他说"顺乎自然"便是真正的人生。至于社会一切的文明，与夫君主、军阀、宗教的制度，均是戕贼自然，同时便是毒害纯洁的人心。

今附第十图，即是亚儿坡山的一高峰，此中可见日光影射于雪、岩及树林之间的美景。

说及瑞士烂熳派，当应提及卢骚，虽则他常被列为法国派。卢骚生于瑞士的日内瓦，我们已介绍他的《忏悔录》及《梦》二书了。读者可见他得力于自然的感触甚大。所有瑞士的湖光、亚儿坡的高峰深

---

[1] 今译阿尔卑斯山脉。

烂熳派概论

第十图

谷，他都有深刻的描写。在他的名小说 *Nouvelle Héloïse*[1]一书，他从瑞士湖光的返映，于以传出其书中人物的柔情，使人感得情感从自然产生出的为最真正与旖旎，万万非社会风俗的假装者所能比拟。在他的教育小说名 *Emile*[2]者，尤以自然为中心的理想。他有极著名的标语是："从自然而来者均好，由社会而来者都坏。""自然"到了卢骚，变为至好的文学、人情及宗教。

深情而个性甚强烈的卢骚，在他文字的势力上，一边引人皈依自然，一边则攻击那时社会的组织。所有宗教、道德、风俗、法律，均被他的笔锋所攻倒。他的《民约论》，摧除法国的王室而建设共和。"人权"为自然所赋予，人人有权说他心中所要说的话（言论自由），信他所要信的对象（信仰自由）。因为人在自然上，一切均是平等。生下时都是赤裸裸，谁是君王、军阀？谁是人民、奴隶？故烂熳派不但以情感改革人心，即于政治上的主张，也非古典派之甘为奴仆者所可比肩。烂熳派是自由主义的先锋、人权的建设者，烂熳派是独立不羁的超人，卢骚即是最好的代表人物。

---

[1] 卢梭的小说，今译《新爱洛伊斯》。
[2] 卢梭的小说，今译《爱弥儿》。

常有误会烂熳派既以自然为依归,以个人主义为号召,势必为孤独的隐士,不管社会的是非。这个实在大错特错。烂熳派喜欢自然,为他立身养神之地。烂熳派提倡个人主义,为他独立的行为,不受他人干涉束缚之反抗。可是同时,他们极关心社会的组织与他人的改造,使社会制度与人心都得以自然的定则为立点。例如卢骚一边最是自然及个人主义者,他常被人称为"野熊"。他极愿住在一间田家,有牛奶可食,饲养家畜,听鸡啼狗吠,牛鸣鸟唱,与农人谈话。他常梦想得有小屋粉白色的屋墙,衬以绿油的窗棂,有母牛,菜园与清流涓涓然在屋的前后左右绕旋。

可是在社会反抗的卢骚,又有一番事业。他在《民约论》上主张人权是天赋,"整个民权"乃是政治的"极高机关",不管何人——君主、军阀、贵族,或特殊的阶级,如财阀、教士等——均应服从,不能抵抗与摧残。在他《忏悔录》上,我们见到他无一时不与恶劣的势力相反抗,以至于食穷,受逐,被万人所唾骂,都不能减少他的抗拒的力量。烂熳派乃如孟子所说:"穷则独善其身,达则兼济天下。"卢骚就是这样人物。到后来嚣俄(详后)便是实行此种主义的一人。

附卢骚像于下(第十一图)。

第十一图

一切他的思想及行为,请读我们所译的《忏悔录》。此种直指心灵的描写,乃为烂熳派所特长。

英国,就北欧学派说,应算烂熳派运动的祖地。此中最早著名的当推莎士比亚(Shakespeare,1564—1616),莎氏著名剧本,为世共知。他的命意、立义,与夫剧的演法、感情的发挥、及文字的取裁,一反前此古典派的法则,而全出自己天才的创造。

莎氏描写人情极见深刻,尤擅长于悲哀苦闷的表情。他的剧中人物、鬼神、妖怪、巫人、伶臣、奸雄、淫妇,以至于贪夫、情妇、英雄、豪杰、妒毒、慈爱,色色都能穷形其真相。嚣俄最喜欢将伟大的天才莎士比亚等去比海洋,一切都为所包罗,瑜瑕并存,庄谐互出。莎氏剧有它的佳胜处,也有它的缺点。例如它的奥晦,多言,有时不免偏于道学气,喜欢夸张,多添许多无谓的龙套、好奇、太谈鬼怪等等弊病。嚣俄为他辩护得好:"大橡恰好取来譬喻莎士比亚,这样大树,自有奇怪的枝杈、多出的分干、荫翳的叶、粗硬的皮,因此才成为橡树。如你要枝圆干直,叶如丝的软绵,则请向弱蒲、衰芦与空心的灌木中求之,但使橡得依然存在,勿用斧戈去侵伐为幸。"

莎氏最晓得人情的多方面,任他怎样英雄伟大,总有一些弱点。以是在他的剧中英雄与凶暴常同是一人,有悲的也有喜的,在凄凉中而具有愉快,有的可歌,有的可泣,人情剧之所以得乎人情,就在于有善有恶,美与丑,善良与凶暴同时并至,相形而益彰。

英雄与儿女,刚强与温柔,这两个相反而相成的原动力,乃为情感的中心、社会的根基、文艺的重要材料。莎氏对此的描写确称妙手。今只举一剧名《罗猛与柔烈》(*Romeo and Juliet*)[1]为证,一对青年男女互相爱悦,但彼此父母又属世仇,在这样婚姻不可能之间,男女爱情只好"私偷"。这个也可见因有家庭与社会的阻碍,而后始见

---

[1] 今译《罗密欧与朱丽叶》。

第十二图

爱情的真切。

此第十二图,即绘出此剧男主人翁于夜间与爱人柔烈私会之后,朝曦已至,晨莺正啼,势须亲吻道别,"最是五更留不住,催人尚有黄莺儿",情人到此,柔肠已寸寸断了。

莎氏的烂熳派文学势力影响之大不但及于英国,德国对他崇拜尤为周至,法国更有不少的信徒。今我国也有不少的介绍:从林纾所译的《吟边燕语》起,以至于教会学校也多事于唱演。最近尚有一个自称文学家的棍徒,口口声声自为莎氏的信徒以骄人,而破口大骂烂熳文学。他完全不知莎氏即是烂熳派的首领。由此推论,若使林纾与教会灼知此义,恐也不敢为莎氏提倡了。

可是莎氏的烂熳价值,并不因一班盲目的提倡与反对而增高与减少。烂熳派的文学——抒情、自由、创造、新奇、伟大、怪恶、簇新,而切合人情,顺乎自然,凡此都有不可没的声誉。任他们那班虫蚁的反对派去侵蚀吧,大橡依然顶天作浩浩之声与东风相呼应,与太阳相亲炙。

从莎士比亚后,英国的烂熳派更见昌盛,于文言小说与诗歌二派均有特出的作家。

文言小说家则有李沙逊（Richardson，1689—1761）[1]、非尘（Fielding，1707—1754）[2]、歌斯密（Goldsmith，1728—1774）[3]。

李沙逊的小说如 *Pamela*，*Clarissa Harlow*，*Grandison*[4]，最能描出天然与妇人的情感。作者本具有一半女性，而他又极深知妇人的心理、计谋与虚荣。他于妇人的表情写得甚深刻：她们的爱情怎样周转委曲；于外面推辞中，内里已含有允центи；半吞半吐，若推若就；她们的装饰、家务、说话的口吻、写信的笔法、她们自己不愿说与不好说的事情而使他人代传出的法术，以至于极秘密的引诱人手段，凡此种种都不能逃避李氏的观察。

李氏的小说最大功劳在描写"家常日用的生活与人情"，这是古典派所不肯说的。小说到了李氏别开了一个新世界：普通的人情风俗，一跃而为文坛的最好材料。这个恰似我们的《红楼梦》，从最普通人的事情，写出他最动人与最温柔旖旎的文字。浪漫文学到此，又多闯一个新园地，他从自然现象、英雄故事，而推及势力到了"民间"。他于直感与幻想之后而注意及于"写实"。

非尘著名的作品 *Tom Jones*[5]，虽比李氏的小说较少深刻，但命意与造景则较宏富与鲜明。歌斯密的 *Vicar of Wakefield*[6]，描写儿女的柔情与慈善的风气，全欧的情感为他变换得不少。

若论诗家——抒情的烂熳派诗人，英国出得更不少与极有光荣。此中先应说及丹森（Thomson，1700—1748）[7]的《四季》一书。他描写本地苏格兰的"冬景"：猛流从山中的石隙急泻而下，天低而夹灰

---

[1] 今译理查森，英国著名小说家，感伤主义文学的早期代表。
[2] 今译菲尔丁，英国著名小说家、剧作家。
[3] 今译哥尔德斯密斯，英国著名作家。
[4] 英国作家理查逊的小说，分别译为《帕美拉》《克拉丽莎·哈娄》《葛兰狄生》。
[5] 菲尔丁的代表作，今译《汤姆·琼斯》。
[6] 哥尔德斯密斯的代表作，今译《威克菲尔德的牧师》。
[7] 今译汤姆森，英国著名作家。

色，海涌凶暴地向岸边撞击，黑林因风而作满地响。风的声，北方的声籁，全由他的诗的音韵所传出。在他的夏、春二章，我们见到英国的田野，那样广衍波动，那样风韵的绿畴，那样丰裕，银的花，金的穗，远远那些堡影与钟声。这些诗中都含有画意：那样新鲜的色彩，丰富的线面。这不但是画的单方面关于风景的绘彩，这是诗中画，将自然的灵魂、四时的表现、一切山水的情状，都从绘声绘影中流出为"诗籁"。并且这个被丹森所写的自然，不但是自然的本身，而乃人类应当享有的感触，这是一个"人类的自然"。他描写那顺乎自然，与自然合一的生活，那些乡民、山夫、田子，何等安逸愉快，不受名利所羁缚，兵戈所侵略，一切社会罪恶所濡染。他们便是自然，如小孩子在"自然的母亲"腹中安眠。丹森从自然的景象一项一项详尽去描写，写出自然无穷尽的美意，写出平常人对着自然所最习惯而不觉察的美感。北方民族本是"好目"，又如南人的好鼻。但这个目，须待丹森给他加上许多眼光。故可说在丹氏之前，人们只用"肉眼"看自然。到了丹氏的《四季》一诗出后，人们见了自然才具画家与艺术家的"灵眼"，看入自然的底蕴，看到自然的骨子，看穿自然的心灵。自然到此，成为一幅画图、一部剧本、一种音乐的和谐。

杨格（Young，1681—1765）[1]由他的 Night-Thoughts 省译为《夜》而得大名。在这第十三图上，我们见到杨格在他《夜》诗中所写的悲惨情状。这是作者描写自己的情事。在黑夜凄风苦雨之中，杨格老人，悲哀已极，不能成寐，全为夜声的沉闷与死神的恐怖所困迫。独自一人，手持小灯，到那荒郊，抱起他最怜爱的少女尸骸，椎心泣血，为最末次的辞别。由杨格，这个老父亲一人手自凿穴以掩埋自己的女儿。因为他女死在法国南方，乃属新教徒照例不能入公茔，所以杨格只好深夜私葬。在这本诗中，他同时描写所作坟墓的情状，与夫夜鸱的悲啼、阴风的凄怆，与夫无穷边的夜中惨气，和了这个慈父的

---

[1] 英国著名诗人，感伤主义文学的代表，下文所述《夜》，今译《夜思录》，为其代表作。

烂熳派概论

第十三图

冤愤,一同缠结得鬼气森森,愤恨重重。又在这个悲哀描写之后,作者忽复直感到夜气最好的教训。夜象的奇幻与诸星辰的渺茫,使作者此时觉得与上界相感通,觉得死者不死,而生者得到有无限的安慰与希望,觉得人间世不过是一瞬的生存,而天上灵魂的享受与家人的聚乐乃是天长地久的光荣。

杨氏写了《夜》诗九章共九千六百三十五句,其中极赞扬自然的美善与两性结合的愉快。这部书的声誉极大。因其情事缠绵悲怆,读者无不感慨堕泪。

有攻击杨格捏造事实者,据说杨并无在法国南方葬女一回事。他有女在里昂死去,可是照例入葬新教徒的公茔,并无被人留难以至于自己掘穴私埋的悲剧。攻击者因此加了杨氏欺诳之罪,加他只图出名不惜以身与女为欺诳之具的罪名。

攻击者全不知道艺术与事实的分别。艺术固当有事实为背景,但

347

不必全本于事实。艺术之美处就在能扩大，或束小事实的范围；或使事实丑者变美，美者为丑；或使事实在甲变乙，在乙成甲。艺术不是历史的专重事实的记载，它乃依着作者"创造"与"拟议"的才能，使虚无的可成为实有，实有的如变为虚无。明白此义，就无怪杨氏去捏造事实了。不但不好怪他，而且应赞誉他。若使普通文人去纪写他实在有乘夜私自葬女的事实，因其文笔不能动人，则无异于记载邻人的猫昨日生下三小猫的故事，虽为事实，究与读者何干。若使其文章感人深切如杨氏的《夜》诗，则虽自己并无事实，而因文字的力使其事又似成为可能。因为艺术之足贵处，就在使人见到所说的事似有似无，似能似不可能，如此始能引人入胜，使人惊异骇叹。例如黛玉葬花，安能定其必有？又安能说世间必无一个明慧善感的女子如黛玉一样的痴情？"侬今葬花人笑痴，他年葬侬知是谁？"这样好诗句，无异将此葬花一事变成为实有的可能了。又如写宝玉的多情，如汤碰到自己手，反问婢女是否被伤；雨淋一头，自己不觉，反请他人去逃避之类，若非如此写便写不出宝玉。须要如此写，纵然事实上无此宝玉，而因人情的凝结，世间上便似有这样的宝玉生存了。艺术的事实与普通人所谓的事实不相同：艺术的事实是写"事实的特出者"，是写其特别的一面者，是写其一时间的特象者。例如写庐山，可以特写其某处的瀑布，将此泉流写得如天而下，扩大其泼散的水力而成为全个庐山的遮盖。若如此写法，见者几疑庐山变成一个瀑布，山象一变而为水景了。艺术家确有此等变换的写法。又如于雨后余晖之下去描写此瀑布变成为虹霓的色彩，见者又骇叹此一番的新象了。将瀑布代表庐山，已去事实甚远。将虹霓去代表瀑布，间接去代表庐山，去事实当然更远。可是，庐山因此更著名。因为庐山到此景化与神化了。区区执事实以相绳，艺术家暗中当然笑其为笨伯。艺术家不是不会知道庐山的真象。但将整个庐山照实写出来，这又有何趣味。今从其特象的瀑布，在特别的一个时间描写此瀑布的一特象，如此庐山的全象，固然仅摄取其亿万分之一，然在此亿万分之一中，而将庐山的一种特象描写出来，使见者骇异其新奇美丽，这就是艺术家的功劳，是他的特长而为他人所不可及处。

所以艺术家，只有将材料加上一番创造的心力，断不肯照事实写事实。为杨格辩护者，说他确有在法国南方暗中私葬其"私生女"的事实。然有一件更可靠的材料者，杨格在写《夜》诗之前不多时，确丧其妻、其女与其婿，这三层连叠而至的悲哀已足为他创造同样事实的材料。杨氏不必全写其事实，因他以艺术家的资格，自可任意穿插创造也。

说及我国近来对于《红楼梦》的研究，因为不知艺术与事实的分别，所以也闹出许多的笑话及无谓的辩驳。彼蔡元培辈的"红学"，固是"笨伯"。即胡适之的科学方法，也是笨伯。个中事实固有些根据，但必证实曹雪芹便是贾宝玉，又是何等蠢的笨伯。必要证实曹雪芹曾经身历其事，然后能写出这部《红楼梦》（前八十回），这又何等蠢何等傻！他们不知艺术家自有创造的能力，而艺术家之可贵处，正在于自己的创造力，能从无中写出有，一点小事见出天来大。若必一身经历之后才写得出，这又不算为大才能了。

考究作家的身世境遇，确实为研究他们的作品不可少的工作。所谓"知人论世"。知他的身世，而后较易明白与畅识他的创造力到何程度，这就是考据家的好处。若必斤斤于事实的拘执，则考据家——至少对于艺术一方面的贡献不但无益而且有害。因为他们将创造的才力——艺术的本身，一笔抹煞，而使人类尽为机械的工作了。

与杨格同时的英国烂熳派诗人可入算者尚有 Hervey 的《坟中吟》[1]（1746年出版）、Gray 的《乡墓咏》[2]，而最出色是 Macpherson

---

[1] 詹姆斯·赫维（James Hervey，1714—1758），其作品 *Meditations and Contemplations*，现多译为《冥思录》。
[2] 托马斯·格雷（Thomas Gray，1716—1771），其作品 *Elegy Written in a Country Church Yard*，现多译为《墓园挽歌》。

的《奥森》(*Ossian*)[1]一书。奥森乃苏格兰的莫尔汪地方的太子，一生曾经许多磨难。到老了，坐在海沫泼天的苏格兰海岸的荒坟旁，看那黑云在此荒地重重压迫，满山急流向那破残的故宫废堡倾泻。蒺藜荆棘，蔓野而生，浸浸而罩盖前时的红楼玉殿。此景此情，这个满生悲哀的老奥森从那阴雾重重不见天日之下，破喉泣血写他一生经过的悲惨命运。苦情由惨景而倍增。这样惨景实为苦情最好的陪衬材料。

在此应再说及烂熳派鉴赏与凭吊的情感确实有些与别派不相同。山明水媚与禽音花香一气混和，实为人情所喜乐，烂熳派对此也与他人一样心情，觉得美景良辰不许错过。可是他们特别喜欢的是在幽闷怪恶的自然与环境之下：鬼桥、怪谷、高山、峻岭、巉岩的石壁、滔天的大浪、破堡、残垣、荒郊、赤野、狼号隼叫、狗吠猿啼、大风拔树、厚雾遮天，凡此景致，尤为烂熳派所乐与醉赏流连。

为何他们有这样癖好？原来烂熳派所要求的是"自然的直感"与"热烈的情感"，因为他们的热情在社会上不易得到，于是不免发生苦闷。要把这个苦闷排遣，只好向自然消磨，但这个消磨苦闷的方法，对着乐境不如对悲境为宜。苦人对苦境，心中积闷发泄得出，而且发泄得极痛快。譬如要哭的人，对着良辰佳会不好哭出，只装笑容，而愈装愈不自然，反不如到苦痛的环境，痛痛快快大哭一场较为得计。烂熳派喜欢恶境，一方便为淘写平素苦闷的心胸；而一边则对这些苦境之下，觉得自然格外表现得出，人对它较为容易掺入。岂不是吗？例如山在平时状态之下，似乎山是山，不易撞入的。若遇狂风，树木飕飕，若遇暴雨，泉流涌涌，即时，山似与树木同摇动，与泉流同倾泻，山的静态到此变为动态，山平日的严重不可干冒，到此似要将胸怀裂开，乞人安慰，将人抱入它怀里去一样了。

以上我们所举的烂熳派如丹丁，如杨格等均是苦闷的作家，其所

---

[1] 麦克菲逊（Macpherson，1736—1796），下文译为迈灰逊，其诗集《奥森》，现多译为《峨相集》，托名中世纪诗人峨相所作。

取的背景都是极尽惨痛与悲哀。《奥森》一诗，尤是此项作品的代表之一。美国烂熳派的作风都属如此。请看后来，德国与法国的作家，也都有这样倾向。

英国此期的烂熳派作家真多与极有价值。如 Cowper[1] 的诗，如 Walter Scott[2] 他最著名的书是 *Ivanhoe*，随后又有"湖派"如 Wordsworth，Coleridge，Shelley，Keats，Southey，Wilson，Thomas Moore[3]，均极知名（此中大部分的诗家所咏的为 Cumberland、Westmoreland 等湖的背景，所以世人称他们为"湖派"）。

可最大与最著名的英国烂熳派作家应推贝仑（Byron，1788—1824），我们已有他的《多惹情歌》别成一书介绍了。

诗到贝仑，形式与内容俱变。就形式说，音韵与字句，自由运用，不为古格所限制，这是新式诗的最好模范。就内容说，诗到他不是"纯粹诗"，也不是"诗史"，而乃是"小说"。他所唱的都属英雄儿女的事。而且他的人物不只是英国；或是西班牙、葡萄牙、亚巴尼[4]、希腊、意大利，以及于土耳其。尤当注意是他的英雄不是君主、军阀，而是一班不羁之士，及一些著名的海贼剧盗。"海贼"关于"海的描写"，想为以海生活的英人所特嗜。可是贝仑的"海上英雄"不是《水浒传》里那些以戕杀为事全不晓得儿女深情者。贝仑的英雄，大都是描写贝仑自己的本身，所谓"将军好武又好色"者也。

诗人到了贝仑变成为理想与实行的人物。他是文人，又喜战事，每日骑马，游水，练习手枪，卒之，亲身赴希腊独立的战争与土耳其抵抗而死。这是一个文人而兼能武事者。他于儿女的深情，又有十分的领略，但他一面讲情，一面而实行英雄的行径。"英雄难过美人

---

[1] 今译寇佩尔（William Cowper，1731—1800），英国著名诗人。
[2] 今译司各特（1771—1832），英国诗人、历史小说家，代表作有长篇历史小说《艾凡赫》等。
[3] 今分别译为华兹华斯、柯尔律治、雪莱、济慈、骚塞、威尔逊、托马斯·穆尔。
[4] 今译阿尔巴尼亚（Albania）。

关",英雄的贝仑,十过了美人关,而依然只马单戈与强暴者反抗而死。且他为古文明的希腊而死,故死得极有价值。

贝仑的性格有刚有柔,是英雄又儿女。实则真的英雄未有不深于情;而真情的男女,又未有不刚烈如英雄者。以是贝仑所作的"诗的小说",一边则柔情缱绻,一边则英气勃发。他的名著如:*Childe Harold*, *Giaour*, *Corsair*, *Lara*, *Don Juan*[1],里头的人物都是"儿女情长,英雄气大"的描写。我常意把中国人的错误观念矫正。例如他们最错误的在看"儿女深情"为蛇蝎。他们的口头禅如"英雄难过美人关""儿女情长,英雄气短""恋爱不能革命"的种种口号,谁知事实完全与他们所说的相反。凡对儿女有深情者始是真英雄,真能革命,这个例子在我国历史上也极多。贝仑又是一个好证例。

受了英国烂熳派初期的影响,如杨格的《夜》,迈灰逊的《奥森》、莎士比亚的剧——与受了法国派如卢骚、狄特鲁[2]等的鼓吹,德国于是起了"狂飙时代"(Sturm und Drang)的文学,此中最著名的作家应算哥德与施儿。

哥德的《卫特》(*Werther*)[3]一书乃此狂飙时代的先锋。卫特爱上了朋友的未婚妻,但他的热情不只及此女子而止。他推其爱情以爱美诗、名文;更推其爱以爱幽静的环境与大自然,他的儿女爱情由是扩充而达于宇宙。别一面说,他将宇宙的大爱情缩小为爱此女友的结晶品,这样情爱自极热烈。所以当女友为义表示与他决绝时,他只有"自杀",不能再生下去。我们在《哥德自传》一书中,已介绍《卫特》怎样成就,与其"自杀"风响的巨大了。薄于情义的人以为一个男子为何为了一个女子而轻生。其实,情到极点时,由此情的激发同时可以做出顶天立地的事业。由此情的消灭,同时也就不免于生气绝

---

[1] 今分别译为《恰尔德·哈洛尔德游记》《异教徒》《海盗》《莱拉》《唐璜》。
[2] 今译狄德罗(Denis Diderot, 1713—1784),法国思想家、百科全书派代表人物。
[3] 歌德的书信体小说,今译《少年维特之烦恼》。

第十四图

第十五图

尽。为情而自尽,乃是情到不能发展,只好与情同归于消亡。若使此情有所附丽,则可以变成为别种伟大的表现。故为情自杀,不过是一种极端的消极。就情言情,这是一种热烈的结果,此等热情实足提高社会的感情。

哥德浪漫作品最出色的当然是《浮士德》一诗剧。哥德在此剧,要将人类善恶混杂的真性情揭发出来。浮士德大科学家,终生勤苦,到老只得了"头童齿豁",于是想饮药自杀。忽然鬼来。这个鬼名长拖拖、叫他不要死,将他变成美少年,为他介绍与少女格丽倩偷情。偷情尚是好事,但鬼的凶恶,务使此少女杀其母,溺其子,又使浮士德杀女之兄,以至于罪恶重重,男的逃走,女则被监禁受了极刑。以浮士德的拘谨、格丽倩的天真,本来可以成为一对"忘年的好情人"。可惜这对男女的善意,敌不过鬼的凶恶。从别面说,这个鬼,也是代表这对男女的恶劣心情与及社会的恶制度者。

在这剧中,鬼的口吻神情,描写得无微不至。当浮士德想到格丽倩为他杀其兄之故,受了社会的唾骂,心中未免懊悔万分,鬼则讥笑其懊悔的无谓。当格丽倩逃到教堂祈祷以赎罪时,鬼则假为神的诏示,大责格氏的非为,要罚她入地狱,种种威吓,使格氏至于昏迷倒地。总之,鬼使人作恶,又使作恶之人不生起悔过迁善之心。在《浮士德》一剧,善恶不但是并存,而且恶的势力比善的更超过。今附第十四、十五两图,一为哥德相,一是鬼的现形。

与哥德同时齐名而以友谊对于文学互相助进的施儿(F. Schiller, 1759—1805)则以历史上的英雄剧逞其锋芒。他的名剧如《剧盗》(杨氏有中文本译本)、《瓦郎斯唐》、《玛丽斯托》与《太儿》[1],都能将死人透上生气。此中最有趣味是《太儿》一剧。

太儿乃瑞士的草莽英雄。在第一幕,在云低山高的亚儿坡山中,只闻打猎的角号,太儿是自然的英雄,每日以猎麋为生,向自然中求生活,并不知有社会政治的事情,当然更不知道此时本国有暴君的苛虐。这个暴君格些尔(Gessler)专横到一日在通市的旗杆上悬上一帽,命令凡在此过时当致敬。太儿过此不知缘由而疏忽。当人将他拿到格些尔前时,太儿申说无意失礼,并不敢故意冲犯。格说,那么,闻你善射,矢不虚发,信吗?

适太儿有12岁的小孩在旁,极以其父的善射为荣,张声说:

——实在的,主上,他能于百步远,射中树上的苹果。

——是你的孩子吗?格说道。

——是。太儿答声。

——你尚有他孩吗?

——共有两个,主呵。

——哪个为你最痛爱?

——都是我的小孩呢。

格说:

——甚好,太儿,你既能于百步间射中树上苹果,今在我面

---

[1] 今分别译为《强盗》《华伦斯坦》《奥尔良的姑娘》《威廉·退尔》,皆席勒的重要剧本。

前也一样显你的技能，取你弓矢，即就你手中现有的弓矢吧，将置在你儿头上的苹果射下；我先警告你是，好好射去，如你不能射中苹果，或你孩儿，你当处死。

太儿动容道：

——主呵！你所命令的太稀奇！谁！我！向我儿放箭！不，不，人当不愿这样，天主不愿你如此！这太儿戏，主呵，你竟以此要求为父者。

格道：

——你向你儿头上的苹果射去，我要你如此做，我要。

太儿惨然说：

——我向可爱的儿头上瞄击！呵！我宁可死。

格不作声色说：

——你当射击，否则，立时，你与儿即处死。

太儿愤激道：

——我为我儿的凶手！主呵，你无少孩，你不知为父者的心情。

格笑道：

——太儿你竟作婆子态了。人说你喜幻想，好奇怪；果然，我今给你一个好机会。勇敢做去吧，这是恰合你的身份。

周围的人均为太儿求情。小孩的大父——一个老翁，跪地哀免。可是小孩拉他起来，并这样说：

——不必向此人哀求，请人告我应立在何处就是。我并不怕，我父能射下飞鸟呢，当然他为儿生命竟不至于误放箭呵。

中有一革命党向前说：

——主呵，此儿的天真浪漫，使你毫无动情吗？

格不管，只命令道：

——将此童缚在丁香树！

童坦然答道：

——为何缚我。放我自由,我当鹤立如小绵羊;如你要缚我,我则要出死力抵抗哪。

格的马弁向童说道:

——至少,当用布将你眼遮下。

小孩极执意说:

——不必,不必,你疑我怕我父的箭吗?我连目睫一动也不会。放心吧,父亲,好好表示你的技能。他们不相信的,他们望不得我死;你就使他们的毒计失败吧;你箭一射出就达我们的目的了。快快吧。

小孩就站在丁香树下,人将苹果放在其头上。看众再向格些尔作了最末次的哀求免射。

格些尔则转首向太儿责其私带弓箭有犯王法。因军器只有他们军阀始能带的。他最后但这样说:

——你既喜此种军器,到今只好使你利用了。

太儿到此知恳求无用,只好叫声:

——让我做罢,让我做罢!

可是他要射无力气,又恳格些尔给他一死。可是格终不允。到此,他又犹豫不定,或看格以冀其转心,或望天搔首;忽然间,他于箭袋中取出一箭束于腰带上。他身向前倾,如要跟箭同去一样,同时箭去,看众号呼:

——小孩万岁!

小孩趋到太儿腕中。并执苹果说:

——父亲,这就是你箭射穿的苹果,我断定你不会伤我的。

太儿手抱儿,倒地上不知感觉。

众人教他起并给他许多赞扬。格些尔走近,问他为何腰上又束一箭,太儿不答。格要求非说不可。太儿恳求如他实说,可免刑罚。经格答允后,太儿双眼凶视,表示报复的决心道:

——我要将此箭射你。如我杀儿,这第二箭包定杀你。

格怒起来将太儿囚禁。

囚人与暴君同押解在一船。适狂风起,船几陷落。暴君恳求囚人救助。太儿解缚后,自行撑艇,到了岸旁,即从石岩中逃去。到了家,又迫于暴君命不能安居。他到此才想除此凶蠹。他暗中计算:杀人固然不好,但杀此暴君,为人民尤其是为子孙计,确实为应该。于是他藏在岩中,待格些尔从山下来,箭去,此暴君已倒地而亡。

施儿的历史剧都是这样出色。一因他深知历史的事实,一因他深晓剧本与看者的心理,一因他的文笔动人。必要具这三种才能,而后历史剧才有价值。

除了这两个首领——哥德与施儿,德国烂熳派的佼佼者尚应说及:

(1)格绿施笃(Klopstock)[1],他的名著 *Messias*,乃是新诗派的先锋。他提倡初期的德国文学,与原始的宗教。"原本返初",使人读他诗想及自然的善意。

(2)黎信(Lessing)[2],以他的 *Laocoon* 一书出名。他是一个德国文学的革命者。他极反对旧文学,而提倡莎士比亚剧。到他,德国的国民天才,植立了一个坚固的基础。哥德读他书后而成为大诗家。

(3)赫特(Herder)[3],也是提倡初民文学的人。他的书及诗中都充满了原始的意味与自然的嗜好。此人指导哥德的功德甚大。

(4)必格(Bürger)[4],因他的《鬼歌》(*Lenore*)而著名。

(以上诸人,可以参考我们译的《哥德自传》中与他们相关的事情。)

---

[1] 今译克罗卜史托克(1724—1781),德国著名诗人,感伤主义文学的代表。
[2] 今译莱辛(1729—1781),德国思想家、文艺理论家、剧作家。下文是其代表作《拉奥孔,论绘画与诗的界限》。
[3] 今译赫尔德(1744—1803),德国启蒙思想家、"狂飙突进"运动的理论指导者。
[4] 今译毕尔格(1747—1794),德国浪漫主义诗人,"狂飙突进"运动的主要代表。

烂熳派到了法国,其势力更加膨胀,可是经过许多奋斗而后始得成功。因法国所谓"古典派"的成立甚早与极有势力。在复兴时代(十五六世纪间)法国继承希腊、罗马的文学,已经成立"古典派"。故在法国的烂熳派——反对古典派的文学,当然成立极难。然以英德新文学的影响,与法国烂熳派的努力,终于能将这个根深蒂固的古典派推倒。今将此经过的历史分为四期来说明。

第一期 蕴酿时代

在此时期应特提的有二人:卢骚与狄特鲁。

卢骚(我们在上已略说及),主张自然主义,反对一切的束缚。在法国,卢骚是第一个说破法国戏剧与音乐的无生气,应提倡意国音乐为补救(请看我们所译的《卢骚忏悔录》里)。他又是第一人于1760年在他的小说 *Nouvelle Héloïse* 极深刻地描写情感的价值。他也是第一人使法国人不必向书本与旧规矩求学问,而去求智识于"红日初升,袭人的夏夜,沉醉的青草场中,神秘的寂静与深默的大林里,叶中,花中,鸟声,虫声与夫风号雨打的处所"。卢骚是法国烂熳派的先锋。由他文笔与思想的势力所传播,烂熳派的种子已在各地滋长与勃发。

今举直接受卢骚的影响的有 Saint Lambert[1] 的《四季》、Roucher[2] 的《年月》、Deville 的《花园》,Bernardin de Saint Pierre 尤有一本极出名的言情小说 *Paul et Virginie*[3],若言其间接势力,则凡后来法国烂熳派,均受卢骚的熏陶。

自狄特鲁(Diderot,1713—1784)以其剧本与古典派抗拒之后,如他的《父亲》与《私生子》二剧,法国烂熳派又占得了一个新场地。他攻击希腊亚里士多德的旧规。他说古时的戏剧均是荒诞不切人

---

[1] 圣兰伯特(1716—1803)。
[2] 让-安托万·罗切尔(1745—1794)。
[3] 贝纳丹·德·圣皮埃尔(1737—1814),法国作家,下文是其代表作,今译《保尔和薇绮尼》。

情。他于是提倡"人生的戏剧",以家常日用的事情为中心,服装不必矜奇,布景只求恰切。诗也不必用,但代以较自然的文言。虽则狄氏的剧本不大受群众的欢迎,然其影响则甚大。

经过卢骚及狄特鲁与当时一班百科全书派的鼓吹,与英国烂熳派的影响,法人在十八世纪的思想与行为完全改变。以言思想,他们总以古典派的死板无生气为苦,而喜欢新派的活泼生动。以言行为,他们此时所趋向的不是理性而是情感,不是普通的情感,而乃忧闷、苦痛中的柔情。他们所喜欢的不在普通的胜景,而在野蛮粗陋的荒区、鸟道、幽径、丛林,与夫惊人的飞泉急湍、使人失色的深渊怒海。推其寻幽搜异的乐,不久,他们觉得法国的山野太文明,于是远寻于瑞士的雪岭冰窖、大空气、清风明月、牧童的角声,凡此才足发泄他们诗人的兴奋、恋人的情怀。

第二期　施打夫人与沙都柏昂

施打夫人(Mme. Staël,1766—1817)[1]因拿破仑的仇视,而逃到德国,遂写了她的名著《德国》一书。在此书中,她大攻击法国文学的抄袭成规毫无创造的才能。她举出德国此时的烂熳派,如哥德、施儿之流,富有个性,深邃,活动,兴奋与神秘,长于梦想,抒情,故其文学独立新鲜,其哲学深密厚重。

她大声号呼,唯有北派(德英派)的文学足以模范。唯有烂熳派足以发展个人的天才。她的文笔生动,主张极有力量。她的《德国》一书,把法人耽迷于旧文学的眼光移到德国新文学去。今附上她的像(第十六图)以为景仰。

说及此时期最著名的烂熳派沙都柏昂(Chateaubriand,1768—1848)[2]更有极大的贡献。他的名著除 *René*(1805),*Les Natchez*,*Les*

---

[1]　施打夫人,今译斯达尔夫人,法国著名女作家、文学批评家,法国浪漫主义运动的早期代表人物之一。
[2]　沙都柏昂,今译夏多布里昂,法国作家,早期浪漫主义文学的代表人物之一。

第十六图

Uartyrs（1809），Atala[1]之外，最出色是《基督派的天才》（Le Génie du christianisme，1802），此书写得极有诗意，基督派到此别具一种新意义，沙氏看他不是宗教，而是美术。

不错，基督派不是宗教而是美术。亚当与夏娃因偷情被逐出天堂，苹果（阴户）的象征，蛇（阳具）的蛊惑的借用，这些基督教的故事何等有诗意。最先看透者乃英国米东的《失落的天堂》[2]一诗，到了莎氏更加足成此说。试看新旧《圣经》里所记的多少事实何等简朴浪漫、神秘与热情，这是初民的文学，富于情感、幻想与个性的描写。到了中世纪，基督教堂"哥特式"的建筑极尽美奂宏伟，宗教音乐唱歌的深邃感刻，宗教仪式祭典的隆重周备，凡此都可见到基督教中的美术动人。

以艺术的眼光看基督教，基督主义一变而为烂熳派。究竟初期的基督教如烂熳派同样崇拜自然、幻想、热烈的情感、神秘的直感与苦闷和

---

[1] 分别是指夏多布里昂的作品《勒内》《纳切兹》《殉教者》《阿达拉》。
[2] 指弥尔顿的《失乐园》。

烂熳派概论

第十七图

第十八图

兴奋的感情。后期的基督教，由教会的组织，一变而为宗教的信仰。在他们一班信徒说，自然有一种好处，因为宗教使人安心任命。但其坏处在迷信、听天、不努力、诈伪、不诚实、守旧、重形式、不敢改革、不敢与恶劣的势力相抵抗。我们不是信徒，实在鄙视这班宗教的无聊。

但就历史说，宗教是一种事实。以社会说，它是一种制度。而就艺术说，它是给予人类的一种美感。以艺术的眼光去看宗教，宗教立时变成为有趣味的东西。这就是沙氏在此本《基督派的天才》所给予人们一种看宗教的新贡献。后来承他绪余者，大行提倡"以美术代宗教"的学说。我们到今日并且要"以科学与美术代宗教"。诚能如是，可以无宗教的迷信，而有它的热烈的信仰，这样新宗教——科学与美术合一的宗教，当然更有利而无害了。

下面所附第十七图，表示沙氏作《基督派的天才》时那种与自然相感通的情状。其第十八图，乃其精神上的女友黎胶美夫人（Mme. Récamier）。此妇甚美而且好才，出其赀财，招集一班文人为文艺会。

第三期　烂熳派进攻时代

当施打夫人及沙都柏昂宣传英德烂熳派文学之时，适拿破仑帝制自专之日。这个拿破仑未为帝前，本极嗜好哥德的《卫特》，到了加上皇冠之后，知道新派文艺的主张自由，与个性解放，及英德外国的优胜，于他的贵族及军阀制度不相容，于是出其死力与新派相抵抗：一边提倡旧时的古典文学；一边将新派的书禁止，与把其作家，囚的囚，逐的逐，可是，大皇帝的力量，终不能阻止少年勃发与向往的心情。十八九世纪的"时代病"——一种抑郁苦闷无处发泄的心病，拿翁是无法医治的；唯有烂熳派始能解除这种烦闷与提起兴奋，以救活这班垂毙的少年。这班少年是要生存的，所以大皇帝的压力不能消灭几个无势力的烂熳派文人。到了拿氏推倒之后，烂熳派的势力更如旭日初升，光焰万丈长了。

此中最打得人心动的，好似焦雷从烈日之下一声响的，是拉马丁（Lamartine）于1820年所发表的《启悟》（*Méditations*），这是一部天

烂熳派概论

第十九图

籁，一部心声，诗中有画，景中生情，这是一种柔软软的心情，为自来法人所未领到；这是一种严重，深刻，又兴奋又苦闷的诗意，为向来法人所未写出；这是一种明媚旖旎的自然景致，自卢骚后，尚未为法国人所尝过。他从无中写出有，因为这是他个人的心情所郁积而非他人所能知道的。我们在上第七图已介绍这位大诗人与其情妇在湖上鉴赏的风光了。他由这个环境的激发与其情妇的挑动而幻成他不能满足与烦闷的心情。在《启悟》第九篇内，他说："这是你（他的情妇）在我耳中，眼中；我见你在荒原，在云上……不，你永不能逃出我的眼帘；当我不见你在地下，则即时又见你在天上。"这些深情浓意，只好借第十九图来表现。

若论此期烂熳派进攻与打得最胜仗的应算嚣俄（Victor Hugo, 1802—1885），他于1828年发表那篇《格隆威》剧的序文，已经确定烂熳派的基础。二年后，他那本《赫拿尼》剧更将古典派打得落花流水（关此二书，可参考我们的《伟大怪恶的艺术》）。事前，古典派运动官厅禁演此剧，但官厅说应把烂熳派的丑状散布，所以不肯禁止。

当日演时（一千八百三十年二月二十八日）烂熳派一班青年，穿了极奇怪的服装；不扣钮的内衣，绿缝条的黑裤，假头发垂到脚膝，簇拥满了戏院。于剧台未开前，则在坐椅大食其蒜头与腊肠；古典派的先生夫人们见此大为骇异，以为入了天方国。可是此剧演后，大受观众的欢迎。四十五年后，身经其事的烂熳家哥支耶写得此番战争尚有奕奕的色彩。他说："这样简朴、男性、有力量的诗句（此剧乃是用诗句写的），离奇的情节，又英雄又柔婉的表现，所以此剧胜利的伟大笔墨是不能描出的。这是两种主义、派别、两个军队、两个文明，互相奋斗与竞争。胜利的烂熳派与输败的古典派，由此剧排演后而决定。一边则叫号其胜仗，一边则鼓噪其无聊。全剧场装满了声浪，手势，愉快与愤怒，满畅与忧闷。古典派的垂头丧气正足显示烂熳派的吐气扬眉……"云云。

第四期 烂熳派全盛时代（1830—1843）

烂熳派对古典派得胜的不只是戏剧，此中最重要是诗。英国贝仑在此时出他的名篇 *Childe Harold*；拉马丁出他的《启悟》；亚弗的文宜（Alfred de Vigny）出他的《新旧诗集》[1]；嚣俄，这个天才的诗家，更滔滔不竭涌出他的妙绪。他的诗集如 *Odes et Ballades*, *Les Orientales*, *Les Feuilles d'automne*, *Les Voix inérieures*, *Les Châtiments*, *Les Contemplations*, *La Légende des siècles*, *L'Année terrible*（若要照次序译为中名，则为《短篇诗歌》《东方》《秋叶》《内声》《惩罚》《鉴赏》《世纪故事》《恐怖的年份》），均极知名。他的小说如《惨痛》（*Les Misérables*），《巴黎大教堂》（*Notre-Dame de Parie*）以及 *Han d'Islande*, *Bug-Jargal* 等[2]，他的思想勇敢深入，智识宏博，行为漂亮。

---

[1] 今译维尼（1797—1863），法国诗人。《新旧诗集》现多译为《古今诗稿》或《上古和近代诗集》。

[2] 这些作品皆是雨果所著，其译名与今天有差异，比如 *Les Voix inérieures* 今译《心声集》，*Les Misérables* 今译《悲惨世界》，*Notre-Dame de Parie* 今译《巴黎圣母院》等。*Han d'Islande* 今译《冰岛恶魔》，*Bug-Jargal* 今译《布格-雅加尔》。

烂熳派概论

第二十图

第二十一图

第二十二图

一生几全与专制相反抗,一生全为被压迫者说话。在他的诗文,随处都可见到伟大与怪恶并出。尤其他的小说人物,一些则高尚如天人,一些则堕落如魔鬼。他所最崇拜的是莎士比亚,因莎剧中能将这个复杂的人情——两面,善与恶的心理,全行描写,这是"完全的人性",烂熳派的作家所以与古典派不同处,就在敢于将人性丑恶方面写出,所以它能建设"人生的文学"。附第二十图,乃出于名雕刻家罗丹之手,表现嚣俄如古神人,神气无时不与自然相感通。第二十一图为破堡,第二十二图,乃名"笑人"者,各出雨果的手笔,借此亦可以见雨果嗜好的一斑(《笑人》[1]也为氏小说之一的书名)。

单嚣俄一人已足张起烂熳派的大旗,将古典派打倒,况且同时的又有许多扶助的人才。真是文星会聚,人才蔚起,在诗界中则有拉马丁等人在上所举出外,又有哥支耶(Gautier)、米些(Musset)等,在小说界更为显赫的如大仲马、女作家惹事珊[2](我们已特别

---

[1] 今译《笑面人》(*L'homme qui rit*)。
[2] 今译乔治·桑(George Sand,1840—1876),法国女作家。

译出她的《印典娜》),到了巴萨(Balzac)[1]更集了大成;在历史家中则有 A. Thierry[2],Michelet[3];批评大家则有 Saint Beuve[4]的《星期一》;于画则有 Delacroix[5],Géricault[6];以及于雕刻,建筑与音乐等项,都有烂熳派的名手,向了古典派这个死尸作了最末次的葬埋。

---

[1] 今译巴尔扎克(1799—1850),法国现实主义作家。
[2] 梯也尔(1797—1877),法国历史学家。
[3] 米涅(1796—1884),法国历史学家。
[4] 圣伯夫(1804—1869),法国杰出的文艺批评家。
[5] 德拉克洛瓦(1798—1863),法国浪漫主义画派的代表人物。
[6] 籍里柯(1791—1824),法国早期浪漫主义画派的代表人物。

第三章　烂熳派的行为及其思想的影响

十八九世纪的欧洲青年均染有"时代病"。这个时代病，乃因新社会由科学的影响正在萌芽，而旧制度尚保存相当的势力，于是一班青年处此新旧交替之际，彷徨犹豫不知何所适从；加以交通日见发达，亚洲、美洲，尤其近东诸国，如土耳其等，渐为欧洲人士所习知，见到这样外边民族的风俗人情与欧人不相同，不免触起一班青年好奇嗜异之心理，由此两种心情——新旧冲突，和了欧洲与外来的景象不相同——互相冲突纠纷，于是生出种种希冀与烦闷。此种烦闷的结果，遂致生出下头的几种行为：

（1）自杀。哥德在《自传》中说得对，因为当时的少年好于自杀，所以他的《卫特》一书，才能生出那样大影响。这并不是他的书怎样好，而乃看者先有自杀的心理，故见到这样书，不免触起心中的底蕴。"自杀"，当然是划除烦闷的最好方法。

（2）苦痛。一班不能自杀者，只好无聊地生存下去。这种人生在沙弄古（Senancour）[1]的人物名阿碧茫（Obermarm）者，说得甚好："他不知自己，不知爱，不知有何要求，他哭泣无端，喜笑无因，他眼无所见，怅怅然不知所之，时时脑中空空，只有无限尽的烦闷苦痛压迫在他的心头。"

（3）凶恶。不会自杀，又不愿苦闷，结果，只有去做社会凶恶的

---

[1]　沙弄古（1770—1846），法国散文家、哲学家，今译施农古尔。

人。哥德的浮士德便是这种被迫者。

（4）堕落。苦闷的人，志气消灭。奋斗力都消失，只有去做各种卑贱下等的事情。

烂熳派之所以兴盛，乃因能救这个十八九世纪的"时代病"。它知青年的郁闷不堪，于是因势利导。它告诉一班要自杀者这样意见："不错，自杀是'疗痴良药、割爱慧刀、抉网坦途、释缚恩赦'；自杀的可贵处，是在牺牲自己，得以救活他人，鼓励群众，保存名誉，留得功勋。所以陶尔斯太[1]说第一流人类始能自杀。"这是就善于自杀者说话。善于自杀者确实是最高的人类始能做到，若其生而害人害己，死而益己益人，则当速于自尽。你们能以一死提高爱情吗？能以一死为国为民吗？甚或至少因此一尽，而千种烦恼俱尽，因此一了，则万般恩怨俱消，如此就请你们自杀吧。如你们要自残，我们（烂熳派）就给予一种最美的方法：要安详沉静，如哲学家一样，则当如苏格拉底一面饮毒药，一面与门人闲谈。今日有一种安眠药，食时并不觉苦，不过食过分量时，则沉沉如醉而死去，这样也算极安乐的自尽。痛痛快快的死法，或如我们古时与日本今日壮士的剖腹破肠。哥德在《卫特》则喜欢用利刃向心腔刺去。我意是最好与最美及痛快的则于大海中跳去，或于深谷里丢下。我曾在大洋上的大船后舱而上，于夜间静视天上星月光辉，海水因船后的划轮转动而成一条极长的"白带"，我想能幻想此是"天河"，由此可以与仙女交通，这样跳下去，倏忽如梦一般，已与大海同化，这岂不是干净。又或在山明水秀之乡，丛林密径，此间有一深谷。谷的上头野花蔓生，奇草散漫于石缝之间，谷的两边幽闃闲雅，谷底有清泉涓然流去不穷尽；如此由上跳入谷底，也算是逸趣横生。人生最怕是死，尤其最怕是痛苦的死法。因此许多想自杀的终不敢去实现，大概是怕死得太苦。若有方法，使自尽的如赴戏院或宴会一样，这岂不比于病死的为愈，到此，

---

[1] 今译列夫·托尔斯泰（Leo Tolstoy，1828—1910），俄国作家。

要求解脱的人当多趋于自杀的一途了。

可是烂熳派并不全然主张自杀。他劝告一班痛苦者继续受苦下去，因为痛苦也有好处：一可砥砺气节，一可增长学问。凡怎样大痛苦，都可用烂熳派的方法去消遣。这个方法，就使痛苦者到了自然去鉴赏，尤其应到怪恶的处所，使痛苦者，得此幽闷抑郁的环境，尽将满腔的悲愤忧愁倾泻出来。如此或遥吟低唱，或大哭痛号，凡所不得志于世间者，尽可向自然告诉，而自然无不接受与安慰。故善于亲炙自然的烂熳派，虽多苦闷，但并不十足苦闷，他苦闷中自有兴奋，忧中有喜，失望中有希望。因为他们得了大自然的宠后，觉得人间事得失甚小，可以不必介意。故烂熳派——至少内中一大部分，见世事为不足轻重，这也不是孤高，也不是清流，乃因他们别有一种伟大的见解——大自然领受上的见解，所以他们厌世不是消极，乃是积极；为的他们不以世为重，正由此可以致全力于大自然的领略。

总之，烂熳派的行为极其天真与诚挚。他们极温柔多情，或者刚毅，但终不流于凶恶。他们人格甚高尚，永久不至于堕落：被囚被逐，或至于困穷憔悴，他们终愿听天任命，到万不得已时也可自杀，但断不愿自己堕落人格，或至于害他人。烂熳派虽或雅逸多情，然他们言情，则重于灵肉一致，并非注重于肉欲，若灵肉不能两得时，他们则宁可舍肉而求灵。他们的行为，或有时不免于离奇怪诞，但这全为抵抗旧制度或劣社会的有所为而激发。他们自然是独立不羁之士，好自由，反抗一切的专制、束缚，反抗一切的阻碍，提倡个性、情感、自尊，自启发的个性，热热烈烈的情感。他们好义，任侠，重信守。烂熳派确是"完全人格"的代表。他们不能受人谅解的，就因太伟大与不肯依阿取容。他们受咒骂处，正是他们的不可及处。

说及烂熳派思想的影响更大。凡言美善的文艺者，当烂熳派为宗。因为烂熳派在文艺上立了几种天经地义不能摇拔的大纲：如"尊重个性，自由发挥，向着大自然领悟，奖励创造，善于抒情"，凡此均为文艺上不可缺的重要材料。故在烂熳派以前，如古典派等，可说

烂熳派概论

第二十三图

是"不完全"的文艺,因它缺乏这种材料。而在烂熳派以后,凡属真正的文艺者,都是烂熳派的胤系,因它们同是具有这些材料。不论是"唯美派"的王尔德、"写实派"的巴萨、"自然派"的左拉,以及于"象征派"的波铎莱,都由烂熳派所产生。

所附上第二十三图,乃"烂熳神"以为结束。并附一歌:

驾了神骏,驰骋空中,空中可以自由遨游。与美、爱、真三神,一同飘摇。"烂熳的神"呵,你是自然的爱娇!

余论　所望于我国的文艺界者

"五四"运动以后，我国新文学的倾向完全采取浪漫主义。胡适君的几条新文学应用大纲，完全是抄袭烂熳派的（不幸胡君不肯说出，并不敢揭起烂熳派的大旗）。本来，这是好现象。在我国几千年困于古典主义的束缚之下，应当提倡烂熳派的自由精神，将先前抄袭及依附的奴隶思想打退，庶几能产生个性及创造的文艺。可是提倡这个新文学运动诸人的胆量太小与不彻底。例如他们主张"白话文"，但不敢主张任凭作者自己天才去创造的文字，有如"象征派"的不守文规与句法，只由作者去制造字句，所以能够于新造的文字中去表现新事物与新情感。又如他们不敢提倡"怪恶"的材料，这是新文学一种最重要的基础，缺了此项，所以我国新文学的色彩不浓，势力不大（关于此项的重要，请参考我们《伟大与怪恶的艺术》一书）。尤其最重要的是他们无特别的行为，依然如中国老学究一样的糊涂；不敢向政治争自由，不能为社会做事，甚至一己一家的事情也不能改革。实则，他们对于新文学、新改造，并无深切的了解，思想并不高明，所以行为不见热烈。

现在我国的青年，也如十八九世纪的欧人一样烦闷极了：政治恶浊，军阀专横，经济压迫，新旧思想与道德互相冲突，种种恶劣制度束缚到不能透气。我们要救这个"时代病"，所以介绍这个最好的药品——烂熳主义。希望它给予青年多多的热力、刚毅、跌荡不羁，尽量发挥个性与自由，养成极热烈的情感，喜欢自然，而出死力与社会抵抗，在政治上争得种种自由，在社会上求得种种解放与建设。于文艺上，我们尤当加入下头几种新力量：

（1）尽量加入"怪恶的材料"——人物与文字的怪恶，同时把它变成"伟大化"——伟大的怪恶（请参考我们《伟大与怪恶的艺术》一书）。

（2）尽力创造新字句、新意义。中文旧有的太死板、太枯燥、太薄弱，不足运用现在的新思想，所以当创造新字句以表示新意义。

（3）多介绍外来的材料。眼光要广大，取材要宏博。采取一切民族的风俗、情感、智慧，以救济我们本国单调的缺点。

（4）多鉴赏自然，向自然上摄取一切美的与怪恶的材料。

（5）养成极热烈浓厚的情感——恩怨分明，爱恨都要到极点。

（6）养成特别的行为——立身行事都要有特别处，虽细至衣服装饰，也要有一种特别的标识。

（7）对于政治，当热心干预，务争得政治清明与得到言论自由，创造自由，然后已。

（8）当努力将我国原有死板的象形文字打倒，代为活动的谐声新字母，以便于表现活动变幻的新思想。

必要将上举的八项大纲达到，然后始可说新文学运动得到功效，然后才可算烂熳派的大成功。至于"五四"的运动，只可说是一点新力的发动，离了新文学运动的成功尚远。